Sheila Rietscher | Michael Haufe

die teamgeist Story

Von persönlicher Freiheit und freiem Unternehmertum

Neben dem Wassersport ist das Schreiben die zweite große Leidenschaft der Weltreisenden. Irgendwo zwischen Mauritius und Südafrika entstand die Idee zu diesem Buch.

Sheila Rietscher studierte Medienkultur an der Bauhaus-Universität in Weimar. Über elf Jahre lang arbeitete sie für den Porzellanhersteller KAHLA in Thüringen, wo sie zuletzt die Marketingabteilung leitete. Sie unterstützt als Lehrbeauftragte an europäischen Hochschulen Künstler und Designer auf dem Weg in das Berufsleben. Michael Haufe traf sie auf seiner Weltumsegelung. Als Deckshand und Bloggerin fuhr sie mit ihm über den Indischen Ozean und den Atlantik.

Das jahrzehntelange Streben nach persönlicher Freiheit und freiem Unternehmertum wird in diesem Buch beschrieben.

Michael Haufe träumte schon als Kind vom Surfen, Segeln und Reisen auf dem offenen Meer. Nicht möglich in der DDR. Nach der Wende studierte er Betriebswirtschaft an der Humboldt-Universität zu Berlin und betrieb eine Wassersportbasis am Wolziger See. Er gründete die Marke Teamgeist, die sich als Full-Service-Anbieter für Teamtrainings und -events versteht. Im Jahr 2014 startete er eine Weltumsegelung mit seiner Hochseeyacht Polaris und steuerte das Unternehmen Teamgeist vom Boot aus weiter. Ein Lebenstraum, für den er einen langen Weg in Kauf nahm.

INHALT

VORWORT

Dieses Buch ist eine literarische Tapas-Platte. Von allem ein bisschen. Es ist die Biographie eines Träumers und Möglichmachers. Die Geschichte einer Firma zwischen Brisen und Stürmen. Die Dokumentation einer Weltumsegelung mit Hochseebüro. Das Protokoll eines Versuchs: Lässt sich ein Team von den entlegensten Orten der Welt aus steuern? Es ist eine Sammlung von Anekdoten aus dem Leben Michael Haufes, seines Zeichens Unternehmer, Vater, Wassersportler und Freiheitssuchender.

Die Wahrheit, die in der Erzählung steckt, kann je nach Betrachter immer ein wenig anders aussehen. Ein Wegbegleiter erinnert sich womöglich mit anderen Gefühlen und anderen Schwerpunkten. Es sind Geschichten aus vier ereignisreichen Jahrzehnten, von mir notiert, gekürzt, geschmückt, interpretiert und neu formuliert.

Dieses Buch ist für jene, die Träume haben. Es ist ein Buch für Manager, Firmengründer und all die eingespannten Menschen, die bereit sind, für ihre Werte zu kämpfen. Und dabei spielt es keine Rolle, ob Sie segeln oder Motorrad fahren, ob Sie sich eine Insel oder ein Blockhaus wünschen. Es geht um den steinigen Weg zu dem, was Ihnen wirklich wichtig ist. Er ist jeden mühsamen Schritt wert.

Wir freuen uns, wenn Sie das Buch unterhält, wenn Sie beim Lesen etwas lernen und wenn es Ihnen Mut macht, die nächste Stufe zu Ihrer persönlichen Freiheit zu erklimmen.

– Sheila Rietscher

„Aaron ist tot!" Mittlerweile stand eine Horde von Menschen vor der brennenden Holzhütte und alle waren sich sicher: Dort schmolzen nicht nur die Surfbretter dahin. Dort verbrannte gerade der 21-jährige Stationsleiter, der die sommerlichen Nächte gern im Materiallager verbrachte – meist nach feuchtfröhlichen Abenden mit seinen Surf- und Segellehrerkumpanen oder hübschen Wassersportanfängerinnen. Sollten ihm jetzt seine lebenslustige Natur und seine Verbundenheit zu Michaels Wassersportbasis zum Verhängnis werden?

Es war eine ganz normale Winternacht. Wie immer zu dieser Jahreszeit war es knackig kalt in Deutschland. Surfboards, Segel, Neoprenanzüge und all das Material, das in ein paar Monaten das Leben der Stadtkinder wieder versüßen würde, lagen ordentlich verstaut in dem kleinen Holzhaus am Wolziger See, das sich Surfschule nannte. Es war die Zeit, die zum Entspannen gedacht war. Die Ruhe vor dem sprichwörtlichen Sturm. Erst in zwei bis drei Monaten würden die Berliner Schüler wieder aus ihren grauen Betonklötzen in die erwachende Natur strömen und zum Segeln, Surfen, Spielen, Lernen und Lachen an den See kommen.

Michael und Peggy schlummerten noch tief und fest in dem Ferienhaus, das sie sich in bequemer Entfernung angemietet hatten. Nur ein kleiner Wald und das Bettenhaus des Schülercamps trennten das Paar von Michaels Wassersportparadies. Die vier Wintermonate nutzte der Jungunternehmer üblicherweise zur Pflege der Bretter, Segel und Boote und zu Gesprächen mit Schuldirektoren, die ihre Schützlinge in den Projektwochen idealerweise zu ihm senden sollten. Teamtrainings zur Förderung sozialer Kompetenzen verpackt in fröhliches Geplätscher, Gepaddle und Geschippere. Ein Trend, der gerade erst begann. Meistens jedoch war der Sunny Boy in diesen eisigen Wochen gar nicht zu Hause, sondern unterwegs zu Wind und Wellen in wärmeren Gefilden. In dieser Nacht wäre er wohl lieber in Tarifa, Perth oder Kapstadt in einer Strandbar versumpft als den Alptraum miterleben zu müssen, der ihn vor eine große Entscheidung stellen sollte.

„Raus! Raus!", hörte es Michael vor dem Ferienhaus rufen. Gequält schaute er auf seine Uhr. Es war noch dunkel, was es im Winter meistens ist, wenn sich die Frühaufsteher zur Arbeit schleppten. Es fühlte sich allerdings noch nicht wie die Zeit zum Aufstehen an. Zehn Minuten nach fünf zeigte der Wecker. Michael rüttelte Peggy wach: „Hörst du das? Jemand will, dass wir raus kommen!"

Das Rufen klang verzweifelt. Verschlafen eilten die beiden zur Tür. Vor dem Haus fand er einen der Nachbarn mit weit aufgerissenen Augen. Peggy, die junge Ärztin, machte sich Sorgen, zunächst Sorgen um den Mann. Dieser rief aufgeregt: „Feuer! Feuer! Es brennt!", und zeigte in Richtung Wäldchen. Die beiden schauten sich um und tatsächlich: Im Mondschein sahen sie Rauchschwaden aufsteigen. Weit genug weg, um sich selbst sicher zu fühlen, aber bedrohlich groß und schwarz, um zu ahnen, was gerade passierte. Der Nachbar hatte die Feuerwehr gerufen, aber noch war kein Löschfahrzeug zu sehen. Peggy und Michael griffen ihre Mäntel und noch bevor sie sie angezogen hatten, sprinteten sie los.

Die gefrorenen Zweige auf dem Waldboden knackten unter ihren Füßen und flogen in die Dunkelheit. Der beißende Rauchgeruch drang immer intensiver in ihre Nasen. Es wurde hell, so als hätte jemand das Licht angeschaltet. Die Sekunden dehnten sich wie Gummi und alles schien in Zeitlupe abzulaufen. Noch nie war der Weg durch das vertraute Wäldchen so lang. Als sie aus den Bäumen hervortraten, wurden ihre schlimmsten Befürchtungen bestätigt. Das große Bettenhaus vor ihnen schien in Ordnung. Allerdings war es in einen grellen Schein getaucht, wie umgeben von einem monströsen Heiligenschein, und das Feuer konnte nur noch eine Quelle haben. Als die beiden das Ufer des Sees erreichten, erstarrte Michael. In der extremen Hitze fühlte er sich wie eine Eisskulptur. Für Sekunden, die sich wie Minuten anfühlten, konnte er sich nicht bewegen.

Irgendwer schrie: „Aaron!", und alle starten auf das kleine Holzhaus am See, das loderte wie ein immenses Lagerfeuer. Im Minutentakt verbreitete der Wind die Glut und immer neue Teile der Surfschule gingen in Flammen auf. Dann rannte Michael los, mitten in das höllische Inferno. Peggy wollte ihn am Arm packen. Zuviel Angst hatte sie um ihren Freund. Zu viele Brandverletzungen hatte sie in ihrer Arbeit im Krankenhaus versorgt. Aber Michael nahm nichts mehr wahr. Wenn Aaron da drin war, dann konnte er nur an einer Rauchvergiftung erstickt oder längst verbrannt sein. Aaron, der im Sommer immer im Gerätelager schlief und sein lustiges Zigeunerleben auch gern im Winter beibehielt, hatte im Hochbett genug Platz für sich und den ein oder anderen Schlafgast.

Michael kämpfte verzweifelt um ein Lebenszeichen von Aaron und um das bisschen Leben, das er aufgebaut hatte. Er wollte retten, was zu retten war. Was er aus den Flammen zog, stank bestialisch und war nicht mehr zu identifizieren. Einen glühenden Klumpen nach dem anderen packte er mit bloßen Händen und zog ihn Richtung Wasser. Peggy rannte los und half ihm. Als die Feuerwehr eintraf, sah Michael seine Existenz bereits in Schutt und Asche. Es war keine Zeit für Gefühle. Die Panik schaltete jegliche menschliche Bedürfnisse aus. Alle, die sich in diesen Morgenstunden zusammengefunden hatten, funktionierten nur noch. Wie ein Roboter wies Michael die uniformierten Retter ein. Doch die Löscharbeiten verzögerten sich. „Wie lange dauert eine Ewigkeit?", ging es ihm durch den Kopf. Jegliches Zeitgefühl war verloren. Und es passierte nichts. Die Feuerwehrleute konnten kein Seewasser ziehen. Die Pumpen waren eingefroren.

Peggy sah Michaels leeren Blick und fühlte sich so hilflos wie nie. Sie wusste, dass nichts mehr so sein würde wie zuvor. Wer Schulkinder seine Kunden nennt und nur im Sommer arbeitet, kann sich im Winter nicht auf einem Polster voller Geldscheine ausruhen. Sollte es das nun gewesen sein? Die neu gegründete Existenz schon nach so kurzer Zeit am Ende? Der Traum, für den Michael lebte, in dem all seine Zeit, jeder übrige Groschen und all seine Leidenschaft steckten, endete in einem grauenvollen Erwachen in dieser Nacht im Januar.

Mehrere Stunden dauerten die Löscharbeiten. Als die Dämmerung einsetzte, waren zwanzig Kanus, zwanzig Surfbretter und deren Segel, fünfzig Neoprenanzüge, ein Katamaran, unzählige Rettungswesten und Regenbekleidung, die Segel für die Jollen am Steg, Fahrräder und die Kasse mit den letzten Scheinen zu einem Häufchen Elend zusammen geschmolzen. Das schöne Holzhaus existierte nicht mehr. Michaels gesamtes Eigentum, das Ergebnis jahrelangen Schuftens, Sparens, Zusammensammelns, Bauens und Reparierens, seine seltenen Errungenschaften lagen verschmort zu seinen Füßen. Die Arbeitsgrundlage, sein Stolz, sein Garant für ein selbstbestimmtes Leben: Ein kohlrabenschwarzer, nutzloser Berg. Und von dem treuen Aaron keine Spur. Konnte ein menschlicher Körper verbrennen, ohne Spuren zu hinterlassen? Erst jetzt fühlte er die Kälte wieder, erst jetzt spürte er den Durst, die schmerzenden Finger, die Müdigkeit. Alles fiel in ihm zusammen und wäre da nicht Peggy an seiner Seite gewesen, wäre er womöglich solange in den rauchenden Trümmern geblieben, bis sein Körper erschöpft umgefallen wäre. Am Ende war es Peggy selbst, die in die Klinik musste.

≈ Ich sehe Michael schon aus der Ferne am Strand stehen. Genauso habe ich ihn mir vorgestellt. Zahlreiche Fotos hatte ich im Internet von ihm gesehen. Ich entdecke ihn hinter den Flammen des Feuers, barfuß, in Shorts gekleidet, mit einem Cuba Libre in der Hand. Er lacht und wirkt entspannt. Nett schaut er aus, der große, schlanke Mann. Das Schlauchboot gleitet auf den Sand, ich springe hinaus und gehe zielsicher zu dem Holztisch, auf dem die Getränke stehen. Ich mixe mir zusammen, was die trinkfreudigen Segler noch übrig gelassen haben und begebe mich zu dem Eigner der schönen Hochseeyacht Polaris.

Ich hatte mich bereits vor Monaten nach einer Mitsegelmöglichkeit im Indischen Ozean umgeschaut und war im Onlineforum „Hand gegen Koje" auf Michaels Reise gestoßen. Irgendwie steckte seine Firma hinter dem Segeltörn, der einmal um die Welt führen sollte. So ganz verstand ich die Zusammenhänge nicht. Ich schrieb Michael eine E-Mail und nannte ihm zehn Gründe, warum ich auf seinem Schiff nützlich sein könnte. Meinen Lebenslauf hing ich an, um die zum Teil nicht ganz ernst gemeinte Liste mit einem seriösen Profil zu untermauern. Der Plan ging auf. Zwei Tage später rief mich Michael an. Ich wähnte ihn mitten im Pazifik, aber der Anruf kam von einer deutschen Mobilnummer. Auf Heimaturlaub sei er, es gäbe Schwierigkeiten zu lösen und ein Familienmitglied sei schwer erkrankt. Die Reise hatte doch gerade erst begonnen. Ich wollte nicht indiskret sein und hakte nicht weiter nach. Michael bedankte sich für meine E-Mail und meinte nach einem kurzen Austausch zu den Rahmenbedingungen von „Hand gegen Koje", er würde mich offiziell anmelden. Ich solle den Blog pflegen und mich in die allgemeinen Crewtätigkeiten einbringen. Die Bordkasse würde wie üblich geteilt, die Abfahrt sei am 14. September 2014 um zehn Uhr in der Marina auf Bali. Fünf Minuten Telefonat, die mein Leben verändern würden.

Mein Herz klopfte. Eine Ozeanüberquerung wartete auf mich. Ich, die gerade einmal 500 Seemeilen im Küstengewässer für die Zulassung zur SKS-Segelprüfung gesammelt hatte. Das, was nun vor mir lag, war unvorstellbar. Ich ließ meinen Blick durch mein Büro wandern und konnte mir beim besten Willen noch nicht vorstellen, nach elf Jahren hier hinaus zu marschieren und meinem guten Marketingjob beim Porzellanhersteller Kahla im idyllischen Thüringen Adieu zu sagen. Für eine Reise, deren Verlauf ich nur schwer erahnen konnte. Ich konnte jetzt schon all die Einwände meiner Mutter hören. Ich fühlte jetzt schon einen Kloß im Hals bei der Vorstellung, Abschied von meinem Team, meinen Freunden und meiner Familie nehmen zu müssen. Aber nach diesem Anruf stand fest: Dieses Jahr würde das Jahr des Aufbruchs, das Jahr des Abenteuers, das Jahr der Träume werden. Besiegelt durch Michael Haufe, Gründer der Teamgeist GmbH, Inhaber einer ganz jungen Softwaremarke namens Espoto und Eigner der Segelyacht Polaris, einer Hanse 47.

„Wer wird denn da mitsegeln?", „Hast du keine Angst allein als Frau?", „So ein kleines Boot mitten auf dem Ozean! Was macht ihr, wenn Stürme kommen?", fragten mich meine Kollegen kurz vor dem Abflug. Darüber hatte ich mir tatsächlich überhaupt keine Gedanken gemacht. Warum sollte ich auch? Ich wusste, dass Michael an Bord sein und mit der Crew keine Risiken eingehen würde. Wer auch immer an Bord wäre, was auch immer käme, wir würden schon zusammenhalten, ganz einfach weil wir mussten.

Der Abflug rückte näher, die Wohnung wurde aufgelöst, die Zeit für Tränen viel zu knapp. Und Grund zur Trauer gab es tatsächlich keinen. Alle freuten sich für mich und am meisten freute ich mich, dass meine lang ersehnte Reise endlich begann.

Ich war gerade in Indonesien zum Tauchen unterwegs, als ich nach mehreren Tagen ohne Telefon- und Internetverbindung zahlreiche Nachrichten von Michael auf meinem Handy empfing. Der Skipper auf der Polaris bäte um einen eiligen Rückruf. Es gäbe Schwierigkeiten. Sollten sich meine Träume von der unendlichen Weite des Meeres und einsamen Buchten mit weißen Stränden jetzt schon zerschlagen? Skipper Jan berichtete mir, dass die Immigrationsangelegenheiten in Indonesien streng und kompliziert gehandhabt würden und er mich nicht mehr in die Crewliste einschreiben könne. Der Prozess nehme mehr Zeit in Anspruch als erwartet und nun sei es nicht mehr möglich, noch jemanden zur Ausreise anzumelden. Ich verstand die Welt nicht mehr. Ich hatte ein gültiges Visum – wieso sollte ich nicht ausreisen dürfen? Schnurstracks flog ich von Komodo nach Bali, rief meine Visabehörde an und recherchierte, was das Internet zum Thema hergab.

Angekommen in der Marina lernte ich die Crew kennen, von der ich noch nicht wusste, ob sie je meine Crew sein würde. Ich spürte die besondere Atmosphäre zwischen den Weltenbummlern des Wassers. Ja, hier wollte ich dazu gehören. Nur wie? Am nächsten Tag fuhr ich zum Flughafen, um zu prüfen, ob das Immigrationsbüro eine Antwort hatte. Noch bevor ich einen Fuß in das Eingangsportal setzen konnte, klingelte das Telefon. Es war Jan, der Kapitän mit den tiefblauen Augen, dessen Blick nur selten leicht zu deuten ist: „Wie schnell kannst du im Hafen sein? Ich habe eine Lösung gefunden." „In zehn Minuten bin ich da!", rief ich. Und dann ging es schon los. Reisetasche holen, die letzten Lebensmittel einkaufen und Leinen los.

Michael war zum zweiten Mal auf Heimatbesuch und ich verbrachte die ersten drei Wochen mit Jan, Luis und Tom an Bord. Wir segelten von Bali auf die Weihnachtsinsel und nach einer Weihnachtsfeier mitten im September weiter in das australische Atoll Cocos Keeling Islands. Vor uns lag eine Route von über 5000 Seemeilen bis nach Kapstadt. Alles war neu und aufregend. Die Wellen waren höher als das Boot, die Nächte unruhig und das Segeln bei Starkwind eine ungeahnte Herausforderung. Ich sammelte jede Menge blaue Flecken und suchte meine Rolle in der Crew, die ohne mich bereits eine funktionierende Einheit darstellte. Nur langsam gewöhnte ich mich daran, viel zu viel Zeit zu haben. Steuern wollte ich, das Boot in- und auswendig kennenlernen, die Navigationsgeräte verstehen und mich mit den vielen Schoten, Fallen und Leinen vertraut machen, eine echte Matrosin wollte ich werden, dazu gehören wollte ich und nützlich sein. Und es konnte gar nicht schnell genug gehen.

Nun stehe ich Michael gegenüber, wir begrüßen uns herzlich. Zu viel habe ich schon über ihn gelesen, zu konfus waren meine Bilder im Kopf. Wer ist dieser Mensch, der so unkompliziert aussieht, aber so viel Kompliziertes geleistet hat? An diesem Abend klären wir diese Frage nicht mehr. Stattdessen planen wir einen Schnorchelausflug für den kommenden Tag.

Wir befinden uns mitten im Paradies und fühlen uns wie Tom Hanks im Film Cast Away, wären da nicht die anderen 20 Segelboote der World ARC-Rallye, mit denen wir als Flotte unterwegs sind. Weißer, feinster Sandstrand, Kokospalmen, die ins Meer hineinragen, und türkisfarbenes, glasklares Wasser. Wir können unser Glück kaum fassen. Wir knacken Kokosnüsse, schnorcheln mit Riffhaien in der Ankerbucht und singen am Lagerfeuer. Keine Menschenseele lebt hier, die Beamten von Zoll und Immigration kommen mit dem Schlauchboot. Es gibt ein kostenfreies Inseltelefon, versteckt in einer wetterfesten Box, deren Klappe man sich beim Telefonieren auf den Kopf legt, und – wer hätte es gedacht – eine WLAN-Verbindung direkt am Strand. Zum Einkaufen müssen wir mit dem Schlauchboot auf die nächste Insel übersetzen. Eier gibt es gerade keine, Brot ist vergriffen, die Preise sind viermal so hoch wie in Deutschland. Wir sehen es locker. Die Polaris ist vollgepackt mit Lebensmitteln aus dem günstigen Bali.

Nach einem einmaligen Schnorchelerlebnis mit Haien und einem Dinghi-Ausflug auf die romantische Mini-Insel Prison Island, verrate ich Michael, wie groß mein Wunsch nach Integration und Wissen ist und, dass ich die Reise gern nutzen würde, um eins mit Crew und Boot zu werden. Michael scheint die Rolle des Lehrers und Mentors nicht zu stören. Also beschließen wir, die 4-Stunden-Schichten bald zusammen zu verbringen. Und ich spüre jetzt schon, dass Michael mein Seelenpartner an Bord der Polaris werden könnte. Jemand, der das Gespräch sucht, der sein Gegenüber kennenlernen möchte, der Vertrauen in die Welt hat und sich nicht scheut, sein Wissen zu teilen, seine Erfahrungen weiterzugeben und auch die Anekdoten aus seinem Leben preiszugeben, die als peinlich oder gar katastrophal bezeichnet werden können. So lerne ich irgendwo zwischen den Cocos Keeling Islands und Mauritius nicht nur die Reffleinen, sondern auch Michael besser kennen. Ich höre seine Geschichten, die Erinnerungen aus seinem bewegten Leben sind, und habe das Gefühl, seltene Perlen in unscheinbaren Austern zu entdecken.

Diesen Mann treibt eine Kraft an, die auch andere Menschen motiviert. Eiserne Disziplin, die andere Menschen so manches Mal irritiert, ist sein Schlüssel zum Erfolg und das auch dann, wenn es um die kühnsten Träume geht. Kühles Kalkül für die Erfüllung tiefliegender Sehnsüchte. Ich möchte nun alles wissen, von Anfang an und Michael erzählt mir, wie diese Weltreise schon in seiner Kindheit begann.

TRAUMZEIT 1970-1989.
THOR HEYDERDAHL. DER TRAUM VOM MEER.
SURFBRETT MARKE EIGENBAU. DER WESTEN LOCKT.
KASERNE STATT FREIHEIT.

„Freiheit bedeutet Verantwortlichkeit. Das ist der Grund, weshalb die meisten Menschen sich vor ihr fürchten.“

– George Bernard Shaw

Michael wurde am 27. April 1970 in Halle an der Saale geboren. Seine Eltern lebten im nahen Weißenfels, eine kleine Stadt, die heute zu Sachsen-Anhalt gehört und seit jeher von Akademikern und Arbeitern wegen seiner Nähe zur chemie-verarbeitenden Industrie gleichermaßen bevölkert wird. Dieter und Renate Haufe hatten sich schon lange nach einem Kind gesehnt. In der DDR, in der man mit Mitte Zwanzig schon als späte Mutter galt, war das Lehrerehepaar mit Anfang Dreißig schon recht spät dran. Umso größer waren die Freude über den Sohn und der Ehrgeiz, aus ihm etwas Gescheites zu machen. Michaels Kindheit stand exemplarisch für viele Kindheiten im sowjetisch besetzten Teil Deutschlands.

Der blonde Bursche verbrachte mit seinen Eltern die Ferien im Thüringer Wald oder an der heimischen Ostsee, natürlich nackt am FFK-Strand, wie das nun einmal üblich war. Vom Ost-Sandmännchen mit Kobold Pittiplatsch, Hund Moppi und Ente Schnatterinchen lernte er, was gut und was moralisch verwerflich war. Zum Frühstück naschte er Nusspli und Leckermäulchen, dem sozialistischen

Pendant zu Nutella und Fruchtzwergen. Michael spielte mit Brummkreiseln, musizierte mit seiner Triola, tüftelte aus Pepe-Steinen, dem ostdeutschen Lego, und inszenierte Fantasiewelten mit kleinen Plastikindianern. Seine Mutter kümmerte sich rührend um ihr einziges Kind. „Wer keine Zeit für seine Kinder hat, sollte keine bekommen.", so ihre resolute Meinung. Im Winter ließ sich Michael mit Gleitschuhen unter den Füßen über das Eis ziehen und im Sommer übte er das Federballspiel mit seinem Vater.

Mit den Kindern aus dem Kindergarten sang er systemkonforme Lieder, die von Frieden, Gemeinschaft und Disziplin handelten. Mittagsschlaf auf harten Ausklapppritschen gehörte nicht zu seiner Lieblingsbeschäftigung. Graupensuppe nicht zu seinem Lieblingsessen. Aber Kartoffelpüree und Eier in Senfsoße mit Kartoffeln hingegen wurden seine Leibspeise. Einzig Michaels Gluten-Unverträglichkeit machte den Eltern Sorgen. Als erkannt wurde, was los war, bestellten sie ein spezielles Mehl, buken ihm glutenfreies Brot und das Problem war gelöst. Später konnte Michael wieder normal essen. Mitten im Grau der ostdeutschen Betonparadiese war Michael ein glückliches Kind.

„Du bekommst ein Eis, wenn du jetzt da reinspringst und das tust, was wir dir gerade gezeigt haben.", vermeldeten Oma und Opa, die sich insgeheim für ihren Bestechungsversuch schämten. Der fröstelnde Junge stand am Beckenrand und hatte so gar keine Lust darauf, das Schwimmen zu lernen. Aber auf ein Eis zu verzichten, war definitiv die schlechtere Lösung. So wurde Michael eine Wasserratte und blieb Vanilleeisfan.

Als er eingeschult wurde, lastete der hohe Anspruch seiner Eltern auf seinen Schultern. Der Vater Mathelehrer, die Mutter Grundschullehrerin. Schulnoten, die nicht dem Optimum entsprachen, wurden mit „Und warum hast du keine Eins bekommen?" kommentiert. Der Sprössling strengte sich an, wurde Klassenbester und braver Jungpionier mit blauem Halstuch und später auch gleich noch Thälmann-Pionier mit rotem Halstuch, wie es sich Erich Honecker für die Jugend seiner Nation wünschte. Doch so wenig wie sich die Eltern etwas aus der regierenden Partei machten, so wenig machte sich Michael etwas aus dem Unterricht. Er langweilte sich. Viel lieber träumte er vom großen Ozean. Kaum hatte er das Lesen gelernt, faszinierten ihn die Geschichten von Thor Heyerdahl. Er wurde sein Idol, der norwegische Entdecker, der durch einen Selbstversuch hatte ganz unwissenschaftlich beweisen wollen, dass die Südsee von Südamerika aus besiedelt worden war und nicht, wie von Wissenschaftlern angenommen, von Asien aus. Der Südäquatorialstrom hatte es dem als Sonnengott verehrten Herrscher Kon-Tiki und seinem Gefolge ermöglichen sollen, mit Balsaholz-Flößen von Peru nach Polynesien zu gelangen. Thor Heyerdahl hatte sich also mit einem nachgebauten Floß und einer Mannschaft, die keineswegs aus erfahrenen Matrosen bestand, auf diese gewagte Reise begeben, überlebt, und eine Möglichkeit bewiesen, die sich später allerdings als falsch herausstellen sollte. Die eindrucksvolle Dokumentation der Überfahrt wurde 2014 verfilmt. Aber davon konnte der kleine Träumer in Weißenfels natürlich noch nichts ahnen. Der Film in seinem Kopf war längst gedreht, der Protagonist war er selbst. Er wollte segeln, Flöße bauen, entdecken, das Meeresrauschen, glitzerndes Plankton, Wale, Haie, Stürme, Sternschnuppen und all die faszinierenden Details selbst erleben. Nur wie? In der Diktatur, in der Michael mit seiner Familie lebte, waren das freie Reisen und der Erwerb von Fluchtmitteln wie Booten oder Flößen keineswegs vorgesehen. Aber die Gedanken waren frei und der Fantasie keine Grenzen gesetzt. Und so ereignete es sich, dass Michael schon zu seinem zehnten Geburtstag einen ersten Erfolg auf dem Weg in die Südsee verbuchen konnte.

Michaels Großvater schenkte seinem Enkelsohn zum zehnten Geburtstag ein aus Westdeutschland geschmuggeltes Schlauchboot. Mit dem Stolz der Nation, dem stinkenden Automobil aus Pappe, dem Trabant, der liebevoll Trabi genannt wurde, fuhren Vater Dieter und Sohn Michael ab jetzt regelmäßig zum Kulkwitzer See. Im Gepäck das winzige, aufblasbare Schiffchen, in das Michael gerade so hineinpasste. Getreu seinem Vorbild Heyerdahl bauten die beiden ein Segel in das Schlauchboot und Michaels Zukunft war besiegelt. Vater und Sohn waren ein Herz und eine Seele. Nur ein einziges Mal weigerte sich Michael eine Woche lang mit seinem alten Herrn zu sprechen. Allzu peinlich war die Begebenheit gewesen, in die er ein paar Jahre später gebracht wurde.

Im alljährlichen Ostseeurlaub in Warnemünde spielte der Vater Beachvolleyball am Strand. Wie immer verbrachte die Familie ihre Tage zwischen all den anderen Nackten am FFK-Abschnitt der Küste. Der Pubertierende, der wenig Lust auf sportliche Aktivitäten außerhalb des Wassers hatte, beobachtete das Spiel der Herren, als zwei hübsche Mädchen am Spielfeldrand entlang schritten. Elegant wie auf dem Catwalk empfand er ihre gemächlichen Bewegungen und konnte seinen Blick nicht von ihnen wenden. Zum Glück lag er bäuchlings auf seinem Handtuch und niemand bekam mit, wie sehr ihn der Anblick dieser Grazien aus der Fassung brachte. Just in diesem Moment war das Volleyballturnier zu Ende und der Vater, ganz euphorisch von seinem Sieg, zerrte an seinem protestierenden Sohn, um in die Fluten zu springen, Sand und Schweiß abzuwaschen und mit seinem Stammhalter wie gewohnt herumzualbern. Das vehemente Weigern des 13-Jährigen verstand der Vater als spielerischen

Machtkampf. Noch war er nicht bereit seinen Thron abzutreten und riss das Fliegengewicht nach oben. Erst dann entdeckte er die missliche Lage, in die er den Jungen gebracht hatte. Er blickte sich um, entdeckte die Übeltäterinnen und konnte sein breites Grinsen kaum verbergen. Michael war stocksauer, so sauer wie vermutlich nie wieder mit seinem Vater. Sieben Tage lang herrschte absolute Funkstille zwischen den beiden.

Aber all das war im Schlauchboot auf dem Kulkwitzer See noch Zukunftsmusik. Während der Wind und das Wasser Michaels beste Freunde wurden, begann für den neugeborenen Entdecker das Außenseiterdasein in der Schule. Was konnten ihm diese Landratten groß bieten?

Nur einer teilte seine Begeisterung für das, was fernab von Klassenzimmer und Schulhof so reizvoll vor sich hin plätscherte. Peter Stehr, in Michaels Erinnerung noch heute der Angelpeter, wurde ein Wegbegleiter fürs Leben. Auch er war ein Lehrersohn, auch er fuhr regelmäßig ins Kinderferienlager nach Schwerin. Die Fische, die er angelte, aß er nie. Aber er zeigte Michael, dass in der zweiten Etage des Camps die Mädchen wohnten. Michael fand, dass diese dort auch bleiben konnten. Zumindest jetzt noch. Wenn es im Leben des pubertierenden Teenagers eine große Liebe gab, dann ganz bestimmt nicht die zum langweiligen Geschlecht. Etwas viel Größeres, Schwerwiegenderes hatte es Michael angetan.

Nach zwei Jahren im Schlauchboot platzte die Gummihaut unter dem Heranwachsenden nun langsam aus den Nähten und die Fahrt übers Wasser ähnelte auch mehr der Fortbewegung einer Seepocke als einem spritzigen Gleiten. Onkel Jochen erkannte die Misere und lieh Michael sein vier Meter langes, selbst gebautes Windsurfbrett aus Sperrholz. Es wog mehr als 20 Kilogramm und selbst der kräftigste Bursche in diesem Alter hätte mit dieser Masse zu kämpfen gehabt. Auf der Fahrt zur Bleilochtalsperre geriet auch der Trabi an seine Grenzen, aber Michael fing Feuer. Windsurfen! Das war es! Der Onkel zeigte seinem Neffen alles, was er selbst wusste und konnte. Autodidaktisch hatte er sich das Windsurfen beigebracht und autodidaktisch würde auch Michael dazulernen müssen, wo der Onkel die Grenzen seines Einflusses und seines Könnens erreicht hatte. Blaue Flecken, Schürf- und Schnittwunden, Wasser in Nase und Ohren, Wind in den Augen – Egal! Hauptsache schnell! Onkel und Vater fieberten mit, wenn auch nicht ohne Sorge um den jungen Wilden.

Während sich Peter peu à peu zum KFZ-Freak entwickelte, von Motorrädern und Autos schwärmte, und Michaels Klassenkameraden ihren ersten Mopeds entgegenfieberten, arbeitete Michael an seinen Surfqualitäten. Dabei erfuhr er unerwartet Hilfe von seiner Großmutter. Die Oma, die es tatsächlich geschafft hatte, auch während des DDR-Regimes selbständig zu arbeiten und ihr eigenes Steinmetzgeschäft trotz allgemeiner Ressourcenknappheit weiter zu betreiben, wurde nun seine engste Verbündete. Wer, wenn nicht sie! Die Frau war ein Freigeist und hatte eine unumstößliche Stärke. Nachdem sie 1945 hatte zusehen müssen, wie ihr Mann, ein Bildhauer und Architekt, nach dem Krieg auf dem eigenen Grundstück von einem betrunkenen Russen erschossen worden war, konnte sie nichts mehr erschüttern. Ihr lebensbejahender Leitspruch hieß: „Champagner ist die Milch des Alters", und so blieb sie bis ins hohe Alter fit wie ein Turnschuh und äußerlich gepflegt wie eine stolze Pariserin. Als Rentnerin war es ihr erlaubt, die DDR für Verwandtschaftsbesuche für kurze Zeit zu verlassen. Im Grunde lag sie dem System auf der Tasche. Wenn sie einfach weg geblieben wäre, hätte wohl kein sozialistischer Hahn nach ihr gekräht. Aber sie hatte einen wichtigen Auftrag, weswegen sie wiederkommen musste. Für Michael schmuggelte sie Windsurfbücher und Windsurfzeitschriften nach Ostdeutschland. Das war äußerst mutig, denn Medien, Fluchtmittel und Zeitschriften über Fluchtmittel durften nicht in das Land eingeführt werden. So aß die alte Frau jedes Mal, wenn sich die Zollkontrolle ihren Weg durch den Zug bahnte, ein gekochtes Ei und sah dabei so harmlos aus, dass man sie in Ruhe weiterfahren ließ.

Michael erfuhr dank seiner neu erschmuggelten Literatur, dass der Trend zum kleineren Surfbrett ging und das Vier-Meter-Monstrum des Onkels am Ende seiner Karriere stand. Das eine Ziel hieß 365 Zentimeter. Das andere Ziel hieß Ostsee. Es war das einzige Meer, das er kannte. Das einzige Meer, das er kennen durfte. Und es war ihm verboten, dort zu surfen. Kein DDR-Bürger schipperte mit irgendeinem Gefährt einfach auf der Ostsee herum. Die SED-Genossen fanden die Luft, die aus Schleswig-Holstein und Dänemark heranwehte wohl zu kapitalistisch-verlockend, sodass es dem kleinen Surfer verwehrt blieb, in den Wellen vor der schönen Dünenlandschaft zu spielen. Surfen auf der Ostsee: Das war die große Freiheit, von der Michael von nun an träumte. Peru, Polynesien — das waren Illusionen, aber die Ostsee lag so verführerisch nah vor der Haustür.

Der Wunsch nach dem ersten eigenen Surfbrett wurde bald erfüllt. Hier half ihm die DDR. Während man im christlichen Westen Kommunion, Firmung und Konfirmation feierte, wurden die 14-Jährigen in der heidnischen DDR in die Freie Deutsche Jugend (FDJ) aufgenommen und feierten im Kreise ihrer Familie ihre sogenannte Jugendweihe. Genau wie in der BRD ging es den Teenies natürlich ausschließlich um ihre Geschenke. Dafür nahmen sie fragwürdige Zeremonien gern in Kauf. Michaels Familie legte zusammen und für 3000 Ostmark kaufte sich der frisch geweihte Jugendliche das lang ersehnte Sportgerät aus der

Tschechoslowakei. Bei der Summe, die er hinblätterte, handelte es sich um vier bis fünf durchschnittliche Monatslöhne eines Angestellten.

Da auch ein Träumer einen Beruf braucht, musste sich Michael im Alter von zarten 15 Jahren entscheiden: Mache ich Abitur oder eine Ausbildung? Eines wusste er sicher: Er wollte im Ausland leben. Dort, wo man auf dem Meer surfen durfte. Als DDR-Bürger durfte man das nur, wenn man zum NSW-Kader gehörte, also zum Nichtsozialistischen Wirtschaftskader. Das waren Manager oder Vertriebsleiter, die Joint Ventures, also Allianzen, zwischen den Kombinaten des Ostens und Unternehmen aus dem kapitalistischen Ausland steuerten. Zu diesen Privilegierten wollte Michael gehören. Die Sache hatte einen Haken: Michaels Eltern gehörten weder der SED, der Einheitspartei der DDR, an, noch engagierten sie sich für das Überwachungsorgan Staatssicherheit, kurz Stasi. So würde sich Michael den Studienplatz ausschließlich durch eine dreijährige Verpflichtung im Wachregiment der Nationalen Volksarmee (NVA) verdienen können. Das war Paradox. Erst dem Staat dienen, um ihn später verlassen zu dürfen. Ein notwendiger Schritt zur Erreichung eines Ziels, fand Michael. Die erste Exitstrategie seines Lebens war geboren. Eine, die zur Flucht aus der Unfreiheit diente.

Zur Erlangung der Hochschulreife fand Michael eine Lösung, die auch seinen privaten Interessen weiterhalf. Er fand eine duale Berufsausbildung zum Werkzeugmacher im renommierten Kombinat VEB Carl Zeiss Jena, das optische Geräte und Planetarien in die ganze Welt exportierte, auch ins kapitalistische Ausland. Mit dem Abschlusszertifikat hätte er nach drei Jahren auch gleich das Abitur und damit die Zulassung für die Universität in der Tasche. Die Aufnahme war kein Problem. Michaels schulische Leistungen waren exzellent. Dass seine neuen Kompetenzen vor allem dem Surfbrettbau dienen würden, konnte sein Ausbilder noch nicht ahnen.

In der Schule wurde er zum Gruppenorganisationsleiter der Schülervertretung ernannt. Er organisierte Konferenzen und eines Tages sollte er eine Kreistagung moderieren. Es kostete ihn Überwindung vor der Masse aus Lehrern, Eltern und Schülern zu sprechen. Aber es gab etwas, das ihn motivierte. Sie hieß Anja und war seine Co-Moderatorin. Der Knoten platzte und der Auftritt stellte keine Hürde mehr dar. Beflügelt von der gemeinsam absolvierten Aufgabe fasste sich Michael ein Herz und küsste die hübsche Sprecherin. Dieser erste Kuss wurde von Freund Alexander mit der Stoppuhr verfolgt: 39 Sekunden dauerte das Vergnügen immerhin.

Nach Erlangung der Mittleren Reife zog der junge Mann mit den glasklaren Zukunftsplänen nach Jena in das Internat. Trotz allgemeinem Weckruf um fünf Uhr morgens, war das neue Leben in der Studentenstadt ein willkommenes Abenteuer. Zum ersten Mal traf Michael junge Frauen, die sich ernsthaft für ihn interessierten, oder vielleicht interessierte er sich auch erst jetzt zum ersten Mal ernsthaft für sie. Wie auch immer. Das erste Liebesabenteuer endete in einer Katastrophe. Michael nahm seine neue Eroberung an einem Wochenende mit nach Weißenfels in der Annahme, seine Eltern seien nicht zu Hause. Er zeigte ihr einen Horrorfilm. Aber der Plan, den starken Beschützer spielen zu können, ging in dieser Nacht nicht auf. Nicht nur zerstörte der Thriller jede Romantik, sondern auch die plötzlich auftauchenden Eltern machten der sich nur zögerlich entwickelnden Liebesnacht ein jähes Ende.

Danach verliebte sich Michael in Grit. Die attraktive Schülerin war ein Jahr jünger als er und ebenfalls für die zweigleisige Ausbildung nach Jena gekommen. Der schüchterne Einzelgänger, der sie mit zum Surfen nahm, weckte ihr Interesse. Begeistert half sie ihm, die viele Ausrüstung zu schleppen und fotografierte ihren sportlichen Freund auf dem Wasser, wann immer sich eine Gelegenheit bot. Sie wurde seine feste Freundin und blieb an seiner Seite. Genau wie der Angelpeter, sein Freund aus Kindertagen. Peter half Michael beim Bau des ersten ganz eigenen Surfbretts.

Dank der Magazine, die die mondäne Oma immer noch fleißig importierte, wusste Michael ungefähr, wie ein richtig professionelles Board aussehen musste und wie man es herstellte. Als angehender Werkzeugmacher lernte er den Umgang mit den entsprechenden Materialien und Maschinen. In seiner Freizeit durfte er die Werkstatt seines Ausbilders für private Zwecke nutzen. Da war nur noch die Frage, wo die Werkstoffe für die schönen Wassersportgeräte herkommen sollten?

Das Aluminium, das Michael brauchte, um die Füße für die Masten zu fertigen, konnte ihm sein Meister besorgen. Der Ausbilder im Carl-Zeiss-Werk war begeistert von Michaels handwerklichem Geschick, seinem Ehrgeiz, etwas Eigenes zu fertigen und seine Freizeit dafür zu widmen. Das Polystyrol, also Styropor, gewann der Bastler aus Verpackungen von Fernsehgeräten. Um es verwenden zu können, musste der leichte Stoff mit positivem Auftrieb im Wasser mithilfe eines heißen Drahts in schmale Scheiben geschnitten werden und mit Kaltleim in der richtigen Form wieder zusammengefügt werden. Versiegelt wurde das geklebte Werk mit Polyesterharz. Auch das war nicht frei verkäuflich, aber der clevere Jugendliche knüpfte Freundschaften zu anderen Auszubildenden in der Chemiefabrik Leuna, die ihm gern behilflich waren, seinen seltsamen Traum vom Surfen zu unterstützen. Zu diesem Zeitpunkt gab es im gesamten Land nur eine äußerst kleine, aus Michaels Perspektive ältere, Windsurfer-Gemeinschaft. Wie sollte sich der Sport auch verbreiten, mit all den Einschränkungen, Kosten und Aufwänden, die man auf sich nehmen musste? Nur wenige hatten das Durchhaltevermögen und den Biss, den Michael zeigte. Sein Vater half ihm, so gut er konnte. Auch Peter stand stets zur Verfügung. Egal, ob Wissen, Hände oder Fahrdienste nötig waren. Glasfasermatten mussten besorgt werden, das Surfbrett Marke Eigenbau in liebevoller Handarbeit geschliffen werden. Im Sommer war das kein Problem. Michael konnte draußen arbeiten. Im Winter verlegte er seinen Schaffensort in den Dachboden des Elternhauses, nicht ganz zur Freude der anderen Mieter im Mehrfamilienhaus, die die neue Stinkbombe, die Michael Werkstatt nannte, nicht so recht gutheißen konnten. Der Raum war mit Kunststoff ausgekleidet, was zwar für ein einigermaßen angenehmes Klima sorgte, Michael aber eines Tages in lebensbedrohliche Gefahr brachte.

Wieder einmal hatte er stundenlang an seinem neuen Brett gewerkelt. Und weil er wusste, dass der direkte Kontakt von Polyesterharz und Polystyrol zu einer chemischen Reaktion führt, hatte Michael eine trennende Schicht aus in Kaltleim getauchten Bettlaken ausgetüftelt. Das schien gut zu funktionieren. Allerdings waren im Bettlaken kleine Löcher, durch die das sogenannte Epoxidharz eindringen und sich in das Polystyrol einfressen konnte. Sofort entwickelten sich giftige Dämpfe, die in Michaels Open-Air-Werkstatt einfach in die Atmosphäre entwichen wären. In dem abgeschlossenem Raum aber blieb das tödliche Gemisch gefangen. Michael atmete stundenlang die verseuchte Luft ein und merkte gar nicht, wie sich das unsichtbare Gift in seinen Lungen vermehrte. Irgendwann fiel er einfach um und blieb ohnmächtig auf dem kalten Holzfußboden des Dachbodens liegen. Kurze Zeit später rief Mutter Renate ihren Sohn zum Essen. Als dieser nicht auftauchte, machte sie sich wenig Sorgen. Sie wusste, wie verbissen ihr Spross, der den Eltern manchmal so gar nicht ähnlich schien, sein exotisches Hobby betrieb. Einen gesunden Appetit hatte der Sportsfreund allerdings schon und als er selbst mit einer Stunde Verspätung nicht über die Kochtöpfe herfiel, stieg Renate misstrauisch die Treppenstufen zum Dachboden hinauf. Schon auf den letzten Stufen roch sie den intensiven Geruch des Harzes oder was auch immer da stank. Sie würde ihren Sohn gleich ermahnen, eine längere Pause an der frischen Luft zu machen. Doch dieser Gedanke kam zu spät. Leblos und blass sah sie ihren Jungen auf dem Boden liegen.

In der DDR waren Telefonanschlüsse in Privathaushalten nicht an der Tagesordnung und so konnte sie von Glück sprechen, dass ihr Haus mit einem

Telefon ausgestattet war. Wie sie die Treppen hinuntereilte und den Rettungswagen rief, entzog sich jeder Erinnerung. So schnell und automatisch geschah
der Hilferuf. Die Minuten des Wartens dauerten dafür viel zu lange. Als Michael in
die Klinik Weißenfels eingeliefert wurde, war klar, dass es sich um eine klassische
Vergiftung handelte und die Behandlung war fast Routine. Nach einigen Tagen
des Zitterns, stand fest: Michael war über den Berg. Purer Sauerstoff, Infusionen
und einige Tage Bettruhe trugen zur Genesung des starken 16-jährigen Körpers
bei. Die Vergiftung hatte keine bleibenden Schäden hinterlassen, lediglich einen
Schock, den weder Eltern noch Sohn je vergessen würden.

Dass solch ein Erlebnis Michael nicht aufhalten würde, war im Grunde allen
klar. Kaum wurde er aus der Klinik entlassen, beendete er akribisch seine Schleif-
arbeiten am neuen Surfbrett. Der Frühling stand vor der Tür und wer würde da
lange warten wollen? Mit einem alten Trockenanzug aus Neopren – der Ver-
wandtschaft in Westdeutschland sei Dank – fuhr Michael schon Ende März mit
Vater und Mutter zum Kulkwitzer See, der von seinen Besuchern auch heute
noch liebevoll Kulkie genannt wird. Die ersten wärmenden Sonnenstrahlen
und die ersten Frühblüher konnten nicht vertuschen, dass der See noch mit
Eisschollen bedeckt war und jeder Kontakt mit dem Wasser nicht nur verdammt
kalt, sondern auch gefährlich werden konnte. Aufgeregt versammelte sich die
kleine Gruppe am Ufer. Vater Dieter und Mutter Renate vergruben ihre frierenden
Hände in den Jackentaschen und schauten kopfschüttelnd zu, wie Michael routiniert und stolz Brett und Rigg zusammenbaute. Aufgeregt und übermütig
watete er ins eisige Nass. Jetzt würde nichts mehr schief gehen. Der Wind war
perfekt. Michael setzte einen Fuß auf sein erstes selbst erschaffenes Surfboard
und zog das Segel zu sich heran. Schon nahm er Fahrt auf. Es funktionierte. Mit
einem Grinsen bis über beide Ohren glitt er über das Wasser und manövrierte
sich durch das schwimmende Eis. Zeit, nach den beiden zitternden Begleitern am
Seestrand zu sehen, hatte er nicht. Zwanzig Meter, fünfzig Meter, siebzig Meter...
Alles lief gut. Doch bei Metermarke Einhundert erlebten Dieter und Renate, wie
das passierte, was sie zwar befürchtet aber nicht auszusprechen gewagt hatten.
In Bruchteilen von Sekunden brach das Brett unter Michael in zwei Teile. Die
großen Stücke schossen vor und hinter ihm aus dem Wasser, fielen mit einem
großen Platschen zurück und trieben neben den Eisschollen an der Oberfläche.
Doch wo war der Surfer abgeblieben?
Gerade erst die Vergiftung überstanden, bangte der Vater schon wieder
um das Leben seines Sohnes. Man könnte meinen, Michael trauerte um all die

schöne Arbeit, die offensichtlich für die Katz gewesen war. Doch der risikofreudige Kämpfer hatte ein ganz anderes Problem. Im zwei Grad Celsius kalten Wasser drohte ihm nicht nur eine Unterkühlung, sondern wieder einmal der Tod. Der westdeutsche Trockenanzug war keineswegs in einem perfekten Zustand, wie Michael nun feststellen musste. Durch Löcher im Anzug drang Wasser in die schützende Hülle und füllte den Innenraum des Anzugs immer mehr auf. Anders als bei einem Neopren-Wetsuit konnte das Wasser allerdings nicht einfach entweichen, sondern blieb. Das Gewicht zog Michael nach unten und wurde immer schwerer. Der Auftrieb, den Surfanzüge für gewöhnlich haben, wurde damit zunichte gemacht. Ertrinken war etwas, woran der gute Schwimmer bei Weitem nicht gedachte hatte. Es durfte einfach nicht sein. Er ruderte mit den Armen, strampelte mit den Beinen. Es fiel ihm schwer, an diesem vorösterlichen Wochenende einen kühlen Kopf zu bewahren. Der Anzug zog ihn wie ein Bleiklumpen nach unten, seine Zähne klapperten vor Kälte. Das Wichtigste war, den Kopf über Wasser zu halten. Irgendwie musste er zurück ans Ufer. Die Entfernung war ein Witz für den Wassersportler, doch dieses Mal schien sie wie eine unüberwindbare Hürde. Ohne Hilfe würde es Michael nicht schaffen, die hundert Meter zurückzuschwimmen. Das wusste er nun. Ob seine Eltern ihm rechtzeitig zu Hilfe kommen könnten, bezweifelte er. Er musste es allein schaffen. Mühsam schob er sein Gewicht zu einer Hälfte des zerbrochenen Surfbretts. Als er es mit seinen Armen umklammern konnte, atmete er für ein paar Sekunden auf. Langsam schob er sich und das Brett Richtung Land. Später würde er diesen Tag verfluchen, den Anzug beschimpfen, Selbstvorwürfe walten lassen. Doch jetzt war dafür keine Zeit. Seine Muskeln begannen zu verkrampfen. Er musste dringend raus aus dem See. Kaum konnte er wieder stehen – und es fiel ihm unter dem Gewicht des Wassers in seiner zweiten Haut schwer, sich aufzurichten, - eilte sein Vater zu Hilfe. Erst jetzt sahen die Eltern das Dilemma und stützten ihren schlotternden Liebling. Haut und Lippen waren blau. Er war im wahrsten Sinne des Wortes mit einem blauen Auge davon gekommen. Eilig zerrten die beiden an dem Anzug, um den Frierenden zu befreien.

Das Thema Windsurfen war für diesen Tag und die kommenden Wochen erst einmal abgehakt. Wer sein Glück allzu sehr herausforderte, riskierte, es irgendwann nicht mehr auf seiner Seite zu haben. Dass Michael noch manches Mal viel Glück bräuchte, um lebensbedrohlichen Situationen zu entgehen, konnte er zu diesem Zeitpunkt natürlich noch nicht ahnen.

Also konzentrierte er sich auf seine Ausbildung, denn nur ein exzellentes Abschlussergebnis bei Abitur und Werkstattarbeit würde ihm den Studienplatz für das Fach Internationale Finanzen an der Humboldt-Universität zu Berlin garantieren. Ein Elitestudiengang als Ticket für einen Arbeitsplatz im freien Ausland. Das Studium würde 1992 beginnen, nach den drei verpflichtenden Jahren in der Nationalen Volksarmee. Michaels Weg schien für die kommenden zehn Jahre vorgezeichnet. Die DDR wurde vierzig Jahre alt, Erich Honeckers Gefolge feierte das Jubiläum mit Siegesparaden, roten Nelken und sozialistischen Kampfhymnen. In dem Land, in dem es weder Arbeitslose noch Obdachlose oder gar unbetreute Kinder gab, schien sich nichts je zu ändern.

Mit so viel Sicherheit im Rücken ließ sich das Leben genießen. Der Darßer Bodden war zum Wassersport freigegeben. Dort bestand kein Zugang zu direkten Fluchtwegen aus der Republik. Es sollte Michaels erste Windsurferfahrung auf dem Meer werden. Offshore, wie man in Insiderkreisen so schön sagte. Die Sommerferien kamen und der ein Jahr ältere Peter stand mit dem Führerschein in der Tasche und seinem Trabi 601 mit Steilwandzelt vor der Haustür zur Abfahrt bereit. Einen Dachgepäckträger für das im Vergleich zum Automobil riesige Surfbrett hatten sich die Jungs extra schweißen lassen. Drei Wochen Urlaub standen bevor, paradiesisch würde es werden. Auch wenn es sich noch nicht um die ganz große Freiheit auf der Ostsee handelte, so war das Surfen auf einem kleinen Teil des Binnenmeers doch immerhin ein Fortschritt für den Wassersportfreak. Sein treuer Freund und seine schöne Freundin an der Seite würden die Zeit abrunden.

Die Fahrt an die Ostsee verlief schleppend. Das winzige Auto, das viele Sportgepäck, die holprigen Straßen und die vielen anderen Urlaubsreisenden, die nun einmal nicht viel Auswahl bei der Wahl ihrer kommunistischen Reiseziele hatten und somit alle nach Usedom, Rügen, Warnemünde und Stralsund wollten, verzögerten das Ankommen. Alle paar Kilometer musste jemand aussteigen und auf die Motorhaube springen, deren Verschluss nicht mehr ganz einwandfrei war. All das sorgte jedoch für noch mehr Spannung und Übermut bei den Jugendlichen aus Weißenfels und Jena. Nach zehn Stunden aufgeregten Plauderns, grölenden Singens zu verpönter amerikanischer Rockmusik und friedlichen Schlummerns, landeten die verschwitzten Drei auf dem Zeltplatz. Das Bier zischte und der erste Sprung in die kühlen Fluten ließ keine zehn Minuten auf sich warten. Das Zelt wurde notdürftig zusammen gezimmert, man hätte ja jetzt drei Wochen Zeit, alles noch einmal ordentlich zu machen. Viel zu ungeduldig war die Gruppe, ihre Nachbarn kennenzulernen. Um vier Uhr morgens lag Michael schlaflos in seinem Zelt. Die Dämmerung ließ noch eine halbe Stunde auf sich warten, aber der Windsurfer in ihm baute schon in Gedanken Brett und Segel zusammen. Er lauschte und hörte das Rauschen der Wellen und versuchte anhand des Flatterns der Zeltwände, die Brise zu analysieren. Seine Leidenschaft sollte den anderen und vor allem seiner geduldigen Freundin Grit nicht zur Last fallen. Also drehte er sich noch einmal zu ihr um und kuschelte sich an die zierliche Schlafende. Heute würde der Tag seines Lebens werden. Zwar nicht auf einem Floß im Pazifik, dafür auf einem Surfbrett an der ostdeutschen Küste.

Zwei Stunden später hielt ihn nichts mehr im Zelt und als seine Reisegesellschaft gegen acht Uhr das Kaffeewasser über dem Gaskocher erhitzte, war Michael bereits startklar und scharrte ungeduldig mit den Füßen im weichen Dünensand. Mit der Kamera gewappnet und Michaels Sportausrüstung bepackt, schleppten sich Michael, Grit und Peter nur Minuten später durch das, für die Ostsee so typische, kleine Kiefernwäldchen an den Rand der heran rollenden Wellen. Wellen! Eine neue Herausforderung. Der Wind blies kräftig und gleichmäßig. Ideal für den Start einer neuen Ära. Michael warf das Brett ins Wasser, sprang hinauf und düste los. Zeit und Raum verschwammen. Es holperte und platschte, Michael strauchelte und musste sich den Bewegungen des Wassers unterwerfen. Ein ungewohntes Gefühl. Was ihn der Wind schon gelehrt hatte, würden nun die Wellen tun: Eins werden mit der Natur. Sich die Kräfte des Universums zu Nutzen machen. Alle Dimensionen auskosten. Nicht mehr nur gleiten, sondern auch springen, sich an den Wellen als Sprungschanzen bedienen. Michael war im Rausch. Er kannte nun seine Bestimmung. Wieder einmal vergaß er, dass da Menschen am Ufer auf ihn warteten. Erst als nach einer Stunde die Kräfte nachließen, die Sonne auf seiner Haut brannte und sich die Hände taub anfühlten, kehrte er in den Schoß der Freundschaft zurück. Mit seinen zwei treuen Eingeschworenen feierte er diesen einmaligen Moment. Sie kannten ihn und freuten sich mit ihm über die Erfüllung eines Traumes. Von den anderen Badegästen, die nie zuvor einen Windsurfer gesehen hatten, erntete er Bewunderung. So viel Aufsehen war ihm unangenehm. Er surfte um des Surfens Willen und nicht, um andere zu beeindrucken. Wozu auch? Er hatte alles, was er brauchte und er hatte nicht vor, etwas zu ändern. Es war der erste Tag ihrer Ferien und die Zeit bis zur Abreise schien ihnen unendlich. Ein herrliches Gefühl von Freiheit so nah an der Grenze, die das Ende der Freiheit bedeutete. Aber das interessierte hier und heute niemanden. Als abends Thüringer Rostbratwürste auf den Grills der routinierten Camper landeten, immer mehr Bierflaschen und Pfeffi, der Schnaps mit dem Zahnpasta-Geschmack, aus dem Kiosk herangetragen wurden und sich Peter in bester Gesellschaft wähnte, sehnte sich Michael nach etwas Zweisamkeit mit seiner Strandnixe. So ein Tag durfte nicht vergehen, ohne die zarten Hände und weichen Lippen der lieben Frau an seiner Seite zu spüren. Doch das Vergnügen währte nicht lange. Irgendein nicht mehr ganz nüchterner Platzkumpan wusste mit Gaskocher und Brennspiritus nicht so recht umzugehen und als der Spiritus in Flammen aufging, konnte er sich nicht anders retten, als die Flasche in hohem Bogen von sich zu werfen. Es kam, wie es kommen musste. Das Liebesspiel in Michaels Zelt wurde schlagartig heißer als erwartet, die Zeltwände mit dem eingewebten Kunststoff schmorten dahin und glühende Fetzen flogen um das Paar. Das erschrockene Partyvolk sah zwei nackte Gestalten panisch aus dem Zelt rennen, die, in sicherer Entfernung angekommen, schockiert stehenblieben und zurückblickten. In dieser Nacht konnte sich vor Lachen niemand mehr halten, am wenigsten Michael und Grit, die die Gelegenheit nutzten, im Mondschein baden zu gehen. Noch tagelang wurden Witze über den ungeschickten Koch und die brennende Liebe der jungen Urlauber erzählt. Die Drei hatten nun viele Freunde dazugewonnen und die Wochen vergingen wie im Flug. Was blieb, war die Erinnerung an etwas, das unbedingt wiederholt werden müsste. Das Trio wusste, dass es so oft wie möglich zum Darßer Bodden zurückkehre wollte. Den anderen Lebenslustigen ging es ähnlich, und so trafen die Freunde vom Zeltplatz wiederholt auf den ungewöhnlichen Windsurfer, der jedes Mal ein bisschen besser wurde, sich noch eleganter durch die Wellen bewegte und immer ein bisschen höher abhieb als zuvor.

≈ *Michael und ich sitzen auf dem Vorschiff der Polaris. Heute haben wir wenig Wind und im Schatten der Genua schaukeln wir sanft über die Wellen. Der Bug hebt und senkt sich. Ich lache herzlich über die Anekdote, die mir da gerade erzählt wurde, und Michael schaut mich schmunzelnd an: „Weißt du, Sheila, wir waren zwar eingesperrt in diesem Land, das wir irgendwie nicht so lieben konnten, wie es uns eingebläut wurde. Aber in diesen Jahren fühlten wir uns glücklich und unbeschwert. Vielleicht so unbeschwert wie nie wieder in unserem Leben." Wir schauen auf die unendliche Weite des Ozeans. Jeder in seine Gedanken versunken. Ich kann nachempfinden, was der Firmenchef und Eigner der sportlichen Hochseeyacht da gerade zu mir sagt. Keine Verpflichtungen, das wilde Leben genießen, jeden Tag Sonne und frische Luft um die Nase, Wassersport und interessante Menschen zum gemeinsamen Lachen. Was spielt es da für eine Rolle, ob das Meer Ostsee oder Atlantik, die Insel Rügen oder Réunion, der Strand Playa oder Praia heißen?*

Und trotzdem bin ich froh, dass ich gerade in diesem Moment an Bord eines Schiffs mitten im Indischen Ozean aufspringen und laut rufen kann: „Land in Sicht!" und damit Mauritius meine, die Insel, die viele mit Flitterwochen in

Luxusresorts verbinden. Für uns wird sie sich auf andere Weise präsentieren und gemischte Gefühle hinterlassen.

Für heute haben wir genug über die Vergangenheit gesprochen. Das Hafenmanöver steht bevor, auch wenn es noch ein paar Stunden bis zum Einlaufen dauert und wir erst nach Sonnenuntergang den Anlegercocktail genießen können. Zu aufregend sind die Momente vor dem Anlanden. Fotos müssen geschossen werden, kleine iPhone-Interviews für Blog und Facebookseite gedreht, das Bier kalt gestellt, die Fender an den Seezaun geknotet, die Segel eingeholt, Fernglas, Lampen und Leinen bereitgelegt, Pläne für die nächsten Tage geschmiedet und das Outfit auf Landfeinheit geprüft werden. Ein verlumpter Crewauftritt kommt in der gepflegten Innenstadt-Marina von Port Louis nicht in Frage.

Es wird eine Weile dauern, bis ich Michael fragen kann, wie es mit seinen Zukunftsplänen weiterging und wodurch die Leichtigkeit der Jugendjahre abgelöst wurde. Wir werden uns auf dem vierstündigen Abstieg des Piton des Neiges, eines Dreitausenders auf der Île de la Réunion, befinden, als Michael an seine Erzählung anknüpft und mir berichtet, wie er sich als Soldat inhaftieren ließ, um den Befehl zur Schließung der deutsch-deutschen Grenze zu umgehen. Der Mensch, der immer nach der großen Freiheit suchte, ließ sich also einsperren. Um der Freiheit Willen! Verrückt! Paradox! Und doch irgendwie nicht. Ich hake nach und höre Unglaubliches. Dinge, die auch mein kleines Leben einst auf den Kopf gestellt hatten.

In der DDR rumorte der Widerstand gegen das Regime. Die Proteste gegen die Diktatur der SED wurden lauter, Demonstrationen gegen Bevormundung, Ungerechtigkeit, die fehlende Meinungsfreiheit, die Zensur der Presse, die Überwachung der Staatssicherheit, Reiseeinschränkungen und die Abhängigkeit jeglicher persönlichen Entwicklung von der Parteizugehörigkeit vermehrten sich. Was in Leipzig in der Nikolaikirche begonnen hatte, wurde nun auf den Straßen der gesamten Nation ausgetragen. „Wir sind das Volk", hieß die Botschaft und das Volk wusste, dass es in einem System lebte, das Demokratie nur vorgaukelte. Die Wenigsten wollten ihre Heimat verlassen, sie wollten vermeiden, dass ihre Heimat sie verlässt. Sie wollten sich in ihren Städten und ihren Häusern frei fühlen, sich individuell entfalten können und manchmal einfach nur auf der Ostsee windsurfen.

Genau in dieser Zeit beendete Michael Ausbildung und Abitur mit Bravour. Die Eltern waren sichtlich stolz. Ihr Sohn, der sich so gar nicht für Schule und Mitschüler interessiert hatte, würde es nun doch noch weit bringen und nicht bloß die Flausen im Kopf hegen und pflegen. Doch in diesem Detail lag die

Täuschung. Denn genau diese Flausen in Michaels Kopf waren sein Antrieb, einen anspruchsvollen Karriereplan ganz nach den Regeln der noch existierenden DDR zu verfolgen. Noch drei Jahre Militär absolvieren und im Anschluss zum Studium nach Berlin. Ein paar Jahre treu dem Arbeitgeber dienen, um danach in das Nichtsozialistische Wirtschaftsgebiet ziehen und dort Geschäfte für die Deutsche Demokratische Republik abzuwickeln. Und dann endlich Windsurfen auf dem Meer. Welch komplizierter Plan! Welch groteske Motivation! Welch simples Herz!

Der Einzug in die NVA kam prompt. Der Abschied von Grit tat weh, vor allem Grit. Sie hatte genau wie Michael ihre Lehre erfolgreich beendet und wusste noch nicht, was die nächsten Monate bringen würden, wo sie einmal wohnen und arbeiten würde. Eine ungewohnte Situation nach all den intensiven gemeinsamen Monaten in Jena.

Die Sorgen der Eltern angesichts der sich verändernden Sicherheitssituation an der Basis der Gesellschaft zogen mit Michael in die Kaserne in Halbe-Teupitz ein. Das Leben in den engen Zellen störte den Puristen wenig. Ordnung, Disziplin, Ausdauer, Bescheidenheit und Konzentration auf die Aufgabe waren Grundwerte, die Michael entgegenkamen und hier zur Perfektion geschult wurden. Er brauchte nicht viel und so fiel ihm die Umstellung leicht. Einzig die Nähe zu den Kameraden war dem Einzelkind unangenehm. Deren Gerüche, Geräusche, Gespräche und das Chaos konnten einem schon die Nerven rauben. Und da waren sie wieder, die langweiligen Themen: Autos, Motorräder, Fußball, Saufen und Frauen. Aber sie würden sich alle entwickeln müssen, um durchzuhalten. Und am Ende würden sie alle zusammenhalten. Zwei Monate dauerte der Grundwehrdienst. Schneller als sie verstanden, was sie taten, erhielten die jungen Rekruten den Befehl, Kampfposition an der innerdeutschen Grenze in Berlin zu beziehen. Die sogenannte Mobilmachung der Armee hatte begonnen.

Als am 9. November 1989 die Mauer fiel, Tausende von Ostdeutschen nach West-Berlin strömten, ein Trabi-Korso die Straßen am offenen Grenzübergang verstopfte, sich die Deutschen in die Arme fielen, die ersten bemalten Betonbrocken von der Mauer geschlagen wurden und alle an ein Wunder glaubten, saß Michael mit den anderen Soldaten seiner Kompanie vor dem Fernseher in der Kaserne. Keiner traute sich zu sprechen. Noch nicht einmal Blicke wurden getauscht. Wie versteinert mit offenen Mündern starrten die jungen Männer, die gerade zum Dienst am eigenen Land verpflichtet wurden, in die winzige Röhre. Was da über einen der wenigen Farbbildschirme der Republik flimmerte, konnte alles Mögliche bedeuten: Freiheit und Frieden oder Militäroffensive und Bürgerkrieg. Die Kommandanten entschieden sich gegen die Freiheit. In einer Mitteilung erfuhren die NVA-ler, dass die Grenzöffnung ein Versehen gewesen sei, man die Ordnung im Land ganz nach sozialistischen Maßstäben in Kürze wieder herstellen wolle und die Grenzen in wenigen Tagen wieder geschlossen würden. Genau das war die Aufgabe des Wachregiments, zu dem Michael gehörte: Die Sicherung der innerdeutschen Grenze. War das jetzt noch mit dem Gewissen vereinbar? War es das je gewesen? Doch der Befehl kam nicht. Nichts passierte. Keiner durfte rein noch raus. Nachrichtensperre! Weder erfuhren die Soldaten, was draußen passierte und wie es ihren Familien ging, noch erfuhren die Angehörigen, wo ihre Männer, Freunde, Söhne gerade steckten. Sie waren kaserniert und fühlten sich inhaftiert. Wie Sträflinge, die sie nicht waren.

In dieser Situation drehte ein Kamerad durch und stürzte sich vor den Augen der Truppe aus dem Fenster. Michael und die anderen waren fassungslos. Warum hatte er das getan? Warum wählte dieser blutjunge Mensch in der Kaserne den Freitod? Sah er seinen Glauben an Vater Staat schwinden und musste feststellen, dass seine Überzeugungen der Realität nicht standhielten? Sah er seine einzige Chance auf ein freies, selbstbestimmtes Leben in einem wiedervereinigten Deutschland oder zumindest in der BRD ein für alle Mal den Bach hinunter gehen? Hatte er vielleicht eine Liebe, deren Verlust er sich nun, da die Grenze zumindest kurzzeitig offen war, gewiss war? Er starb und was blieb, waren viele Fragen ohne Antworten.

Michael und fünf weitere Wehrdienstleistende wurden zurück nach Halbe-Teupitz gebracht, wo der nachdenkliche 19-Jährige zu einer Demonstration aufrief. Gefangen zu sein und keinerlei Nachrichtenaustausch wahrnehmen zu dürfen, entsprach so gar nicht seinen Idealen. Er lud einen Reporter vom Jugendradio DT64 ein und berichtete über die Situation der Soldaten. Michael schrieb einen langen Brief an seine Eltern, der nie ankommen sollte. Darin äußerte er seinen Unmut über die Situation. Er teilte seine Gedanken zum Staat, der sich verändern müsse, um den Ansprüchen des Volks tatsächlich gerecht zu werden, mit. Keineswegs forderte er die Auflösung der DDR, das schien doch allzu abstrakt, aber offene Diskussion und individuelle Freiheit waren das absolute Minimum seiner Vorstellungskraft. Michaels Eltern versuchten herauszufinden, wo ihr Sohn steckte, aber sie hatten kein Glück bei der Recherche. Sie befürchteten, dass er dazu instrumentalisiert werden würde, gegen die Menschen im eigenen Land vorzugehen, was durchaus der Natur des Wachregiments entsprach.

Die neue Euphorie der DDR-Bürger draußen vor der Kaserne blieb dem Soldaten verborgen, aber er war bereit, Befehle zu verweigern und Strafen in

Kauf zu nehmen, um sich und andere vor weiterer Freiheitsberaubung und Zensur zu schützen. Er konnte nicht wissen, dass andere Unglückliche, die das schon früher versucht hatten, ihre Überzeugungen mit dem Leben, mit der Gesundheit oder zumindest mit der eigenen Freiheit bezahlt hatten. Noch immer saßen im Gefängnis Bautzen unzählige politische Häftlinge, deren Schicksal noch längst nicht neu geschrieben war.

Michael wusste nicht, dass Tausende von Ostdeutschen die DDR verlassen hatten und die BRD Aufnahmelager für die vielen Flüchtlinge einrichtete. Aber auch um ihn herum passierte etwas. Zwei Monate nach dem Mauerfall verschwanden die ersten Befehlshaber und eines Tages vergaß sich Michaels Feldwebel vor der gesamten Truppe. Mit einem Hammer in der Hand prügelte er auf die Portraits von Honecker und Mielke ein, die die Bürowände jeder öffentlichen Anstalt und sogar der Klassenzimmer zierten, und er schrie und schimpfte, als stünden die Politiker direkt vor ihm: „Verräter! Lügner! Betrüger!" Im Gegensatz zu seinen Untergebenen war ihm offensichtlich klar, dass sein Arbeitgeber, dem er jahrelang treu gedient hatte, im Begriff war, sich aufzulösen. Nach diesem Wutausbruch verschwand er sang- und klanglos und zurück blieb eine Gruppe Halbstarker, die nicht wussten, wer nun das Sagen in der Kaserne und im Land hatte. Als sie am kommenden Morgen nicht mehr geweckt wurden, kein Appell, keine Übung und auch sonst nichts einberufen wurde, fiel ihnen nichts Besseres ein, als diesen seltsamen Moment ihres Lebens mit einer sogenannten Kegel-Partie zu zelebrieren. Was ursprünglich als Folterinstrument gedacht war, um junge Rekruten auf ihre Widerstandsfähigkeit zu prüfen, wurde nun zu einem lustigen Spiel. Mit Stahlhelmen an Knien und Händen, kegelten sich die Spaßvögel gegenseitig über den Kasernenhof, bis sie umfielen und sich vor Lachen ihre Bäuche halten mussten.

REIFEZEIT 1990-1996. DEUTSCHLAND WIRD EINS. DIE OSTSEE RUFT. SURFEN. LEBEN. LIEBEN. SCHÜSSE IN DER NACHT. STUDIEREN UND DELEGIEREN. ROADTRIP MIT BLACKOUT. MISSGLÜCKTER FLUGVERSUCH. EIN SKIPPER AUF DEM MITTELMEER.

Die Voraussetzung für Wissen ist die Neugier."
— Jacques-Yves Cousteau

Im Januar 1990 kam endlich ein Beschluss. Michaels Kompanie wurde offiziell in Unehren entlassen. Das war im Grunde ein Freibrief für eine Abschiebung nach Westdeutschland und die Vorsorge, dass dort keine Wiedereinstellung stattfinden würde. Nur fünf Monate nach seiner militärischen Verpflichtung, die drei Jahre hätte dauern sollen, stand Michael mitten im Winter auf der Straße. Er fuhr zu seinen Eltern nach Weißenfels und hoffte, dass zuhause noch alles beim Alten war. Dort wurde er sehnsüchtig erwartet. Dieter und Renate schlossen ihren Sohn in die Arme und redeten bis in die Nacht hinein über die Geschehnisse der jüngsten Vergangenheit. Michael blieb erst einmal zu Hause und dachte über seine Zukunft nach. Er verfasste einen Antrag zum vorzeitigen Studienstart, denn jetzt noch mehr als zwei Jahre auf die Immatrikulation zu warten, machte so gar keinen Sinn. Zum Wintersemester sollte es losgehen.

Der Bescheid ließ auf sich warten, also kümmerte sich Michael wieder um das, was ihm am Liebsten war. Man könnte es göttliche Fügung nennen, dass schon im April 1990 die erste Ausbildergruppe des VDWS, dem Verband Deutschen Wassersports, am Senftenberger See zusammengestellt wurde und Michael die offizielle Lizenz zum Surflehrer erwerben konnte. Pünktlich zu seinem 20. Geburtstag lag ihm das schönste Dokument der Welt vor, das kleine Faltpapier, das ihm erlaubte, anderen das Windsurfen beizubringen und mit seinem Hobby Geld zu verdienen.

Während es andere gar nicht abwarten konnten, Hessen, Niedersachsen, Schleswig-Holstein, Bayern oder die anderen, weiter entfernten Bundesländer der BRD zu besuchen, holte Michael noch nicht einmal sein Begrüßungsgeld von 100 Deutschen Mark ab. Michaels Goldener Westen wartete woanders auf ihn.

Im Mai fuhr er nach Karlshagen auf die Insel Usedom und traf dort seine Freundin Grit, die nach dem Ende ihrer Feinmechaniker-Ausbildung in Jena zu ihren Eltern zurückgekehrt war, um von dort eine Arbeitsstelle zu suchen. Es war ein aufregendes Wiedersehen nach all den verrückten Monaten, die hinter beiden lagen. An seiner geliebten Ostsee angekommen entdeckte Michael bei einem Spaziergang mit Grit ein neu entstehendes Fachgeschäft für Windsurfer. Er klopfte bei Windsport Wolgast an und machte Bekanntschaft mit dem Unternehmer, der die Gunst der Stunde Null nutzen und die erste Windsurfschule auf der Insel eröffnen wollte. Surflehrer Michael kam wie gerufen. Nach ein paar Wochen, die der Einrichtung des neuen Ladens dienten, wurde er mit einem Wohnwagen ausgestattet, erhielt zehn Surfbretter und dazugehörige Segel, ein Paket Flyer für die Hotels der Umgebung, ein Moped und ein Schlauchboot. Seine Station baute er in Peenemünde auf dem bereits stillgelegten Sperrgebiet auf. Kilometerlanger, weißer Sandstrand, sanfte Dünen, offenes Meer, Wellen und jede Menge Wind. Michael war im Paradies angekommen. Spartanisch ging es im Windsurfhimmel zu. Frischwasser gab es aus Kanistern, die Toilette wurde in einer Grube verrichtet, ein Spaten diente der Hygiene des Katzenklos. Sein Freund Peter kam zu Besuch und während der Sommermonate fand auch die ein oder andere Strandnixe den Weg zu Michaels exotischem Windsurfer-Heim. Wenn der Sunny Boy mit seinem Moped über die Insel fegte, wenn er die lang ersehnten Ostseewellen abritt, wenn er ein hübsches Mädchen mit einem Kaffee vom Gaskocher verwöhnen konnte, fühlte er sich so frei und so glücklich, wie er es nie zu träumen gewagt hatte. Zu seinen Surfschülern gehörten die klassischen Ostseeurlauber, Familien, deren Väter und Kinder das Windsurfen einmal ausprobieren wollten. Michael verdiente sein erstes Geld als Windsurflehrer. So könnte das Leben weitergehen. Sofern das Leben selbst weiterging. Dessen war sich Michael in einer lauen Sommernacht plötzlich nicht mehr so sicher.

Es war weit nach Mitternacht, Grit und Michael schliefen nach einem aktiven Tag auf dem Wasser tief und fest. Ein lautes Knallen weckte die beiden. In unmittelbarer Nähe hörten sie die Explosionen, die plötzlich nicht mehr aufhören wollten. Michael schrie: „Das sind Schüsse! Los raus! Unter den Wagen!" Nackt wie sie waren, krochen sie so schnell und unauffällig wie möglich aus der Tür des Wohnwagens und quetschten sich unter das Bodenblech. Sie zitterten vor Angst und Kälte und wagten nicht zu reden. Das Schießen nahm kein Ende und schien immer näher zu kommen. Es war eine sternklare Nacht, aber sie konnten von ihrem Versteck aus nichts erkennen. Unter dem Vehikel fühlten sie sich zwar nicht sicher, aber es fiel ihnen kein besserer Plan ein, als auszuharren. Michael versuchte auszumachen, woher die Schüsse kamen und ob sie möglicherweise als Warnung für den Dauercamper gedacht waren. Nur warum? Die Patronen platzten über dem Wasser und jetzt, wo der erste Schreck vorbei war, konnten sie das Platschen hören, das die Salven verursachten. Das Gelände war doch für Urlauber freigegeben, das Militär war abgerückt, die Sperrzone aufgehoben. Wie passte das zusammen? In einer Zeit, in der der Kalte Krieg längst nicht vorbei war, Deutschland noch nicht wieder vereinigt war und die Übergangsregierung alles andere als fest im Sattel saß, waren der Fantasie keine Grenzen gesetzt. Nach mehr als einer Stunde hörte das nächtliche Feuerwerk auf und das Paar kletterte zurück unter die warmen Decken im Bett. Wirklich schlafen konnten sie nicht. Zu unsicher fühlten sie sich so einsam zwischen den Dünen. Als die Sonne aufging, stand Michael auf, startete den Motor seines Mopeds und fuhr zur naheliegenden Kaserne, um den Überfall zu klären. Als er seine Wut über die Bedrohung zum Ausdruck brachte, erfuhr er, dass es sich um eine militärische Nachtübung eines aus Russland zurückgekehrten Majors gehandelt hatte, der offensichtlich noch nicht darüber informiert worden war, dass das Gelände für diese Art Manöver nicht mehr zur Verfügung stand. Nicht auszudenken, wenn sie einen Zivilisten verletzt oder gar getötet hätten.

Nach dieser Schreckensnacht ging der Sommer äußerst friedlich weiter. Michaels Eltern erhielten per Post den Zulassungsbescheid von der Humboldt-Universität und freuten sich, dass ihrem Sohn eine geordnete Zukunft als Student bevorstand. Auch für sie selbst hatte sich die Arbeitssituation geklärt. Beide Lehrer durften nach einer Prüfung ihre Berufe weiter ausüben. Da sie weder der SED noch anderen politischen Initiativen angehört hatten, waren sie auch im neuen Gesellschaftssystem tragbar.

≈ *Michael und ich sitzen am Fuß des 3070-Meter hohen Berges Piton de Neiges, der höchsten Erhebung im Indischen Ozean. Neun Stunden Wanderung liegen hinter uns und wir warten auf die anderen Crewmitglieder. Michael, der Kämpfer, war allen voraus marschiert, das Ziel klar vor Augen. Er wollte vor Sonnenaufgang auf dem Gipfel sein, noch bevor die aufsteigenden Wolken den Ausblick verdeckten, und gab so das Tempo vor, dem wir alle hinterher keuchten. Uns empfing ein wunderschönes Panorama bei aufgehender Sonne, ein kleines Picknick mit Baguette und Käse, gefolgt von einem Abstieg, der sich mindestens genauso anstrengend gestaltete wie der Aufstieg und mit vier Stunden nur eine Stunde kürzer war als die nächtliche Klettertour zur Bergspitze. Während wir unseren Weg über die schroffen Felsen, durch dorniges Gebüsch und durch den feuchten, glitschigen Dschungel zurück ins Tal bahnten, erzählte mir Michael von dieser Zeit, die ich – zehn Jahre jünger als er – ganz anders erlebt hatte. Zur gleichen Zeit, als Michael die Grenze hatte wieder schließen sollen, verließen meine Eltern mit ihren Töchtern im Gepäck die bisherige Heimat, um ihren Kindern eine freie Zukunft bieten zu können. Michael resümiert: „Meine Vorstellung von maximaler Freiheit beschränkte sich all die Jahre auf das, was ich 1990 endlich leben durfte. Ich hatte für eine Zeit lang mein großes Glück gefunden und fühlte mich unglaublich frei. Und das in dem Land, das immer noch DDR hieß."*

Der Herbst kam und Michael zog nach Berlin. Schon im ersten Studienjahr wurde der Studiengang von Internationale Finanzen in Betriebswirtschaftslehre, BWL, umbenannt. Ein Detail, das keine Rolle spielte. Das Grundstudium von vier Semestern überforderte den cleveren Studenten nicht gerade. Zu seinen Kommilitonen gehörte Ulrike. Es stellte sich heraus, dass Ulrike äußerst strebsam und sorgfältig war, in keiner Veranstaltungsreihe fehlte und in den Vorlesungen akribisch mitschrieb. Michael freundete sich mit ihr an und durfte seitdem vom Eifer der gutmütigen, jungen Dame profitieren. Immer öfter fehlte Michael im Hörsaal und kümmerte sich um das wirklich Dringende, das Windsurfen. Ulrike hatte Verständnis und sonnte sich in der Dankbarkeit des großen, blonden Sportlers, wenn dieser wieder einmal ihre Mitschriften kopierte.

Als im April die ersten Semesterferien anstanden, brach er in neue Gefilde auf und fuhr in ein Surfcamp nach Fehmarn, auf die westdeutsche Ostsee-Insel. Dort traf er auf Peggy, Medizinstudentin, zwei Jahre älter als er, unverschämt albern und attraktiv. Sie liebte das Meer und wollte unbedingt Windsurfen lernen, aber der Einsteigerkurs war zu teuer. Michael, fasziniert von der Frau, die ständig lachte und das Wasser zu ihrem Element erklärte, lieh ihr kurzerhand das nötige Kleingeld und sicherte sich damit ihre Gesellschaft während der kommenden Tage. Er suchte ihre Nähe, wollte ihr gefallen und auch wenn er es nicht zugeben wollte, so war es doch offensichtlich: Peggy hatte ihm den Kopf verdreht. Aber die Studentin konzentrierte sich allzu sehr auf den Wassersport und Michaels schüchterne Annäherungsversuche blieben unbeantwortet. Nicht nur er, sondern auch die Bikini-Schönheit, war in festen Händen und so blieb es beim verbalen Flirten und Windsurfen. Am Ende der Fehmarn-Reise sah Michael seine Felle auf ewig davon schwimmen. So lud er Peggy kurzerhand ein, ihn und seine Freunde in den Sommerferien auf einen Surftrip durch Europa zu begleiten. Sie stimmte dem Plan des geheimnisvollen Surfers mit den aufmerksamen Augen zu und meinte, sie müsse nur noch ihren Freund überzeugen, was ihr sicher nicht schwer fallen würde. Nun waren nicht nur seine Freundin Grit und seine hilfsbereite Kommilitonin Ulrike, sondern auch Peggy mit von der Partie. Eine prekäre Situation, könnte man meinen. Eine turbulente Reise, die spannendes Material für ein Roadmovie liefern könnte, stand bevor.

Anfang August waren alle Referate gehalten, Prüfungen geschrieben, Hausarbeiten eingereicht, Protokolle abgegeben worden. Ein Gespann von sieben Abenteuerhungrigen machte sich auf den Weg nach Portugal, immer an der Küste entlang, wo der Wind so richtig wehte. Michael, Grit, Torsten, Ute und Ulrike hatten ein Wohnmobil gemietet, das ihnen auf den Campingplätzen und an den Stränden der südlichen Küsten ein Zuhause bot. Peggy und ihr Partner folgten mit dem eigenen PKW.

Der berühmte Windsurferspot Biaritz in Frankreich war das erste große Zwischenziel der Gruppe. Voller Elan warfen sich die Windsurfer mit ihren Brettern in die großen Wellen und verstanden zum ersten Mal, was es hieß, dreidimensional durch offene Gewässer zu heizen. Das war Michaels Bestimmung: das geschickte Spiel mit Wind und Wellen anstelle Regatten, bei denen Geschwindigkeit und Manöver im Vordergrund standen. Abheben, Springen, Drehen, Landen. One Eighty, Three Sixty, das neue Ziel war ein Salto mit dem Surfbrett. Die teuflische Ernüchterung kam für Michael nur allzu spontan. Gerade Gefallen gefunden am Training für den Überschlag rauschte ihm ein einheimischer Surfer seitlich in die Welle und entgegen aller Regeln dachte dieser gar nicht daran, auszuweichen. Michael sah ihn zu spät. Es krachte gewaltig. Zwei Körper wirbelten durch die Luft. Als sie wieder auftauchten, schimpften beide in ihrer eigenen Sprache. Michael verstand kein Französisch und es war davon auszugehen, dass auch der Franzose kein Wort von Michaels Tiraden verstand.

Trotzdem wussten beide genau, was die fremden Klänge bedeuteten. Die jungen Männer kraulten zu ihren Boards zurück und Michael entdeckte das Desaster. Während der unverschämte Gallier die Fliege machte, brachte er niedergeschmettert und stocksauer sein zerbrochenes Surfbrett zurück zum Wohnmobil. Das war es gewesen, sein erstes westdeutsches Board, gekauft mit dem Geld, das er in Peenemünde verdient hatte. Es würde nicht der letzte Verlust dieser Reise bleiben.

Die Surfexkursion zog weiter Richtung Lissabon und entdeckte eine Lagune, die ideal für die Anfänger in der Gruppe war. Flaches Wasser, gleichmäßiger Wind, kaum Wellen. Dort ließ es sich hervorragend üben. Michael erkundete mit einem Ersatzbrett die Lagune, fuhr hunderte Meter weit hinaus, um den Spot genau zu untersuchen. Plötzlich tauchte vor ihm eine Sandbank auf. Kein großes Problem, nur nicht ideal für Finnen und Schwert. Für Wende oder Halse war es zu spät. Um das Material zu schonen, sprang Michael vom Brett. Seine Landung war weich, der nasse Sand gab wie erwartet nach, aber irgendetwas hatte sich beim Auftreten in seinen Fuß gebohrt. Michael wollte sein Bein anheben, um nachzuschauen, ob ein Seeigel der Übeltäter gewesen sein könnte. Beim Anspannen der Muskeln stellte er fest, wie der Schenkel immer schwerer wurde und sich kaum noch steuern ließ. Die Taubheit zog im Sekundentakt Richtung Hüfte. So eine Lähmung hatte er noch nie erlebt und sie erfüllte ihn mit riesiger Angst. So schnell er noch konnte, drehte er das Surfbrett um, hüpfte einbeinig auf, zog das Segel dicht und glitt zurück zu seinen Freunden. Das Bein war mittlerweile nicht mehr zu spüren und Michael fühlte, wie ihm schwindlig wurde. Der Balanceakt glich einer akrobatischen Meisterleistung und als er auf dem Strand auflief, fiel er wie ein Sack zusammen und blieb regungslos im Sand liegen. Die Freunde, die die Szene beobachtet hatten, rannten zu Michael und hielten den Stunt für einen Scherz. Grit schlenderte lachend zu ihrem Freund und erkannte erst, als sie an ihm rüttelte, dass der vermeintliche Spaßvogel keinerlei Regung mehr zeigte und auch nicht daran dachte, aufzuwachen. Ihr Schütteln wurde verzweifelter und vermischte sich mit Schreien, Weinen und Schluchzen. Grit war sich sicher, ihren Freund sterben zu sehen. Peggy, die angehende Ärztin, war sofort zur Stelle und identifizierte eine Verletzung an der Fußsohle, konnte sich den Zusammenbruch aber weder erklären noch hatte sie eine Lösung parat. Sie schauten sich hilfesuchend am Strand um und sahen, wie eine Frau auf sie zulief. Ein kurzer Blick auf den Fuß und sie rannte wieder fort. Wo wollte sie hin? „Stop! We need help!", rief Peggy verzweifelt. Die Portugiesin winkte ab und bewegte sich schnurstracks auf eine Aloe-Vera-Pflanze am Rande des Sandstrands zu, brach ein Stück des fleischigen Kakteengewächses ab und trug es zu der Gruppe, die sich um den Bewusstlosen versammelt hatte. Aus dem dicken, dornigen Blatt tropfte kühlendes Gel, das sie auf die Einstichstelle an Michael Fuß rieb. Gestikulierend versuchte sie in gebrochenem Englisch zu erklären, dass sich die Freunde keine Sorgen machen, ihren Unglücksraben in den Schatten verlegen und warten sollten. Wie sich herausstellte, war Michael auf ein Petermännchen getreten, einen giftigen Fisch, der sich im Sand eingegraben hatte. Die Nerven waren zum Zerreißen gespannt. Die Helferin hatte gut reden. Minuten vergingen und nichts passierte. Michael wollte einfach nicht aufwachen. Seine Atmung war stabil und nichts deutete darauf hin, dass sich sein Zustand verschlechterte. Und plötzlich, nachdem fast eine Stunde vergangen war – eine Stunde, die keiner der Sieben je in seinem Leben wieder vergessen würde –, blinzelte Michael und blickte sich fragend um. Er fühlte sich immer noch schwer und taub und das Bein schmerzte, aber es ging ihm zusehends besser und am Abend humpelte er schon wieder um den Wohnwagen herum. Nach zwei Tagen war die Notwehrattacke des Meeresbewohners komplett überstanden und die Abenteuer der Reisegruppe konnten weitergehen.

Die letzten Wochen vergingen wie im Flug und die Heimreise stand an. Der lange Weg sollte durch den Besuch einiger Metropolen, die kürzlich noch so unerreichbar waren, versüßt werden. Madrid stand auf dem Plan. Müde und hungrig in der Innenstadt angekommen, wurde der Camper auf einem Parkplatz abgestellt, ein paar Peseten in die Hosentaschen gesteckt und sich auf die Suche nach einer günstigen, gemütlichen Tapasbar gemacht. Die Studenten hatten wenig Budget und kleine Ansprüche. Das entsprechende Lokal war bald gefunden und man trödelte noch durch die quirligen Gassen der spanischen Hauptstadt. Als sich die Müdigkeit auch mit weiteren Mojitos nicht mehr überbrücken ließ, kehrten Michael und seine Freunde zu ihrem Wohnmobil zurück. Eine Nacht würden sie doch wohl auf einem Parkplatz stehen bleiben können, ohne dass sie die Polizei vertreiben würde. Auf dem Heimweg machte Michael eine Entdeckung: „Schaut mal, der Schwarze da drüben hat den gleichen Rucksack wie ich." Doch am Wagen angekommen, wich die Erschöpfung der langen Fahrt einem bösen Erwachen und es stellte sich heraus, dass der prall gefüllte Rucksack, den Michael gesehen hatte, nicht der gleiche, sondern der selbe war. Diebe hatten die Tür aufgebrochen und alles, was die Reisenden vor Taschendieben hatten schützen wollen, aus dem Fahrzeug geraubt. Geld, Pässe und die Kameras mit all den Urlaubsfotos: Alles gestohlen. Ein großer Verlust und eine komplizierte Situation in einem Europa, in dem sie noch einige Grenzübergänge vor sich hätten. Keiner der Ostdeutschen sprach Spanisch oder Französisch. Mit Englisch, Russisch und Deutsch würde man sich jetzt erklären müssen.

Aber das war längst nicht das einzige Problem. Die Einbrecher hatten während ihres Raubzuges geraucht und den Fußboden des Campers beschädigt. Der Autovermieter stellte den Studenten später eine Rechnung über 2500 Deutsche Mark. Ein anderer konnte nicht belangt werden, also lastete die Schuld nun auf den Studenten.

Zurück in Berlin stand fest: Michael brauchte dringend Geld. Die Reise hatte seine Ersparnisse aufgefressen und würde er nun weiter surfen, reisen und sich neues Equipment leisten wollen, müsste er sich einen Job suchen. Zur gleichen Zeit versuchte die Zahnbürstenmarke Oral-B den ostdeutschen Markt zu durchdringen und hatte sich eine besondere Marketingaktion überlegt. Jeder, der eine Oral-B-Zahnbürste kaufte, sollte dazu eine kostenlose Gravur seines Namens oder irgendeines anderen Textes auf dem Griff des Putzgerätes erhalten. Für die Umsetzung dieses Services von Thüringen bis Mecklenburg-Vorpommern brauchte Oral-B überall Graveure und schrieb den Nebenjob mit einem interessanten Gehalt von 20 Deutschen Mark pro Stunde aus. Michael bewarb sich und wurde genommen. Er lernte den Umgang mit der Graviermaschine und knüpfte im Umgang mit den Kunden an seine kommunikativen Fähigkeiten als Surflehrer an. Im Winter stand er vor den Apotheken der Region und gravierte mit frierenden Händen die borstigen Errungenschaften der Zahnhygienefanatiker. Schnell avancierte Michael zum Miniunternehmer. Für 8000 Mark, davon 4000 als Leihgabe vom Onkel, kaufte er sich einen alten Opel Kadett. Der Kombi diente von nun an dem Transport von Surfausrüstung und Graviermaschine. Konnte er Aufträge selbst nicht übernehmen, engagierte er für 15 Mark pro Stunde Freunde und Bekannte und sackte für sich selbst die 20 Mark Stundenlohn ein. Das Volumen an eigenen und fremden Einsätzen reichte aus, um in den kommenden drei Studienjahren Surfreisen in die ganze Welt zu finanzieren. Ein kurzer Versuch, nebenher noch Versicherungen an den Mann zu bringen, startete zwar mit durchaus beachtlichen Zahlen, fiel Michael moralisch aber zunehmend schwerer. Den Job überließ er schnell wieder anderen Seelenverkäufern. Zum Studieren selbst blieb nicht viel Zeit. Zum Glück gab es immer noch Ulrike, die treue Seele. Dank ihrer Aufzeichnungen konnte Michael seine Prüfungen stets mit den Noten 2 oder 3 abschließen.

Zu dieser Zeit teilte sich Michael mit seinem Freund Torsten eine günstige Einraumwohnung, gegenüber dem Tierpark gelegen. Beide schliefen aus Platzgründen in einem Doppelbett, was bei weiblichen Gästen oft zu Irritationen führte. Die Freundinnen durften stets auf Matratzen auf dem Fußboden Platz nehmen. Nie beschwerte sich eine darüber und so gab es auch keinen Grund, daran etwas zu ändern. Die Beziehung zu Grit war gescheitert. Zu selten die Treffen, zu groß Entfernung und Versuchung. Michael war zum ersten Mal wieder Single. Seine Begeisterung für Peggy war nach wie vor präsent, aber wieder einmal schien das Mädchen unerreichbar, das sich nur schwer eingestehen konnte, dass die eigene Beziehung kurz vor dem Ende stand.

Im Junggesellenhaushalt ging es amüsant zu. Man versuchte sich an selbstgebackenen Haschkeksen, deren Geruch die gesamte Mieterschaft über die Machenschaften der Miniatur-WG in Kenntnis setzte. Der Backofen wurde danach nie wieder angerührt. Es gab heißere Projekte.

Im kommenden Jahr entdeckte Michael den Hochschulsport für sich und engagierte sich dort als Surflehrer. Im Alter von 22 hatte er hier zum ersten Mal Kontakt zu den Jollenseglern. Eine Begegnung, die sein Leben bereichern, wenn nicht gar verändern, würde. Schon wenige Monate später richtete die Humboldt-Universität die Deutschen Hochschulmeisterschaften im Windsurfen aus und Michael als neuer Instrukteur im Team entdeckte als ideale Eventlocation Blossin am Wolziger See. Das Gelände diente bis dato noch der Deutschen Hochschule für Körperkultur, also der Sporthochschule der DDR, als Kaderschmiede für Ruder- und Segelprofis. Die Anlage befand sich anschließend im Besitz des Landes Brandenburg, wurde als Verein geführt und trug den Namen Jugendbildungszentrum Blossin e.V., kurz JBZ. Die Einrichtung, geleitet von Geschäftsführer Michael Lehmann, war in gutem Zustand. Mehr als 1000 Kinder, Jugendliche und junge Erwachsene konnten im Bettenhaus gleichzeitig beherbergt werden. Ein Volumen, das selten ausgeschöpft wurde. Zwanzig Mitarbeiter kümmerten sich um Bettenhaus, Küche, Sportanlagen und die Betreuung der Kurse. Im Wesentlichen bot man Kajak-, Ruder-, und Segelkurse an, die von den jungen Menschen gebucht werden konnten. Während die Hochschulmeisterschaften im Windsurfen unter Michaels Leitung professionell und erfolgreich über die Bühne gingen, entdeckte Lehmann in dem agilen Studenten Potential für seinen Verein. Er nahm Michael zur Seite und fragte ihn, ob er in der kommenden Saison die Wassersportabteilung des Jugendbildungszentrums leiten und Kanuwandertouren für Schüler entwickeln wolle. Michael war begeistert und sagte seinem dritten Nebenjob zu, der 1993 starten sollte. Dafür meldete er noch schnell ein Gewerbe an, das er Haufe Wassersport nannte, und eignete sich das Können an, das ihm noch fehlte, um die ganze Fülle der verfügbaren Aktivitäten zu beherrschen. Das Niveau musste erst einmal ausreichen, um Anfänger anzuleiten und den jungen Menschen Sicherheit zu bieten. Die Jolle wurde neben dem Surfbrett

Michaels zweitliebstes Gefährt. Das Navigieren im Wind beherrschte er ohnehin, die paar Schoten und Fallen, mit denen er nun noch vertraut werden musste, waren für den konzentrierten Mann schnell zu verstehen.

Mit dem Ende des Jahres stellte sich auch ein weiterer Erfolg ein. Peggy hatte zu ihrer alten Fröhlichkeit zurückgefunden und konnte nun endlich auch ihren Gefühlen für Michael freien Lauf lassen. Sie verliebten sich über beide Ohren und teilten neben der Liebe zueinander auch die zum Wassersport. Peggy erkannte früh, dass Michael kein Mann war, den man in einer Beziehung einsperren durfte. Michaels Unternehmungsdrang war ungebremst und zog Peggy in den Bann. Sie konnte ihn nutzen und Michael zu einem Rock 'n' Roll-Kurs im Unisport überreden, den der Zielstrebige mit genau der gleichen Ernsthaftigkeit und Erfolgsorientierung betrieb wie all seine Projekte. Eines blieb dabei auf der Strecke: Das heitere Studentenleben. Wenn Peggy zumindest ab und zu mit ihren Jahrgangsgenossen herum alberte und einen Ausgleich zum harten Medizinstudium suchte, setzte der ernste Michael seine Prioritäten auf das, was Spaß und Nutzen zugleich mit sich brachte.

Als das Frühjahr kam und mit ihr die Schulklassen zum Wolziger See pilgerten, zog Michael in seinen Opel Kadett ein und organisierte seine erste Tour. Die Kanufahrt zum Nachtlager mit 30 Kindern im Geleit verlief ohne nennenswerte Zwischenfälle. Das Zeltlager wurde errichtet und alle legten sich erschöpft schlafen. „Easy!", dachte sich der Jungunternehmer und machte die Augen zu. Und dann kam der Regen. Nein, nicht nur ein kleiner Schauer. Ein waschechter Platzregen, der nicht mehr enden wollte. Die geschützte Senke, in der die Zelte standen, füllte sich im Nu mit Wasser, einen natürlichen Abfluss gab es nicht. Zu jener Zeit wurde in der Region äußerst selten gezeltet, sodass niemandem aufgefallen war, wie ungünstig die Position für das Nachtlager bei Regen sein würde. Minuten später schwammen die Kinder mit ihren Luftmatratzen in den Zelten auf. Die Stoffdächer der Zelte hatten den Regen durchgelassen und die Plastikböden hielten das Wasser nun wie in einer Wanne fest. Der Campingausflug wurde abgebrochen, doch die Abholung verzögerte sich, weil der Fahrer versehentlich den Schlüssel im Auto steckengelassen, den Verriegelungsmechanismus aber manuell ausgelöst hatte. Irgendwann waren alle Schäfchen im Trocknen und Michael konnte so richtig durchstarten.

Nach dem ereignisreichen Wochenende berichtete Michael seinen Eltern von dem Malheur und erzählte ihnen, wie unterschiedlich die Kinder mit der Situation umgegangen waren. Manche hatten die nächtliche Planschstunde im Zelt extrem spaßbringend gefunden und keine Notwendigkeit gesehen, das Abenteuer abzubrechen. Damit waren sie ungefähr so nutzlos gewesen wie jene, die panisch schreiend oder heulend herumgestanden, ihr nasses Gepäck bemitleidet und ihrem Ärger über Regen und Kälte freien Lauf gelassen hatten. Andere hatten einen kühlen Kopf behalten, waren einfach ihrem Betreuer gefolgt und wenige hatten es sogar geschafft, ihren Freunden zu helfen und Aufgaben zu verteilen. Erstaunlicherweise waren Letztere nicht die gewesen, die zuvor durch besondere Sportlichkeit oder besonders selbstbewusstes Auftreten ins Licht gerückt waren. Offensichtlich lag die Begabung der Schüchternen und Gleichmütigen in besserer Krisenbewältigung und Hilfsbereitschaft.

Sein Vater, der Lehrer, der sich auch in der Lehrerausbildung engagierte, und seine Mutter, die Grundschullehrerin, die sich tagtäglich mit den Sorgen und Nöten der Sechs- bis Zehnjährigen beschäftigte, erkannten ein Potential. „Die Kinder in meiner Schule würden vor Freude tanzen, wenn sie einmal paddeln oder segeln gehen dürften. Viele Eltern können ihnen das privat nicht bieten oder kommen gar nicht auf die Idee. Micha, hast Du schon einmal daran gedacht, solche Touren als Projektwochen für Schulklassen anzubieten?", fragte Frau Mama und wusste gar nicht, dass sie soeben ein Geschäftsmodell entwickelt hatte, eines mit tieferem Sinn obendrein. „Bei diesen Sportarten kann man Rollenverständnis und das Miteinander trainieren. Das ist genau das, was die Kinder heute brauchen. Manchen fehlt jegliche Empathie für andere. Die Eltern bekommen das gar nicht mit. Oder sie fühlen sich selbst überfordert. Und Lehrer... Lehrer haben für so etwas keine Zeit.", ergänzte der Vater euphorisch. „Junge, das ist es. Wir helfen Dir, ein Programm zu entwickeln, mit dem Du die Lehrer überzeugen kannst.", bot er seinem Sohn an. Michael war überrascht. „Was Hänschen nicht lernt, lernt Hans nimmer mehr. Wir müssen den Jüngsten Sozialkompetenz und Kommunikationsfähigkeit vermitteln. Später lassen sich die Erziehungsfehler nicht mehr beheben.", stieg Mutter Renate begeistert in die Argumentation ein. „Und wer zahlt für den Spaß? Die Schulen? Die Schüler? Wohl eher nicht.", hakte der angehende Betriebswirt ein. „Wisst Ihr, ich suche nicht gerade nach einem neuen Hobby. Ohne Moos..." Der Vater hob den Finger und unterbrach seinen Sohn: „Kalkuliere doch einmal den Aufwand. Eine Schulklasse ist pro Kopf gerechnet doch viel ökonomischer als einzelne Interessenten. Die Eltern meiner Schüler sind weder arm noch ungebildet. Sie haben einfach nur wenig Zeit und nehmen Beschäftigungsangebote ihrer Schulen gern wahr. Geld spielt da nicht die alleinige Rolle. Glaub mir! Probier's aus. Du wirst schon sehen." Michael fand das, was er da hörte, logisch. Er wollte nur ganz sicher sein, dass sich die Eltern mit der Zielgruppe nicht verschätzten und das Angebot den Kindern nachweislich und nachhaltig nützte. Nur so könne er das Feld groß aufrollen. Er beschloss, ein Pilotprojekt zu starten. Dank den Kontakte seiner Eltern fand er einen Schuldirektor, der ebenso begeisterungsfähig war. Sein Lehrkörper wurde eingeweiht und ein Elternabend für die auserwählte Klasse einberufen. Jetzt zahlte sich aus, dass Michael seine Scheu, vor Gruppen zu sprechen, schon in früher Jugend abgelegt hatte und in den zurückliegenden Monaten an einem überzeugenden Auftritt gegenüber seinen Kunden gefeilt hatte.

Noch vor den Sommerferien wurde die erste Klasse per Bus zu ihm gesandt. Für 140 Mark pro Kind pro Woche gab es keine großen Budgetdiskussionen. Schließlich war das Angebot mit fünf Tagen Vollpension, Wassersport, Rund-um-die-Uhr-Betreuung, Kommunikationstrainings und Rollenspielen üppig. In dieser Testphase präsentierte Michael sein gesamtes Repertoire an Möglich- und Fähigkeiten: Paddeln, Segeln, Surfen, Schwimmen, Wasserball. Jeden Tag lernten die Kinder etwas Neues. Jeden Tag entdeckten sie den Wert der eigenen Fähigkeiten und lernten in Teamaufgaben, auch die Talente der Mitstreiter schätzen. Konnte der eine mit Kraft punkten, so lag die Überlegenheit des anderen in der Reaktionsgeschwindigkeit. Übte sich einer in Konzentration und Geduld, so behielt ein anderer den Überblick und ermahnte sein Team, wenn ein Konkurrent am Aufholen war. Spielerisch überschritten sie ihre bisherigen körperlichen und sozialen Grenzen und fielen abends zufrieden mit sich und ihren Freunden todmüde in die Doppelstockbetten. Ausgelaugt von den aktiven Tagen und der großen Verantwortung gegenüber seinen Schützlingen plumpste auch Michael allabendlich auf seine Isomatte im Kofferraum seines Opels.

Die strahlenden Augen und aufgeregt plappernden Münder der Kinder bei der Verabschiedung ließen es Michael schon ahnen: Die Resonanz auf die Premiere des Sozialkompetenztrainings auf und am Wolziger See war berauschend. Die Schule meldete gleich nach Rückkehr weitere Klassen an und der Direktor versprach Mundpropaganda. Michael Lehmann, der Geschäftsführer des Jugendbildungszentrums, war hoch angetan von den Machenschaften seines Namensvetters. Warum war noch niemand zuvor auf die Idee gekommen, Schulen aktiv zu akquirieren? Er unterstützte das Vorhaben, überließ Michael das Feld und freute sich schon auf eine bessere Auslastung der Landeseinrichtung. Der Schuldirektor hielt Wort und Michael trat gleich zu Beginn des neuen Schuljahres vor der Lehrerkonferenz Berlin-Brandenburg auf. Ein besseres Plenum hätte er sich nicht vorstellen können. Er präsentierte ein Konzept, das er „Teamtraining für Schüler" nannte. Die Erfahrung mit den Lehrern und Eltern aus seinem Erstlingsprojekt halfen ihm, geschickt zu reagieren und Zweifel zurückzuweisen. Zweifel gab es ohnehin nur wenige. Viel zu dankbar waren die Lehrer, dass jemand ihre Nöte verstand und ihnen eine Lösung anbot und eine Last von den Schultern nehmen würde. Und außerdem: Was sie ihren eigenen Kindern gern bieten wollten, könnte ihren Schülern nicht schaden. Der ein oder andere Kollege liebäugelte wohl auch selbst schon damit, die Segelboote einmal vor Ort unter die Lupe zu nehmen.

Neben Studium und Zahnbürstenjob, der oft genug an Freunde delegiert wurde, neben Hochschulsport und neuer Freundin trugen Michaels Akquisetätigkeiten in den Schulen der Region allzu rasant Früchte. Die Schuldirektoren öffneten ihm die Türen zu den Lehrerzimmern. Die Pauker traten die Entscheidung an die Eltern ab und diese gönnten ihrem Nachwuchs nur das Beste. Die Zusagen überrollten den ehrgeizigen Studenten. Und das war auch gut so, denn es war ein Saisongeschäft, das im Herbst genauso schnell endete, wie es angefangen hatte. Vier Schulklassen meldeten sich gleichzeitig an und Michael spannte für einen Apfel und ein Ei auch in Blossin wassersportaffine Freunde ein. Sie durften für lau übernachten, die Wassersportgeräte benutzen, den Lifestyle am See genießen. Das musste erst einmal genügen.

Rückblickend betrachtet geschah, was geschehen musste. Die Kinder kamen übermütig von einer Woche voller Sport, Lachen und neuem Wir-Gefühl nach Hause, erzählten von Segelbooten und fühlten sich wie Helden eines Piratenmärchens. Die Eltern staunten nur so, was die aufgeweckten Ausflügler ihnen vorschwärmten und mussten sich wohl oder übel ihren eigenen Sehnsüchten stellen. Dass ganz in ihrer Nähe ein Ort war, der wie ein Paradies für Wasserratten klang, machte sie neugierig, und dass man dort surfen und segeln könne, klang spektakulär. Und so ereignete es sich, dass sich die ersten Väter und Mütter bei Michael meldeten und vorsichtig anfragten, ob er nicht Surf- und Segelkurse für Erwachsene anbieten könne. Zu dieser Zeit waren Anfängerkurse an den einschlägigen Spots für Urlauber konzipiert, die über den Zeitraum von ein bis zwei Wochen entspannt mit ein paar Stunden pro Tag lernen und üben konnten. Für Berufstätige wurde die Theorie-Einheit auf regelmäßige Abendstunden verteilt. Beide Modelle waren nicht ideal für Selbständige und leitende Angestellte, die für ihr erstes Interesse an der neuen Sportart weder Urlaub nehmen wollten noch jede Woche pünktlich zur gleichen Zeit die Fahrt aus der Innenstadt zur Schule, für jeweils anderthalb Stunden Kurs, auf sich nehmen konnten. Welcher Manager kann schon jeden Montag um 15:30 Uhr das Büro verlassen, um termingerecht im Lehrraum der Surfschule zu sitzen? Da war es doch besser, man hatte die Wahl. Und zwar die, die Michael seiner gut verdienenden Zielgruppe bot. Weil er selbst unterhalb der Woche keine Zeit hatte – wie gesagt: Uni, Zahnbürstenjob, Projektwochen der Schulklassen und von der Freundin ganz zu schweigen - kreierte er ganz nach den Bedürfnissen des sich neu auftuenden Kundenkreises Surf- und Segel-Kompaktkurse von Freitag bis

Sonntag, Vollzeit inklusive Übernachtung. Das war nicht nur perfekt zum Büffeln von Verkehrsregeln auf dem See, zum unmittelbaren Transfer von theoretischem Wissen in praktisches Können, sondern auch zum Socializen und Geschäfte machen beim abendlichen Bierchen am Wasser. Fast so, wie auf dem Golfplatz, nur noch schöner.

Als zertifizierter Surflehrer konnte Michael das Intensivtraining für Windsurf-Beginner selbst abwickeln. Für die Segelkurse trat Axel Schmidt ein, der Leistungssegler, der 1994 Michaels Geschäftspartner wurde. Gemeinsam mit einem weiteren Freund erfanden sie die Marke „3 for Sports" und meldeten eine GbR an. Als der dritte Mann kurze Zeit später wieder ausstieg, behielten Michael und Axel den Namen, der gerade dabei war, sich zu etablieren. Die Drei könnte schließlich auch für Michael, Axel und den Kunden stehen. Die Mund-zu-Mund-Propaganda der Eltern, deren Freunde und Freundesfreunde funktionierte ausreichend gut, sodass Marketingmaßnahmen erst einmal nicht notwendig waren. Michaels Diplomprüfungen standen bevor und noch mehr Arbeit konnte er nicht verkraften. Er kündigte bei Oral-B und überließ Axel die Stationsleitung am Wolziger See. Einem dummen Zufall verdankte er es, dass er zu allem Über- fluss auch noch selbst in seiner Statistikvorlesung sitzen musste und sich nicht mehr von seiner Ulrike vertreten lassen konnte.

Der Zufall ereignet sich so: Mit einem neuen Anwärter auf einen Segelkurs kam Michael ins Gespräch. Michael stellte sich stolz als BWL-Student und schon bald Absolvent der Humboldt-Universität vor. Sein Gegenüber schmunzelte süffisant, was Michael irritierte, und meinte trocken: „Das ist äußerst interessant, junger Mann! Dann müssten sie mich eigentlich gut kennen. Doktor Härtle, Professor für Statistik. Täusche ich mich oder haben sie meine Vorlesung tatsäch- lich noch nie besucht?" Michaels Wangen färbten sich purpur und ein verlegenes Grinsen huschte durch sein Gesicht. Was sollte er antworten? Professor Doktor Härtle erlöste den Schwänzer: „Ich schlage ihnen einen Deal vor. Sie besuchen ab sofort meine Vorlesung höchst persönlich und ich buche ihren Segelkurs." Das Angebot konnte der Erwischte nicht abschlagen. Sie gaben sich die Hand. Der Pakt war besiegelt und wurde nicht gebrochen. Michael stand grundsätzlich zu seinem Wort. Ungehaltene Versprechen gab es in den Wertvorstellungen des disziplinierten Jungunternehmers nicht.

Und noch jemand hielt ein ungeschriebenes Versprechen. Im Sommer prügelte Ulrike ihren langjährigen Studienfreund durchs Diplom, versorgte ihn mit den letzten Lernhilfen und las seine Diplomarbeit Korrektur. Wie auch immer sie das neben ihrer eigenen Arbeit schaffte. Die Vermutung liegt nahe, dass tiefere Gefühle sie motivierten, sich derart zu engagieren. Was auch Ulrike nicht verhindern konnte, war, dass Peggys Nymphensittich am Tag vor der Abgabe die gedruckte Diplomarbeit unglaublich schmackhaft fand. Stundenlang knabberte und hackte das unbeobachtete Tier, das Michael seiner Vogelnärrin geschenkt hatte, auf dem mühsam entstandenen Werk herum, bis sich die Papierfetzen im gesamten Raum verteilt hatten. Wäre es nicht ein Geschenk der Liebe gewesen, hätte der Vogel den nächsten Tag wohl kaum überlebt. Über Nacht ratterte der Tintenstrahldrucker und Michael gab in letzter Sekunde seine Diplomarbeit im Sekretariat seiner Fakultät ab. Mit einer Note zwischen gut und befriedigend absolvierte Michael das notwendige Übel und nannte sich augenblicklich diplomierter Betriebswirt. Für die Visitenkarte sicher hilfreich. Auch ohne Titel war er längst Unternehmer und seinen Kommilitonen um Nasenlängen an Erfahrung voraus. Es war das Jahr der Zeugnisse. Mit Abschluss des Kapitels Uni kümmerte sich der Absolvent endlich um das, was nicht mehr länger warten konnte. Er begann mit der Ausbildung zu seinem eigenen Yachtschein. Der BR-Schein entsprach dem heute üblichen SKS-Zertifikat, das zum Segeln in Küstengewässern befähigt. In seinem Vorbereitungstörn zur praktischen Prüfung wurde Michael auf eine harte Probe gestellt. Vier Stunden lang steuerte er das Schiff durch ein Jahrhundertgewitter in der Lübecker Bucht. Blitze schlugen neben dem Boot ein, das Wasser verdampfte unter ihrer Hitze, Michael erhielt eine unvergessliche Lektion und bestand seine Prüfung fehlerfrei.

Und noch ein Kurs folgte. Einer, zu dem er von Torsten, dem Mitbewohner, überredet wurde. Torsten war wie Michael von der Antriebskraft der Natur fasziniert. Das Element, das ihm allerdings mehr zusagte als das Wasser, war die Luft. Die zwei Sportskanonen meldeten sich zum A-Schein für Gleitschirmflieger an. Es zeigte sich, dass Übermut selten guttut. Beide nutzten den Hang einer alten Müllhalde, um ihre neu erworbenen Kenntnisse in die Tat umzusetzen. Sie kletterten über den Zaun des gesperrten Geländes, zwei gebrauchte Gleitschirme im Gepäck, die vom TÜV nicht zugelassen waren. Aus Perspektive der Actionhelden waren die Drachen noch völlig in Ordnung. Es war ein sonniger Tag, die Luft erwärmte sich langsam und versprach Auftrieb. Am Hang nahmen Michael und Torsten Anlauf, so wie sie es im Kurs gelernt hatten. Die Schirme entfalteten sich ordnungsgemäß und das Müllbergabenteuer begann mit einem sanften Gleitflug. Irgendwie hatten sie jedoch den Platz zum Landen falsch berechnet und trotz zackigem Bremsmanöver landeten beide wie in einem Comicfilm im Drahtzaun, über den sie zuvor eingedrungen waren. Die Kleider zerfetzt, Gesicht und Hände mit Schürfwunden überzogen, traten sie demütig den Heimweg an. Jetzt schnell noch waschen und die gröbsten Spuren beseitigen, ehe die Freundinnen kopfschüttelnd das Missgeschick begutachten würden. Vor allem die angehende

Ärztin Peggy würde den riskanten Ausflug ihres Bruchpiloten kaum gutheißen können. Niemand konnte ahnen, dass Torsten eines Tages abstürzen und nicht mehr aufstehen würde.

Michael wandte sich also wieder dem Erhalt seiner Gesundheit und seines Start-ups zu, das zu dieser Zeit natürlich so noch nicht genannt wurde. Sein Partner Axel und er konnten schon 1995 von dem Erlös der Sozialkompetenztrainings für Schüler, den Surf- und Segelkompaktkurse für vielbeschäftigte Erwachsene, den Kanutouren und Aktivitäten von Vereinsmitgliedern bescheiden leben. Michael finanzierte mit seinem Anteil Miete, Telefon, Essen und Surfreisen und steckte jeden übrigen Pfennig in Wassersportmaterial. Zehn Surfbretter, zehn Kanadier – jeweils gebraucht, aber in exzellentem Zustand – und neue Neoprenanzüge ergänzten ab jetzt das Sortiment des JBZ Blossin. Schon im dritten Jahr nach Unternehmensgründung standen 70 Tausend Deutsche Mark Jahresumsatz in der Bilanz. Was beide Firmengründer nicht erwartet hatten, war der schnelle Verschleiß des Materials. Die Trampoline der TopCat-Katamarane dienten so mancher Party- und Liebesnacht der hilfsbereiten Freunde und auch sonst hatte sich keiner je mit der Pflege und materialschonenden Lagerung der Sportgeräte beschäftigt. Mit wachsenden Anfragen wuchs auch das Bewusstsein bei Michael, dass der Erhalt seines Bestands lebensnotwendig für den Erhalt seiner Firma war. Reinigung, Sonnenschutz, Reparaturen und Vorsorge wurden Bestandteil seiner Arbeit. In den Wintermonaten war viel Zeit, sich intensiv um das Lager zu kümmern.

Noch bevor der Winter eintrat, erhielten Michael und Axel das verlockendste und schmeichelhafteste Angebot ihrer Windsurfer-Karriere. Freunde, die die Filmproduktion Totho in Berlin besaßen, hatten den Zuschlag zu einem ausgesprochen attraktiven Dreh erhalten. Die Surfmarke „The Gun" wollte einen Werbefilm auf Hawaii produzieren. Dafür hatten sie den französischen Windsurfstar Bruno André engagiert und suchten nun noch zwei Profi-Surfer, die die Szenen unterstützen würden. Die braun gebrannten, athletischen Männer mit den blonden, halblangen Haaren entsprachen jedem 90er-Jahre-Cliché unverschämt gutaussehender Windsurfer. Axel und Michael waren komplett aus dem Häuschen. Hawaii, das Eldorado für Windsurfer! Einen ganzen Monat lang!

≈ „Geil!" nickt Michael verträumt. „Einfach nur geil! Dafür gibt es kein anderes Wort. Ich glaubte wieder einmal innerhalb von wenigen Jahren, ein Lebensziel erreicht zu haben."

Wir befinden uns auf der Zielgeraden nach Richards Bay, unserem ersten Halt in Südafrika. Michael und ich sitzen im Cockpit. Unsere gemeinsame Wache von 6 bis 10 Uhr, jeweils morgens und abends, bietet viel Zeit zum Erzählen. Sofern der Wind gleichmäßig weht und es die Wellen gut mit uns meinen.

Wir haben ein paar harte Tage hinter uns. Michael und Kapitän Jan mussten 24 Stunden lang abwechselnd per Hand steuern, weil der Autopilot den Kurs bei hauswandhohen Wellen und 30 Knoten Wind nicht mehr halten konnte und permanent Alarm schlug. Andere Segler an Bord brachten nicht die ausreichende Erfahrung für diese Konditionen mit. Es galt, die Sicherheit von Boot und Mensch zu schützen. Einige Crewmitglieder litten unter Seekrankheit und zeigten erst kurz vor Ankunft Besserung. Mehr als Teekochen, Kekse und Tabletten verteilen, konnte ich nicht tun. Jetzt zeigt sich das Wetter wieder entspannt und im Mondschein sehe ich Michaels Augen leuchten, als er von seiner Reise nach Hawaii erzählt.

Später schaue ich mir den Film, der dort entstanden ist, an, bin überrascht, fasziniert und stolz zugleich. Wie hatte sich der Autodidakt zu diesem Niveau entwickeln können? Im Grunde wundert es mich nicht. An manchen Tagen sitzt Michael sechs Stunden lang konzentriert an seinem Notebook, gekleidet in einer bunten Shorts, die Füße auf dem Salontisch und entwirft Konzepte, telefoniert mit Mitarbeitern, verfasst E-Mails und scheint mitten auf dem Ozean gedanklich in einer ganz anderen Welt zu sein. Während sich so mancher Büromensch gerade auf den Ozean träumt, ist Michael virtuell zuhause im Konferenzraum, bei seinen Kunden und Geschäftspartnern. Ablenkung: Fehlanzeige! So jemand schafft alles, hat man den Eindruck. Ob das wirklich so ist? Wir werden sehen. Dass ihn sein Ehrgeiz oder, nennen wir es ruhig, seine Verbissenheit, schon weit gebracht haben, sehe ich ja plastisch vor mir. Das schwimmende Büro, Arbeiten und Leben auf einer Hochseeyacht: Reicht harte Arbeit wirklich aus, um es so weit zu bringen, oder gehört auch ein Fünkchen Glück dazu? „Nur der französische Surfprofi ging uns auf die Nerven.", Michael beendet meine Gedankengänge und wir sind wieder in Hawaii. „Wieso?", frage ich. „Erinnerst Du Dich an den Franzosen, der mein Surfbrett kaputt gefahren hatte? Dieser hier war vom selben Kaliber. Er war ein guter Surfer, wirklich crazy. Aber er hatte eben auch eine große Klappe und war nicht gewillt, sich aus der Ruhe bringen zu lassen. Erst einmal kam das Leben, dann wieder das Leben, und dann irgendwann einmal war das Arbeiten an der Reihe." Ich lache. Ja, natürlich! Damit war er so ziemlich das Gegenteil von dem zurückhaltenden Arbeitstier, das mir gegenüber sitzt.

Nach diesen Erfahrungen haben es Franzosen auch heute noch schwer, bei Michael zu punkten. Zur Belustigung aller, die mit den Vorbehalten konfrontiert werden, sobald wir französische Kolonien besuchen.

Die achtköpfige Crew mietete sich in eine Villa ein, die ebenso fotogen war wie die sportliche Gang selbst. Ein weißer, flacher Bau mit Pool, Garten, lichtdurchfluteten Zimmern und kühlem Bier im amerikanisch-dimensionierten Kühlschrank. Von dort aus ging es Tag für Tag mit all den vielen Brettern und Segeln von „The Gun" von Strand zu Strand. Es war das Paradies auf Erden. Wer immer etwas zu meckern hatte: Der Franzose. Wer vor Staunen und Stolz fast platzte: Axel, Axels Freundin und Michael. Peggy war leider nicht mit von der Partie, sie büffelte für ihre Prüfungen und die sind für angehende Ärzte bekanntlich nicht ohne Aufwand zu bewältigen.

Das vierköpfige Filmteam aus Regisseur, Kameramann und zwei Assistenten tat alles, um die Surfer bei Laune zu halten und die besten Aufnahmen abzugreifen. Für die drei Sportler waren die Szenen ein Leichtes. Sie taten das, was sie am besten konnten: die riesigen Wellen abreiten, mit Brett durch die Gischt springen, Rennen fahren. Kameras auf den Surfbrettern und an den Masten zeichneten die Kunststücke auf, die später mit typischer Neunziger-Technomusik unterlegt wurden. Die anderen Aufnahmen wurden vom Helikopter oder vom Strand aus gedreht, zu hoch waren die Wellen für ein Motorboot. Exotisch war das Land mit seinen Menschen, Tieren, Pflanzen, Früchten, Bräuchen, Gerichten und Cocktails, der vielen Sonne und den wunderschönen Stränden für die ehemaligen DDR-Kinder. Mit allen Sinnen sogen sie in sich auf, was sie Tag für Tag, vier Wochen lang erleben durften. Diese Erinnerungen würden der größte Wert sein, der einmal blieb. Die VHS-Videokassetten mit dem 20-minütigen Promotiontrailer verkauften sich schlecht und so war die finanzielle Investition eine, die nie wieder eingespielt wurde. Michael und Axel nahmen es leicht. Was bedeutete schon Geld, wenn das Leben derartig viel zu bieten hatte.

Dass das Leben noch viel mehr zu bieten haben müsste, daran glaubte Axel nun fest. Nur wenige Monate nach dem gemeinsamen Highlight buchte er erneut einen Flug nach Hawaii. Einmal angefixt ließ ihn das Paradies nicht los. Am Flughafen angekommen rief er Michael an. Seine Nachricht war dringend und würde beider Leben verändern. Dass er sich ausgerechnet diesen Zeitpunkt und diesen Ort für die Übermittlung seiner Information aussuchte, ließ vermuten, dass er aus Furcht vor Michaels Reaktion einen Sicherheitsabstand für notwendig hielt oder Kalkül walten ließ.

Ein Jahr zuvor hatten die zwei Gründer über den Aufbau eines zweiten Standortes, einer weiteren Eventlocation für ihr Wassersportprogramm, diskutiert. Am Scharmützelsee könnte man es wagen, hatten die Geschäftspartner gedacht und die Angebote mal mehr, mal weniger intensiv im Visier behalten. Jetzt teilte Axel Michael mit, dass er den Zuschlag für das perfekte Grundstück am Scharmützelsee erhalten hatte. Er allein! Er wollte die Surf- und Segelschule dort betreiben, aber Michael würde kein Teilhaber werden. Außerdem würde Axel weiter Gesellschafter des Unternehmens am Wolziger See bleiben, Michael könnte gern den gesamten Part der anfallenden Arbeit übernehmen. Michael war schockiert. Vom eigenen Partner ausgespielt zu werden, hatte er sich nicht träumen lassen.

≈ „Es war die größte menschliche Enttäuschung meines bisherigen Lebens." Michael schaut mich mit gerunzelter Stirn an. Ich glaube ihm sofort. Seit ich Michael kenne, hatte er jeden einzelnen Termin und sei es nur den auf einen Kaffee, ein Eis, ein Gespräch auf die Minute genau gehalten. Deutsche Tugenden, die ihn berechenbar und die Zusammenarbeit, das Zusammenleben und Zusammensegeln einfach machen. „Sheila, Du kannst Dir nicht vorstellen, wie ich mich nach diesem Telefonat gefühlt habe. Ich hatte Axel vertraut und er hat mich vor den Kopf gestoßen wie nie jemand zuvor. Es war eine wahre Lehrstunde in Betriebswirtschaft. Wir brauchten anderthalb Jahre, um unsere GbR auseinander zu dividieren."

Er wäre nicht Michael, würde er Krisen – wenigstens im Nachhinein – nicht als lehrhafte Situationen betrachten. Jeder Misserfolg wird von Michael als Chance, es beim nächsten Mal besser zu machen, gesehen. Jeder Unfall, jede Pleite, jede Niederlage wird nach dem Grad des Lernpotentials bewertet. Das kann einem schon ganz schön auf den Geist gehen, wenn man über Schürfwunden, verbranntes Essen, ein kaputtes Werkzeug, einen leeren Akku oder andere Kleinigkeiten flucht und das Gegenüber jedes Mal meint: „Wieder etwas gelernt!" Das ist dann noch nicht einmal sarkastisch gemeint, sondern genau so, wie es Michael formuliert. Die Pannen, die ihm bisher in seinem Leben passiert sind, haben ihn analytischer, vorsichtiger, sorgsamer und irgendwie auch gelassener gegenüber neuen Reinfällen werden lassen. Etwas nicht geschafft zu haben, bedeutet für Michael noch lange nicht, gescheitert zu sein. Scheitern würde heißen, es nicht wieder neu und anders zu versuchen, seine Lehren nicht zu ziehen und aufzugeben. So etwas kennt man im Hause Haufe nicht. Dort wird zusammengehalten und gekämpft, und das ist auch notwendig. Das Leben bietet schließlich immer wieder neue Überraschungen.

Bei einem romantischen Surfausflug mit Peggy an den Ort des gemeinsamen Kennenlernens, Fehmarn, spielte der Zufall Michael eine interessante Investition in die Hände. Er entdeckte einen gut erhaltenen Katamaran in einer Surfschule, der ganz offensichtlich ungenutzt in einer Ecke stand und schon lange nicht mehr geputzt worden war. Er fragte den Eigentümer, was aus dem Polyethylen-Kat werden solle und erhielt als Antwort: „Für 2000 Mark gehört er dir. Ich bin froh, wenn ich das Ding nicht entsorgen muss." Michael biss sich auf die Lippen. Wie konnte jemand so über ein voll funktionstüchtiges Boot sprechen? Eifrig stimmte er dem Besitzer zu: „Ich würde ihn mitnehmen, weil ich gerade hier bin. Meine Schüler brauchen kein erstklassiges Material für die ersten Schnupperstunden. Für 500 Mark weniger bist du deinen alten Kat heute noch los." Das sogenannte Ding war längst abgeschrieben, neues Geld in der Kasse der Surfschule wurde sowieso ständig gebraucht. Beide Geschäftspartner lachten sich ins Fäustchen. Gut so! Noch am gleichen Tag schnallte Michael das vier Meter lange Plastikschiff provisorisch auf den Dachgepäckträger seines Opel Kadetts. Er ragte vorn und hinten über die Karosse und schaukelte sich im Fahrtwind mächtig auf. Auf der Autobahn konnte Michael sehr zum Leidwesen anderer Autofahrer nur mit 40 Kilometern pro Stunde voranschleichen. Die Polizei kam ihm an diesem Tag nicht auf die Schliche. Und so fand ein weiteres Schulungsboot sein neues Zuhause am Wolziger See.

Und noch jemand fühlte sich seit neustem am See mehr daheim als in seinen eigenen vier Wänden. Frank George, Steuerberater, Familienvater, passionierter Segler. Er war der Eigner einer 10-Meter-Yacht, die im Blossiner Hafen lag. Seine goldigen Töchter im Teenager-Alter besuchten Surfkurse bei Michael und so traten zwei Männer in Kontakt, die unterschiedlicher nicht sein konnten und sich gerade deshalb wertschätzen lernten. Frank, dreizehn Jahre älter als Michael, hatte seine Familienplanung abgeschlossen, wusste Kinder und Frau im wohl situierten Nest, sein Steuerbüro war in trockenen Tüchern, Jahre harter Arbeit lagen hinter ihm. Doch irgendwie war er nicht so recht glücklich mit seinen Verdiensten. Er war unausgeglichen und ungeduldig. Er träumte von einem Jahr Auszeit. Ganz allein wollte er die spanische Küste entlangsegeln, mediterrane Inseln besuchen, das gute Essen auf Mallorca und die hübschen Cocktails auf Ibiza genießen, auf seinem Boot leben, andere Segler treffen, neue Freundschaften knüpfen zu Menschen, die ihm ähnlich waren. In Michael sah Frank sein jüngeres Ich, sein ungebundenes Pendant, einen kompetenten Segler und potentiellen Freund. Im Laufe der Monate entwickelte sich eine besondere Nähe. Frank erzählte Michael von den Herausforderungen des Hochseesegelns und beriet den jungen Unternehmer bei der ein oder anderen Geschäftsentscheidung. Michael gewann schnell Vertrauen zu seinem Kunden, Berater und schon bald guten Freund. Der Yachtbesitzer lud Michael ein, mit ihm zu segeln. Zwei, drei Monate, solange er Zeit hätte und seine Surfschule allein lassen könne. Sie einigten sich darauf, dass Michael im folgenden Frühjahr, also noch vor der Saison am See mit an Bord käme. Hochseesegeln! Das klang doch schon fast nach seinem Kindheitshelden Thor Heyerdahl!

Die Saison war hart. Ohne Axel an seiner Seite konnte Michael die vielen Kurse, Projektwochen und die Arbeit am Material kaum bewältigen. Immer wichtiger wurden die helfenden Hände, seine Freunde und deren Freunde, die er mit regelmäßigen Aufträgen, pünktlicher Bezahlung und auch Festanstellungen an sich band. Die Verantwortung allein zu tragen, machte Michael nichts aus. Ein anderer Partner kam für ihn nach dem kürzlich erlebten Schlamassel nicht in Frage. Entscheidungen allein oder nach Beratung mit Frank, Peggy, Vereinschef Lehmann oder den Eltern zu treffen, fiel ihm leicht. Und Zahlen logen nun einmal nicht, wusste der Betriebswirt.

Zum Team war außerdem der feinfühlige Steffen Lelewel hinzugestoßen. Gerade einmal 18 Jahre war er alt, aber schon mit einer reifen Tiefgründigkeit und einem spitzen Sarkasmus, der ab und zu aufblitzte, ausgestattet. Mit seiner verständnisvollen, ruhigen, geduldigen Art gegenüber den Segelschülern stellte er einen Gegenpol zu Michael und den anderen Trainern auf dem Gelände dar. Steffen hatte Michael ein Jahr zuvor auf der Berliner Bootsmesse kennengelernt und prompt die Binnensegler-Ausbildung gebucht. Der Schüler hatte noch keine Ahnung gehabt, was er mit seiner Zukunft anstellen sollte und so hatte ihm Michael vorgeschlagen, im Juli ein Praktikum in Blossin zu beginnen. Als Steffen dann im Juli vor der Hütte stand, war Michael sichtlich überrascht. Dass der Jungspund die lose Verabredung ernst genommen hatte, war erstaunlich. „Wir werden schon eine Aufgabe für dich finden.", sagte er und wies Steffen ein. Schon bald arbeitete er als Guide, organisierte Segelausflüge und wurde auf die Position des Segelschulleiters vorbereitet.

Im Herbst brach Michael nach Cala Pi auf, einer idyllischen Bucht im Süden Mallorcas. Die dreißig Meter hohen Klippen wurden von einem Bach durchschnitten, auf dem Plateau ein kleines Dörfchen, am Fuße der Steilwände traumhafte weiße Strände mit Felsen, die die Bucht in viele romantische Ecken teilten. Damals ein Geheimtipp für Mallorca-Touristen. Kristallklares Wasser lud zum Schnorcheln ein. Das Postkartenmotiv wurde ergänzt vom Segelschiff, das vor Anker lag. Frank George und sein Hund Scotty erwarteten Michael bereits.

In den kommenden Wochen zeigte Frank Michael jedes Detail seines Bootes, erklärte ihm die Funktionsweise jedes einzelnen Geräts, unterwies Michael in mediterraner Wetterkunde, klärte ihn über die Tücken sämtlicher Häfen der Region auf und zeigte ihm die Orientierung und Ansteuerung im Dunkeln, bereitete ihn auf den Umgang mit Stürmen vor und sensibilisierte ihn für die Sicherheitsmaßnahmen an Bord. Michael trainierte mit Frank alle Manöver, die er im SKS-Kurs gelernt hatte und auch die, die er nicht gelernt hatte. Die zwei Segler und das Boot wurden Eins, verschmolzen zu einer funktionierenden Einheit und Frank überließ Michael nach und nach Kommando und Entscheidungen und sah, dass er dem Hochsee-Neuling vertrauen konnte. Er behandelte die Segel, das laufende und stehende Gut, das Rigg und alles, was ihm in die Hände kam, als wäre es sein eigenes und ging mit planerischer, vorausschauender Attitüde in seine Wachen. Nichts wollte er dem Zufall überlassen, vorbereitet wollte er auf jede mögliche Situation sein. Vorbeugen hieß Michaels Credo. Das gefiel Frank, auch wenn der alte Seehase wusste, dass sich auf dem Meer nicht alles voraussagen ließ, man immer wachsam sein musste und manchmal nur noch Reaktionszeit zählte. Irgendwann fiel Frank nichts mehr ein, was er seinem Ziehsohn noch beibringen könnte. Das Leben schrieb die Geschichten schließlich selbst und das zählte auf dem Meer genauso wie an Land. Und genau dort passierten sie, die netten Geschichten.

Im spanischen Kartagena angekommen putzten sich die Seebären heraus und zogen hinaus, um sich ein gutes Abendessen zu gönnen. Um 20.30 Uhr fanden sie jede Menge Restaurants in der beschaulichen Innenstadt, aber alle waren geschlossen. Komisches Bild! Wie eine Filmkulisse nach Ende der Dreharbeiten. Nur ein Bistro schien auf das Erscheinen von hungrigen Bootsherren vorbereitet zu sein. Sie nahmen Platz und bestellten „Cerveza, por favor!", kühles Bier schmeckte auch in einer Geisterstadt. Eine halbe Stunde danach klärte sich die Situation auf. Schlagartig öffneten alle Gasthäuser ihre Pforten. Wie aus dem Nichts strömten Menschenmassen zu ihren Tafeln. Die Deutschen waren einfach zu pünktlich gewesen. Der Platz war wie durch Zauberei brechend voll geworden und die zwei Engländerinnen am Nachbartisch rückten näher und näher. Man kam ins Gespräch. Die angelsächsischen Freundinnen trafen sich einmal pro Jahr zum gemeinsamen Urlaub, irgendwo auf der Welt. Schöne Geschichte! Und schöne Frauen, fanden die einsamen Cowboys des Meeres. Sie erzählten von ihrem Schiff im Hafen und luden die beeindruckten Frauen zu einem Glas Rotwein ein. Michaels Interesse an Interaktion endete mit dem letzten Schluck Wein und er versuchte die Damen mit einem „I wish you not too much fog in London!" zu verabschieden. Das englische Wörtchen für Nebel sprach er irrtümlicherweise genauso aus wie das andere F-Wort, das hier nicht genannt werden möchte. Die Grazien drehten sich wortlos um, stiegen über die Reling und verschwanden im Dunkel der Nacht, ohne sich noch einmal umzudrehen. Franks Urteil: „Du bist der letzte Oberidiot!"

Am Ende des Törns ehrte Frank Michael mit folgenden Worten: „Michael, ich denke, Du bist reif, meine Yacht allein zu skippern. Wenn du einmal einen Törn mit Freunden oder Kunden unternehmen möchtest, stelle ich sie dir zur Verfügung." Ein Vertrauensbeweis ohnegleichen. Michael strich über das Steuerrad der Bavaria 33 und verkniff sich die Freudentränen, die in ihm hochstiegen. „Danke, Frank!" war seine ehrliche, knappe Antwort. Der Steuerberater lächelte und klopfte ihm auf die Schulter. Mehr Worte brauchte das eingeschworene Team nicht. Einige Monate später machte Michael bereits Gebrauch von Franks Angebot. Als er seinen Segelschülern in Blossin von der Yacht, die auf Mallorca pausierte, erzählte, waren diese sofort Feuer und Flamme. Der Verkauf von Segeltörns hatte begonnen, bevor Michael die Entscheidung aktiv getroffen hatte. Was sprach dagegen? Die Arbeit am See war nur von April bis Oktober lukrativ. Die Wartungsarbeiten nahmen weder den gesamten Winter in Anspruch noch spülten sie Geld in die Kassen. In der Nebensaison im milden Mittelmeerklima Segeltörns durchzuführen, klang geradezu nach einem Traumjob. Über Weihnachten kam auch Peggy nach Spanien und lernte Frank und seine Freunde kennen. Es entstand eine enge Bindung zu den Yachties, die lange Bestand haben sollte. Und das war auch gut so. Denn Freundschaften und Beziehungen werden mitunter auf die Probe gestellt. So wie in der verheerenden Brandnacht im Februar 1996.

ARBEITSZEIT 1996-1999. ALLES VERBRANNT.
KLEINE FEHLER. GROSSE SORGEN. DIE PLEITE DROHT.
SEGELN IM STURM DER GEFÜHLE. DIE ERSTE YACHT.
MESSE BERLIN: THE SHOW MUST GO ON. REGATTA MIT FRAUEN.
ZURÜCK ZUR UNI. TREUES TEAM. FIRMEN AUF. FIRMEN ZU.

„Der Preis der Freiheit ist stetige Wachsamkeit." – Thomas Jefferson

Vier Stunden nachdem Michael aus dem Bett geklingelt worden war und wie ein Löwe um sein Hab und Gut gekämpfte hatte, kam die erlösende Nachricht. Aaron, den alle für verbrannt gehalten hatten, hatte die Nacht in der warmen Wohnung seiner Freundin in Berlin verbracht. Als er von dem Brand seines Arbeitsplatzes hörte, lief es ihm eiskalt den Rücken hinunter. Alle waren froh, dass er lebte, aber auch sein Schicksal würde nun neu geschrieben werden. Peggy erholte sich in der Klinik schon bald wieder von den Strapazen der Nacht. Rauch und Hitze hatten ihrem Körper zum Glück keine bleibenden Schäden hinterlassen. Wenige Tage später erklärte ein Gutachter die Surfschule für verloren und ordnete die Entsorgung des Sondermülls an. 100 Tausend Deutsche Mark betrug der Schaden, plus 30 Tausend Mark für die Holzhütte. Nun hatte Michael schwarz auf weiß, was er längst wusste. Er war mittellos.

Als Michaels Wassersportbasis, an der immer noch das Schild „3 for Sports" hing, den Flammen zum Opfer fiel, zerbrach ein Fünkchen Optimismus in Michael. Die Zeit des Träumens war vorbei. Jetzt musste realistisch und vor allem langfristig kalkuliert werden. Das kleine Unternehmen war am Ende. Ersparnisse oder reiche Verwandte, die hätten einspringen können, gab es nicht. Es blieb nur die Auflage, die Spuren der Katastrophe so schnell wie möglich beseitigen zu müssen. Der 26-Jährige hatte keine Ahnung, wie es weitergehen sollte und ob er sich jemals wieder so frei fühlen würde wie vor dem Brand. Die Versicherung verweigerte jegliche Leistungen. Es konnte nie bewiesen werden, warum die Neoprenanzüge auf dem Ofen Feuer gefangen hatten. Für jegliche Vermutungen gab es weder Zeugen noch evidente Zeichen im Schuttberg.

Würde er jetzt als Bankangestellter arbeiten müssen, so wie es sich seine Eltern für ihn immer gewünscht hatten? Würde er das Leben führen müssen, das so gar nicht zu ihm passte? Was waren seine Alternativen?

Es war Winter. Vor den Kunden blieb die Katastrophe also erst einmal verborgen. Michael atmete durch. Er wusste, er hatte noch drei Monate Zeit, bis sie wieder eintrudeln würden: die Schulklassen, die Segelkursler, die Ausflügler.

Ein Marathon durch die gängigen Kreditinstitute begann für den Jungunternehmer. Doch die namhaften Banken hielten eine Wassersporteinrichtung für wenig finanzierungswürdig. Eine Summe von 80 Tausend Mark war mindestens nötig, um den Betrieb im Sommer wieder aufnehmen zu können. Während Michael verzweifelt nach jemandem suchte, der an seine Idee glaubte und bereit war, das Risiko zu tragen, stellte ihm das Jugendbildungszentrum neue Geschäftsräume in der Hafenanlage zur Verfügung. Geschäftsführer Michael Lehmann wurde zum Helfer in der Not. Eine große Entlastung! Und dann entdeckte Michael eine Möglichkeit: Ein Förderprogramm für die strukturschwachen Regionen Ostdeutschlands stellte Firmengründern und Arbeitgebern finanzielle Unterstützung zur Verfügung. Michael formulierte für die Investitionsbank des Landes Brandenburg (ILB) einen Antrag über die Summe, die er dringend benötigte.

Die Sparkasse empfing von Michael einen Finanzierungsplan über weitere 120 000 Mark, der vor allem den Kauf einer Segelyacht beinhaltete. Die ILB sollte für diese Summe als Bürge fungieren. Mit einer echten Hochseeyacht würde das Angebot der Wassersportbasis um ein konkurrenzloses Alleinstellungsmerkmal erweitert und für anspruchsvolle Besucher interessant. Mit einer Bavaria 41 wollte Michael seine neu erworbene Skipper-Kompetenz gewinnbringend einsetzen und Erwachsene, Berufstätige, Besserverdienende in seinen Kundenkreis holen. Würde Michael seine Schulden rechtzeitig zurückzahlen, bis dahin mehr als 50 Prozent seiner Umsätze aus touristischen Maßnahmen erzielen und seine Wirtschaftsgüter mehr als fünf Jahre vorhalten, hatte er alle Chancen, auch für diesen Kredit Zuschüsse des Landes zu erhalten. Das landschaftlich schöne, aber wirtschaftlich schwache Bundesland Brandenburg sollte sich überregional als Tourismusmagnet empfehlen. Wagemutige wie Michael sollten motiviert werden, die wild-romantische, dörfliche Idylle an den Seen im Umkreis von Berlin zu vermarkten.

Schon im März kamen die Zusagen für die beantragten Gelder. Der junge Betriebswirt konnte aufatmen. Doch die Erleichterung darüber wich augenblicklich einem anderen Gefühl. Michael bürdete sich mit dem Kredit zum ersten Mal in seinem Leben eine Belastung auf, die ungeahnt viel Druck auf ihn ausüben würde. Es war das Ende der unbeschwerten Zeit als Surfer. Vorbei war die entspannte Unabhängigkeit, vorbei war das sorglose Experimentieren. Jetzt mussten die Dinge einfach klappen. Jetzt musste der Rubel rollen. Es hieß: alles oder nichts. Michael entschied sich für „alles".

In dieser Zeit festigten sich Wesenszüge, die Michaels Freunde und Mitarbeiter in den Wahnsinn treiben konnten. Er entwickelte einen neuen Grad von Härte, Disziplin, Fokus auf das aktuelle Projekt, der für viele nicht nachvollziehbar war. Die Empathie, das Menschliche, das jede Interaktion mit anderen mit sich bringt, wurde immer dann auf Eis gelegt, wenn eine Aufgabe kurz vor ihrer Erfüllung stand. Die Mitarbeiter mussten funktionieren. Er entwickelte einen roboterartigen Tunnelblick für den Erfolg, für Perfektion und Ergebnis.

Umso erstaunlicher war es, dass sich Michael in jeder Notlage auf sein Netzwerk verlassen konnte und niemand enttäuscht das Handtuch warf. Michaels Geschäftstüchtigkeit und der Fleiß, mit dem er um das Überleben seiner Unternehmung kämpfte, beindruckte sein Umfeld, faszinierte Kunden und Partner, die ihm Vertrauen schenkten und treu an seiner Seite blieben. Das Zauberwort hieß Effizienz, auch bei der Pflege persönlicher Bindungen. War seine Hilfe gefragt, löste er Probleme nach militärischer Manier: zackig, kompromisslos und effektiv. Er verstand es, seine Idee zu verkaufen und jeden Wegbegleiter innerhalb von kürzester Zeit mit einer Rolle zu versehen, die ihn zu einem Mitwisser und Mitstreiter machte. Ob aus Bewunderung für den unerschütterlichen Kampfgeist, ob aus Begeisterung für den Wassersport, ob aus Freude am gemeinsamen Erfolg, ob aus wirtschaftlichen Interessen oder aufgrund anderer Abhängigkeiten: Michael und seine Akteure saßen in einem Boot und die Position des Kapitäns wurde nie angezweifelt.

Michael kaufte neue Segel, Kanus, Surfbretter und einen neuen Außenbordmotor. Beim Neubau der Basis halfen viele Freunde. Tresen und Regalsysteme bauten die helfenden Hände wieder auf. Assistenzärztin Peggy, die regelmäßig in den Mittagspausen der Klinik zum Surfen vorbeischaute, hatte nie daran gezweifelt, dass Michael sein Unternehmen weiterführen würde. Michael hielt seine Sorgen und seine finanziellen Belastungen von ihr fern. Das Leben lief irgendwie. Mit Investitionen, Krediten, Terminen und Verbindlichkeiten hatte sie nichts zu tun. Sie merkte nicht, dass ihr Freund nachts nicht mehr schlafen konnte. Der Druck auf den Ehrgeizigen wurde potenziert von der Tatsache, dass Michaels Hauptauftraggeber, der Verein des Jugendbildungszentrums, über das Leben und Sterben seines Geschäfts bestimmte. Die wenigen anderen Quellen reichten bei Weitem nicht aus, um die Festanstellungen auch über den Winter hinweg zu tragen. Dieser feste Kostenblock würde Michael noch lange Kopfzerbrechen bereiten. Aber er hatte keine Wahl: Im Winter musste die Akquise für die Sommeraktivitäten betrieben werden, Marketingmaterialien mussten erstellt und das Material musste gepflegt werden. Und spätestens im Sommer brauchte er seine Leute wieder tagtäglich. Es wäre fatal gewesen, die Eingearbeiteten, die Michaels Qualitätsvorgaben verstanden hatten, wieder ziehen zu lassen. Noch bevor die Saison im Mai begann, knüpfte er an seinen Plan an und verdiente sein erstes Geld als Skipper einer Hochseeyacht. Es würden hart verdiente Moneten werden.

Für den ersten eigenen Törn im Jahr 1996 plante Michael eine Route von Mallorca nach Spanien, erst Barcelona und dann Ampuria Brava nahe der französischen Grenze. Ein Trainingstörn sollte es werden, der mit der praktischen Segelprüfung für die SKS-Schüler enden sollte. Das warme Wetter versprach bessere Bedingungen als die üblichen Ostseetörns. Die Mañana Dos lag jedoch in Barcelona und musste zuerst zur Lieblingsinsel der Deutschen überführt werden. Michael flog zusammen mit Freund und Mitarbeiter Aaron nach Spanien. Mit Eigner Frank hatten sie vereinbart, dass das Unterwasserschiff kontrolliert und gereinigt würde, bevor es auf See ging. Im Hafen angekommen verging dem Duo die Lust auf diesen Job. Das Hafenbecken war die reinste Jauchegrube. Küchenabfälle, Eimer, Ölklumpen, Mülltüten, allerhand Schwebstoffe, Damenbinden und all das, was die Bordtoiletten hinaus beförderten, schwammen im dunkelbraunen, schlammigen Wasser herum. Bei Michael setzte ein Würgreflex ein, als er in das Wasser stieg. Tauchmaske und Kopfhaube schützten zumindest Kopf und Gesicht vor der ekelerregenden Brühe. Er reinigte den Saildrive, der dafür sorgt, dass Salzwasser zur Kühlung des Motors angesaugt werden kann, und organisierte einen Termin zum Kranen, um einen neuen Unterwasseranstrich zum Schutz vor Organismen, die sich am Rumpf festsetzen würden, anbringen zu lassen. Als alles erledigt war, ging es endlich los nach Andratx, dem

Domizil zahlreicher Prominenter, wo Michaels erste eigene Crew auf ihn wartete. Eine heterogene Gruppe, zu der unter anderem ein Student, ein Unternehmer und eine Zahnärztin gehörten. Der Flug der Dentistin hatte sich um mehrere Stunden verspätet, sodass die Yacht erst nach Einbruch der Dunkelheit ablegen konnte. Die Bedingungen waren für die Anfänger wenig ideal. Bei auflandigem Wind mit kräftigen fünf bis sechs Beaufort ging es hinaus in die Nacht, wo eine Stunde nach Verlassen der Marina der Motor ein Warnsignal vermeldete und ausfiel. Guter Rat war jetzt teuer.

Es war stockfinster, von Mondschein keine Spur und außer Michael kein erfahrener Steuermann an Bord. Michael überließ das Ruder der Zahnärztin und begab sich kopfüber in den Motorraum. Dieser war von innen rabenschwarz und stank nach verbranntem Gummi. Der Schlauch für das Kühlwasser hing genau auf dem Keilriemen. Der Riemen hatte den Schlauch aufgescheuert, das Kühlwasser war ausgetreten und der Motor heiß gelaufen. Michael rief Frank an. Es war sein Boot. Erstens sollte er über den Zustand seines Bootes informiert werden und zweitens musste er einen Tipp zur Reparatur haben. Zwei Stunden lang dauerte die schweißtreibende Arbeit unter Anweisung per Mobiltelefon. Es war das erste und einzige Mal, dass Michael auf einem Schiff übel wurde.

Der Zeitplan wurde immer straffer. Nach Barcelona waren es 120 Seemeilen, die über Nacht geschafft werden mussten. Die Prüfung in Ampuria Brava würde pünktlich stattfinden, mit oder ohne Crew aus Blossin. Müde erreichten Michael und seine Segelschüler die schöne Mittelmeer-Metropole mit dem reichhaltigen Erbe von Dalí und Gaudi. Doch Zeit zum Flanieren blieb nicht. Es hieß: Ausschlafen, die Verkehrsregeln auf dem Meer und die Manöverkommandos ein letztes Mal studieren und volle Fahrt voraus zum Prüfungsort. Morgens um fünf, noch vor Sonnenaufgang, tuckerte die Bavaria los.

Kaum aus dem Hafen raus, entdeckte Michael ein schwarzes Schnellboot mit schwarz gekleideten Männern, die direkten Kurs auf die Mañana Dos hielten. Michael dachte Opfer eines Überfalls zu werden und startete die Verteidigung. Er fuchtelte wild mit den Armen, schrie auf Englisch: „Go away! Go away!" Als er erkannte, dass das Gegenüber nicht nur personell überlegen, sondern auch schwer bewaffnet war, gab er sein Gezeter auf und sah sich schon gefesselt auf dem Dinghi treibend um Hilfe rufen. Es stellte sich heraus, dass das Boot der spanischen Drogenfahndung gehörte. Die Beamten kletterten an Bord und verlangten Pässe und Unterlagen vom eingeschüchterten Skipper. Mit größter Sorgfalt nahmen die Ordnungshüter daraufhin das gesamte Boot auseinander. Ob das an Michaels aggressivem Auftreten oder an dem stinkenden Studenten, der während der vergangenen drei Tage weder geduscht noch seine Kleidung gewechselt hatte, lag, blieb offen. Verbotene Rauschmittel fanden sie nicht und so räumten sie das Schlachtfeld pünktlich zu ihrer ersten Frühstückspause. Eine Lektion, die die Segelschüler sicher nie vergessen würden. Wer würde danach noch wagen, auch nur kleinste Mengen an Marihuana auf einem Segelboot mit sich zu führen?

Der Zeitpuffer, den das frühe Aufstehen geschaffen hatte, war mehr als verbraucht und wieder hatte es das kleine Team eilig, zur Prüfung zu kommen. Der Prüfer muss es an den Augenringen der Mannschaft gesehen haben, dass der Trainingstörn des jungen Skippers kein Zuckerschlecken gewesen sein konnte. Er behandelte seine Testkandidaten mit äußerster Nachsicht und checkte nur die grundlegenden Kenntnisse. Als die Zertifikate mit dem Prädikat „bestanden" schon fast vollständig unterschrieben waren, beklagte sich plötzlich der muffelnde Student. Er fühle sich nicht ausreichend geprüft. So etwas hatte der verdutzte Prüfer noch nicht erlebt. Der Unternehmer verpasste dem besserwisserischen Seemann in spe einen Tritt gegen das Schienbein und die Sache war vom Tisch.

Erleichtert trat die Crew den Rückweg nach Barcelona an, wo kühle Mojitos auf die Erfolgreichen warteten. Für das Wohlbefinden der Crew wäre es jetzt angebracht, wenn sich der angehende Akademiker endlich wusch, beschloss der Unternehmer und bat den Hygieneverweigerer, sich endlich frisch zu machen. Es konnte ja sein, dass es sich um einen Aberglauben gehandelt hatte, den SKS-Schein nur im Lieblingspullover bestehen zu können. Aber damit war nun Schluss. Mit dieser Kritik wurde dem Studenten zum zweiten Mal am Tag Unrecht getan. „Dies ist ein freies Land. Ich kann das handhaben, wie ich das möchte.", war seine lapidare Reaktion. Kaum hatte er diesen Satz ausgesprochen, platzte dem Manager der sprichwörtliche Kragen. Er packte den Stinker an ebendiesem und warf ihn bei voller Fahrt über Bord.

Die Crew jubelte und Michael sah sich mit dem x-ten Mann-über-Bord-Manöver seines Törns konfrontiert. Dieses Mal mit einem echten Mann anstelle der üblichen Boje. Hoffentlich hatten die Ereignisse bald ein Ende, dachte Michael. Und dann sah er, dass diese verrückte Reise auch noch Wunder positiver Art bereithielt. Ein Wal tauchte ganz in der Nähe der Yacht auf, sieben Meter lang und es sollte der erste und einzige sein, den Michael je im Mittelmeer sah.

Als Michael nach Hause zurückkehrte, wusste er, dass er die Feuertaufe bestanden hatte. Schlimmer konnte es kaum noch kommen. Der nächste Törn wurde mit großer Zuversicht auf Besserung geplant. Dieses Mal waren es Taucher, die an Bord kamen. Um Mallorca herum wollte man die Unterwasserwelt beschnuppern. Michael hatte sich bisher ausschließlich auf dem Wasser bewegt. Die Korallen und Fische waren für ihn unbekanntes Terrain. Einer der Gäste nahm Michael mit auf einen ersten Tauchgang. Es ist unüblich, dass Anfänger tiefer als zwölf Meter tauchen, aber Michael fühlte sich wohl und so tauchten die Buddys auf 25 Meter an einer Wand entlang. Die Sicht war klar, aber der Grund war nicht zu sehen. Quallen, Muränen, Barrakudas, Papageienfische schwammen den Froschmännern vor die Tauchmaske. Als beide eine Höhle entdeckten, entschied Michael draußen zu warten, während sein Partner routiniert in das dunkle Loch glitt. Nicht geheuer war ihm die Vorstellung mit Tank, Atemregler oder irgendeinem anderen Schlauch irgendwo hängen zu bleiben. Michael wartete und atmete. So allein so tief unter Wasser, das war aufregend. Der Luftverbrauch nahm zu und die auf dem Druckmesser angezeigten Bar in der Sauerstoffflasche nahmen stetig ab. Michael fühlte eine Beklemmung. Er hatte Angst, dass er nicht mehr genügend Luft für den Aufstieg haben könnte, wenn sein Buddy nicht endlich aus der Höhle käme. Michael hatte einiges über die Gefahren des Tauchens gelesen und wusste, dass er nur langsam aufsteigen durfte und einen Sicherheitsstopp machen musste, um einer Stickstoffvergiftung vorzubeugen. Entlang der Wand hangelte er sich also Stück für Stück nach oben und zählte die drei Minuten im Kopf ab, während sein Tiefenmesser fünf Meter anzeigte. An der Wasseroberfläche angekommen füllte Michael seine Tauchjacke mit Luft, bis sie ihn wie eine Luftmatratze trug, legte sich auf den Rücken und entspannte sich. Während ihm die mediterrane Sonne ins Gesicht schien, bereitete sein Buddy seinen Aufstieg vor und tauchte wenige Minuten später neben Michael auf. Als dieser gestand, welche Sorgen ihn geplagt hatten, fing das schlechte Gewissen des Erfahrenen an zu arbeiten. Tauchen wurde nie die große Leidenschaft des Wassersportlers, Schnorcheln war dann doch selbstbestimmter und mitunter sportlicher.

≈ *Wir sitzen vor der gediegenen Victoria & Alfred Waterfront Marina, schlürfen ein paar frische Austern und trinken ein Glas Weißwein auf der Terrasse des belgischen Restaurants Den Anker. Wir schauen auf den Tafelberg und sind unheimlich zufrieden, dass wir uns und das Boot heil über den Indischen Ozean und hinein in den Atlantik gebracht haben. Sechs Wochen Aufenthalt liegen vor uns. Zeit, das Land zu entdecken, das Michael schon 15 Jahre zuvor besucht hatte. Er freut sich auf Peggys Ankunft. Unbedingt will er mit ihr und den Kindern an Orte fahren, die damals schon traumhafte Urlaubs- und vor allem Surfspots gewesen waren.*

Während wir in Erinnerungen schwelgen, fasst Michael zusammen: „Nach meinem ersten Segeltörn mit Gästen, war mir klar, dass man nur 50 Prozent am Schreibtisch planen kann. Der Rest kommt, wie er eben kommt. Wind, Wetter, Gruppendynamik: Alles schwer berechenbar. Aber was tödlich für die Sicherheit auf dem Boot ist, ist Zeitdruck. Ich lasse mich nie wieder unter Druck setzen, zu einem bestimmten Termin ankommen zu müssen oder ich plane genügend Puffer für Verspätungen und Reparaturen ein." Die Segeltörns retteten Michael von nun an über die Nebensaison von Dezember bis März. Michael formuliert es so: „Im Winter kam immer das große Zittern. Auch ohne den Brand war es schon nicht leicht gewesen. Aber jetzt saßen mir die Banken im Nacken und ich war dankbar über das zweite Standbein."

Der Sommer war zufriedenstellend verlaufen. Die Marke Michael Haufe trug ein positives Image. Konkurrenz mit ähnlichen Konzepten und ähnlicher Ausstattung gab es nicht. Blossin war zum Synonym für Teamerlebnisse und Spaß auf dem Wasser geworden. Die Auftragsbücher waren voll, die neu gekauften Wassersportgeräte wurden bis auf das letzte Stück gebraucht, zum ersten Mal mussten Lehrer und Schüler vertröstet werden und Michael stellte eine weitere Person ein. Es war Ilona, die ehemalige Freundin von Axel Schmidt, dem einstigen Geschäftspartner und Surfkumpel, der erst ihn und dann auch seine Freundin sitzen gelassen hatte. Nun teilten die beiden Verlassenen Büro und Feindbild. Sie kümmerte sich um die Kundenkorrespondenz und alle Backoffice-Aufgaben.

Am 3. November 1996 erhielt Michael einen Brief von seiner Förderbank, der ILB. Mit gewohnter Routine öffnete er den Brief und war darauf vorbereitet, eine allgemeine Information für Bankkunden in Sekundenschnelle ablegen zu können. Er irrte sich gewaltig. Es traf ihn sprichwörtlich der Schlag. Michael würde später sagen, dass auf den Brief, den er an diesem Freitagnachmittag in den Händen hielt, das schlimmste Wochenende seiner unternehmerischen Laufbahn folgte. Der Inhalt des Briefes traf ihn noch mehr als der Brand zu Beginn des Jahres.

In dem Schreiben der Bank stand, Michael habe innerhalb von vier Wochen 80 000 Mark Fördermittel plus Zinsen zurückzuzahlen. Der Zuwendungsbescheid wurde in Gänze zurückgezogen. Der Grund: Michael hatte die Bestellung für den 2000 D-Mark teuren Außenbordmotor drei Tage vor Empfang des Zuwendungsbescheids ausgelöst. Nur so hatte er das unschlagbare Angebot nutzen und die rechtzeitige Lieferung garantieren können. Einen Motor brauchte er für den Betrieb seiner Wassersportbasis ohnehin und länger zu warten, hätte bedeutet, dass er ein anderes Modell hätte kaufen müssen und womöglich viel mehr bezahlt hätte. Dieser Formfehler sollte ihn nun teuer zu stehen kommen. Woher sollte er das Geld nehmen? Die Yacht war seit zwei Monaten gekauft und angezahlt und das restliche Material schon seit einer Saison in Benutzung. Michael war bankrott. Zum zweiten Mal in diesem Jahr war der Betriebswirt am Boden zerstört. Und dieses Mal schienen die Aussichten schlechter als je zuvor. Ein Ausweg schien nicht in Sicht. Wer könnte jetzt helfen? Mit wem könnte er sich beraten?

Aufgeben kam nicht in Frage. In seiner Not schrieb er Briefe an den Petitionsausschuss des Deutschen Bundestags, an den Wirtschaftsminister und den Ministerpräsidenten. Er schilderte seine Situation und hoffte auf Verständnis. Die Antwort war tröstlich, auch wenn sie nicht die große Rettung bedeutete. Die sofortige Forderung wurde ausgesetzt und eine erneute Prüfung des Falls anberaumt. Michael plädierte auf den Ermessensspielraum, den die Entscheider über Fördermittel haben.

Während er um sein Unternehmen und seine Liquidität, um die es ohnehin nie rosig bestellt war, zitterte, lief das Tagesgeschäft weiter. Peggy und die Mitarbeiter erfuhren nichts von der Misere, in der der Pechvogel steckte. Seine professionelle Performance durfte nicht leiden. In wenigen Tagen fand die Bootsausstellung Berlin statt, eine Messe, die er schon seit drei Jahren mit Interaktionsangeboten für die Messegäste bereicherte. Es war eine Win-Win-Beziehung, die die Messegesellschaft mit dem Unternehmen Michael Haufe verband. Michael avancierte zum Verantwortlichen für die Shows der Wasserbühne. Jedes Jahr dachte er sich neue Superlativen aus und nutzte die Gelegenheit, den Besucherstrom mit dem Angebot seiner Wassersportbasis zu beeindrucken. Dieses Mal wurde eine australische Gleitjolle, ein 14-Footer, in das beheizte Wasserbecken gesetzt und Windgeneratoren aufgestellt. Das Boot wurde mit Leinen vertäut und hunderte Schaulustige konnten in der Messehalle beobachten, wie der Gennaker gesetzt und so das Jollensegeln präsentiert wurde. Im Indoorpool fanden Surfvorführungen statt, Schulklassen konnten am Projekttag für Schüler an Schulungen zum Thema Wind und an Übungen in Knotenkunde teilnehmen. Michael machte gute Miene zum bösen Spiel. Noch konnte er nicht wissen, ob seine Firma in der nächsten Saison überhaupt noch existieren würde.

≈ *„Ich habe gelernt, dass kleinste Fehler alles kaputt machen können. Die Unabhängigkeit von fremden Geldern ist der Weg zu unternehmerischer Freiheit.", philosophiert Michael. Ich nicke. Es gibt nichts hinzuzufügen und für einen Moment habe ich keine Fragen mehr. Meine Füße schmerzen, meine Muskeln* sind hart, der kühle Wind bläst mir ins verschwitzte Gesicht und ich bin der glücklichste Mensch der Welt. Ich stehe am Kap der Guten Hoffnung und kann es noch gar nicht glauben. Michael zieht sein iPhone aus der Jackentasche und beginnt zu filmen. Wieder einmal überfällt er mich mit einem spontanen Interview, das nur minutenspäter auf Facebook erscheint und unseren Müttern und allen anderen virtuellen Reisebegleitern mitteilt: „Uns geht es gut." Uns geht es sogar hervorragend. Mit Bilton, getrocknetem Fleisch vom Rind und Strauß, und einem Graubrot aus der Royal Bavarian Bakery, der bayerischen Bäckerei in Kapstadt, sind wir für zwei Tage im Nationalpark am südlichsten Zipfel des Schwarzen Kontinents unterwegs.

Mit uns wandern Dassies, meerschweinähnliche Geschöpfe, die mit dem Elefanten verwandt sein sollen, Strauße, Schildkröten, Gazellen, Wale. Die Natur um uns herum ist berauschend und immer wieder überraschend anders. Ich lasse mich zu dem Zitat hinreißen: „Das ist die schönste Wanderung meines Lebens." Michael treibt mich an. Kaum ist der letzte Bissen der Wurst im Mund verschwunden, wird die Vesperpause beendet und der Marsch fortgesetzt. Ausgedehnter kontemplativer Genuss scheint ihm fremd. Die sportliche Challenge steht im Vordergrund. Neun Stunden stapfen wir über Felsen und Schotter, durch Sanddünen und Gebüsch. Genügend Zeit zu reden. Über die Reisen nach Spanien, Portugal, Griechenland, Ägypten, auf die Kapverden, nach Neuseeland, Australien und natürlich Südafrika, die Michael in den Neunzigern jeweils in den Wintermonaten zusammen mit Peggy, allein oder mit Freunden unternahm. Dabei stand immer das Windsurfen im Vordergrund. Glücklicherweise fand er in Peggy eine Gefährtin, die seine Leidenschaft verstand. Michael war ein harter Lehrer, er verstand sich als Trainer nicht als Pädagoge, und manchmal kam es deshalb zum Streit zwischen dem Paar. Übel genommen hat Peggy es ihm nicht. Heute geht sie sogar regelmäßiger surfen als Michael.

Michael kämpfte sich wieder einmal mit Skipper-Engagements durch die winterliche Sauregurkenzeit. Ein Jahr war es nun her, dass er die Schuttberge des Brands beseitigt hatte. Mehr als 200 Tausend Mark Umsatz hatte das letzte Jahr eingebracht. Wäre ihm nicht vor drei Monaten ein vernichtender Schuldenberg angedroht worden, hätte Michael das Gefühl gehabt, es ginge bergauf in seinem kleinen Unternehmen. Ein viertel Jahr sollte die erneute Prüfung dauern. Das Kreditinstitut meldete sich pünktlich vor Ablauf dieser Frist zurück. Wer Korrektheit fordert, muss sie selbst leisten. Man hatte beschlossen, dass der Zuwendungsbescheid nicht in Gänze, sondern nur in einem Teil zurückgezogen werden musste. Da die Summe, mit Ausnahme des Motors, gewissenhaft eingesetzt worden waren, bestand kein Verdacht auf Missbrauch von Fördermitteln und Michael wurde mit einem Warnschuss, den er sich für alle Ewigkeit einprägen würde, entlastet. Er zahlte die 2000 Mark zuzüglich Zinsen und Strafgebühr zurück und konnte sich endlich auf die Ankunft des Sonnengottes freuen.

Die Sonne selbst sei der Gott und nur durch das Wirken von „Ra" bestünde das Leben auf der Erde fort, hieß es in der ägyptischen Mythologie. Für Michael war Ra allerdings das Papyrus-Schiff von seinem Kindheitsidol Thor Heyerdahl. Ein Kreis schloss sich, als die Hochseeyacht Ra, offiziell „bRAndenburg", im Mai geliefert wurde. Zur Taufzeremonie stieg eine Riesenparty.

Auf der Ra empfing Michael nicht nur die Segelschüler, die möglichst zügig ihren SKS-Schein, den Sportküstenschifferschein, zum Chartern von Segelyachten auf Rügen oder Rhodos ergattern wollten, sondern auch Menschen mit körperlichen oder sozialen Einschränkungen. Ein Gast mit Querschnittslähmung rührte das junge Team aus Segelprofis besonders: „Wie schön es ist, den Wind und die Bewegung des Bootes zu spüren. Ich fühle mich so lebendig wie schon lange nicht mehr.", schwärmte der Mann im Rollstuhl und hinterließ mit diesen Worten einen Moment, der sich in das Gedächtnis aller einbrannte. Auch sehbehinderte Menschen sollten in den Genuss dieser sinnlichen Erfahrung kommen. Tiefe Dankbarkeit wurde Michael und seinen Helfern entgegengebracht. Und so half die Sonne, die Ra in das Leben der Blinden brachte, denen, die sehen konnten, die Augen für den wahren Wert, den ideellen Wert der Segelyacht und ihrer Arbeit auf dem Schiff, zu öffnen. Da nun klar war, wo das Zentrum des Schaffens auch in den kommenden Jahren liegen würde, traf Michael eine ökonomische Entscheidung. Er kaufte am Rande von Blossin, fußläufig zum Jugendbildungszentrum idyllisch im Kieferwald gelegen, ein Haus mit Garten. Das Haus, eher ein großer Bungalow, mit bescheidener Wohnfläche und gewelltem Betondach, das in der DDR entweder einmal als schick galt, billig oder einfach verfügbar war, sollte vor dem Einzug noch einen zusätzlichen Raum bekommen. Quadratisch, praktisch, gut: In stilisiertem Bauhauscharakter plante Michael einen Satelliten, eine Schaltzentrale mit großem Aus- und Überblick, sein neues Büro. Aufgeräumt, puristisch, ohne Schnickschnack wollte er leben. Bis das Haus bezugsfertig sein würde, würden noch mehrere Monate vergehen. Die Wohnung wurde gekündigt und die beiden Abenteuerlustigen zogen auf die Ra.

Michael und Peggy lebten ihren Traum. Beide glaubten, den schönsten Sommer ihres Lebens miteinander zu verbringen. Die Surfschule in Peenemünde, die Wassersportbasis in Blossin, die Arbeit als Surf- und Segellehrer und Chef einer Wassersportstation, die Arbeit als Skipper, die vielen Fernreisen des

Windsurfpärchens und jetzt eine eigene Segelyacht: Der 27-Jährige konnte sein Glück gar nicht fassen. Dreißig Jahre später hätte er diesen Erfolg für wahrscheinlicher gehalten, aber jetzt saßen Peggy und er zum romantischen Abendessen mitten auf dem Wolziger See auf dem Schiff, das am Tage ein Arbeitsgerät und nachts ein gemütliches Heim war. Nicht selten kam es vor, dass Peggy nach Dienstschluss zum Hafen kam und auf ihr Zuhause warten musste, weil es noch unterwegs war. Das Leben an Bord motivierte Michael, zu weiteren, neuen Sternen zu greifen. Dieses Mal war es das Hochsee-Virus, das ihn infiziert hatte.

Eine Regatta sollte es werden. Ein Projekt, das der Pressearbeit seines Unternehmens dienen und Alleinstellungswert haben sollte. So richtig professionell mit Crewkleidung, Sponsoren und hoffentlich einem Pokal. Für die Ostsee-Regatta „Rund Bornholm", die längste deutsche Streckenseeregatta, wurde Michael zum Feministen. Oder wie sollte man jemanden nennen, der die erste Frauencrew in der Geschichte der Regatta in einem Casting zusammenstellte und in der Wintersaison zu Höchstleistungen trainierte?

Manfred Stolpe, damals Ministerpräsident von Brandenburg, wurde Schirmherr der Aktion. Im Winter kratzten die Bänkerin, die Steuerfachangestellte, die Studentin und die Auszubildende unter Michaels Aufsicht das Eis vom Boot, tauten Taue auf, büffelten Segeltheorie und lernten, den Spinnaker zu setzen und wieder zu bergen. Am Abend waren sie todmüde, aber Michael trieb sie monatelang zu Höchstleistungen an. Manch anderer Segellehrer hätte sich wohl gewünscht, selbst diese geniale Idee gehabt zu haben. Ein Schelm, wer Böses dabei dachte, denn keine geringere als Peggy stand am Steuer der Yacht.

Es fand sich zwar kein Sponsor, aber dafür ein Redakteur der BILD-Zeitung ein, als im Sommer 1998 die Regatta startete. Von Warnemünde nach Bornholm, einmal um die Insel herum und wieder zurück nach Warnemünde waren es insgesamt 380 Seemeilen, die in möglichst kurzer Zeit gemeistert werden sollten. In den acht Monaten der Vorbereitung hatte jede Teilnehmerin ihren Job an Bord zur Perfektion trainiert, Skipperinnen sind sie dabei nicht geworden, aber Spezialistinnen, Teamplayer und taffe Wassersportnixen.

Als kleine Aufwärmübung hatte Michael die Crew zu zwei Tagesregatten vor Warnemünde angemeldet. Wie bei vielen anderen Rennen auch, musste ein Dreieck abgesegelt werden. Der Startschuss kam und die Ra blieb vor einer Böe im Wind stehen. Nun fuhr das Boot entgegen der geplanten Richtung in den Startbereich, wo die anderen Yachten entgegenkamen. Peinlicher konnte ein Auftakt kaum sein. Am zweiten Tag riss mitten im Race das Großfall, vor Schreck warf eine Seglerin die Winschkurbel über Bord. Michael wäre am liebsten im Boden versunken. Dieses Chaos hatte nichts mit den harten Trainingsmonaten zu tun, die hinter ihnen lagen. Nervosität machte sich breit. Am Abend zog keine Teilnehmerin ihre Crewjacke an. Alle hofften, im Getümmel der Seglerparty untertauchen zu können.

Mit viel Demut begann die „Rund Bornholm"-Regatta. Nervös verabschiedete Michael sein Schiff und die Besatzung. Wie so üblich nach einer verpatzten Generalprobe hatte er zur Nervosität keinen Grund. Es lief wie am Schnürchen. Nach drei sonnigen Tagen und zwei Nächten kamen Boot und Matrosinnen wieder heil im Heimathafen an. Für einen Platz auf dem Siegertreppchen hatte die Leistung nicht gereicht, aber der Sonderpreis der Jury für die erste Damenmannschaft und zahlreiche Zeitungsartikel, einschließlich einer ganzen Seite in der BILD, waren mehr als ein Trostpreis und eine ideale Kampagne für das Geschäft am Wolziger See und Michaels Qualitäten als Ausbilder. Ob es die Presseresonanz war oder die kontinuierlich guten Leistungen, die sich herumsprachen, war schwer zu sagen. Klar war nur: Irgendetwas war magisch an diesem Jahr.

Ricco Geithner, Inhaber des XXL-Fitnessstudios in Dresden, überraschte Michael mit einer Anfrage. In einer Zeit, in der Arbeitnehmer in Sachsen froh sein mussten, überhaupt einen einigermaßen stabilen Job zu haben, in einer Zeit, in der die Begriffe Incentive und Employer Branding noch nicht zum Fachjargon eines Personalmanagers gehörten, erfand Ricco Geithner die eventorientierte Form der Mitarbeiterbindung. Schon ein Jahr zuvor hatte er sich mit seiner Frau von der Qualität der Surf- und Segelschule am Wolziger See überzeugt und an einem Katamaran-Kurs teilgenommen. Jetzt chauffierte er seine Angestellten an die Ostsee und setzte sie auf die Ra. Michael segelte sein Schiff und wies alle in einfache Deckshand-Aufgaben ein. Kaum war das Großsegel gesetzt, stellte Michael fest, dass ein Riss im Stoff nicht ignoriert werden konnte. Das Segel wurde wieder herunter geholt und die erste teambildende Maßnahme hieß: Nähen. Und dann konnte es endlich ungehindert losgehen, von der Ostsee-Marina Kröslin nach Rønne auf Bornholm, ein Revier, das nach der Regatta vertraut war, und wieder zurück. Fröhlich ging die Mannschaft bei hochsommerlichen Temperaturen wieder an Land und der Plan des Teamleiters schien aufzugehen.

Das Ganze hatte dann aber doch noch einen Hintergedanken: Der Segeltörn mit seinem Team diente als Generalprobe für seine Kunden. Da sein Fitnessstudio im Sommer grundsätzlich schlecht besucht war, wollte Ricco seinen Mitgliedern Wassersportausflüge anbieten. Es sollte der Beginn einer langen Freundschaft und Partnerschaft zwischen den beiden Unternehmern werden. Und Michael war plötzlich um eine Zielgruppe reicher: Unternehmer, die Kunden und Mitarbeiter dank unvergesslicher interaktiver Momente an sich binden wollten.

Die neue Zielgruppe ließ gar nicht lange auf sich warten. Die Daimler-Chrysler AG kündigte an, seine Azubis zu einem Training nach Blossin zu senden. Die großzügigen Unterbringungsmöglichkeiten im Jugendbildungszentrum, das umfangreiche Sportangebot in nahezu unberührter Natur, die freundlichen, bescheidenen Trainer und die unschlagbare Preisgestaltung überzeugten die Entscheider der Human-Ressources-Abteilung des Konzerns. Für nicht viel mehr als zehntausend Mark konnte man eine Woche lang 60 Azubis in dem Programm unterbringen, das einmal für Schulklassen entwickelt worden war.

Ein Grund zu feiern, dachte sich Michael. Zusammen mit Peggy und ihren Eltern wollte er nach Berlin zu einem Konzert fahren und freute sich auf einen gediegenen Abend. Zum Glück fand das Konzert nicht draußen statt. Über dem See hatte sich ein sommerliches Unwetter zusammen gebraut. Starker Wind, Regen und Blitze, die direkt in den See einschlugen: So nah war eine Gewitterzelle selten. Flucht schien da ohnehin das Beste. Der Schirm stand bereit.

Für Peggy, die sich in ein freizügig-adrettes Abendkleid gehüllt hatte, wollte Michael ein ebenbürtiger Begleiter sein und putzte sich heraus. Er, der optisch viel jünger wirkte als er war und für gewöhnlich durch militärisch korrektes Auftreten, ruhelose Geschäftigkeit und einen Stakkato-Sprechstil Respekt einforderte, wurde in dem schwarzem Anzug und dem weißen Hemd augenblicklich zu einem eleganten, ernstzunehmenden Mann, der schweigen durfte und die Kontrolle entspannt abgeben konnte. Gerade wollte das schöne Paar aus der Tür hinaus schreiten, als das Telefon klingelte.

„Ich brauche Hilfe! Schnell! Mein Mann ist umgekippt!", rief eine weibliche Stimme. Michael dachte, das Gespräch sei für Peggy, die Ärztin. Aber dann ergänzte die Dame am Apparat: „Er ist ganz alleine auf dem See und bekommt das Boot nicht mehr hoch." Also doch ein Fall für mich, seufzte Michael innerlich. Es handelte sich um den Chef des Segelvereins, der aus welchem Grund auch immer, bei diesem unmöglichen Wetter mitten auf dem See mit der Jolle kämpfte. Das Wasser war nicht tief. Er hätte es ohne Boot an Land geschafft, aber sein geliebtes Segelschiffchen zu verlassen, brachte er nicht über das Herz. Lieber riskierte er seine Gesundheit, wenn nicht gar sein Leben. Freund Wolfgang saß schon im Motorboot bereit. Michael stieg in seinem schicken Anzug zu ihm und die beiden düsten zu dem Unglücksraben. Eine Freude war das wahrlich nicht. Es blitzte und donnerte ununterbrochen und die nasse Kleidung wurde kalt auf der Haut. Und in Anbetracht der eigentlichen Abendplanung erwartete ihn zu Hause wohl auch eher die Eiszeit. Wolfgang blieb im Boot und Michael stieg zu den Hilflosen in das Wasser, um mithilfe von Leinen die Jolle wieder aufzurichten. Sein Gesicht zeigte blaue Lippen, blasse Haut und einen Blick, der sich zwischen Qual und Dankbarkeit nicht entscheiden konnte. Ganz offensichtlich war es ihm peinlich, Michael in diese Situation gebracht zu haben. Ein Prachtbursche! Wer hätte sich sonst seinen Hugo Boss versaut? Michael erteilte Kommandos, packte mit an und gemeinsam brachten sie das Boot wieder in Position. Michael forderte den völlig unterkühlten Segler auf, sich in das Motorboot zu setzen. Er selbst brauchte noch ein paar Minuten, um das Segel zu bergen und den Anker zu setzen. Als er um das Boot watete, zischte es plötzlich gewaltig, ein Ruck ging durch seinen Körper und für einen Moment konnte er nichts mehr sehen. Beinahe verlor er das Gleichgewicht. Verwirrt blickte er um sich. Die Männer im Boot vergaßen sofort das Zittern und starrten Michael mit aufgerissenen Augen an. Ein Blitz hatte in unmittelbarer Nähe eingeschlagen und die elektrische Energie war durch den Körper des Retters in der Not gerauscht. Jetzt stand ihm die nasse, halblange, von Sonne und Salz ausgeblichene Surfermatte vom Kopf ab. Nichts wie weg, dachten die drei und rasten zum Ufer.

≈ *„Aus dieser Situation habe ich drei Dinge gelernt. Erstens: Ich werde nie wieder mein Leben in Gefahr bringen, um Material zu retten.", Michael lässt eine bedeutungsvolle Pause und wirft mir einen strengen Blick zu. Ich hoffe, dass wir auf der Polaris nie in eine ähnlich missliche Lage geraten werden und verstehe seinen Punkt. Ich nicke ihm zu und er fährt fort: „Die zweite Erkenntnis, die ich aus der Geschichte mitgenommen habe, ist, dass man nur für andere da sein kann, wenn man selbst gesund ist. Ich wusste, dass ich mich um mich sorgen musste, wenn ich mich um andere sorgen wollte. Ich begann, alle zwei Jahre einen umfassenden Gesundheitscheck machen zu lassen und auf meine geistige und körperliche Fitness bewusst zu achten."*

Ich muss schmunzeln. Fast täglich sehe ich Michael in äußerst unbequemen Körperhaltungen auf dem Vorschiff herumturnen. Auf seiner Yogamatte macht der Athlet Verrenkungen, die man als Einmann-Kamasutra bezeichnen könnte. Am Strand steht er manchmal minutenlang auf seinem Kopf. Endlich verstehe ich seine Motivation. Auch hier auf St. Helena sind es nicht etwa die schönen Fotomotive, die Geschichte Napoleons oder die Grillfeier im Yachtclub, die ihn reizen. Nein, es sind die sportlichen Herausforderungen: Die fast senkrechte Jakobstreppe mit ihren 699 Stufen, die die 180 Höhenmeter von Jamestown auf den Ladder Hill überwindet. Das große Schwimmbecken direkt vor den Klippen. Die Dschungelwanderung zum Wasserfall. Höher, schneller, weiter. Für Michael zählen Ergebnisse. Konnte er seinen persönlichen Rekord brechen oder muss er noch zäher trainieren? Respekt erhält der, der es besser kann oder noch verbissener trainiert.

> *„Und die dritte Lehre, die ich aus der Gewitternacht gezogen habe, ist, dass man finanziell vorsorgen muss. Das Leben kann jeden Tag zu Ende sein. Und wenn man Verantwortung für andere trägt, sollte eine konservative Lösung parat liegen. Dafür hatte ich allerdings zu diesem Zeitpunkt in meinem Leben noch keinen Plan. Wäre ich tot umgefallen, hätte sich Peggy eine neue Wohnung suchen müssen und meine Mitarbeiter einen neuen Job. Ich hätte zumindest niemanden ruiniert. Und um ehrlich zu sein: Meine Belastungen waren riesig. Da blieb einfach nicht viel übrig. Weitere Pleiten oder Krankheiten waren einfach nicht drin.", gab Michael zu.*

Kaum hatte das Wintersemester begonnen, wurde im Seminarraum an der Uni Leipzig bereits getüftelt. Früher hatte die Fakultät für Sportwissenschaften noch Deutsche Hochschule für Körperkultur geheißen, ein Name der seit 1990 lediglich in einem Verein weitergeführt wurde. Er klang wohl zu sehr nach den alten Zeiten des Drills, für die man sich schämte. Für den Lehrstuhl Trainingslehre wurde Michael als Segelexperte engagiert. Er sollte den Studierenden in Sachsen bei einem Forschungsprojekt zur Seite stehen. Es ging um Segeltheorie, um die optimale Rollenverteilung, es ging um Kommunikation an Bord, um die Perfektion von Abläufen. Ziel war es, ein Handbuch zu erstellen, welches Regattateilnehmern die ideale Kommandoabfolge für das Spinnakersegeln darlegen sollte. Zeitsparen bei Manövern hieß der Weg zum Ziel. Es handelte sich nicht um eine Revolution des Segelsports, sondern eher um eine Feinjustierung.

Michael genoss großes Vertrauen bei den Studenten, die nur wenige Jahre jünger waren als er. Sie klebten an seinen Lippen, wenn er Sätze sagte wie: „Mehrere kleine Veränderungen können erheblich zu einem besseren Gesamtergebnis beitragen. Wir verändern einen Parameter und prüfen, welche Auswirkungen das haben könnte. Danach verändern wir einen zweiten Parameter. Wenn wir alles gleichzeitig revolutionieren würden, wüssten wir später nicht, welcher Schritt der Entscheidende war. Und außerdem haben wir es hier mit einer Fortbewegungsform zu tun, die nachweislich seit mindestens 7000 Jahren existiert. Aus der Blütezeit Ägyptens gibt es erste Zeichnungen von Segelschiffen. Vermutlich schipperte man schon viel früher mit einem Stückchen Stoff über den Nil. Ihr würdet viele Generationen von Seefahrern beleidigen, wenn ihr heute behaupten würdet, dass das Segeln, so wie wir es kennen, totaler Nonsens sei." Und damit die Bemühungen nicht nur akademische Theorie blieben, beschloss die Gruppe, das Buch tatsächlich zu produzieren, als wasserfeste Ausgabe, und damit auf hohe See zu gehen. Für jede Rolle an Bord wurde eine Anleitung verfasst und die Schnittstellen definiert. Der Steuermann musste sich blind auf die Leute an den Winschen und die Leute auf dem Vorschiff verlassen können. Missverständnisse und Dopplungen in der Aufgabenverteilung konnte es nicht mehr geben, wenn sich nur alle an das neue Regelwerk hielten. Michael trainierte seine eigenen didaktischen Fähigkeiten, denn zum zweiten Mal in zwölf Monaten stand er vor der Herausforderung, eine Horde Unbedarfter in einem dreiviertel Jahr regatta-tauglich zu machen. Seine erste Studentencrew wollte das Schiff im kommenden Jahr kurz vor den Sommerferien über Flüsse und Kanäle zur Ostsee bringen und ebenfalls zur Rund-Bornholm-Regatta antreten.

Auch hier wurde jedem eine Rolle zugewiesen, die es in den folgenden Monaten zu intensivieren galt. Die ideale Vernetzung würde zu exzellenten Leistungen führen. Michael spürte bereits, dass er eine erfolgshungrige Gruppe vor sich hatte. Er entwickelte eine große Leidenschaft für die Organisation solcher Segelprojekte. Die Finanzierung stellte grundsätzlich die größte Herausforderung dar. Aber der Kampf um Mittel und Anerkennung für seinen geliebten Sport wurde von tiefen Sehnsüchten getrieben. Meer und Freiheit, Sport und Erfolg: All das verband sich während einer Regatta auf einer Hochseeyacht.

Zu dem Universitätskurs gehörte auch die Studentin Isabel Lippold. Ein zierliches, blondes Mädchen mit keckem Auftreten. Michael und Isabel ahnten zu diesem Zeitpunkt noch nicht, dass sie einmal eine bedeutende Rolle füreinander spielen würden. Isabel fand Michael komisch. Nicht das, was er sagte, sondern wie er es sagte. So hatte sie sich einen Segellehrer nicht vorgestellt. Zu steif, zu hektisch, zu forsch, zu kurz angebunden. „Alles muss immer zackzack gehen.", stöhnte sie vor ihren Kommilitonen, „Dieser Mensch hat ja für gar nichts Zeit. Immer busy." Zusammen mit anderen Sportstudenten absolvierte sie in Blossin die Ausbildung zur Katamaran-Segellehrerin, um selbst Kurse auf den kleinen Sportkatamaranen von Hoby oder TopCat geben zu können. Am ersten Tag war kaum ein Student pünktlich am See. Das akademische Viertel summiert mit dem üblichen Laissez-faire-Stil der Wassersportler veranlasste sie, sich weder zu entschuldigen noch Ausreden einfallen zu lassen. Aber Michael entsprach in Sachen Pünktlichkeit jedem Klischee über die Deutschen. Er hielt Termine exakt ein und erwartete das auch von seinem Gegenüber. Etwas säuerlich wies er seine Studentengruppe an: „Halbe Stunde Kat aufbauen! Könnt ihr ja!" Isabel murmelte: „Was hat der Alte denn jetzt schon wieder? Na das kann ja heiter werden!" Am Abend gab es einen kurzen Moment der Hoffnung. Michael lachte ausgelassen, trank ein Bier mit seinen Schülern, erzählte Anekdoten aus seiner Studentenzeit und schwärmte von der großen Freiheit, die man beim

Surfen und Segeln spüren konnte. Und als Isabel Michaels Augen leuchten sah, begann sie seine Ehrlichkeit, seinen Arbeitseifer, seine harte Arbeit für seine Träume zu schätzen. Sie selbst hatte andere Ziele: Adidas und Nike. Da wollte sie Karriere machen. Einen Managerposten in einer weltweiten Sportartikelmarke war genau ihr Ding. Mit Pflichtpraktikum im richtigen Konzern wollte sie einen Fuß in die Tür bekommen. Mit den Bewerbungen würde sie gleich nach ihrer Rückkehr nach Leipzig starten.

In Berlin stand ein Marketing-Rundumschlag bevor. Das Management der Bootsmesse Berlin bot Michael kostenfrei eine gesamte Messehalle an, die er als Aktionshalle bespielen dürfe. Seine Idee: Wir kopieren die Surfschule. Wir bauen eine vollwertige Wassersportstation in der Halle auf. Natürlich sollte der neuste Einkauf auf der Berliner Bootsausstellung gezeigt werden. Mit Tieflader und Kran ließ Michael die Ra zur Messehalle bringen. Die Besucher der Halle, also vor allem die Teenager, die schulklassenweise anreisten, sollten per Winsch und Boots-mannsstuhl in den Mast gekurbelt werden. Für viele eine Mutprobe, für Michaels Team eine verhältnismäßig risikolose Attraktion. Wenn da nicht der Zwischenfall beim Aufbau gewesen wäre.

Aaron Backhaus, Michaels Freund und Mitarbeiter, rechte Hand und Strip-penzieher im Hintergrund, schlief während der Aufbauphase auf der Yacht, die zunächst noch vor der Halle geparkt war und bewacht werden wollte. Es war November und eisig kalt auf einem Schiff ohne Heizung, aber der 23-Jährige war hart im Nehmen. Nach dem Motto „Schlafen kann ich, wenn ich tot bin" mummelte er sich in alles ein, was er finden konnte und war froh, wenn ihm kein Eiszapfen an der Nase wuchs.

Als das Schiff dann endlich in die Halle transportiert wurde, meinte einer der angemieteten Techniker, er wolle nur noch kurz ein Stahlseil von der Decke ziehen, um die Yacht zu stabilisieren. Im Tarzan-Stil hing er sein gesamtes Körper-gewicht in die Abhängung. Es krachte und in Bruchteilen von Sekunden fiel der Techniker zu Boden. Es war ein dumpfer Plumps und Aaron war sich sicher: „Der ist tot!" Er rannte zu dem Verunfallten. Sieben Meter! Könnte man so einen Sturz überleben? Aaron zitterte vor Panik. Sollte die Messe mit einer Tragödie starten? In Ermangelung von Mobiltelefonen ließ er den Hallenmeister informieren, der wiederum einen Rettungswagen rief. Der Notarzt war in Windeseile vor Ort und prüfte die Verletzungen. Wie durch ein Wunder war der freie Fall auf den Beton-boden weder tödlich noch lebensbedrohlich ausgegangen. Die Rettungssani-täter redeten den verängstigten Sportsfreunden gut zu: „Nu berujen se sich! Wir ham schon janz andre wieder hinjekriecht. Der wird wieder zusamjeflickt. Jute Messe noch!" Trotzdem saß der Schock tief. Die fehlerhafte Konstruktion wurde bei der Messegesellschaft reklamiert, wo man nach einer Prüfung den Fehler später eingestand und behob. Mit einem dumpfen Gefühl im Magen gingen die Vorbereitungen zur Ausstellung weiter.

Die Peter Frisch GmbH, seit 1973 Großhändler für Segelbekleidung und Bootszubehör, sponserte die Messepräsentation, und so fand sich Michaels Team in hochwertigen, einheitlichen Jacken ein. Gemeinsam rockten sie die Wassersportmesse und schlossen ein Jahr ab, das viele Grundsteine für die Zukunft gelegt hatte: ein neues Schiff, ein erster Teamevent, der Beginn einer tiefen Freundschaft, eine erste Buchung eines Großkonzerns, ein neues Bewusstsein für Gesundheit, einen Lehrauftrag als Hochschuldozent, eine Superlative auf einer Messe und wieder neue Buchungen für Skipper Michael.

Die organische Diversifikation von Michaels Geschäftsmodell nahm ihren Lauf und brachte immer mehr Mittel und Möglichkeiten. Sie verlangte aber auch nach Organisationsstruktur, Flexibilität, Stabilität im Team und — wie immer — eiserner Disziplin in einem Business, das vor allem Spaß vermittelten sollte.

Im Verwaltungskomplex des Jugendbildungszentrums wurde ein Büro frei, in das Michael, Ferienbetreuer und Stationsleiter Aaron, Mitarbeiterin Ilona und der Auszubildende und Segellehrerassistent Steffen, der nach seiner Zivildienstzeit wieder zurückgekehrt war, einzogen. Später im Jahr würden es noch mehr werden. In das Büro, das für drei Personen ausgelegt war, quetschten sich in besten Zeiten manchmal sieben Leute. Glücklicherweise war der Arbeitsplatz des Teams überwiegend in der Natur.

Isabel Lippold, die kesse Studentin, wartete verzweifelt auf eine Antwort auf ihre Bewerbungen an die Großkonzerne der Sportindustrie. Der Zeitpunkt für das Pflichtpraktikum rückte heran. Sie würde sich nicht zum Diplom anmelden können, wenn sie nicht endlich einen Praktikumsplatz fand. Und weil sie keine bessere Lösung wusste, meldete sie sich bei Michael. Michael, der grundsätzlich nie einen Freund in Not hängen ließ und für alle eine sinnvolle Aufgabe fand, hatte auch hier keinen falschen Stolz. Er wusste, dass er für karrierebewusste Hochschulabsolventen nicht viel zu bieten hatte. Er lud Isabel ein und berichtete ihr von der DaimlerChrysler-Anfrage. Kurzerhand beschloss Isabel, Teamevents zu ihrem Praktikumsthema zu machen. Sie krempelte die Ärmel nach oben, formulierte Angebote, die mittelständischen Unternehmen gefallen könnten und fuhr los. Ohne Terminabsprachen, ohne einen Ansprechpartner zu kennen, lief sie schnurstracks in Autohäuser, Hotels und alle Betriebe, die die Umgebung hergab. „Wenn man jung, blond und charmant ist, kann man sich das leisten.", dachte sie. Und außerdem ging es ja gar nicht um den Vertrieb einer Dienstleistung, sondern um ein studentisches Projekt, um eine Marktrecherche, eine Expertenumfrage, eine hochwissenschaftliche Erhebung sozusagen. Über die Maßen überzeugt von ihrem Auftritt und ihrem Produkt marschierte die selbstbewusste Forscherin geradezu in die Herzen der Unternehmer. Diese fühlten sich gar nicht überrumpelt, sondern positiv überrascht. Paddeln auf dem Wolziger mit Lagerfeuer und Grillabend oder direkt vor der Haustür die ersten Handgriffe zum Segeln einer Hochseeyacht auszutesten, das klang nach einem klasse Programm für Mitarbeiter und Kunden und war auch nicht zu abgehoben.

Das gute Image von Michaels kleiner Firma wuchs täglich und er mochte Isabel gar nicht mehr missen. In diesen Tagen wurde nicht wirklich Geld verdient, aber eben auch keines verloren. Immerhin wurden die Kredite getilgt und irgendwann würde Michael das alles einmal Seins nennen können. DaimlerChrysler kam und brachte nicht nur seine Auszubildenden mit, sondern auch seine Abteilungsleiter. Kanutouren mit Übernachtungen im Zelt waren einmal etwas anderes als die Businesshotels, in denen man sich abends verkroch und mit niemandem mehr kommunizieren musste. Hier wurde echter Teamgeist trainiert. Ein voller Erfolg.

Isabel meldet sich nach dem Praktikum auch gleich zur Diplomarbeit an und blieb in Blossin hängen, denn eins hatte ihr die Zeit in Michaels Team gezeigt: Sie hatte es mit einem wachsenden Markt zu tun und das war für eine angehende Sportmanagerin dann doch ein spannendes Spielfeld. Der andere Vorteil: Es gab kaum Literatur zu ihrem Diplomarbeitstitel „Nachhaltigkeit erlebnisorientierter Trainings in der beruflichen Weiterbildung" und das bedeutete, dass kein Professor ihre Forschungsergebnisse anzweifeln können würde. Denn sie würde die erste Expertin auf diesem Gebiet sein. Und tatsächlich wurde sie zur Key Account Managerin für Firmenkundenevents. In kleinen Unternehmen konnte man getrost mit großen Titeln um sich werfen. Isabel brachte ihren Kommilitonen Thomas Albrecht mit, der sich dank einer Moderationsausbildung und dem Erwerb diverser Trainerlizenzen zum Experten für Kommunikationstrainings und Rollenbildübungen entwickelte. Thomas genoss seine Freiheiten in der Arbeitszeiteinteilung und war bekennender Individualist. Eine Anstellung bei Michael kam für ihn nicht in Frage. Isabel, Aaron und Steffen hingegen begannen, sich feste Gehälter und Arbeitsplatzsicherheit zu wünschen. Mit zunehmendem Zeitaufwand, den Aaron für die Arbeit am Wolziger See aufbrachte, und mit schrumpfenden Budgets für Kulturförderung löste sich der Teil des Lebensunterhaltes auf, den er mit Schauspielerei und Gesang verdient hatte. Steffen, der seine Ausbildung beenden und ein Studium beginnen wollte, und Isabel, die in Kürze als Hochschulabsolventin dem freien Arbeitsmarkt zur Verfügung stünde, waren angewiesen auf eine zuverlässige Geldquelle. Bisher war Ilona die einzige mit festem Vertrag. Sie alle hingen an Michaels Tropf. Michael war sich seiner Verantwortung bewusst. Er kümmerte sich um sein Team. Er war Freund und Mentor, Entscheider und Moderator. Seine Mitarbeiter sah er als Berater. Er wusste, wie man Menschen führt, motiviert und für seine Ideen begeistert. Doch eines konnte er nicht: in den Wettbewerb mit anderen Arbeitgebern treten. Zumindest nicht, was die Gehälter betraf. Er musste die Personalkosten niedrig halten, sonst würde ihm jeden Winter sprichwörtlich das Genick gebrochen. Er war Geschäftsmann und er war angewiesen auf ein stabiles Team. Also entwarf der Betriebswirt ein Beteiligungssystem, machte seine Freunde zu Gesellschaftern und Geschäftsführern und band sie so an sich.

Michael gründete die Blossin Yachtschule GmbH, an der er Steffen mit 20 Prozent beteiligte und ihn als Geschäftsführer einsetzte. Dieses Unternehmen war für Törns und das Verleihgeschäft verantwortlich.

Das zweite Unternehmen nannte sich Blossin Reisen GmbH. Mit der gleichen Regelung wurde Aaron eingesetzt, der das Geschäft mit den Schulklassen betreuen würde.

Die Teamgeist GmbH, an der Isabel und Thomas mit jeweils 10 Prozent beteiligt wurden, sollte unter der Leitung von Isabel die Events und unter der Führung von Thomas die Trainings steuern. Beide nannten sich ebenfalls Geschäftsführer.

Die Michael Haufe Besitzgesellschaft blieb unverändert bestehen. Ihr gehörten alle materiellen Werte. Für die finanziellen Risiken haftete Michael persönlich.

Die Firmen, an denen Aaron und Steffen beteiligt waren, wurden drei Jahre später wieder geschlossen. Deutschland befand sich in einer Wirtschaftskrise, Flüge waren billig und Wassersport im warmen Mittelmeer wesentlich attraktiver geworden, das klassische Wassersportgeschäft in Deutschland brachte kaum noch Erträge, die Pflege der Materialien zu teuer. Dass der Segelsport in Deutschland nicht ernst genommen wurde, zeichnete sich schon allein dadurch ab, dass sich für die Bornholm-Regatta kaum Sponsoren finden ließen. Sie blieb trotzdem viele Jahre Michaels Liebhaberei und PR-Werkzeug.

TEAMZEIT 2000-2012. TEAMGEIST WIRD ZUR MARKE. AUS MÜLL WIRD YACHTCLUB. NEUE KUNDEN. KEINE ZEIT FÜR FAMILIE. DER ERSTE OZEAN. IMMER MEHR BOOTE. SPORT UND GESUNDHEIT. ZERTIFIKATE UND PREISE. EXPANSION IN DIE WELT. SOFTWARE MUSS HER.

„Man darf das Schiff nicht an einen einzigen Anker und das Leben nicht an eine einzige Hoffnung binden." – Epiktet

≈ Gerade habe ich die bunten Röckchen und Masken, die ich als Karnevals-tracht eingekauft habe, an meine männliche Crew verteilt. Michael ist ganz aus dem Häuschen. Gleich geht es los zum berühmten brasilianischen Karneval in einer der größten Hochburgen des Landes. Aber bevor ich indianisch anmutende Muster auf seine Arme und Beine pinsele, sagt er: „Sheila, es ist leicht, eine Firma zu gründen, aber du glaubst nicht, wie extrem aufwendig die ordnungsgemäße Schließung ist. Man sollte sich immer vorher überlegen, welche Strukturen unbedingt notwendig sind. Das Geld und die Zeit, die mich die Abwicklung der zwei Unternehmen gekostet haben, sind nicht in Worte zu fassen. Notartermine, Versicherungen, laufende Verträge, gesetzliche Fristen, Finanzamt... Es gibt tausend Dinge zu regeln und zu beachten. Ich bin heilfroh, dass ich das hinter mir habe. Und noch glücklicher bin ich, dass Teamgeist seit seiner Gründung durch die Decke ging. Ich trug Teamgeist als Marke ein und sie drückte alles aus, was wir waren und sind. Wir sind ein Team *und wir kümmern uns um Teams. Ich wollte einen Namen, der nicht Michael Haufe hieß. Ich wollte ein Unternehmen, das auch unabhängig von meiner persönlichen Präsenz und meinem Namen funktionierte. Eines Tages wird Teamgeist ohne mich erfolgreich sein. Dieser Gedanke fühlt sich befreiend an." Das klingt interessant, denke ich. Ich gehe davon aus, dass sich viele Inhaber für unersetzlich im Management ihres Unternehmens fühlen und lieber am Schreibtisch oder in der Werkshalle sterben, als das Zepter aus der Hand zu geben. Aber dieser hier hat den Ausstieg schon bei der Gründung bewusst geplant. Das ist ja allerhand! Als hätte Michael meine Gedanken gelesen, fährt er fort: „Ich musste lernen, zu vertrauen. Ich musste lernen, abzugeben. Ich musste lernen, Fehler zu vergeben. Sie passieren nun einmal. Ich behielt Steffen und Aaron und gab ihnen Positionen, in denen sie sich wohlfühlten. Steffen wurde ein exzellenter Marketingleiter und Aaron ist heute der Standortleiter von Blossin und Kolberg." Ich schaue ihn mit großen Augen an: „Kolberg? Was ist Kolberg?" Die Trommler auf den Straßen der Altstadt werden lauter und es schallt bis in die Marina. Die Tanzgruppe Polaris & Friends wird jetzt von oben bis unten in den schönsten Neonfarben geschmückt. Die Fortsetzung der Teamgeist-Story muss warten, bis die Party vorbei ist. In ungefähr sechs Tagen.*

Am Ende des Jahrtausends wurde Michael von mehreren Herrengruppen als Skipper für das Mittelmeer und die Ostsee gebucht. Die Kunden waren Geschäftspartner oder auch einfach Freunde, die einmal aus dem Druck des Alltags, vielleicht auch der Ehe, ausbrechen und eine lustige Woche miteinander verbringen wollten. Michael lernte in diesen Wochen viel über die Menschen. Ihm wurde bewusst, dass Segeltörns ideal dazu geeignet waren, alle Facetten eines Menschen kennenzulernen. Das Festsitzen auf dem Boot, die Enge, die Nähe, der Zwang zur Interaktion, der Prozess der Kompromissfindung, der Rollenverteilung, des Machtverlusts, der Zwang zur Entspannung und manchmal sicher die Langeweile, selten auch Extremsituationen, Seekrankheit und schweres Wetter: All das führte dazu, dass früher oder später jeder seine Maske absetzte und sein Innerstes unbewusst nach außen kehrte. Je länger der Törn dauerte, desto mehr zerbröckelten Stolz, Fassade und Distanziertheit. Einige Freundschaften wurden auf harte Proben gestellt, andere intensiviert. Manchmal geriet Michael dabei ins Visier seiner Gäste.

Eine Crew wollte in Swinemünde unbedingt ein allgemein bekanntes Bordell besuchen. Der Skipper sollte mitkommen, den gutgelaunten Kumpels den Weg zeigen und nach all der Arbeit auch ein wenig Spaß haben. Michael öffnete die Tür des berüchtigten Etablissements, trat ein und wurde von zwei äußerst freundlichen, freizügig gekleideten Damen gegrüßt. Statt eines Grußes stotterte er hastig: „Ich...äh...Ich bin hier nur der Skipper!" Schnell merkte er, dass er fehl am Platz war und verzog sich auf das Boot und schlief sofort ein. Es war einer der wenigen Momente, in denen ihm das Schicksal seiner Gäste völlig egal war. Plötzlich kitzelte ihn etwas im Gesicht und die Koje roch seltsam. Es musste mitten in der Nacht sein. Er schreckte hoch und sah eine Silhouette vor sich. Die Tür zur Kabine war angelehnt. Durch den Spalt drang das Licht aus dem Salon, wo es sich seine Crew gerade wieder bequem machte. Eine stark parfümierte Frau beugte sich über ihn und hatte begonnen, ihn zu streicheln. Ihre Haare waren in sein Gesicht gefallen und ihre Hände bahnten sich jetzt, da er aufgewacht war, zielsicher den Weg unter die Decke zu seinem Schritt. Michael konnte nicht fassen, was er da gerade erlebte und rief für alle auf dem Boot hörbar: „Weiche von mir, Weib!" Das Mädchen zuckte zusammen. Von draußen kam schallendes Gelächter. Im Chor wiederholten sie immer wieder seine Worte und grölten immer lauter. Michael gab der Prostituierten zu verstehen, dass sie jetzt nach Hause gehen könne. Diese nickte und verzog sich eilig, hatte sie doch ohne viel Arbeit ihr Geld verdient. „Mensch, Micha, das war unser Geschenk an Dich!", klagte das Partyvolk, um gleich wieder in herzhaftes Lachen auszubrechen. Ohne weitere Zwischenfälle segelten die Urlauber wieder zurück nach Warnemünde in den Stadthafen. Dort standen üblicherweise viele Touristen, die die Boote beim Einfahren und Anlegen bestaunten, den Matrosen winkten und fotografierten. Die Segel waren eingeholt, der Motor lief, Michael steuerte und konzentrierte sich auf den regen Verkehr in der Hafenzufahrt. Aus dem Augenwinkel beobachtete er die Leute auf der Kaipromenade. Für gewöhnlich erhaschte er ein Lächeln oder ein Winken, aber diesmal waren die Leute komisch. Niemand interessierte sich für die Crew auf dem Boot, alle starrten woanders hin. Er schaute sich um und konnte nichts Spannendes entdecken. Er versuchte es noch einmal. Er verfolgte die Blicke und dann fiel es ihm wie Schuppen von den Augen. An den Salingen wedelten bunte String Tangas im Wind und erregten die Aufmerksamkeit der schaulustigen Urlauber. Michael schämte sich in Grund und Boden. Das hatte sein Schiff nicht verdient. Diese unmöglichen Hallodris hatten sämtlichen Frauen im Amüsement-Tempel in Swinemünde die Unterwäsche abgeknöpft.

Als Michael Peggy kennengelernt hatte, hatten sie gemeinsam jahrelang im Tanzverein der Universität getanzt. Als sie beide 1994 in Halle an der Saale die deutschen Hochschulmeisterschaften im Rock 'n' Roll gewonnen hatten, war für Michael klar gewesen: „Ich habe meinen persönlichen Zenit erreicht." Er hatte das Tanzen unmittelbar nach dem Turnier ad acta gelegt und Peggy sich einen neuen Tanzpartner gesucht. Eine ganz ähnliche Entscheidung traf Michael kurz vor der Jahrtausendwende.

Fast zehn Jahre nachdem er die große Freiheit des Windsurfens auf der Ostsee lieben gelernt und beschlossen hatte, dass er nur noch auf wellenreichen Gewässern zu Hause sein wollte, flog er nach El Vidado auf Teneriffa. Die Kanareninsel, berühmt für ihren stabilen Wind, war ideal, um Sprünge zu üben. Zwei Tage lang trainierte er den Looping mit seinem Windsurfbrett. Meistens blieb er mit dem Segel in der Welle hängen. Wenn er Glück hatte, knallte er lediglich auf das Wasser. Wenn es nicht so gut lief, holte er sich an Board und Rigg blaue Flecken und Schürfwunden. Michael war so nah dran. Peggy fieberte mit, genoss das Windsurfen allerdings ohne den Druck, Kunststückchen vollbringen zu müssen. Ihr reichte der Wind um die Nase, wenn sie am Strand auf und ab brauste. Am dritten Tag war es dann soweit. Michael schaffte es, eine Welle als Sprungschanze zu nutzen, mit seinem Brett abzuspringen, sich in der Luft einmal um 360 Grad zu drehen, sicher zu landen und weiter zu surfen. „Jihaaaaaaaa!", entfuhr es ihm laut. Mit einem breiten Grinsen im Gesicht drehte er sich zu Peggy und hoffte, dass sie ihn gesehen hatte. Sie streckte einen Daumen in die Höhe und lachte zurück. „Geschafft!", rief Michael auf das Meer hinaus. Und mit „Geschafft!" meinte er eigentlich „Das wars!" Er hatte seine Berufung erfüllt. Er setzte einen Haken. Nach dem Filmdreh auf Hawaii, nach Powerhalse, Trapezfahren, Springen, Duck Jibe war dieser Überschlag das letzte große Ziel, das er sich gesetzt hatte. Nun da es erfüllt war, rückte seine große Leidenschaft in den Hintergrund. Das Leistungspotential war erschöpft. Rational betrachtet wäre jedes Weiterkommen zu aufwendig gewesen. Der See vor der Haustür bot keine Herausforderungen. Das Surfbrett blieb nach wie vor sein Freund und Reisebegleiter, das harte Training und der Ehrgeiz kamen zu einem abrupten Stillstand.

Michaels Triebfeder war immer das Besserwerden. Besser als zuvor, besser als andere. Er wollte Ziele, weil er den Erfolg brauchte. Sein Fokus hatte sich längst verlagert. Auch wenn Michael kein Fan des Begriffs Karriere war, beschrieb es doch am besten, womit er seine Zeit nun füllte. Das Engagement als Skipper, die Lehrtätigkeit an der Uni und das Training der studentischen Regattamannschaft kamen dazu. Und eine weitere Rolle wartete auf ihn.

Peggy hatte Urlaub dringend nötig. Die Nachtschichten, die Notdienste, die Arbeit in der Klinik schlauchten unerträglich. Und den Vergleich zu Michaels

Arbeitsambiente konnten die grauen Flure des Krankenhauses nicht standhalten. Dass die beiden ausgerechnet in Kapstadt landeten, verdankten sie einem Zufall, ihrer deutschen Verbindlichkeit und ihrem sorglosen Abenteuersinn. Ein Jahr zuvor waren sie in Australien gewesen und hatten Surfer Sven kennengelernt, der ihnen erzählt hatte, dass seine Eltern nach Südafrika ausgewandert waren und er dort seine Heimat hätte, jetzt aber erst einmal in Deutschland studieren wolle. „Aber wenn ihr wollt,", hatte Sven gesagt, „dann schaut doch einmal vorbei. Meine Familie freut sich immer über Gäste." Peggy und Michael hatten große Ohren bekommen, eifrig genickt und ihren Plan mitgeteilt: „Sven, wir nehmen dich beim Wort. Das neue Jahrtausend begrüßen wir in Kapstadt." Als die beiden landeten, wussten sie nur, dass sie in Camps Bay nach Svens Eltern suchen mussten. Mit dem Mietwagen ging es auf die abenteuerliche Suche nach den zwei Deutschen. Die Kulisse war berauschend. Wie Kinder kicherten sie im Auto, als sie an der Küste mit dem Blick auf das tiefblaue Meer entlang fuhren. „Wer entdeckt zuerst einen Wal?" hieß das Spiel. Zwei Stunden später standen sie vor einem weißen Haus. Ein großer Zaun beschützte das Grundstück. Niemand war zu sehen, aber am Klingelschild stand „Horst & Jutta Schoof". Als Jutta die Tür öffnete, war sie sichtlich überrascht. Michael erzählte von der Begegnung in Australien. Dass Reisebekanntschaften ihres Sohnes einfach vor ihrem Haus auftauchten, war eine ganz neue Erfahrung für Jutta. Sie lud das Paar zum Braai, einem südafrikanischen Grillabend, ein und sie lernten sich besser kennen. Horst telefonierte seine Freunde ab, um eine bezahlbare Unterkunft für das reise- lustige Paar zu finden. Jutta und Peggy bereiteten Salate zu und Michael er- zählte vom Reisen, Segeln und Surfen. Michael erfuhr, dass er zum Surfen nach Muizenberg fahren müsste. Dort tummelten sich zwar die Wellenreiter, aber der Wind sei auch für wellenerprobte Windsurfer hervorragend geeignet. Als Horst Kudu-Würste und Hackfleischklöße vom Strauß vom Grill holte, konnte der Schmaus beginnen. Mit jeweils einem Auge schielten die zwei Touristen auf den schönen Pool im Garten, aber fanden es zu unhöflich zu fragen, ob sie hineinspringen dürften. Jutta holte einen Weißwein aus Stellenbosch aus dem Kühlschrank und begann einzugießen, als Peggy sie stoppte. „Ich darf nicht.", sagte sie und zwinkerte Michael zu. Jutta verstand und lachte: „Dann stoßen wir jetzt auf unseren Sohn und eurer bevorstehendes Familienglück an. Dann sehen wir uns also beim nächsten Mal zu dritt wieder. Wie schön!" An diesem Abend begann eine anhaltende Freundschaft zwischen den Generationen, die während Juttas und Horsts regelmäßigen Deutschlandbesuchen gepflegt wurde.

Michael sah Peggys Schwangerschaft gelassen und positiv. Wenn das Kind auf die Welt käme, wäre er 30 und Peggy 32. Perfekt, fand er. Das neue

Haus hätte genug Platz. Praktisch, dachte er. Die Finanzen sahen jährlich besser aus. Und genug Zeit für ein zweites Kind wäre auch noch. Er hatte keine Ahnung, inwiefern sich das Leben für ihn ändern würde. Im Grunde plante er keine Veränderung. Er hatte seine Aufträge als Skipper, die Basis in Blossin, den Lehrauftrag und die Regatta. Dass das Baby Peggys Job sein würde, war beiden klar.

Michael und Peggy genossen den letzten gemeinsamen Urlaub als Paar, bevor sie Eltern wurden, in vollen Zügen. Als Jugendliche hätten sie nicht davon zu träumen gewagt, all die wilden Tiere, die sie aus dem Zoo kannten, jemals in freier Wildbahn erleben zu dürfen. Sie unternahmen Safaris, wanderten zum Kap der Guten Hoffnung und läuteten bei sommerlichen 25 Grad Celsius das neue Jahrtausend ein. Es begann ein Jahr, das mindestens genauso aufregend war wie die Jahre zuvor und neue Katastrophen bereithielt.

Am 10. Juli 2000 stand Michael am Steuer der „Ra". Zusammen mit Ricco Geithner, dem Dresdner Fitnessstudiobetreiber, Frank George, dem Steuerberater und Yachteigner, und einer Handvoll weiterer Unternehmerfreunde ging es unter hellblauem Himmel wieder einmal nach Bornholm. Seit vier Stunden blies ihnen der frische Ostseewind um die Nase, als es aus dem Rumpf des Bootes klingelte. Ricco brauchte ein paar Sekunden, bis ihm einfiel, dass der Klingelton von seinem neuen Handy, einem Nokia 3210, kam. „Hallo Mutti!", hörten die Crewmitglieder und wandten sich wieder ihren Gesprächen und Aufgaben zu. Riccos Mutter war Immobilienmaklerin und hielt das Exposé eines 15 Hektar großen Grundstücks in Kolberg am Wolziger See in der Hand, nur wenige Kilometer entfernt von Michaels Arbeitsplatz im Jugendbildungszentrum in Blossin. Auf dem Gelände stand auch eine alte Gaststätte. Darüber wollte sie mit ihrem Sohn reden. Nach acht Jahren Stillstand versteigerte es die Deutsche Bahn nun endlich. "Möchtest du an deinem See ein Grundstück mit Bistro kaufen?", brüllte Ricco breit grinsend aus dem Schiffsinneren zu Steuermann Michael hoch. Dieser hielt die Frage für einen Scherz und konzentrierte sich unbeeindruckt wieder auf den Kurs. Das Boot fuhr mit hoher Geschwindigkeit unter Spinnaker am Darßer Ort an der Halbinsel Darß vorbei. Strömung, starker Wind, Schiffsverkehr und ein Regattafeld aus 80 Hochseeyachten forderten Michaels ganze Aufmerksamkeit am Ruder. Eine zwei Meter hohe Welle schob die „Ra" unter wolkenlosem Himmel über das glitzernde Meer in Richtung Dänemark. Ein Fehler und die 13 Meter lange Yacht hätte auf der Seite und die Crew im Wasser liegen können. "Hört sich gut an! Wann soll die Versteigerung stattfinden?", hörte er seinen Freund und Mentor Frank rufen. Michael schüttelte nur den Kopf. "Sind wir auf einer der aufregendsten Regatten Europas oder auf dem Börsenparkett?", frage er sich leise. Die beiden Geschäftsmänner waren sich, auf der

Kante der Yacht sitzend, allerdings rasch einig. Das Gelände am See wäre eine einzigartige Gelegenheit, die vielleicht nie wieder käme. Die drei Bungalows, die ebenfalls auf der Wiese am See standen, könnten als Feriendomizile für ihre drei Familien, die Verwandten und Freunde dienen. Das alte Restaurant würde Ricco zu einer Pizzeria umbauen.

Der Verkauf sollte bereits in zwei Tagen über die Bühne gehen. "Glück gehabt! Da sind wir noch nicht einmal über die Ziellinie. Ganz zu schweigen von der Finanzierung, die organisiert werden muss. Ich bin raus aus der Nummer.", dachte Michael erleichtert. Aber der Unternehmergeist seiner kreativen Freunde nahm parallel zur Yacht so richtig Fahrt auf. Noch hatten sie Mobilfunkverbindung. Frank rief seine Hausbank an. Und tatsächlich: Drei Stunden später erreichte ihn die Genehmigung für die Kaufsumme. Ein Genie, dieser Mann! Für Michael gab es kein Zurück. Zu groß waren sein Vertrauen und die ansteckende Begeisterung der schlauen Köpfe an Bord. Ricco erteilte seiner Mutter die Vollmacht zur Ersteigerung, die für 300 Tausend D-Mark den Zuschlag bekam. Mit dem Zieleinlauf waren die drei am 12. Juli 2000 Besitzer eines ihnen völlig unbekannten Grundstücks in Kolberg.

≈ *„Das war wohl die verrückteste und riskanteste Geschäftsentscheidung meines Lebens, in die mich meine Begleiter geschickt hinein manövriert hatten. Und das Erwachen kam schon bald. Als hätten wir es geahnt.", sinniert Michael. Die Polaris liegt vor Anker im Marinepark der brasilianischen Insel Fernando de Noronha. Immer wieder durchkreuzen große Delfinschulen unsere Bucht. Wir sind in Lauerhaltung. Flossen, Schnorchel und Tauchmasken liegen bereit. Meine treue, wasserfeste Canon-Kamera wartet mit frisch aufgeladenem Akku und leerer SD-Karte auf neue Motive. Bis die Grazien der See auftauchen, trinken Michael und ich einen Espresso in der Sonne. Was er nicht weiß: Ich habe ihm zwei verschiedene Espresso-Sorten in seine Blechdose mit der Beschriftung „Michas Espresso" gefüllt, und von der einen Sorte weiß ich noch nicht einmal, ob sie wirklich Espresso ist. „Sehr starker Kaffee" ist auf Portugiesisch auf der Verpackung zu lesen gewesen. Aber das italienische Caffettiera-Kännchen hat offensichtlich ein annehmbares Getränk daraus gemacht. Ich schäme mich nicht für meinen Trick. Wir leben auf einem Boot, da muss man eben manchmal improvisieren. Ich bin froh, dass es ihm schmeckt und gönne mir noch einen Löffel Dulce de Leche, gekochte, gezuckerte Kondensmilch aus dem brasilianischen Großmarkt. Der absolute Killer.*

„Sheila, es hätte alles so schön sein können. Das Grundstück hatte eine traumhafte Lage an dem kleinen Naturhafen in Kolberg. Dort war einmal ein

Tonstich zur Gewinnung von Lehmerde gewesen, die direkt in der Ziegelbrennerei auf unserem gekauften Gelände verarbeitet wurde. Wir fuhren also direkt nach dem Segeltörn nach Kolberg und uns traf der Schlag. Unser neues Domizil war nicht nur in einem extremst verwüsteten Zustand, es war ein einziger Müllhaufen. Bewuchs, Zerfall, überall. Wir hatten uns verkauft. Eindeutig! Da! Delfine!" Das darf doch nicht wahr sein. Ausgerechnet jetzt! „Jetzt nicht, Micha, die kommen wieder! Erzähl weiter! Bitte!" Ich bin selbst nicht überzeugt von meinen Worten, aber jetzt muss ich die Geschichte einfach zu Ende hören.

„Es kam noch schlimmer.", fuhr Michael fort, „Ich dachte, es sei vernünftig vor der Erstellung irgendwelcher Konzepte zur Nutzung des Grundstücks und zum Umbau der Immobilie die Interessen der Gemeinde und Behörden kennenzulernen. Ich trommelte alle zu einem Vorort-Termin zusammen. Spröde teilte uns der Chef des Bauamtes mit, dass der Bestandsschutz des Ausfluglokals abgelaufen sei. Mir fiel die Kinnlade herunter. Ich war zwar bereits ernüchtert, aber seine Ansagen waren ein Schock. Ein Landschaftsschutzgebiet grenzte an die Fläche und uns wurde keinerlei Nutzung zugestanden. Seine Formulierung ‚Sie haben eine Wiese gekauft!' brachte mich auf die Palme. Wir wurden allen Ernstes aufgefordert, den gesamten Baubestand abzureißen. Für, sagen wir mal, 50 Tausend D-Mark. Das muss man sich mal vorstellen. Eine Katastrophe! Wir fühlten uns betrogen." Ich brauche noch einen Löffel Dulce de Leche. Michael grinst. Monatelang habe ich die Keksvorräte verschmäht, aber jetzt hatte ich einen Zuckerjieper.

„Das Konzept wurde auf Eis gelegt und ein langwieriger Prozess begann. Beim Ministerium für Bau beantragten wir die Wiederinbetriebnahme. Behörden-marathon, Gutachtenberge, Stellungnahmen – uns blieb nichts erspart, aber zahlen dürfen wir trotzdem. Nach sage und schreibe drei Jahren kam die Erlösung. Wir durften die Gastronomie wieder eröffnen. Allerdings nach den strengen Richt-linien, die auch für Neubauten gelten. ‚Unmöglich bei dieser Altbausubstanz!' war das vernichtende Urteil unseres Architekten. Wir wollten es trotzdem. Jetzt erst recht! Jede freie Minute haben wir dem Wiederaufbau geopfert, jeden freien Taler investiert. Unsere Familien schufteten alle mit. Und wir schafften es. Am 20. September 2004 stieg die Party. Die Teamgeist GmbH eröffnete die neue Trainings- und Veranstaltungsstätte in Kolberg mit dem Restaurant Teamgeist-Yachtclub und deklarierte den Club zum neuen Firmensitz. Nach vier langen Jahren, in denen unsere Ausdauer, unser Mut und unser Unternehmergeist auf die Probe gestellt worden war, wurde unser Spontankauf auf hoher See endlich zum Herzstück der Teamgeist GmbH. Kolberg etablierte sich zur zentralen Anlaufstelle für Kunden, Mitarbeiter, Familien und Wegbegleiter."

Michael blickt in die Ferne und ergänzt: „Ich war froh, dass ich den Auftrag in Blossin um einen Teamgeist-Standort ergänzen konnte. Michael Lehmann, der Geschäftsführer des Jugendbildungszentrums, hatte mich all die Jahre unterstützt. Wir bildeten eine stabile, angenehme Symbiose. Zwei Drittel meines Umsatzes generierte ich aus dem Dienstleistungsvertrag mit dem Verein, der wiederum an meinen Pachtvertrag gekoppelt war. Ich hatte allerdings das Gefühl, dass es ihn stören würde, dass mit der Gründung von Teamgeist zu viel Ungeplantes auf seinem Gelände passierte. Beim Incentive-Geschäft kollidierten meine ökonomischen Interessen mit denen des Vereins. Ein zweites Zuhause für unsere neuen Geschäftsmodelle kam jedem entgegen, denke ich. In Kolberg konnten wir beliebig wachsen. Man muss immer abwägen, ob Miete oder Pacht auch auf einen Horizont von zehn Jahren Sinn machen oder ob man dann nicht besser kauft. Das kann mitunter wirtschaftlicher sein."

Das war gerade noch einmal geglückt, denke ich, und wundere mich, wie viele Pleiten und Schicksalsschläge geradeso an Michael vorbei geschrammt sind. Und ich bin erstaunt, wie er es immer schaffte, die Menschen auf seine Seite zu ziehen, die Visionen mit ihnen zu teilen und hart dafür zu arbeiten. „Aber", holt Michael noch einmal aus, „ich war zwei bis drei Jahre lang nicht der Vater für meine Tochter, der ich hätte sein müssen und mit Sicherheit auch nicht der Ehemann, den sich eine Frau nach der Geburt eines Babys wünscht."

Am 20. Juli 2000 kam Anni zur Welt. Michaels Kopf, der gerade eine schwerwiegende Entscheidung getroffen hatte, die ihm die nächsten Jahre noch einige graue Haare bescheren würde, war nicht so recht frei für das Familienglück. Er freute sich über das niedliche Kind und wünschte sich schon jetzt ein zweites, aber er blieb – gezwungenermaßen – seinen beruflichen Bestrebungen und Leidenschaften treu.

Als er im Oktober zu einem sechswöchigen Segeltörn mit anschließender Atlantiküberquerung aufbrach, war Peggys Geduld am Ende. Zum ersten Mal seit ihrem Kennenlernen vor zehn Jahren war sie wütend über die Alleingänge ihres Partners. Sie fühlte sich sitzen gelassen. „Workaholic! Egoist!", beschimpfte sie ihn und Michael hatte nichts entgegenzusetzen. Da sprachen nicht nur die verletzten Gefühle einer frischgebackenen Mutter aus ihr, sondern auch die Sorge um den Vater ihres Kindes. So eine Ozeanüberquerung brachte immer auch Risiken mit sich. Michael hatte ein schlechtes Gewissen, weil er wusste, dass sie Recht hatte, aber er war auch froh, als er endlich wieder auf einem Segelboot saß und die Freiheit spüren konnte. Das viele Zuhause-Sein fühlte sich nach all den Vagabunden-Jahren nicht mehr richtig an. Die Zeit auf dem Wasser war wie Therapie für Michael. Es war für ihn die Belohnung für all seine Mühen. Hier konnte er Stress abbauen. Auch wenn er sich die vielen Baustellen in seinem Leben selbst eingebrockt hatte und sich voller Energie fühlte, wusste er, dass selbst positiver Stress krank machen kann. Er brauchte die einfache Arbeit auf dem Wasser. Er beruhigte sich, indem er sich sagte: „Ich habe Schulden und jeder Skipperauftrag muss mir recht sein." Dass dabei sein großer Traum von einer Ozeanüberquerung in Erfüllung gehen würde, war reiner Zufall.

Wieder einmal war es Frank George, der Michael auf das große weite Meer lockte. Er hatte mit Michaels Unterstützung ein Aluminium-Schiff gebaut, die Mañana Tres. Das ideale Schiff für eine Atlantiküberquerung, bei der Ziehsohn Michael nicht fehlen durfte. 6000 Seemeilen wollten bezwungen werden. Sechs Leute waren mit an Bord – weitere drei Freunde von Frank und eine Segelschülerin. Jedem wurden Aufgaben zugeteilt. Max war für das Provisioning, also den Einkauf von Lebens- und Genussmitteln, verantwortlich. Dummerweise vergaß er, die Zigaretten für die Crew einzukaufen, was erst einmal nicht weiter auffiel, weil die Raucher grundsätzlich gut versorgt waren. Alles lief nach Plan, in den ersten Tagen kamen sie flink voran, aber dann plötzlich wurde der Wind weniger und die Crew suchte nach Beschäftigung. Kaffee wurde gekocht, Bier wurde gezischt, Kekse wurden genascht, Nickerchen wurden gemacht und die letzten Zigaretten wurden geraucht. „Max, wo hast du denn die Zigarettenstangen verstaut?" Max erstarrte. „Max, wo sind die Kippen?" Max presste die Lippen zusammen. „Max?" Max schüttelte den Kopf. Frank wurde langsam ungeduldig. „Frank, ich sage es nur ungern, aber...", Frank kniff die Augenbrauen zusammen, „Ich habe sie vergessen.", ließ Max die Katze aus dem Sack. Frank dachte nach. Es machte keinen Sinn, wütend zu sein. Aber er war wütend. Ein Raucher auf kaltem Entzug. Wie sollte er das die kommenden Tage aushalten?

Frank wusste, dass es auf dem Schiff noch irgendwo eine Zigarettenpackung geben müsste. Bei einer Montage-Aktion war sie abhandengekommen und konnte nur in der Bilge liegen. Er begann, alle Bodenbretter hochzuheben, alle Schränke zu durchwühlen. Und dann tauchte sie plötzlich auf. Im Stauraum unter einer Koje kam ein Päckchen zum Vorschein. Es sah nicht mehr ganz frisch aus, aber der Inhalt schien in Ordnung. Beruhigt setzte er sich ans Heck, zündete sich eine Zigarette an und nahm einen tiefen Zug. Hoffentlich kam keiner auf die Idee, teilen zu wollen. Ein bisschen muffig roch das Zeug schon, aber es war immerhin noch besser als nichts. Irgendwann spürte er, wie sich das Schiff noch langsamer bewegte als sowieso schon. Er stand auf, schwankte und dachte: Komischer Schwell heute! Schwell, komisches Wort! Als würde das Meer anschwellen. Oder meinte der Erfinder vielleicht eine Schwelle. Vielleicht zu einem neuen Universum. „Micha, findest du nicht auch, dass Schwell ein komisches Wort ist?" Michael schaute den Niedergang hinauf. Er war damit beschäftigt, alle Bodenplatten, die Frank aufgerissen hatte, wieder zu schließen und nebenbei gleich die Bilge zu reinigen. Frank fing an zu lachen. Er kicherte wie ein kleiner Junge und Michael überlegte, was im Cockpit gerade schief lief. Frank war ein feiner Kerl, humorvoll und unterhaltsam, aber so albern hatte er ihn noch nicht erlebt. Egon war aufgewacht und wollte schauen, was es zu lachen gab. Als er Frank an Deck mehr hängen als sitzen sah, ahnte er schon, was passiert war. Er stieg die vier Stufen nach oben, schubste Frank zur Seite und kontrollierte Kurs und Segelstellung. Dabei fiel ihm das Päckchen ins Auge. „Frank, wo hast du das Päckchen her?" „Inner Koje." „Und weil du keine Zigaretten mehr hast, ziehst du dir jetzt meine Joints rein, ja?" „Wie Joint?", riefen Michael und Frank im Chor. „Ja, Mann, ich hab voll vergessen, dass ich noch welche übrig hatte. Ich dachte, so als Zigaretten getarnt, fallen sie weniger auf. Ach, jetzt schaut mich nicht so an!", beichtete Egon. Frank kicherte wieder los und die Crew konnte sich vor Lachen nicht mehr halten. Egon und Max hofften nur, dass die Wirkung des Marihuanas noch eine Weile anhielt. Denn sobald Frank aufhören würde so dämlich zu grinsen, hätten sie nicht mehr viel zu lachen.

Michael segelte von Kiel durch den Ärmelkanal bis nach Lissabon mit, flog kurz nach Hause und stieg für die Atlantiküberquerung auf den Kanaren wieder auf. Als Frank das Schiff in Portugal aus dem Wasser holte, traf ihn der Schlag. Der Kiel seines neuen Schiffs hatte einen 50 Zentimeter langen Riss und saß nur noch locker am Rumpf. Auf dem Ozean hätte das fatale Folgen. Ein Windstoß zu viel und das Schiff wäre umgekippt. Mit repariertem Kiel wurde die Atlantiküberquerung ein voller Erfolg. Aber das Schicksal der Mañana Tres stand unter keinem guten Stern.

In Saint Lucia, in der Karibik angekommen, beglückwünschte Frank die Seemänner und bedankte sich. Die Arbeit rief und er überließ das Schiff einer Crew aus erfahrenen Freunden, die es zurück nach Deutschland bringen sollten. Soweit so gut. Im Nordatlantik ereilte die Crew ein Sturm, der bald nicht mehr zu beherrschen schien. Die Segler beratschlagten und zogen den Deutschen Wetterdienst zu Hilfe. Dieser teilte ihnen mit, dass der Hurrikan nach Norden ziehen würde und so beschlossen die Deutschen, sich Richtung Süden zu bewegen. Dass von dort schon ein zweiter Hurrikan auf sie zurollte, überraschte sie unvorbereitet. Eine Woche lang kämpften sie darum, zwischen den beiden

Wirbelstürmen bestehen zu können. Danach lagen die Nerven blank. Physisch und psychisch ausgezehrt und ohne jegliche Perspektive, es aus der Zwickmühle zu schaffen, setzten sie per Funk eine „Mayday"-Meldung ab. Ein Frachtschiff erhörte den Hilferuf und nahm, in einem waghalsigen Manöver, die Crew auf. Während die Hilfesuchenden an einem Netz die Bordwand hinaufkletterten, schlug der Mast ihrer Yacht gefährlich gegen den großen Schiffsrumpf. Einen Monat später fand ein Fischtrawler die Mañana Tres. Ein Mast war nicht mehr zu sehen. Die Leben waren gerettet, das neue Schiff war verloren.

Zuhause in Deutschland traf Michael unterdessen eine Entscheidung. Um mit dem Incentive-Geschäft profitabel zu sein, könnte er sich nicht damit begnügen, zehnköpfige Teams aus Autohäusern zu belustigen. Er müsse Events für 50 bis 100 Personen anbieten können. Er würde in weitere Boote investieren, um neue Produkte, also Veranstaltungsprogramme anbieten zu können. Außerdem wollte er die großen Gruppen am neuen Standort in Kolberg empfangen, sobald dieser fertig wurde. Er nahm sich vor, seine gesamte Energie darauf zu konzentrieren, die Kaufsumme und die Umbaukosten wieder zurückzuholen und aus dem Yachtclub ein florierendes Geschäft zu machen. Dass er eines Tages, um die Rentabilität zu sichern, selbst in der Küche stehen würde und seine Familienmitglieder in das Catering einspannen würde, gehörte ursprünglich nicht zu seinem Plan.

Und so kaufte Michael in den folgenden Jahren erst zwei und später acht weitere Segelkutter, bauchige Zweimaster für Teamtrainings zur Kommunikationsförderung und für spielerische Wettkämpfe. In einem Boot konnte man jeweils zwölf Personen unterbringen.

Die nächste geplante Investition entschied Michael aus dem Bauch heraus. Mehr Leidenschaft als ausgeklügeltes Zahlenwerk stand hinter der Idee. Er wollte zwei baugleiche Segelyachten kaufen, mit denen er eigene Regatten veranstalten könnte. Dafür suchte er einen Partner und fand ihn in Ralf Günter, Inhaber eines Vermessungsbüros, der sich mit 50 Prozent am Kaufpreis beteiligte. Sie suchten und fanden zwei Boote vom Typ Bavaria 44. Nagelneu und ideal geeignet für Managertrainings. Die kleinere Ra würde weichen müssen.

Eine einfache Zeit für Größenwahnsinn war das nicht. Das Wachstum ging zu langsam voran. Die neuen Kosten wurden kaum gedeckt. Michael fühlte sich ausgebremst von Wirtschaftskrisen, Zwischenfällen und Fehlern. Er stand noch lange vor dem alljährlichen Problem: „Wie vermeide ich, dass jeden Winter der Kontokorrent für die Ausgaben belangt werden muss?" Seine Mitarbeiter mussten sich gerade in der Nebensaison um Vertrieb und Marketing kümmern. Seinen regelmäßigen wirtschaftlichen Engpass durfte er nicht mit den Menschen bezahlen, die er von sich abhängig gemacht hatte. Der Unternehmer wollte auf seinen kreativen, fleißigen Haufen nicht mehr verzichten. Transparenz schrieb er groß, den Gehaltsscheck hielt er klein, auch für sich selbst. Sie saßen alle in einem Boot. Aus träumenden Teenagern und frechen Studenten waren Manager geworden, die sich gegenseitig in- und auswendig kannten. Und sie alle kämpften für eine Sache mit dem Namen: Teamgeist.

Als 2001 al-Qaida-Anhänger das World Trade Center in New York einstürzen ließen, tausende Menschen töteten und mit ihrem Terror die Welt das Fürchten lehrten, hielt auch die Wirtschaft den Atem an. Niemandem war mehr nach Feiern zumute. Viele Bemühungen waren für die Katz. Der Euro kam, die New Economy mit ihren vielen explosionsartig gewachsenen Dotcom-Startups brach zusammen, der Medienmogul Leo Kirch stand kurz vor seiner Insolvenz. In diesen Tagen musste man schon besonders mutig sein, seinen Mitarbeitern und Kunden eine Seefahrt, und sei sie noch so sinnvoll für den Zusammenhalt, zu spendieren.

Bei Jenapharm sah man das anders. Antizyklisch motivieren, dachten sich die Manager, sei das Rezept für den Erfolg. Angreifen, wenn sich kein anderer traut. Das Mailing aus Blossin kam zur richtigen Zeit. Mit einer bunten Präsentation reiste Michael zurück an den Ort seiner Ausbildung und stellte den Schlipsträgern in der Firmenzentrale in Thüringen ein Eventkonzept vor, das auch im Ausland durchgeführt werden könnte. Die Seychellen hätten den Vertriebsdirektoren gut gefallen. Michael wusste, dass er hoch pokerte. Zu hoch wie sich prompt herausstellte. „Mit welcher Incoming-Agentur wollen sie auf den Seychellen zusammenarbeiten?" Michael schluckte. Hätte er Tourismuswirtschaft studiert, hätte er gewusst, dass es sich dabei um ein Büro im Zielgebiet handelte, das sich um die Koordination von Logistik, Unterbringung, Aktivitäten und Services kümmerte. Michael setzte eine gleichgültige Miene auf und antwortete: „Das machen wir selbst." Was auch immer es war, er würde es selbst stemmen. Doch soweit kam es nicht. Michael fuhr ohne Auftrag nach Hause. Jeder andere wäre enttäuscht gewesen. Doch Michael betrachtete dieses Erlebnis als wertvolle Lehrstunde.

„Wir müssen den Mut haben, auch Dinge zu tun, die schief gehen können.", sagte er zu Isabel, die sich zu seiner wichtigsten Partnerin beim Entwerfen von Strategien etablierte. Ihre künftige Aufgabe wurde definiert: Die Entwicklung einer Internationalisierungsstrategie. Zwölf Monate später war es dann soweit. Michael und Isabel, Frank und dessen Freundin flogen nach Kroatien, um eine

Gruppe Sparkassenvorstände zu empfangen. Mit Privatflugzeugen reisten die hochkarätigen Bosse an. Zwei 15-Meter lange, gecharterte Yachten standen bereit. Eine, die Michael und Isabel skippern, und eine, deren Ruder Frank übernehmen würde. Für 60 Tausend Euro ließ es die Bank eine Woche lang richtig krachen. Es war der größte Einzelauftrag, den Michael bisher abgewickelt hatte. Jetzt war Michael viel gespannter auf die Ankunft seiner eigenen zwei Schiffe.

Voller Euphorie und Tatendrang kehrten die Erfolgreichen zurück in ihr Büro. Aber da kein Jahr ohne Katastrophe verging, wurden sie in ihrer Freude auch jetzt wieder ausgebremst. Es hatte ein Einbruch stattgefunden und alle Computer waren geklaut worden. Wieder einmal fing das kleine Unternehmen von vorne an. Alle Kundenadressen mussten rekonstruiert, Vorlagen und Konditionen wiederbeschafft, Präsentationen neu erstellt werden. Und wenn man schon einmal dabei war, dann konnte man es auch gleich richtig machen. Jede Powerpoint-Folie kam auf den Prüfstand, jede Kalkulation wurde kontrolliert und neue Pläne geschmiedet. Eine zentrale Datenspeicherung musste her, damit nie wieder wichtige Kontakte und Unterlagen verloren gingen. Später wurde aus der Idee die Teamgeist Cloud.

2004 wurde ein Jahr der Anfänge. Zuerst wurden Teamgeist 1 und Teamgeist 2, die beiden Segelschiffe Made in Germany, getauft, und gleich danach zur Rund Bornholm-Regatta angemeldet. Auf einem Schiff die Männer, auf dem anderen Schiff die Frauen. Auf dem einen Schiff acht Segelveteranen, auf dem anderen acht Anfängerinnen. Auf dem einen Schiff Michael, auf dem anderen Schiff Isabel und Peggy. Ein Wettkampf zwischen den Geschlechtern sollte es werden und ein Forschungsprojekt. Wie groß würde der Unterschied zwischen einer geübten Mannschaft und einer unbedarften Crew sein?

Die Boote fuhren den Markennamen Teamgeist und die Homepage-Adresse spazieren. Alles, was Michael wichtig war, vereinte sich in diesen drei Tagen: das Meer, sein Firma, seine Freunde und seine Frau. Zukünftige Frau. Da war die Idee! Michael griff zum Funkgerät und rief über Kanal 16: „Teamgeist 1, Teamgeist 1 für Teamgeist 2, bitte kommen!" „Teamgeist 2, Teamgeist 1, Hallo Schatz!", Peggy hatte Michaels Stimme aus dem rauschenden Handfunkgerät erkannt. „Peggy, willst du mich heiraten?" Funkstille, im wahrsten Sinne des Wortes. Peggy schaute sich um. Aber wonach suchte sie eigentlich? Sie drückte den Knopf und rief in das schwarze Plastik in ihrer Hand: „Jaaa!" Sie löste den Daumen und hörte es Grölen. Nun hatten die Herren ihren Spaß. Und auf ihrem Boot kreischte und quietschte es aus allen Seglerinnen. Sie umarmten sich heftig.

Am liebsten wäre Peggy über Bord gesprungen und zu Michael geschwommen. Sich jetzt noch bis zur Hafeneinfahrt zu konzentrieren, war fast unmöglich. Und dann wurde ihr klar, dass die gesamte Flotte zugehört hatte. Kanal 16 war bei allen eingestellt, um Warnungen und Informationen zu empfangen oder Gespräche für andere Kanäle zu vereinbaren. Und wer deutsch sprach, hatte den Antrag auf See mitgehört. Ein komisches Gefühl. Ein glückliches Gefühl. Rauer Wind und Unwetter zogen auf und die Damen schafften es vier Stunden nach den Herren in den geschützten Hafen. Diese waren zwar Sieger des Wettbewerbs, aber die Materialschäden an Spinnaker und Segel ließen an dem Verdienst der Profis zweifeln. Die Sieger der Herzen waren ganz klar die Frauen.

Mit einem ausgelassenen Fest wurde im Herbst der Yachtclub eröffnet. Einhundert Leute passten in den hellen, gemütlichen Raum mit rustikaler Bar und Kamin. Die gleiche Menge hatte auch auf der Terrasse Platz. Eine Großküche mit Kühlraum, Personalkeller, Kombidämpfer, moderner Spülautomatik und Kochgeschirr ließ das Herz jedes Küchenjungen schneller schlagen. Ricco, Michael und Frank standen in ebendieser Küche, um Riccos Menüfolge zu kredenzen. Ricco, der ehemalige Physik- und Mathematiklehrer, hatte sein Fitnessstudio aufgegeben und verdiente sein Geld nun als Gastronom mit Catering-Service und Restaurant. Für den Yachtclub hatte er sich ein 4-Gänge-Menü überlegt, das in einer Crème brûlée münden würde. In Ermangelung eines speziellen Brenners, mit dem er den Zucker auf dem Vanille-Dessert zu einer zarten Kruste schmelzen konnte, bediente sich Frank eines Gasbrenners für Dachpappen. Die Porzellanschälchen waren alle in Reih und Glied auf den Serviertabletts aufgestellt. Noch kurz anfeuern und die geladenen Gäste – Freunde, Kunden und Partner – könnten die beliebte Leckerei vernaschen. Der Raum war brechend voll. Alles musste schnell gehen. Unter der Hitze schmolz der Zucker blitzartig und bildete eine schöne hellbraune Kruste. Michaels kleine Helfer rannten mit den Tabletts zu den Tischen. Dort offenbarte sich die Wahrheit. Die Porzellanschälchen hatten gehalten, was sie versprachen. Sie waren heiß geworden und ganz geblieben. Doch die Hitze hatte das Plastik schmelzen lassen und nun klebten die kleinen Schalen an den Tabletts fest. Wie sollten die Gäste jetzt an ihr Dessert kommen? Eine heiße Diskussion entstand und jeder Tisch löste das Problem auf seine Weise. Es wurde viel gelacht und so führte das Malheur dazu, dass sich die Gäste besser kennenlernten und neue Freundschaften geknüpft wurden. Ein Teamerlebnis, wie es im Buche stand! Und genau das war es, was den Yachtclub in den folgenden Jahren ausmachte: Das Grundstück am Wolziger See wurde zum Ort der Begegnung, zum Familientreffpunkt aller, die mit Michael und seinem Unternehmen verbandelt waren. Es war das zweite Zuhause und die besten Kunden der neuen Gastronomie waren die Inhaber selbst. Der Yachtclub wurde der zentrale Ort für Meetings mit potentiellen Kunden und ausgiebigen Brunchs an den Sonntagen mit Kind und Kegel. Es sprach sind herum, dass es in Kolberg ein neues Restaurant gab und das Grundstück mit der Adresse „Am Strandcasino 2" wurde zum Ausflugsziel für die Menschen aus Berlin und der ländlichen Region.

Der Markenslogan von Teamgeist lautete „Teamgeist verbindet Beruf, Familie und Freizeit". Genau das wurde gelebt. Hier wurden Siege, Geburtstage und Hochzeiten gefeiert. Hier gab es Kinderbetreuung, Schnitzeljagden und irgendwann reisten sogar die Berliner in das kleine Nest hinter Königs Wusterhausen, wo der Überlandbus gerade einmal viermal am Tag hielt. Hier entstanden Ideen, wie die des Glühweinsegelns, damit auch der Winter ein paar Cent Umsatz in die Kassen spülte. Auf den Segelkuttern konnte man romantische Kurzausflüge buchen und dabei ein heißes Getränk schlürfen. Und weil das so gut klappte, blieb die Tradition auch in den warmen Monaten erhalten und der Glühwein wurde durch Prosecco getauscht. Michael fühlte sich bestätigt. Als dann alle zehn Kutter für jeweils 30 Tausend Euro zur Nutzung bereitstanden, war Teamgeist das Unternehmen, das mit diesen Fahrzeugen die meisten Menschen gleichzeitig auf das Wasser bringen konnte. Das ließ sich gut vermarkten.

Rentabel war der Yachtclub nur, weil der Personalaufwand aus den eigenen Reihen nie in die Bilanz einbezogen wurde, weil der Yachtclub auch als Marketing-Werkzeug betrachtet werden konnte und weil Ricco die Pflege seiner Freundschaft in diesen Jahren wichtiger war als sein Profit als Gastronom. Außerdem bot die Rasenfläche noch Raum für mehr.

Gerade noch hatte Michael von Veranstaltungen mit 100 Teilnehmern geträumt. Jetzt wollte er 500 Menschen gleichzeitig glücklich machen können. Ein mutiges Ziel. Aber zu diesem Zeitpunkt zweifelte niemand mehr daran, dass Michael das auch noch schaffen könnte. Nur wie wusste keiner. Irgendwie musste man den Wirtschaftstiefs, die sich in den Jahren zwischen 2000 und 2010 immer wieder abbildeten entgegentreten. Michael steckte in einer Zwickmühle. Er brauchte den Yachtclub und die vielen, teuren Sportgeräte für sein Geschäftsmodell. Gleichzeitig verschlangen die Katamarane, die Motoryacht und die Segelschiffe viel Geld für die Wartung. Er hatte Glück, dass er Kendy Kuschke fand, den Meister aller Handwerksarbeiten, den MacGyver von Teamgeist. Er war clever, freundlich und bescheiden, passte also perfekt ins Team und wurde erst zum technischen Allrounder und später zum Technischen Leiter. Große Titel in dem kleinen Unternehmen bedeuteten meist, dass es gerade einmal ein bis zwei Personen zum Führen gab, die dann meistens Azubis oder Aushilfen waren. Allein das Verantwortungsgefühl, das mit der neuen Position einherging, war es allerdings wert, schöne Begriffe auf die Visitenkarten zu drucken. Aber auch das neue Genie im Team konnte nicht viel daran ändern, dass die Rendite zu wünschen übrig ließ. Teamgeist brauchte flexiblere Konzepte, gleichzeitig musste der bestehende Materialstock ausgelastet werden. In den kommenden Monaten kümmerte sich Michael mit aller Sorgfalt und Konzentration um das laufende Geschäft. Zu viele Baustellen hatte er aufgerissen. In diesem Jahr musste er beweisen, dass alles seinen Sinn hatte. Ein Fotograf wurde engagiert, neue Kataloge wurden gedruckt, die Website überarbeitet und jedes große, deutsche Unternehmen angeschrieben. Parallel tüftelte Michael an einer Guerilla-Kampagne für seine Segelyachten, die jede Menge Vorbereitung brauchte.

Weil er der erste seiner Art war, nannte Isabel den neuen Coup „Act One". Es sollte der Gipfel der Livemarketing-Geschichte von Teamgeist werden. Journalisten und Kunden wurden geladen, Werbeanzeigen wurden geschaltet, Genehmigungen der Stadt Berlin eingeholt, in den angemieteten Räumen der Universal Music-Studios eine Basis eingerichtet und dann ging es los: Um 5 Uhr morgens setzte eine Hafenkrananlage die Masten auf die beiden Teamgeist-Schiffe. Ein mystisches Bild mitten in Berlin am Spreeufer bei Sonnenaufgang. Endlich war Teamgeist in der Hauptstadt angekommen. Direkt vor den Türen der Unternehmer, der Entscheider, Direktoren und Budgetverwalter. Die Sonne ging auf, der Wind frischte auf, die Segel wurden gesetzt. In einem 24-Stunden-Rennen zeigte Michaels Mannschaft, was zwei Hochseeyachten vor der Kulisse der TwinTowers, der Oberbaumbrücke und der Molecule-Man-Skulptur alles leisten können. Der Spinnaker wurde gesetzt, Wende- und Halsemanöver wurden gefahren und immer wieder wurden neue Crewmitglieder an Bord geholt. Ein Spektakel für die Berliner und Touristen, die fleißig fotografierten. Am Abend des zweiten Tages endete die Show mit einem großen Feuerwerk. Gigantomanie, die sich bezahlt machte. Die Presse überschlug sich, die Medienresonanz war unvergleichbar. Das Foto der aufeinander zufahrenden Segelboote vor der Skyline Berlins wurde zum Leitmotiv der Marke Teamgeist. Viele Jahre verwendete der Eventdienstleister dieses symbolgeladene Bild auf seinen Katalogen. Und auch in Kundenkreisen wirkte der Auftritt nach. Michael kam auf einmal seinem Traum, Großgruppen zu unterhalten, ein gutes Stück näher. Eine neue Anfrage forderte seine Kreativität.

Die Deutsche Bank wollte einen Vertriebsworkshop durchführen. Die 250 internationalen Vertriebsleiter sollten im 5-Sterne-Hotel Grand Hyatt Berlin einquartiert werden und nach den offiziellen Vorträgen in ein interaktives Programm geleitet werden, das die überwiegend männliche Führungsriege nicht nur unterhielt, sondern auch das Kennenlernen und das Teamgefühl beflügelte. Michael grübelte. Es war Christi Himmelfahrt und er wollte den Pitch auf keinen Fall verlieren. Seine Kutter reichten für diese Menschenmenge nicht aus.

Ein Kasten Bier, ein guter Freund und das Schwelgen in Erinnerungen brachten die Erleuchtung: Thor Heyerdahl würde ein Floß bauen. Michael würde ein Floß bauen. Nach IKEA-Prinzip erfand er ein einfaches System aus Holz, Reifen und Tampen. Geringer Einkaufspreis, geringer Lager- und Wartungsaufwand, großer Effekt. Warum war er darauf nicht eher gekommen? Den Monetenhütern würde er ehrliche Arbeit beibringen. Kleine Teams würden kleine Flöße zusammenknoten und sich auf dem See zu einem Riesenfloß verknüpfen. Viele kleine Bausteine, die zu einem großen Ganzen zusammengeführt würden. Jeder leistete einen kleinen Beitrag zu einem gemeinsamen Erfolg. Welchem Unternehmen würde das nicht gefallen? Darauf noch ein Bier!

„Genial!", antwortete die zuständige Eventagentur. Der Floßbau werde die Mitarbeiter „erden", ihnen Hands-on-Mentalität, Lösungsorientiertheit und Teamgeist vermitteln. Und die Sprache spielte dabei auch keine große Rolle. So eine Aufgabe erklärte sich ja fast von selbst. Nun kannte Michael die Argumente, mit denen die Bankmanager überzeugt werden sollten. Auf allen Seiten des Verhandlungstisches wurde leise gejubelt. „Ein gutes Geschäft!", fanden alle drei Parteien.

Alles war perfekt vorbereitet. Kendy hatte die Bretter vorgebohrt, Reifen und Seile zurechtgelegt, Michael hatte die Qualität kontrolliert. Am Tag der Wahrheit war es etwas kühler als erwartet. Die Reifen waren nicht mehr so prall wie am Tag zuvor, als die Sonne sie noch aufgewärmt hatte. Die aus aller Welt angereisten Chefs tippelten, im Widerspruch zur Dresscode-Information in ihren Einladungen, mit hochglanzpolierten Schuhen, silbernen Krawattennadeln und personalisierten Manschettenknöpfen an das Seeufer. Auch Michael hatte sich in Schale geworfen, zerrte nervös an seinem Hemdkragen herum und strich den Boss-Anzug glatt. Er wollte Teamgeist so professionell wie möglich repräsentieren.

Nach der Einweisung und einer kurzen Knotenkunde legten die Männer los. Die ersten Jacken wurden abgelegt, die Schlipse gelockerte, es wurde lautstark auf Deutsch, Englisch, Spanisch und Französisch diskutiert, gelacht und gejubelt. Jetzt waren alle wieder Kinder. Das erste Floß wurde ins Wasser gehoben.

Die erste Mannschaft kletterte auf die Stämme. So weit, so gut. Die zweite Mannschaft folgte und aus dem anfänglichen Zögern wurde große Begeisterung. Nicht eilig genug konnte es jetzt auf das Wasser gehen. Und da passierte es. Ein Floß wurde instabil und sechs Männer fielen in den See. Nicht weiter gefährlich. Man konnte stehen, aber die Schuhe waren voller Schlamm, die Anzüge durchgeweicht und vielleicht für immer ruiniert. Panisch beobachtete Michael das Treiben und stellte fest, dass viele Flöße das Gewicht nicht trugen und viel zu tief versanken. Zehn Männer à 90 Kilogramm hatte er großzügig berechnet. Doch die Anhäufung an besonders Großgewachsenen unter den Bankiers war erstaunlich – als wäre eine Körpergröße von über 1,90 Meter ein Einstellungskriterium gewesen – und erschreckend zugleich. Die Flöße mit den überdurchschnittlich großen Männern drohten zu versinken. Michael musste sofort reagieren.

Nur das eilige Zusammenbinden der Holzinseln konnte die nötige Stabilität wieder herstellen. Er zog seine Jacke aus und stieg wieder, zum zweiten Mal in seinem Leben, in Anzughose gekleidet in den See. Sechs Einheiten verbandelt trugen die Last. Michaels entschlossenes Handeln wurde mit Schulterklopfen von allen Seiten gedankt. Nach der Anstrengung war der Durst groß und gemächlich paddelte der Trupp in Richtung Yachtclub. Da so einige Flößer und Füße ohnehin schon nass waren, begannen die, die nichts mehr zu verlieren hatten, beim Abstieg von dem Gefährt eine Wasserschlacht, die die Welt noch nicht gesehen hatte. Pubertäre Pinguine beim Plantschen, dachte sich Michael. Niemand blieb trocken. Diesen Event würden sie ihr Leben lang nicht mehr vergessen. Er rechnete mit einer deftigen Klage.

Zwei Wochen später erreichte ihn ein Brief der Eventagentur. Mit mulmigem Gefühl im Magen öffnete Michael den Umschlag. Die Lobeshymne raubte ihm fast den Atem. In diesem Moment war Michael klar: Thor Heyerdahl war sein USP. Das Alleinstellungsmerkmal von Teamgeist würde keine immer größer und teurer werdende Flotte sein. Er, Michael Thor Heyerdahl Haufe, würde der Experte im Megafloßbau werden. Es war ein Event mit überschaubarem Investment, guter Rendite und unbegrenzter Teilnehmerzahl. 1000 Leute waren kein Problem mehr. Es war unprätentiöser Wassersport, es war purer Teamgeist, es war für alle Branchen und alle Arten von Teams geeignet, internationalisierbar, individualisierbar. Das Messethema für die diesjährige Bootsmesse in Berlin stand fest. Das Teamfloß wurde als Marke angemeldet, das Verfahren geschützt. Auf der Messe tauchten zu allererst Mitbewerber der Veranstaltungsbranche auf, die das Floßprinzip nutzen wollten. Michael konstruierte zwischen den Gesprächen auf dem Messestand die Rahmenbedingungen für ein Lizenzmodell. Er wollte die Materialien verleihen und an den Umsätzen fremder Floßbau-

Events beteiligt werden. Er entwickelte eine Anleitung, die er den attraktivsten Interessenten zukommen ließ. Material und Beratung wollte er seinen künftigen Lizenznehmern bereitstellen. Aber das reichte den pfiffigen Köpfen nicht aus. Ihnen genügte nicht die Idee, sie wollten auch vom etablierten Markennamen Teamgeist profitieren. Sven Hüther, Inhaber der Agentur TrendArt in Essen, wollte der Erste sein, der das Floßpatent und das Teamgeist-Branding nutzen dürfte.

≈   „Ihm zuliebe begann ich Regionallizenzen zu vergeben.", berichtete Michael. „Was in Essen begann, setzte ich in den Folgejahren für die Standorte München, Hamburg und Leipzig fort. Zusammen mit meinen Lizenznehmern gründete ich 2013 Teamgeist-Töchter, also eigenständige GmbHs, deren Gesellschafter ich mit einer Minderheitsbeteiligung wurde." Michael klappt sein Notebook zu. Seine Powerpoint-Präsentation mit den Strategien der nächsten fünf Jahre kann eine halbe Stunde warten. In Unterhose und Bikini lümmeln wir auf der Couchecke im stickigen Salon der Polaris. Jeder hockt mit einer 1,5 Liter-Flasche Wasser vor seinem Rechner. Die Äquatorüberquerung liegt hinter uns. Michael als Neptuns Vertreter überschüttete alle Äquator-Neulinge mit den alten Dosenravioli, die 15 Monate keiner gegessen hatte, und überreichte uns die selbst gebastelten Urkunden mit angesengten Rändern zur bestandenen Taufe. Die Cockpit-Schweinerei begossen wir mit Mojito.

Dass wir uns der Karibik nähern, spüren wir an der manchmal unerträglichen Hitze. Die Crewmitglieder, die ihre Kojen im Vorschiff haben, schlafen jetzt schon im Salon oder tagsüber an Deck unterm aufgeklappten Bimini. Regelmäßige Regenschauer und Wellen erlauben ihnen nicht, die Luken dauerhaft zu öffnen.

„Das Konfliktpotential, das ich in dem Franchise-Modell ausschließen musste, war die Qualitätssicherung. Wie stelle ich sicher, dass die Marke ihren Wert nicht verliert? Es wurde beschlossen, dass die Firmenzentrale in Kolberg über Vertrieb, das Finanzcontrolling und die IT-Systeme wachte und die Lizenznehmer Training, Material und Beratung an die Hand bekamen. Dabei kam es nicht darauf an, dass die neuen Standorte ebenfalls Wassersportzentren waren. Solange sie in ihrer Region Zugang zu einem Gewässer hatten, stand dem Geschäft nichts im Weg. Und eins hatten alle gemeinsam: Sie waren frei von Fremdkapital. Durch diese neue Struktur hatten wir massive Vorteile: Wir waren als Marke Teamgeist plötzlich dezentral erreichbar. Wir hatten eine Flächenabdeckung in ganz Deutschland. Unsere Kunden, zum Beispiel Firmen mit vielen Filialen oder kleine Betriebe, hatten Ansprechpartner direkt vor ihrer Haustür und sparten Reisekosten. Wir konnten *das Material vor Ort einlagern und ersparten allen Beteiligten die Transportkosten. Damit waren wir auch in der Angebotskalkulation flexibler. Die Rentabilität war im Umkreis von 200 Kilometern wesentlich höher. Unser Grundsatz lautete: Wir wollen jedem Kunden deutschlandweit eine Dienstleistung erbringen, die er sich leisten kann.*

Wir führten den Gebietsschutz ein, aber Bestandskunden behielten ihre Ansprechpartner. Das Kundeninteresse muss über der Organisationsform stehen. Leicht war das nicht. Die Standorte mussten zusammenarbeiten, sich vernetzen, austauschen, Locations und Informationen weiterleiten und dazu gehörte Vertrauen. Und Vertrauen schafft man nicht in einem Jahr. Ich musste gelegentlich deeskalieren. Aber wir wären nicht das Unternehmen Teamgeist, wenn wir unsere eigenen Teamprobleme nicht lösen könnten." Ich muss kichern. Wo er recht hat, hat er recht. *„Ich rief ein jährliches Standortleiter-Treffen auf Mallorca ins Leben, wo nicht nur diskutiert, gefeiert und gesocialized werden konnte. Auch heute noch liegen mir diese Meetings und der enge Kontakt zu den Geschäftsführern persönlich am Herzen."* Davon konnte ich mich schon persönlich überzeugen. In Südafrika hatte Achim Haller, Geschäftsführer von Teamgeist Süd, für zwei Wochen die Schiffsführung übernommen.

Michaels ausschweifendes Angebot an Wasserfahrzeugen, die zwei Basisstationen am Wolziger See für die unterschiedlichen Zielgruppen vom Schüler bis zum Manager, vom Segelkursteilnehmer bis zum Brautpaar, das intelligente Marketing und die individuellen Konzepte für große und kleine Gruppen hatte eine Expertenjury überzeugt. Im Jahr 2006 durften Michael und Isabel zum ersten Mal den Tourismuspreis des Landes Brandenburg entgegennehmen. Es war der erste Preis für das Unternehmen überhaupt. Die Initiative des Ministeriums für Wirtschaft des Landes Brandenburg in Zusammenarbeit mit der TMB Tourismus-Marketing Brandenburg GmbH fand den Teamgeist-Auftritt professionell, schlüssig und wirtschaftlich sinnvoll. Das motivierte die starke Einheit zu neuen Höchstleistungen.

Auf der Suche nach Expansionspartnern traf sich Michael mit Jutta Braun, der Geschäftsführerin des Kongresshotels Potsdam. Wenn er Großgruppen zu seinen Kunden zählen wollte, brauchte er einen Hotelpartner. Ein Partner, der ihm bei der Vermarktung half, der ein professionelles Catering übernehmen konnte, Übernachtungen und Infrastruktur wie Personal, Konferenzräume, Tagungstechnik, Parkplätze und die Anbindung an ein öffentliches Verkehrsnetz garantieren konnte. Jutta Braun war vom Angebot der zahlreichen Wassersport-aktivitäten, die Michael ihr vorstellte, begeistert. Ihr Kongresshotel sollte ein Eventhotel werden. Riesige, langweilige Kongresse konnten andere deutsche Häuser ebenso organisieren, aber ein sportliches Aktivprogramm für gestresste Manager und ausgelaugte Angestellte würde ihrem Hotel Einzigartigkeit verleihen.

Mit diesen Gedanken im Hinterkopf buchte sich Jutta Braun zusammen mit ihren Führungskräften auf Michaels Segelboot ein. Sie lernten einander besser kennen und vertrauen. Jeder hatte etwas zu gewinnen, jeder hatte etwas zu verlieren. Beide erhofften sich einen Wettbewerbsvorteil. Auf wirtschaftlicher und menschlicher Ebene funkte es zwischen Hoteldirektorin und Teamgeist-Geschäftsführer. Dafür waren sie bereit, Zeit, Personal und ein wenig Budget bereitzustellen. Keine 16 Monate nach ihrem ersten Treffen, bezog Michaels Team die neue Operationszentrale in Potsdam, von wo Isabel von nun an schalten und walten durfte. Die Büros in Blossin und Kolberg platzten aus allen Nähten. Wenn einmal alle Mitarbeiter gleichzeitig an einem PC arbeiten wollten, was zugegebenermaßen selten vorkam, war nicht genügend Raum für alle. Die strategische Arbeit litt unter der Enge. Das Kongresshotel wurde Sponsoringpartner von Teamgeist-Veranstaltungen und Michael investierte in einen Materialstock an Kajaks, Floßbaumaterial, einen Transporter, Rettungswesten und anderes Equipment für das neue Aktivprogramm in Potsdam. Direkt am Templiner See hatte das Hotel die beste Lage zum Austoben. Die großen Rasenflächen am Ufer luden zu jeglichem Schabernack ein. Und den würde Michael mitbringen, auch in Form seines eigenen Teams.

Michaels 25-köpfiger Mitarbeiterstamm umfasste viele freie Guides, Surf- und Segellehrer, die immer einmal wieder wechselten, weil sie den Job neben dem Studium betrieben oder nur eine Saison überbrücken wollten. Diese Fluktuation durfte nicht zur Folge haben, dass die Qualität der Dienstleistung litt. Gleichzeitig wuchs die Zahl der Angestellten. Teamgeist wurde ein beliebter Arbeitgeber. Abiturienten begeisterten sich für das Arbeitsambiente am See: Flipflops, Duz-Kultur, tagtäglich Wassersport und gemeinsame Grillabende. Cooler konnte man seine Ausbildung zum Veranstaltungskaufmann kaum über die Bühne bringen. Und die Chance auf eine freie Stelle war bei dem aktuellen Wachstum durchaus gegeben.

All diese Teamgeister wurden in den Präsentationsräumen des Kongresshotels mindestens einmal jährlich geschult. Michael hatte oft genug gesehen, welche Defizite seine Kundenunternehmen in Sachen Weiterbildung und Teamentwicklung mitbrachten. Er wollte nicht in die gleichen Fallen tappen und den Absprung verpassen. Teamgeist war nicht mehr das kleine zusammengewürfelte Grüppchen von Freunden. Teamgeist war zu einem ernst zu nehmenden Unternehmen herangewachsen, das sich darum kümmern musste und wollte, dass Mitarbeiter den Spirit der Marke kannten, lebten und verbreiteten. Alle mussten lernen, wie man Flöße baute, Netze knotete und andere Spiele umsetzte, die zu mehr Zusammenhalt zwischen den unterschiedlichen Charakteren in einer Institution führten.

Im Hintergrund betrieb Michael ein Management, das auf Kennzahlen basierte. Er führte klare Prozesse und eine Steuerungssoftware ein und ließ sein Unternehmen als erstes seiner Branche ISO-zertifizieren.

In diesen guten Zeiten erlag Michael wieder einmal seiner Leidenschaft und traf eine Entscheidung, die weitreichende Folgen haben würde. Er kaufte ein weiteres Schiff. Und da Kapitäne ihre aktuellen Kähne grundsätzlich immer zu klein fanden, musste es ein größeres als die zwei baugleichen Bavarias werden. Die Polaris, eine Hanse 47, war eines der wenigen Boote in seiner Preisklasse, das mit Aluminium-Gerüst und Epoxyd-Körper geliefert wurde. Er wählte dieses Modell, weil er wusste, wenn es einmal zu einer weiteren Ozeanüberquerung oder gar einer Weltumsegelung kommen würde, wäre die Polaris eine robuste Sache. Diese Investition sollte, bis es einmal soweit war, für Führungskräftetrainings und Törns genutzt werden.

Die zwei Bavarias hatte Michael an seinen eigenen Konkurrenten abgetreten. Direkt nach der PR-Explosion von „Act One" überließ er der Segelschule Hering mit Inhaber Uwe Schubert die Zwillingsschiffe. Uwe war ein Pfundskerl, mit dem man reden konnte. Es gab keinen Grund, keine Geschäfte mit ihm zu machen. Michael vercharterte die Bavarias, zahlte die Kredite ab, saß nicht länger auf den Kosten für die Instandhaltung und hatte dennoch stets Zugriff auf die Bavarias. Und Uwe hatte ganz plötzlich eine attraktive Flotte für seine Segelkurse. Eine nicht nur geschäftlich ideale Kombination. Michael und Uwe wurden Freunde fürs Leben.

Nach all diesen großen Entscheidungen brauchte Michael Abstand und einen freien Kopf. Dankbar nahm er das Angebot von seinem Freund Andreas Lippold an, ihn auf eine Alpenwanderung zu begleiten. Im Herbst 2007 brach Michael mit Andreas, Ricco und drei weiteren Freunden auf, den Mainzer Höhenweg zu bewandern. Dass dies kein leichtes Unterfangen werden würde, kündigte schon die Beschreibung auf der Website des Deutschen Alpenvereins an: „Der Mainzer Höhenweg verläuft auf dem Geigenkamm zwischen dem Pitztal und dem Ötztal in Tirol. [...] Die Bezeichnung ‚Weg' ist irreführend.

Er führt über fünf Dreitausender sowie drei Gletscher und verlangt absolute Trittsicherheit im Schrofengelände, Beherrschung des II. Klettergrades im Fels und einen guten Orientierungssinn. Nicht zu unterschätzen ist die Länge der Tour: Bei guten Verhältnissen ist für die Strecke von der Rüsselsheimer Hütte zur Braunschweiger Hütte eine Gehzeit von mindestens 10 Stunden erforderlich, die sich leicht auf bis zu 12 Stunden und mehr ausdehnen können. Diese Tour darf nur von erfahrenen Tourengängern und nur bei absolut sicherem Wetter unternommen werden!"

Jeder trug einen schweren Rucksack mit Schlafsack, Verpflegung und einer Garnitur an Wechselkleidung. Noch im Dunkeln lief die Gruppe los, um noch ein wenig Pufferzeit vor der Abenddämmerung zu haben. Immer wieder mussten sie Schneefelder durchqueren und die Markierungen waren schlecht zu erkennen. Ein Gletscherfeld musste überwunden werden. Die Gruppe hatte Angst vor Gletscherspalten. Von Anfang an konnten sie ihre berechnete Durchschnittsgeschwindigkeit nicht halten, geschweige denn überbieten. Nach den geplanten zehn Stunden Marsch war das Ziel noch immer nicht in Sicht.

Ricco wurde immer langsamer, jeder Schritt fing an, ihn zu quälen. Die Energie ließ nach. Die Pausen und Müsliriegel brachten keine Besserung. Der Erschöpfte trieb zwar zu Hause regelmäßig Sport, hatte aber das Ausdauertraining zugunsten des Krafttrainings vernachlässigt und außerdem waren einem als Unternehmer der Gastronomie die leiblichen Genüsse nicht fremd. Michael war in weitaus besserer Kondition. Sie wussten alle, sie mussten es schaffen. Eine Übernachtung im Zelt war nicht geplant, die Ausrüstung dafür nicht im Gepäck. Die Rucksäcke drückten sich immer tiefer in die Schultermuskulatur. Bis zur Hüfte sanken die Alpinisten im Schnee ein und stapften im Zeitlupentempo in den Sonnenuntergang. Jetzt wurde es haarig. Im Dunkeln weiterzuwandern, war risikoreich und verlangte noch mehr Vorsicht. Einen Verletzten könnten die schlappen Wandervögel nicht verkraften. Mond und Schnee boten etwas Licht und als Seilschaft bewältigten sie mehr kriechend als wandernd die letzte schwierige Passage.

Sie hatten sich überschätzt. Das war klar. Als endlich die Silhouette einer drei Quadratmeter großen Biwakschachtel zu sehen war, liefen manch einem Gipfelstürmer die Tränen über das kalte Gesicht. Ricco schaffte es nur noch mit letzter Kraft. Auch die Aussicht auf eine Tasse Tee oder eine heiße Suppe konnte ihn nicht mehr wach halten. Er fiel auf eine Matte und blieb in allem, was er trug, liegen. Dieses Erlebnis war allen eine Lehre. Michael hatte gelernt, wo die Grenzen der menschlichen Kräfte waren. Im Winter entdeckte Michael eine preiswerte Möglichkeit, den Umsatzanteil, den er mit den Schulklassen generierte, zu verdoppeln. Noch rechtzeitig vor der Sommersaison 2008 investierte er 30 Tausend Euro in eine Wassersport-station am Werbellinsee im Norden Berlins. Die ehemalige Pionierrepublik Wilhelm Pieck, ein Schullandheim und propagandistisches Bildungslager für Kinder systemtreuer Familien der DDR, war erhalten worden und nannte sich heute EJB, Europäische Jugenderholungs- und Begegnungsstätte Werbellinsee. Ohne große Marktrecherchen pachtete Michael ein Stückchen Land am See und setzte eine Mitarbeiterin zur Leitung der Anlage ein. Er hätte es besser wissen müssen. Hätte er sich die Umgebung genauer angeschaut, wäre ihm aufgefallen, dass die Schulen in den umliegenden Landkreisen bereits geschlossen worden waren oder kurz vor ihrer Schließung standen. Eine bessere Standortanalyse hätte wohl zum Vorschein gebracht, dass die demographische Entwicklung alles andere als vielversprechend war und Schüler im Alter von zwölf bis 16 Jahren, also seine zukünftigen Wassersportfreunde, nur noch homöopathisch verstreut in der Region lebten. Geblendet von den 1000 Betten, die das Camp bereithielt, manövrierte sich Michael in ein finanzielles Desaster. Die neue Managerin des Teamgeist-Ablegers wusste nicht, wie sie der Pleite entgegensteuern konnte. Der unternehmerische Misserfolg mündete in einer Auflösung des Pachtvertrags knappe vier Jahre später.

Michael erkannte nach der verpatzten Saison, dass es an der Zeit war, einen Plan zu erstellen. „Wo soll Teamgeist in fünf Jahren stehen?" hieß die Frage zur Eröffnung seines Strategiemeetings. Das Ergebnis war wenig überraschend. Es war genau das, was in den Führungsebenen jeder zweiten Firma gepredigt wird. „Teamgeist und Innovationsgeist" war die Formel für die erhoffte Markt-führerschaft. Das klang banal, war es aber nicht.

Die Menschen, die sich am Wolziger See und in Potsdam mehr zufällig als strategisch angesammelt hatten, brauchten Standards und Strukturen. Es sollte weiterhin menscheln im Team und im Umgang mit den Kunden, aber eine einheitliche Corporate-Behaviour-Richtlinie würde die Qualität der Kommunika-tion professioneller machen. Ausbildung und Neueinstellungen wollte Michael nicht mehr dem Schicksal überlassen. Zusammen mit ausgewählten Mitarbei-tern entwickelte er ein Qualitätsmanagement-Handbuch. Außerdem entstand eine Intranet-Plattform mit Nutzungsanleitung zur besseren Vernetzung der Angestellten und Selbständigen in den Teamgeist-Zentralen bei Berlin und den deutschlandweiten Lizenzpartnern.

Michael dachte darüber nach, was für ihn persönlich eine Innovation darstellen würde. „Was möchte ich und was möchte ich nicht mehr?", analysierte er seine eigenen Bedürfnisse. Die Teamgeist-Ziele, die er auflistete, waren das Ergebnis einer Frustration, die anderen Unternehmern in der Tagungs- und Tourismusbranche keinesfalls fremd war.

SKALIERBARKEIT:
Ohne große Investitionen, wie in eine noch größere Flotte, sollten die angebotenen Aktivitäten für kleine und große Gruppen möglich sein.

SAISON- UND WETTERUNABHÄNGIGKEIT:
Ob Indoor oder Outdoor, ob Winter oder Sommer, ob Regen oder Sonne: Teamgeistevents sollten flexibel sein.

KONJUNKTURELLE ROBUSTHEIT:
Die Internationalisierung der Lizenzpartnerschaften versprach eine größere Unabhängigkeit von Schwankungen auf dem nationalen oder europäischen Markt.

FERNSTEUERUNG:
Michael wollte die Geschäfte aus der Ferne überwachen und steuern können und ein Produkt anbieten, das externes Controlling und Quali tätssicherung durch ihn oder Mitarbeiter von der Ferne aus ermög lichte. Ein erstes Modul seiner persönlichen Exitstrategie.

RENDITE:
Das Geschäftsmodell von Teamgeist sollte endlich Gewinn abwerfen.

Michael hoffte, dass eine Technologie diese Ansprüche erfüllen könnte. Diese Hoffnung traf den Zeitgeist. Gerade ein Jahr zuvor war das erste iPhone von Apple verkauft worden, das eine Revolution für mobile, internetbasierte Anwendungen einläutete. Es war die Zeit, in der Geocaching, die Schatzsuche mit GPS-Geräten, dank der wachsenden Online-Community in Deutschland so richtig Fahrt aufnahm. Gleichzeitig entwickelte sich mit Facebook ein soziales Netzwerk, dessen großer Durchbruch in Europa kurz bevorstand. Während andere deutsche Marken das Entstehen des Web 2.0 erst einmal verschliefen, wusste Michael schon zwei Jahre vor der iPad-Premiere, dass er Menschen digital vernetzen würde. Er würde in eine Software investieren. Darin sah er sein Zukunftspotential. Seine Events würden gleichzeitig online und offline stattfinden. Hybridevents für Teams, ein Begriff, den die Tagungsbranche noch gar nicht kannte. Die Ideenfindung hatte begonnen. Bei Teamgeist rauchten täglich die Köpfe, allen voran der von Patrick Havenstein.

Es war wieder eine Zeit der Wirtschaftskrise. Auch Michael setzte einen Teil seines Teams auf Kurzarbeit, entlassen musste er niemanden. Stattdessen forcierte er die konzeptionelle und technologische Weiterentwicklung seiner Eventprogramme. Dieses vorausdenkende Handeln würde sich schon bald auszahlen.

Michael wollte trotz Krise die Rund Bornholm-Regatta nicht aussetzen. Er fand mit „radioeins" einen Medienpartner, der die Regatta auf dem Schiff begleiten wollte. Ein Grund mehr, auch in schwierigen Zeit an der Tradition festzuhalten. In einem Gewinnspiel rief der Moderator acht Monate vor dem Rennen auf der Ostsee die Zuhörer auf, sich zum Mitsegeln zu bewerben. Aus den Bewerbern wählte Michael 25 Leute aus und stellte nach erfolgreich absolviertem Training eine jeweils achtköpfige Herren- und Damenmannschaft zusammen. Radioeins schickte eine Reporterin ins Rennen, die live aus dem Trainingslager und später von Bord berichtete. Ein Übertragungswagen wurde nach Warnemünde gefahren und ganz Brandenburg erfuhr von den Regatta-erfolgen der Menschen aus der Heimat. Der Radiosender erhielt viel Lob von seinen Hörern, was die Redaktion ermutigte, einen jährlichen Segeltag in das Programm aufzunehmen. Jedes Jahr am 1. Mai strömten die Hörer zum Wolziger See und lösten ihre gewonnenen Segeltörns ein.

Im November machte sich Michael Sorgen um Peggy. Gemeinsam waren sie nach Spanien geflogen und hatten sich tagelang die Bäuche mit Tapas voll-geschlagen. Mit einem Mal reagierte Peggy allergisch auf alle Speisen, die ihr vorgesetzt wurden. Sie vermutete zunächst eine harmlose Gastritis und besorgte sich Pillen aus der Apotheke. Michael ging es gut und sie machte sich nicht allzu viele Sorgen um sich selbst. Die Beschwerden aber blieben und nach ein paar Tagen des Leidens, wagte sich Michael eine Bitte auszusprechen: „Peggy, würdest du uns beiden zuliebe einen Schwangerschaftstest machen? Nur um sicher gehen?" Er hatte sich immer ein zweites Kind gewünscht, aber nicht mehr daran geglaubt und irgendwann in den stressigen Jahren den Wunsch vergessen. Der Test stellte sich als positiv heraus und Michael war völlig aus dem Häuschen. „Peggy, wie wundervoll! Unsere Anni bekommt ein Geschwisterchen! Und jetzt heiraten wir auch endlich, ja?" rief Michael und wirbelte die verblüffte Peggy durch die Luft. Schon Jahre lag sein Heiratsantrag per Funkspruch zurück und es war an der Zeit, Nägel mit Köpfen zu machen. Er vereinbarte einen Hochzeitstermin für den 30. Dezember. Um 12 Uhr fand die allerletzte Trauung des Jahres 2009 statt. Es war die von Herrn und Frau Haufe. Sie feierten in der Familie und mit engen

Freunden in der heimeligen Atmosphäre des Kaminfeuers im Yachtclub. Ganz ohne Pomp, mit viel Schnee und Romantik. Die 14-tägige Hochzeitsreise sollte das frischgebackene Paar nach Thailand führen. Aber Peggys Schwangerschaftsübelkeit ließ einfach nicht nach und sie entschieden, dass Michael die gebuchte Reise mit den Trauzeugen machen sollte.

Am 29. Juni 2010 wurde Aaron geboren. Der kleine, blonde Junge war der ganze Stolz des Vaters. Dieses Mal wollte Michael alles richtig machen. Dieses Mal würde er es nicht verpassen, sein Kind von der ersten Sekunde an aufwachsen zu sehen. Im Alter von 40 wurde ihm klar, dass es nichts Wichtigeres gab, als sich selbst in seinen Kindern weiterleben zu sehen. Manchmal war er erschrocken, wie sehr er sich selbst in seiner ernsthaften, zielstrebigen, disziplinierten, eigensinnigen Tochter Anni wiedererkannte. Und dann war er wieder froh, dass sie sich mit ihrer Liebe zur Kunst, zum kreativen Zeichnen und Schreiben von ihm unterschied. Seinem Sohn Aaron gab er all die Aufmerksamkeit, die das Baby verlangte. Michael fühlte sich mit seiner Familie vollkommen.

Es gab in Michaels Kopf noch ein zweites Baby, das in beschäftigte. Die Polaris war seit zwei Jahren in seinem Besitz und erinnerte ihn täglich an seinen Lebenstraum. Auf den Ostsee-Törns hatte sie sich als solides, zuverlässiges Schiff erwiesen. Für Michael gab es jetzt keinen Grund mehr, noch weitere zehn Jahre auf eine Weltumsegelung zu warten. Er wollte so bald wie möglich mit der Planung beginnen und hoffte, dass Aarons Geburt nichts daran ändern würde, dass Peggy seinen Traum weiterhin unterstützte und zusammen mit den Kindern mitkäme.

Bisher wussten weder Michaels Eltern noch seine Firma, welche weitreichenden Pläne er schmiedete. Wenn die Entscheidung und der Termin stünden, würde er alle rechtzeitig einweihen. Bis dahin brauchte er keine Zweifler, sondern Mutmacher. Zu denen gehörte auch Ricco. Auch er sollte mitgehen auf die große Tour. Beiden Unternehmern und Familienvätern stand dafür allerdings nur ein begrenzter Zeitraum zur Verfügung. In einer Internetrecherche fanden sie die neue Rallye des Worldcruising Club in England. Der Veranstalter der berühmten, jährlich jeweils einmal von Ost nach West und von West nach Ost stattfindenden Atlantik-Regatta ARC hatte 2008 ein neues Programm gestartet. Es handelte sich um eine Rallye entlang der Barfußroute, also immer nahe des Äquators im Südäquatorialstrom. Die Route begann auf der Karibikinsel Saint Lucia, führte durch den Panama-Kanal in den Pazifik, durch alle drei Weltmeere durch und wieder zurück zum Ausgangspunkt. Das Beste daran: In nur 15 Monaten würde man es einmal um den Globus schaffen. Die Eile, die bei Aussteigern verpönt war, kam den Geschäftsmännern gerade recht. Das World ARC-Team würde Immigrations- und Zollangelegenheiten erleichtern, Häfen- und Ankerplätze reservieren, Wetterdaten und Informationen zur Route zur Verfügung stellen und für Services und Probleme in allen Häfen persönlich vor Ort sein. Man hätte dank dieser organisatorischen Unterstützung noch genügend Zeit für Landgänge und ausgiebiges freies Cruisen. Und selbst an Land könnte man auf organisierte Touren zurückgreifen. Zudem würde die Flotte für Gemeinschaft und ein Minimum an Sicherheitsgefühl sorgen. Genial!

Sie lasen eine Liste technischer Anforderungen an das Schiff, das nur nach Erfüllung zur Rallye zugelassen würde, und generelle Empfehlungen zur Ausstattung. Langsam dämmerte es Michael, dass er es mit einer kostspieligen, personal- und zeitintensiven Vorbereitung zu tun hatte. Diese konnte man nicht einfach einmal nebenbei in ein, zwei Jahren lösen. Ganz zu schweigen von den Firmen, für die gegebenenfalls Interimsmanager gefunden und bezahlt werden müssten.

Peggy und Michael mussten eine Entscheidung treffen. Niemals wäre Peggy auf die Idee gekommen, ihren Mann zu bitten, die Reise abzusagen. Sie hätte niemals gewollt, dass er ihretwegen seinen Lebenstraum auf unbestimmte Zeit verschob. Vielmehr wollte sie jetzt alles tun, zusammen mit den Kindern ein Teil davon zu werden, bevor es eines Tages vielleicht noch komplizierter würde. Peggy konnte sich allerdings nicht vorstellen, mit einem Kleinkind mehrere Monate auf offener See zu sein. Niemand wusste, in welche brenzligen Situationen sie geraten könnten. Niemand wusste, ob sich der kleine Junge an Bord wohlfühlen würde. Außerdem fiel der Zeitraum der Rallye genau in das Ende ihrer Elternzeit und Peggy hatte den Wunsch, in ihren Beruf zurückzukehren.

Sie beschlossen, nur die schönsten Etappen gemeinsam zu verbringen. Die Südsee und die Karibik mit ihren vielen Inseln waren prädestiniert für einen Familientörn. In Australien und Südafrika wäre es der alten Zeiten wegen schön, zusammen zu sein und herumzureisen. Irgendwie war sie froh, dass sie vor den ganz langen Passagen, in denen die Crew wochenlang kein Land zu sehen bekäme, verschont bliebe. Es stimmte sie allerdings traurig, jetzt schon zu wissen, dass zwischen den Phasen voller Abenteuer und neuer Eindrücke auch Monate der Trennung liegen würden.

Wieder einmal war es ein großes Bankenhaus, das Teamgeist mit einer kniffligen Anfrage überraschte. Eine Veranstaltung für 300 Mitarbeiter in Barcelona sollte es werden. Teamgeist beteiligte sich an dem Pitch und profitierte von der Kreativarbeit, mit der die umsatzschwache Krisenzeit gefüllt worden war. Seit einem Dreivierteljahr war das iPad auf dem Markt und Samsung zog bereits nach. Michaels Team präsentierte dem potentiellen Kunden eine interaktive Tablet-Stadtrallye, die online live überwacht und moderiert werden sollte. Soviel Innovationsgeist musste einfach belohnt werden. Die Bank würde eines der ersten Unternehmen sein, das die neue Tablet-Technologie für einen Großevents nutzte. Teamgeist erhielt den Zuschlag und hatte ab sofort weniger als zwölf Monate Zeit, die Rallye vorzubereiten.

Mit der Sicherheit im Rücken bestellte Michael 40 der neuen Samsung Galaxy Tabs, die ab 11. Oktober 2010 im deutschen Handel verfügbar waren. Er beauftragte das Jenaer Unternehmen Mobile Application Development, kurz MAD GmbH, mit der Entwicklung der Applikation.

Das App-Konzept vereinte die Idee des GPS-basierten Geocachings, die der Audioguides in Museen und die der klassischen Schnitzeljagd. Sie sollte maximal flexibel und steuerbar sein. Die Teilnehmer sollten sich individuell oder als Teams anmelden können. Sie sollten ohne Guide per Tablet durch die Stadt oder durch ein Unternehmen geführt werden können. Die Spieler sollten von einem zentralen Moderator zu orten sein, der bei Bedarf in einem Live Chat kontaktierbar wäre. Der Freiheitsgrad der Einzelnen sollte so hoch wie möglich sein: Der Spieler sollte wählen können, ob er Wissensfragen lösen oder sich sportlichen Herausforderungen stellen wollte. Wer weniger wusste, sollte größere Strecken absolvieren müssen, wer viel wusste und sich gern mit den Fragen beschäftigte, sollte eine kürzere Route nehmen können. So könnten heterogene Teams gegeneinander antreten und die Prioritäten phasenweise ändern, wenn zum Beispiel jemand müde war oder eine Sportart nicht mitmachen wollte. Am Anfang der Veranstaltung sollten eine persönliche Begrüßung, ein Briefing zur Handhabung der Technik und ein Film zum Umgang mit der App stehen. Zum Finale der Veranstaltung sollte die Team-Statistik sichtbar gemacht werden und die verfolgten Routen im Zeitraffer abrufbar sein, um den Gewinner der Rallye zu ermitteln.

Als die App installiert war und der Termin der Barcelona-Rallye heranrückte, mietete Projektmanager Patrick Havenstein drei Apartments und quartierte seine Mitarbeiter ein. Die sportlichen Stationen wurden aufgebaut und der Event konnte beginnen. Auf Deutsch und auf Englisch wurden die 300 Bankangestellten in die Tablet-Nutzung eingeweiht. Sie wurden zum Stand-up-Paddeln aufgefordert, durften Sandburgen bauen, mussten eine versteckte Person finden und um ein Passwort bitten, beantworteten Fragen zur Stadt und ergänzten Informationen zu ihrem Arbeitgeber. Jede technische Schwierigkeit wurde extern vom Administrator erkannt und augenblicklich gelöst. Zum großen Finale führte die Applikation ihre Mitspieler in einen Kinosaal, wo die Ergebnisse in einem inszenierten Showdown präsentiert wurden. Die Bankangestellten waren überwältigt, erschöpft, fröhlich und stolz auf ihre Leistung und gaben beim Feiern richtig Gas. Das Feedback lautete einstimmig: „So einen großartigen Event haben wir noch nie erlebt!"

Von den Teamgeist-Mitarbeitern fiel die Anspannung ab und sie kehrten in die nächstbeste Bar auf ein oder zwei Belohnungsgetränke ein.

Auf die Premiere im Ausland, folgte das deutsche Debüt in Potsdam. Michaels Team jagte 400 Menschen geistreich, kreativ und sportlich durch Potsdam und ins offene Gelände und bewies, dass die Applikation keinerlei räumliche oder thematische Einschränkungen besaß. Sie war zur Nutzung im urbanen Ambiente ebenso geeignet wie zur Verwendung in einer Firma, in einem Museum oder in der Natur. Einzige Voraussetzung: ein stabiles WLAN- oder Mobilfunknetz. Michael nannte sein neues Eventkonzept „Tabtour". Er ließ die Tabtour als Marke schützen und gewann noch im gleichen Jahr den Brandenburgischen Tourismuspreis für Innovative Dienstleistungen. Im Jahr 2012 gesellte sich der Deutsche Tourismuspreis hinzu.

Mit den Auszeichnungen in der Hand wagte Michael den Weg an die Öffentlichkeit. Schwarz gekleidet, mit Headset am Ohr trat er in bester Steve-Jobs-Haltung zum offiziellen Kick-off der Tabtour an und präsentierte das neue Produkt potentiellen Vertriebspartnern. Drei Teilnehmer überzeugte das Konzept so sehr, dass sie es kurzerhand kopierten und ihre Unternehmen damit sanierten. Hätte Michael mit seiner Präsentation besser gewartet? War er allzu eilig mit Informationen nach außen gegangen, noch bevor er seine Position im Markt gesichert hatte? Seine Transparenz zahlte sich an anderer Stelle aus. Er fand einen Partner aus der Schweiz, der sich zum engagiertesten Tabtour-Partner mauserte.

Michael hatte mit der Tabtour alles erreicht, was seine 2008 gesteckten Ziele verkörperten: Skalierbarkeit, Saison- und Wetterunabhängigkeit, konjunkturelle Robustheit, Fernsteuerung und Rendite. Genau hier wollte er investieren und wachsen. Das Know-How wollte er dabei nicht mehr teilen und entschied sich für das Insourcing von Programmierkompetenz.

Zusammen mit Chris Möller gründete er die Espoto GmbH. Die Teamgeist-Tochter sollte schnell, unabhängig, mit kurzen Kommunikationswegen und vor allem vertraulich Software programmieren. Das nächste Produkt war eine Applikation, die Prozesse in Unternehmen spielerisch erklärte und unterstützte.

Beispielsweise konnte die Einarbeitung von Auszubildenden dank Tabtour unabhängig und mit Erlebnischarakter stattfinden. Die neuen Lehrlinge konnten mithilfe der Tablets Führungen durch das Unternehmen vornehmen, ihre Teams kennenlernen und Informationen über ihren Arbeitgeber sammeln. „First Day at Work" nannten die kreativen Köpfe das neue Konzept und fanden mit der DAK, mit Securitas und mit dem Kongresshotel Potsdam begeisterte Pilotpartner und Testimonials.

Mit den Ergebnissen wuchsen die Ansprüche. Espoto sollte dauerhaft Arbeitsplätze schaffen. Michael stellte dem Land Brandenburg ein Forschungsprojekt vor und erhielt die Zusage über eine Förderung von 300 Tausend Euro aus dem Topf für Forschung und Entwicklung in kleinen und mittelständischen Unternehmen. Der Inhalt der Arbeit sollte es sein, eine mobile Applikation zu entwickeln, die unter dem Titel „Mobile Serious Game" betriebliche Prozesse optimierte. Die Förderung konnte 18 Monate lang die Gehälter von acht Entwicklern kofinanzieren. Das finanzielle Hauptrisiko lag aber wie immer beim Unternehmer Haufe selbst. Die Goethe-Institute entdeckten die Espoto-Software für sich und ließen sich die Applikation zum Erlernen der deutschen Sprache inhaltlich individualisieren. Der Kunde konnte auch nach Erwerb die Software selbständig konfigurieren.

2012 wurde das bis dato beste Jahr der Firmengeschichte der gewachsenen Teamgeist-Gruppe. Zum ersten Mal mussten im Winter keine eisernen Reserven angerührt werden. Es war der perfekte Moment, die Weltumsegelung in Angriff zu nehmen.

≈ *Erstes Segelboot, 1982* ≈ *Surf-anfänge auf dem Kulkwitzer See bei Leipzig, 1984* ≈ *Als Rekrut der Nationalen Volksarmee in Berlin kurz vor Grenzöffnung, 1989*

≈ In Weißenfels wird der
Trabant für den Ostseeurlaub
bepackt, 1988

≈ Michaels erste Surfschule auf
Usedom, Peenemünde 1990 ≈
Geselligkeit vor der Wassersportbasis in Blossin ≈ Michael trainiert
Sprünge auf dem Wolziger See
mit seinem ersten Surfbrett aus
dem Westen

≈ Surfkurs für eine Jugendgruppe, 1994 ≈ Die abgebrannte Wassersportstation in Blossin, 1996

≈ Die „Ra" wird auf die Bootsmesse Berlin transportiert, 1998 ≈ Atlantiküberquerung mit Frank George, Kiel-Kanaren-Karibik, 2000 ≈ Michael Haufe, Ricco Geithner und Frank George zur Eröffnung des Teamgeist-Yacht-clubs in Kolberg, 2004 ≈ Luftaufnahme des Yachtclub-Geländes am Naturhafen in Kolberg

≈ Teamgeist-Mitarbeiter taufen die Zwillingsyachten, 2004 ≈ Vorbereitung des 24-Stunden-Rennens Act One, Berlin 2005 ≈ Langjähriger Freund und Wegbegleiter Steffen Lelewel ≈ Isabel Lippold, Geschäftsführende Gesellschafterin der Teamgeist GmbH ≈ Die Hochseeyachten segeln durch Deutschlands Hauptstadt für die Markenbekanntheit von Teamgeist

≈ Act One, 24-Stunden-Rennen als PR-Event, Berlin 2005 ≈ Guinnessbuch-Rekord Megafloßbau, Kolberg 2009 ≈ Teamgeist-Mitarbeiter vor dem Kongresshotel Potsdam, der dritten Firmenzentrale, 2012

≈ Michael mit Frau Peggy, Tochter
Anni und Sohn Aaron ≈ Michael
mit Vater Dieter auf Motorboot ≈
Romantische Idylle im Naturhafen
Kolberg am Wolziger See ≈ Michaels
Mutter Renate am Steuer der Polaris

WELTREISEROUTE 2013-2015.
EINMAL VON OST NACH WEST. ENTLANG DER BARFUSSROUTE.

London
Warnemü
Plymouth
Brest
La Coruña
Lissabon
Azoren
Bermuda
Porto Santo
Faro
Nanny Cay
Martinique
Gran Canaria
ST. LUCIA
Grenada
Panama
Fernando de Noronha
Galapagos
Salvador
Marquesas
Tuamotu-Achipel
St. Helena
Kapstadt

Bali

Cocos

Weihnachtsinsel

Darwin

Mackay

Vanuatu

Suwarrow

Bora Bora

Tahiti

Fidschi

Tonga

Niue

Mauritius

Réunion

...ards Bay

WELTZEIT 2012-2015. EXITSTRATEGIE.
DIE POLARIS WIRD UMGEBAUT. DAS HOCHSEEBÜRO FÄHRT VOR.
DER PASS IST WEG. EINE RALLYE UM DIE WELT STARTET.
ZU HAUSE GEHT ALLES SCHIEF. DREI OZEANE UND VIELE MATROSEN.

"Twenty years from now you will be more disappointed by the things that you didn't do than by the ones you did do. So throw off the bowlines. Sail away from the safe harbor. Catch the trade winds in your sails. Explore. Dream. Discover."

– Mark Twain

Im April 2012 begann die Planung des Umbaus der Weltumsegleryacht. Michael, Technikchef Kendy Kuschke und Skipper Jan Schäper setzten sich mit Michaels Freund und Berater Frank George, der schon mehrere Schiffe gebaut hatte, zusammen. Die lebensnotwendigen Ressourcen standen dabei im Mittelpunkt der Diskussion. Ziel war es, ein autark funktionierendes Schiff zu gestalten, das den Strom für die Kühlung der Lebensmittel und den Betrieb der Navigationsgeräte generieren und Frischwasser selbst erzeugen konnte. Verschlissene Bauteile mussten ersetzt und Kommunikationstechnik ergänzt werden. Die Innenarchitektur des Schiffs sollte optimiert werden, um Platz zu schaffen, der Crew mehr Raum bei Manövern zu geben und die Sicherheit zu erhöhen.

Viel zu spät stellte sich die Task Force die Frage, wo die Konstruktions-arbeiten tatsächlich stattfinden sollten und so bemerkte Michael am Ende des Sommers, dass alle Hallen, die für den Umbau in Frage gekommen wären, ausge-bucht waren. Erst in letzter Sekunde fand Kendy noch eine Halle auf Fehmarn, in der das Schiff überwintern und für die Weltumsegelung fit gemacht werden konnte. Die Halle war trocken, aber unbeheizt. Armer Kendy, armer Jan!

Noch befand sich die Polaris in Potsdam auf dem Templiner See. Von dort aus wurde sie im Herbst zur Ostsee gebracht, was echtes Fingerspitzengefühl erforderte. Die Kanäle waren eng und flach, sodass die Hanse 47 manches Mal geradeso hindurchpasste. Von Warnemünde aus wurde das Schiff über die Ostsee nach Fehmarn überführt. Dort angekommen, legten Kendy und Jan los. Für ein halbes Jahr zogen die beiden Kollegen nach Fehmarn. Kendy, das handwerk-liche Allround-Talent, und Jan, der Skipper mit Regatta-Ambitionen, sollten sich gegenseitig ergänzen. Es folgten Monate, in denen das große Ziel oft extrem weit weg schien. Im Sommer würden beide wieder ihre regulären Teamgeist-Aufgaben übernehmen und Jan würde zu diversen Sicherheitstrainings aufbre-chen. Bis dahin mussten sie sich in Selbstdisziplin üben und trotz der Kälte täglich ein paar Haken auf die To-do-Liste setzen. Diese Liste war hoffnungslos überladen.

Das gesamte Boot wurde leer geräumt. Jan und Kendy lösten auch jede noch so kleine Schraube und trugen alle beweglichen Teile aus dem Schiff. Nur so konnten sie später sichergehen, dass jede Dichtung und jedes Schräubchen den Qualitätstest bestanden hatte. Außerdem lernte der zukünftige Kapitän der Polaris auf diese Weise jeden Millimeter des Schiffs kennen und wurde zum Experten für Instandhaltung und Reparaturen. Eines Tages würde er jedes Knirschen, jedes Knacken, jedes noch so leise Klappern auf dem Boot identifi-zieren können. Gehör und Gefühl würden ihn nur selten täuschen, wenn es darum ging aufzudecken, ob sich irgendwo etwas gelöst hatte, etwas vergessen wurde oder etwas abgenutzt war.

≈ „Micha, bei alldem, was du über den Aufwand des Umbaus berichtest, frage ich mich, ob es nicht sinnvoller gewesen wäre, von vorn herein ein individuelles Schiff bauen zu lassen. Perfekt zugeschnitten für die Weltreise, neu nach Deinen Wünschen.", sinniere ich laut am Beckenrand. Michael ist bereits in den hübschen Pools in der wunderschönen, durchdacht geplanten Camper & Nicholsons-Marina gesprungen. Wir befinden uns in Port Louis auf Grenada und haben ein tägliches Date im kühlen Nass zu Füße der Luxusyachten für die Superreichen.

Hubschrauberlandeplattformen thronen majestätisch über unseren Köpfen. Wir ziehen ein paar Bahnen, um den Bewegungsmangel der vergangenen Wochen auf See auszugleichen. Danach setzen wir uns auf die kreativen Liegestühle der deutschen Marke Dedon, rufen dank funktionierendem WLAN die neusten E-Mails, What's-App- und Facebook-Nachrichten ab und lassen die karibische Sonne auf uns scheinen. Unsere gemeinsame Reise neigt sich dem Ende, denn in wenigen Tagen wird Michaels Familie anreisen und ich werde auf ein anderes deutsches Schiff der Flotte, eine schöne, schnelle X-Yacht mit dem Namen Chika-Lu wechseln. Das Schiff gehört Hubert Hirschfeld, einem wohlbekannten Stern am gastronomischen Himmel Berlins. Da ist es nicht verwunderlich, dass man auf der Chika-Lu auf gute Gastfreundschaft und Segler, die das Leben und vor allem gutes Essen und edle Tropfen zu genießen wissen, trifft. Ich sollte wohl doch noch ein paar Bahnen mehr schwimmen, denke ich auf das Wasser schielend, bevor ich mich den Kochkünsten von Hubert und Sebastian, seinem besten Mann an Bord, hingebe.

Michael hat nebenbei eine umfassende Erklärung für seine Entscheidung, mit einem Serienschiff um die Welt zu segeln, vorbereitet: „Auch ein Schiff Marke Eigenbau kann Mängel haben. Schiffe von der Stange sind in ihren Funktionsweisen keineswegs zu unterschätzen. Wenn man ein begrenztes Budget hat, ist es schon viel Wert, wenn der Korpus bereits steht."

Michael hatte den Erlös aus dem Verkauf der Bavaria-Yachten genutzt, um den Umbau im Wert von 120 Tausend Euro zu finanzieren. Letztendlich musste er noch 30 Tausend Euro obendrauf legen. Allein 45 Tausend Euro flossen in die neue Segelgarderobe: ein neues Groß, eine Genua, eine Schwerwetterfock, zwei neue Spinnaker und allerhand Kleinteile. „Die Summe klingt hoch, wenn ich sie mit den Preisen für gebrauchte Hochseeyachten vergleiche.", meine ich zu Michael, der diesen Einwand offensichtlich kennt und sagt: „Andere Boote segeln mitunter mit weniger Komfort und trotzdem autark um die Welt. Aber man darf nicht vergessen, dass wir erstens einen engen Zeithorizont hatten und uns in der 15-monatigen Rallye keine wochenlangen Ausfälle und aufwendige Reparaturen leisten konnten. Ich wollte die optimale Ausrüstung für eine ideale Performance und maximale Sicherheit haben. Jedes Segel doppelt mitzuführen, bedeutete schweren Ballast und eine Umfunktionierung der zweiten Nasszelle im Bug zum Segellagerraum. Dafür fuhr das gute Gefühl mit. Es ging mir nicht darum, zu beweisen, dass ich überleben konnte und ich wollte auch nicht den ersten Platz einer Rallye gewinnen, deren Preisverleihungen ausschließlich symbolischen Wert haben. Ich wollte zusammen mit meinen Crews eine angenehme und sichere Reise erleben. Ein Gefrierschrank bedeutet für mich Lebensqualität und war das Minimum an Luxus, das ich mir leisten wollte. Und zweitens sollte das Schiff mein mobiles Büro werden.

Die Kommunikationstechnologie musste funktionieren und es durften so wenige Störungen wie möglich auftreten. Also tauschten wir auch die Toilette aus. Und zwar eine elektrische gegen ein manuelles WC, das mit einer Handpumpe gespült wird und damit weniger anfällig ist." Das Pumpklo, das ständig mit Speiseöl gefüttert wird, damit es geschmeidig läuft, ist mir gut vertraut. „Es ist ein faszinierender Moment, wenn Solarzellen, Wind- und Wassergenerator genügend Strom für alle Bedürfnisse an Bord generieren.", unterbricht Michael meine unappetitlichen Gedanken. „Man fühlt sich unabhängig und frei, wenn die Entsalzungsanlage frisches, wohlschmeckendes Wasser produziert." Und da ist sie wieder, die alte Sehnsucht nach der Freiheit. Ach Micha! Aber er hat Recht. Die einzigen Ressourcen, die wir unterwegs extern besorgen müssen, sind Diesel für Hafenmanöver und Stromerzeugung bei Flaute, Benzin für das Dinghi, Gas zum Kochen, Speisen, die wir mit selbst gefangenem Fisch ergänzen, und Rum, ohne den die Sonnenuntergänge nur halb so schön wären.

   In Erinnerungen schwelgend stehe ich auf und laufe zurück zum Anlegersteg, wo alle Flottenschiffe weit weg von den Millionenkähnen versammelt sind und täglich feucht-fröhliche Deckparties steigen. Es wird Zeit, die Sachen zu packen und umzuziehen. Ich werde die Polaris-Crew zwar bis zum Ende der Rallye noch oft genug wiedersehen und mein neues Schiff ist äußerst komfortabel und reizvoll, aber trotzdem wird mir das Herz ein wenig schwer, als ich die Koje in meinem liebgewonnenen Zuhause verlasse. Michaels Zusage, mich auf die Reise mitzunehmen, hat jetzt schon mein Leben verändert und meine Sicht auf die Welt, das Leben und Zusammenleben um viele Perspektiven bereichert. Und dafür bin ich dankbar.

   Kendy und Jan bissen die Zähne zusammen. Trotzdem ging der Plan oft nicht auf. An vielen Tagen war die Halle so kalt, dass die Arbeiten mit spröden Materialien, Farben, Leimen und Lacken verschoben werden mussten.

   Zusammen mit professionellen Konstrukteuren wurden im Cockpit eine Heckreling und ein Geräteträger aus Aluminium im Wert von 15 Tausend Euro installiert. Dieses Gerüst sollte ein hohes Maß an Sicherheit bieten. An ihm wurden die Rettungsmittel wie die Rettungsinsel und die Rettungsringe aufgehängt, sodass sie gut gesichert stets griffbereit waren. Auf dem Dach des Geräteträgers fanden die Solarzellen und der Windgenerator Platz. Hinter jedem Steuerrad wurden wegklappbare Sitze montiert, für den Rudergänger selbst oder den Rest der Mannschaft. Die Farbe am Rumpf wurde abgeschliffen und durch hochwertigen Lack und eine Antifouling-Schicht gegen Ablagerungen ersetzt.

Eine Investition, die die Geschwindigkeit des Schiffs positiv beeinflussen könnte. Außerdem hatte sich Michael für einen Faltpropeller entschieden, der weniger Wasserwiderstand hatte, wenn sich das Schiff unter Segeln fortbewegte.

Die Diesel- und Wassertanks wurden ausgetauscht. Die zwei Frischwassertanks, auf Backbord- und Steuerbordseite, sowie der Tank des Wassermachers konnten zusammen 530 Liter aufnehmen. Diesel konnte in einer Menge von 430 Litern mitgenommen werden. Mit diesem Vorrat müsste die Crew haushalten, wenn die langen Passagen auf den drei Weltmeeren anstünden.

Die gemütliche Lounge-Ecke im Salon musste einer praktischen Arbeits- und Bevorratungseinheit weichen. Jan und Kendy rissen die zwei royalen Sessel und den Couchtisch heraus und bauten zusammen mit einem Tischler Schränke, Arbeitsfläche und Schraubstock ein. Letzterer würde sich in der Segelwelt herumsprechen und immer wieder Grund werden, der Polaris einen Besuch abzustatten. Jan war stolz auf seine mobile Werkstatt, die unter anderem dazu dienen würde, blinkende Fischerei-Köder aus Löffeln zu fertigen.

Im Cockpit verschwand der Tisch. Was andere Crews für das nette Miteinander nutzten, sollte auf der Polaris weder bei Manövern noch beim Eingreifen durch die Profis zum Hindernis werden. Eine Balkongarnitur aus zwei Klapptischen und Klappstühlen sollte reichen, um Hafen- und Ankerzeiten gemütlich zu machen. Die Bugtoilette wurde zum Segelraum umfunktioniert. Die Regale zur Lagerung von Material würden eines Tages völlig überladen sein. Doch die Devise hieß: Lieber ein Segel mehr mitnehmen als eines zu wenig. Wer weiß schon, ob man bei einem Riss im Segelstoff genügend Zeit und Personal hätte, Reparaturen vorzunehmen?

Für den Fall, dass die Ruderanlage ausfiel, wurde ein Notruder installiert. Und würde auch dieses nicht mehr einsetzbar sein, könnte man auf eine Windsteueranlage zurückgreifen, die über Seilzüge bedient wurde.

Die Polaris war von 2008 bis 2012 in Potsdam und für zwei Monate in Großbritannien im Einsatz gewesen. Der Verschleiß zeigte sich vor allem an den Wanten, die bereits einmal durch den Schiffsbauer Hanse ausgetauscht worden waren. Die Wanten würden auf der gesamten Reise ein Problem darstellen. Immer wieder würde der Riggcheck, bei dem Jan oder Michael in einer angeleinten Hose, dem sogenannten Bootsmannstuhl, in den Mast gekurbelt würden, ergeben, dass die ineinander gedrehten Stahlseile gebrochen waren. Salinge und Wanten wurden also erneut ausgetauscht. Drei Reffs sollten reichen, das Rigg zu schonen, wenn der Wind zu stark würde.

Das gesamte Schiff wurde neu verkabelt. Die Bastler verlegten drei Kilometer Stromkabel. Mit der Überholung der Bordelektrik wurde die doppelte

Batterieleistung erreicht. Wind- und Wassergenerator wurden installiert und die Stromversorgung durch neue Solarzellen gesichert. Kühlschrank, Gefrierschrank und Navigationsgeräte würden rund um die Uhr – 24 Stunden am Tag, sieben Tage die Woche, 15 Monate lang – laufen müssen.

Die Navigations- und Kommunikationstechnik wurde modernisiert. Der Ultrakurzwellenfunk sollte Verstärkung durch eine SSB-Kurzwellenanlage erhalten, die nicht nur empfangen, sondern auch senden und größere Entfernungen überbrücken konnte. Das war eine Anforderung des englischen World Cruising Clubs, der die Flottenschiffe zu zwei täglichen Funkrufen aufrief. Außerdem würden Notrufe auf dem offenen Meer eher Gehör finden. Die Installation der Anlage wurde auf einen Termin vor der Abreise in der Karibik vertagt.

Das AIS, das automatische Identifikationssystem für Schiffe, erhielt eine Senden-Funktion. So konnte die Polaris von anderen Schiffen erkannt werden und auf See selbst identifizieren, wer sich näherte.

Zusätzlich erwartete das World ARC-Komitee die Ausrüstung der Schiffe mit einem Yellow Brick, einem GPS-basierten Trackingsystem, das die Position der Rallyeteilnehmer an eine Onlineplattform übertrug und so von den Mitarbeitern der Organisation, von den Familienmitgliedern und Freunden verfolgt werden konnte.

Für Michael unverzichtbar war ein Inmarsat-Satellitentelefon zum Telefonieren und zum Datenversand. Das war dringend für die Anrufe nach Hause und in die Firma, für den Empfang und Versand von Bildern, Excel-Listen und Powerpoint-Präsentationen und vor allem zum Download der World ARC-Informationen und Wetterdaten. Die sogenannten Grip Files beinhalteten eine Vorschau der Windstärken und Windrichtungen und würden Michael und Jan auf dem Ozean helfen, die richtigen Entscheidungen zu treffen. Einen Dollar pro Minute kostete ein Gespräch.

Für einfache Textnachrichten ohne Anhänge würde meist der SSB-Kurzwellenfunk ausreichen, der der Crew – dank Sailmail-Programm auf dem Bordnotebook und den Mobilfunknetzten der zu besegelnden Regionen – eine E-Mailkommunikation mit den Daheimgebliebenen ermöglichte. Lediglich in Afrika würde die Verbindung vergeblich gesucht werden. Aber dank gebuchtem Datenpaket blieben immer noch ein paar Megabyte für die private Kommunikation per Satellit übrig. Manch Mitsegler würde große Sehnsucht nach Freundin oder Frau haben und sich täglich mitteilen wollen. Eine unbeschränkte Flatrate hätte monatlich 5.000 US-Dollar gekostet und das Budget gesprengt. In den Häfen würden die WLAN-Netze von Marina und Cafés der ungehinderten Kommunikation dienen müssen. Nicht immer würde eine Verbindung mit dem Bordnetz funktionieren und so müsste Michael mit seiner Apple-Ausstattung durch den Ort ziehen und sich mobile Büros suchen. Aber davon wusste das Team im kalten Fehmarn noch nichts.

Über das Bordnetz wurden alle relevanten Daten zusammengeführt. Mit der iNAVX-Applikation konnten Jan und Michael auf den zwei iPads sogar von der Koje aus den Kurs überwachen. Der Rest war Standard: Radargerät und Kartenplotter, ein aktiver Radartransponder zur Ortung von Gewitterzellen und Fischereischiffen ohne AIS, Papierkarten in gröberen Maßstäben, Hand-GPS, Smartphones mit GPS, ein Logbuchformular, das alle zwei Stunden von der Crew ausgefüllt werden würde, ein Epirb-Gerät, das bei Kontakt mit Wasser ein Notsignal aussenden würde. Auf gut Deutsch hieß das: Die Polaris hatte keine Chance, verloren zu gehen oder vom Kurs abzuweichen.

Die weitaus schönere Aufgabe übernahm Michaels bester Freund Ricco. Er wollte große Teile der Reise mit an Bord sein, sofern es seine gastronomischen Betriebe in Dresden, seine Frau und die Kinder zuließen. Riccos Bedingung: Eine angemessene Verpflegung. Er brachte Türme von Gastronorm-Boxen, also verschließbare Kunststoffboxen im Standardmaß für Restaurants und Kantinen, auf das Schiff. Feuchtigkeit, Ungeziefer, Unordnung sollten keine Chance haben, auf der Polaris heimisch zu werden. Neben den üblichen Gemüse- und Fleisch-Konserven und Trockenvorräten wie Nudeln, Reis, Mehl und Tütensuppen, die selten jemand anrühren würde, packte Ricco eine raffinierte Auswahl an Saucen, Gewürzen und Kräutern zusammen, die er während der Reise permanent um regionale Spezialitäten erweitern wollte. Schokolade, Nutella, heimische Leberwurst: Ricco wusste genau, womit man Seemännern auf einer langen Reise eine Freude machen konnte. Anständiges Kochgeschirr durfte ebenfalls nicht fehlen. Sogar ein Set japanischer Filetiermesser und eine Crêpes-Pfanne fanden ihren Weg in die Schapps. Letztere würde im Rahmen einer Abspeckaktion neben unzähligen Kochlöffeln und Pfannenwendern Monate später an ein Frauenhaus in Südafrika übergehen.

Peggy, die Ärztin, übernahm die Ausstattung des Schiffs mit Medikamenten und medizinischen Geräten nach Kreuzfahrtstandard. Nicht nur ihren Mann Michael und seine Crew wollte sie in sicheren Händen wissen, sondern auch die Kinder und sich, wenn sie zusammen mit der 13-jährigen Anni und dem dreijährigen Aaron durch die Südsee mitsegeln würde. Drei Koffer wurden griffbereit im Salon verstaut. Sie enthielten Erste-Hilfe-Ausstattung, Bordapotheke und Operationsbesteck, das mithilfe des funkärztlichen Notdienstes theoretisch auch von Laien eingesetzt werden könnte. Jedes Medikament, jede Spritze, jedes Werkzeug war nummeriert. Diese Codes dienten dazu, die Anweisungen eines Arztes korrekt umzusetzen.

Michael, Jan und Ricco begaben sich nach Neustadt in der Lübecker Bucht und frischten ihre Erste-Hilfe-Kenntnisse bei einem intensiven Überlebens- und Rettungstraining auf See auf. Die Rettungswesten wurden hier nicht nur erklärt, sondern selbst getestet. Ricco sprang als Erster aus fünf Meter Höhe ins Wasser. Seine Weste füllte sich augenblicklich mit Luft und hielt den kräftigen Mann an der Oberfläche. Super! Aber die Ernüchterung kam, als Ricco versuchte, zu schwimmen. Das mächtige Ölzeug und das große Luftpolster ermöglichten es ihm kaum, sich zielgerichtet zu bewegen. „Ich werde nicht über Bord gehen!", beschloss er und so wurde der Gurt mit dem Karabiner zum Anleinen an Deck zu seinem besten Freund. Jan würde penibel darauf achten, dass ab Sonnenuntergang und ab 25 Knoten Wind jeder eine Rettungsweste trug und dass die Crew vor dem Ablegen trainierte, wie man sich angeleint einmal zum Vorschiff und zurück begab. Der junge Skipper heuerte außerdem als Praktikant in der Notfallaufnahme des Universitätsklinikums Leipzig an und lernte Infusionen zu legen.

Die zukünftige Crew unterzog sich selbst der üblichen Untersuchungen durch Hausärzte und Zahnärzte, buchte Auslandkrankenversicherungen, Skipperhaftpflicht und begann das Gepäck zusammen zu stellen. Ölzeug, Stiefel, Stirnlampen, Handschuhe, Bücher zu Ozeanüberquerungen, Ankerplätzen und Hafeneinfahrten, SSS- und SHS-Segelscheine, Meilenbücher, Reiseführer für die ganze Welt. Die Liste nahm kein Ende.

≈ „Was haben deine Eltern zu deiner Entscheidung, auf große Fahrt zu gehen, gesagt? Seinen einzigen Sohn schickt doch niemand gern auf das offene Meer hinaus, oder?", frage ich Michael und denke an die Reaktionen meiner eigenen Familie. „Ich hätte beide gern ein Stück mitgenommen. Denn genau so war es ja gedacht: eine Reise, die ich mit Freunden, Familienmitgliedern, Mitarbeitern, Partnern, Kunden und anderen spontanen Mitseglern auf Hand-gegen-Koje-Basis teilen wollte. Eine Notwendigkeit, Geld zu verdienen, bestand für mich auf der Barfußroute nicht. Ich wollte auf meiner Reise nicht Dienstleister für andere werden. Trotzdem half es dem Projekt, dass ein Teil der Crew ein paar Groschen zur Deckung der laufenden Kosten und World ARC-Gebühren beisteuerte.", erklärt Michael. „Als Dialyse-Patient konnte ich meinen Vater allerdings nicht mit auf das Schiff nehmen und meine Mutter sollte zumindest für ein paar Wochen in die Südsee nachkommen. Daraus wurde ja leider nichts." Ich nicke wissend und vermeide, hier weiter nachzuhaken. Traurige Themen wollten nicht zu dem sonnigen Morgen passen.

Wir drehen eine gemütliche Runde im Dinghi durch die Bucht von Bequia, wo morgen die Osterregatta stattfinden wird und im Yachtclub allabendlich kräftig gefeiert wird. Täglich schwimme ich von der Chika-Lu zur Polaris. Der sportliche Weg, Nachrichten auszutauschen und Verabredungen zu treffen. Jetzt suchen wir ein Café zum Frühstücken und Plaudern und werden direkt an der Strandpromenade fündig. Wir machen das Schlauchboot am Steg fest und marschieren Kaffee, Rührei und Croissants entgegen.

„Es war mein Vater, der am liebsten ein Veto eingelegt hätte.", fährt Michael fort. „Nun kannte er zwar meinen Traum, aber er fand die Gefahren der Weltumsegelung unkalkulierbar, das Risiko für die Firma und die langen Phasen der Trennung von der Familie und vor allem von den Kindern unverantwortlich. Was nicht heißt, dass er kein reiselustiger, neugieriger Mensch war. Ich bin mit meinem Vater nach Japan und in den Amazonas gereist und habe ihn dadurch besser kennen und schätzen gelernt. Ich habe festgestellt, dass ich einige Charaktereigenschaften von ihm geerbt habe." „Welche denn?" frage ich grinsend. „Das schüttere Haar zum Beispiel." Wir kichern und ich streiche ihm über den frisch rasierten Kopf, eine Frisur von unserem selbst ernannten Flottenfrisör Sebastian, der als einziger Segler einen elektrischen Haarschneider mit sich führt und in jedem Hafen zum Schönheitsdienst gerufen wird. So manche Matte fiel dem Rasierer bereits zum Opfer. „Die Vorsicht und das konservative Planen habe ich von meinem Vater, meine Mutter hat mir ihre Disziplin, ihr zähes Durchhalten und Dranbleiben und ihre Nase mitgegeben. Beide haben als Lehrer ihr Leben lang Menschen bewertet. Ich allerdings versuche, Menschen nicht zu früh zu beurteilen, sondern lange offen zu bleiben und sie intensiver kennenzulernen." Ich erinnere mich an die Gespräche, die Michael mit den Mitseglern führte. Der Mann, der selbst keine Geheimnisse zu haben scheint und aus seinen Schwächen und Stärken keinen Hehl macht, hat so manchen Neuling – mich eingeschlossen – ganz ordentlich gelöchert. Ich habe den Eindruck, Michael betrachtet jeden neuen Menschen in seinem Leben als Lehrer. Er müsse nur herausfinden, welche Information relevant für ihn wäre.

Der Tag X rückte näher. Am 8. August 2013 sollte Jan mit der Polaris von Warnemünde aus ablegen und das Schiff über den Atlantik in die Karibik bringen, wo im Januar 2014 die World ARC-Rallye starten würde.

Zusammen mit Isabel Lippold und Steffen Lelewel überlegte Michael, in welchem Auftrag die Polaris wohl segeln solle. Dass Michael an Bord arbeiten würde, stand außer Frage. Seine Firma allein zu lassen, war schlicht und einfach nicht möglich. Also würde die Weltumsegelung auch ein Forschungsprojekt, ein Selbstversuch werden: „Kann man ein Unternehmen von einem Büro auf einer Hochseeyacht von überall auf der Welt aus steuern?" Es lag nahe, die Reise als PR-Kampagne für die Marke Teamgeist zu nutzen. Aber die drei Strategen entschieden anders: Sie erfanden die Espoto World Tour. Die junge Software-Tochter Espoto sollte unterstützt werden und stellvertretend für das neue, digitale Zeitalter der Unternehmensgruppe stehen. Analog zum Tabtour-Programm wurde die Reise zur größten Schnitzeljagd der Welt deklariert. Es entstanden eine Internetpräsenz und eine Facebookfanseite mit dem Namen Espotoworldtour. Deren Besucher wurden aufgefordert, Orte, die auf der Reiseroute lagen, auszuwählen und dort Aufgaben oder Fragen für die Crew zu hinterlegen. Den Anfang machte dabei Steffen selbst und dabei blieb es dann auch. Schnell stellte er fest, wie schwer es war, ohne Budget für die Bewerbung der Schnitzeljagd Interessenten zum Mitspielen zu finden. Mit welchem Anreiz auch? Es gab ja nichts zu gewinnen. Viel erfolgreicher wurden Blogbeiträge auf der Website und die Fotodokumentation auf Facebook. Aus dem Umfeld von Kunden, Partnern, Mitarbeitern, Flottenfreunden, Mitseglern und deren Freunden generierte sich rasch eine interaktive Community, die fleißig den „Gefällt mir"-Button drückte und die Blogs kommentierte. Die Markenbekanntheit von Espoto stieg exponentiell und man verstand, dass bei Teamgeist etwas Neues zugange war. Die Öffentlichkeit gewöhnte sich an den Namen Espoto als Sponsor der Weltumsegelung.

Das Schiff wurde von Fehmarn nach Warnemünde in den Yachthafen Hohe Düne überführt und Michael lud Mitarbeiter und befreundete Skipper zum Probesegeln ein. Die Resonanz der freiwilligen Tester war interessant. Die Polaris sei weder Day Racer noch Hafenkuschelkutter, hieß es von den Experten. Sie sei ideal gerüstet für eine Weltumsegelung, so die Einschätzung der Profis. Die Reaktion des Schiffs sei unmittelbar und das Segelgefühl gut. Für die Vorwind- und Raumwindkurse, die die Passatwinde mit sich bringen würden, sei die Polaris dank ihres breiten Hecks gut geeignet. Als Kurzkielschiff mit kleiner Lateralfläche sei die Polaris für Amwindkurse allerdings nicht ideal. Der Autopilot schaffe es bei Welle und starkem Wind nicht, die Abdrift auszugleichen und rechtzeitig gegenzusteuern. Den Wachhabenden auf der Polaris müsse diese Schwäche bewusst sein. Es bedurfte also eines gesonderten Briefings der Crew.

Auf den Autopiloten zu verzichten, war keine Option. In einem Notfall zählte vor allem bei kleiner Besatzung jede freie Hand. Ein Ersatzautopilot und eine Ersatz-lichtmaschine fanden in letzter Minute noch den Weg an Bord.

Wer außerdem mit auf das Boot kam, war das Sandmännchen. Die Abfahrt der Polaris erregte dank Steffen Lelewels guter Pressearbeit auch die Aufmerk-samkeit des RBBs, Rundfunk Berlin-Brandenburg. Der kleine TV-Zwerg, der den Kindern tagtäglich „Gute Nacht" sagte, kam in Lebensgröße zum Winken und wurde als Püppchen an Kapitän Jan überreicht. Das generelle Medienecho war gut, aber nicht überragend. Die Entscheider bei den Sendern hatten Sorge, dass das Projekt scheitern würde und wollten nicht zu früh Bericht erstatten. Brandenburgs amtierender Wirtschaftsminister Ralf Christoffers sandte einen Brief und wünschte gutes Gelingen.

Am 7. August 2013 stieg die Abschiedsparty der Polaris. Fünfzig Gäste vergnügten sich auf Steg und Boot. Es wurde ausgelassen getanzt, gelacht und getrunken. Jan wohnte bereits in der Steuerbordkabine im Heck des Schiffs. Eine Schlauchbootparade und ein Fotoshooting untermauerten die Bedeutsamkeit des Events. Es war die Zeit der Hanse Sail. Tausende von Touristen belagerten den Hafen, um die großen Traditionssegler mit ihren vielen Masten, Segeln und Tauen zu bestaunen und vielleicht noch ein letztes Ticket für eine Mitfahrt zu ergattern. Und mittendrin ein unscheinbares Schiffchen auf dem Weg in die drei Weltmeere.

Michael war erleichtert, dass die aufreibende Umbauphase gelungen war. Ohne seine firmeninterne Personalpower wäre die Finanzierung ins Schwanken geraten. Aber jetzt war er froh, dass er die Investitionen getätigt hatte und kurz vor der Erfüllung seines Lebenstraumes stand. Und nicht nur das. Die Reise sollte ein Versuch werden, die Arbeitswelt von Managern neu zu definieren. Er wollte beweisen, dass es möglich ist, ein Team oder gar ein mittelständisches Unter-nehmen im „Remote Control"-Modus von der Ferne aus zu steuern. Er wollte zeigen, dass auch Gründer ein Recht auf Freiheit haben, dass auch Manager ihre Lebensträume realisieren können, und vor allem, dass man nicht bis zur Rente warten müsse, um private Ziele in die Tat umzusetzen.

Die Bedingungen dafür hatte er jahrelang geschaffen. Seit der Teamgeist-Gründung hat er Mitarbeiter eingestellt, denen er bedingungslos vertraute. Und jetzt kurz vor der Abreise, übertrug er Aufgaben des Tagesgeschäfts an seine Geschäftspartnerin Isabel Lippold. Die Teamgeist-Koryphäe des Vertriebs musste sich nun mit dem Controlling auseinandersetzen. Das war keine Aufgabe, die ihr Spaß machte, aber die taffe Karrierefrau stellte sich trotzdem der neuen Herausforderung, auch in Vorfreude auf die eigene Zeit an Bord der Polaris. Mindestens zwei Wochen lang wollte sie im Pazifischen Ozean selbst Teil des Abenteuers sein.

Die meisten Mitarbeiter unterstützten Michaels Idee. Sie hatten nun die Chance zu beweisen, dass sie mit dem Mehr an Verantwortung und auch ohne die tägliche Kontrolle ihres Chefs zu Höchstleistungen fähig waren. Die Kunden waren begeistert von jemandem, der offensichtlich genau das selbst lebte, was Teamgeist in den vielen Managementtrainings vermittelte: Vertrauen, Teamspirit, Mut und Freiraum. Häufig hörte Michael: „Mensch, das würde ich auch gern machen." Um Sponsoren musste sich Michael keine Gedanken machen. Er war stolz darauf, die Reise aus eigenen Mitteln finanzieren zu können, niemandem Rechenschaft ablegen oder der Politik Fremder folgen zu müssen. Selbstverständlich gab es Zweifler und Neider, von denen Michael nur über Dritte erfuhr. Für negative Kritik hatte er Scheuklappen entwickelt.

≈   „Ich hatte drei Worst-Case-Szenarien entwickelt. Erstens: Ich verletze mich auf der Reise schwer oder sterbe. Zweitens: Ein Familienmitglied erkrankt oder hat einen Unfall. Drittens: Meine Firma gerät in ernsthafte Schwierigkeiten. Fünf Jahre lang, habe ich alle möglichen und unmöglichen Situationen in meinem Kopf durchgespielt und zusammen mit Anwälten, Notaren, Kollegen, Freunden und Familienmitgliedern Vorsorge getroffen.", antwortete Michael auf die Frage, ob das Überhören jeglicher Kritik nicht kurzsichtig und eigenwillig gewesen sei. Er fuhr fort und ging ins Detail: „Mein Testament wurde neu aufgesetzt. Ich hinterlegte eine Patientenverfügung. Das Haus ließ ich an meine Frau und die Kinder übertragen. Die Anteile der Firma und die Entscheidungsgewalt im Falle meines Ablebens wurden neu strukturiert. Die Aufgaben der Führungskräfte wurden festgelegt, der neue Gesellschaftervertrag für den Ernstfall vorbereitet. Für die Lizenzpartner wurden eigenständige GmbHs gegründet. Das Risiko und der Einschnitt in die bisherigen Abläufe waren groß, aber ich musste Isabel vor dem Verwaltungsaufwand schützen. Ich erteilte Prokura, Vollmachten und Konteneinsicht. Ein ganzer Katalog mit Regelungen entstand. Banken und Geschäftspartner wurden in meinen Plan eingeweiht. Es ist ein unglaublich befreiendes Gefühl, zu wissen, dass man alles geregelt hat und das Leben auch ohne einen selbst weitgehend problemfrei weiterlaufen könnte. Ich kann jedem empfehlen, diese Art der Absicherung frühzeitig zu treffen und sich nicht von Schicksalsschlägen überraschen zu lassen. Ich wusste zu dem Zeitpunkt natürlich noch nicht, dass zwei meiner Worst-Case-

Szenarien Realität werden würden und ich kurz davor stünde, die Reise komplett abzubrechen. Auch wenn alles geklärt ist, kommen noch genügend überraschende Moment auf einen zu, nicht zu vergessen die Emotionen, die dann plötzlich eine Rolle spielen." Aus unserem Frühstück ist eine lange Gesprächsrunde geworden. Wir sitzen mit unseren Notebooks mit dem Blick auf Meer und Segelboote und immer wieder unterbreche ich meinen Blog über Grenada, um Michael, Peggy und Ricco zu löchern. Es ist schön, die Menschen der ersten Stunde, in diesem kleinen Paradies zu treffen und im Grunde interessiert mich eines am meisten: „Wie fühlt man sich? Wie fühlt man sich, wenn man sein Schiff über den Atlantik schickt? Wie fühlt man sich, wenn man weiß, dass man seine Familie und seine Firma bald lange Zeit verlassen wird? Wie fühlt man sich, wenn man endlich das macht, wofür man jahrelang gekämpft hat?" Michael runzelt die Stirn. „Ich muss zugeben, ich hatte nicht viele Gefühle. Ich hatte so viel Arbeit und so viel im Kopf. Wir feierten bis zwei Uhr nachts. Am nächsten Morgen drückte ich einen Kuss auf das Teakholz-deck meines Schiffs, begleitete die Parade aus dem Hafen, trank einen Kaffee im Yachtclub Hohe Düne und dann widmete ich mich wieder der Firma. So blieb das dann bis zu meiner eigenen Abreise. Der emotionale Kontakt zum Schiff riss im Tagesgeschäft im Unternehmen und in der Routine des Alltags zu Hause ab. Das änderte sich erst, sobald ich selbst an Bord war. Denn dort hat man plötzlich Zeit zum Nachdenken, Zeit für Gefühle." Michael nippt an einem frischen Mangosaft und fügt hinzu: „Und doch schlich sich ab Oktober so langsam das Bewusstsein ein: Ich sehe diese Person heute zum letzten Mal. Ich mache das hier gerade zum letzten Mal für lange Zeit oder sogar für immer. Das war nicht immer belastend, sondern mitunter auch befreiend. Hier mein Tipp an all die Gestressten da draußen: Wer zu viele Ämter hat, die er gern loswerden möchte, sollte auf eine Weltumsegelung gehen. Ich beendete Mitgliedschaften und Aufsichtsratsposten und zog keinerlei Groll auf mich. Es gab kein Problem der Argumentation. Aber interne Meetings, private Verabredungen, sportliche Aktivitäten bekamen einen schweren Beige-schmack. 18 Monate sind eine lange Zeit, die erst in der Retrospektive, sagen wir zehn Jahre später, viel kürzer scheint. Die Intensität des Zusammenseins mit den Kindern erhöhte sich immens. Zu Weihnachten war ich richtig traurig, als wir mit meinen Eltern zusammen saßen und die kleinen, versteckten Vorwürfe wie ‚Zu Ostern wirst du fehlen' die Stimmung trübten. Man kann nicht erwarten, dass die Umgebung ‚Hurra!' schreit und sich bedingungslos für einen freut. Überhaupt sind Erwartungen maßgeblich dafür verantwortlich, ob wir uns glücklich oder erfolg-reich fühlen." Jetzt wird es philosophisch, denke ich leise. „Natürlich erwarte ich. Nichts zu erwarten, ist auch keine Maxime. Aber ich setze mir Ziele, die eine Chance haben. Bestimmt denken einige Leute da draußen, ich sei ein Spinner, aber *solange einem das keiner ins Gesicht sagt, muss man sich nicht damit auseinandersetzen. Ich bin ein Träumer, oder ein Visionär – das klingt professioneller -, aber einer mit einer großen Realitätsnähe." Das gefällt mir. Jetzt habe ich wieder Stoff zum Nachdenken.*

Die 6000 Euro teure SSB-Anlage und gefühlte 100 Kilogramm Gepäck standen zum Abflug bereit. Harte Monate lagen hinter Michael und er war froh, dass ihn Jan bei der Schiffsführung erst einmal unterstützen würde. Nur so war sichergestellt, dass Michael genügend Raum für die Fortsetzung seiner strategischen Arbeit haben würde. Der Silvesterabend, der das wohl aufregendste Jahr in Michaels Leben einläutete, wurde zur Abschiedsfeier deklariert. Im Yachtclub in Kolberg fanden sich die wichtigsten Wegbegleiter zusammen. Die herzlichen Umarmungen blieben tränenfrei. Michael fühlte Demut und Dankbarkeit, Aufregung und Vorfreude. Isabel und Peggy verbargen ihre verschiedenen Sorgen und lächelten tapfer durch die Nacht.

Am 1. Januar 2014 fuhr Michael zum Flughafen Tegel, um sein gewichtiges Gepäck einzuchecken und sich am kommenden Abreisetag entspannter verabschieden zu können.

Von Entspannung war am nächsten Morgen keine Rede mehr. Freund Aaron Backhaus chauffierte Michael, Peggy, die Kinder, Michaels Eltern und Ricco aus dem Haus in Blossin ab und fuhr alle zum finalen Drücken und Gedrücktwerden nach Berlin. Dass Ricco mitfliegen würde, machte das Verlassen der Heimat leichter für Michael, dem beim Zuziehen der Haustür ein mulmiges Gefühl erfüllte. Im Auto fing Michael an, die Unterlagen für den Abflug bereit zu legen. Flugtickets, Bordkarten, World ARC-Unterlagen, doch der Reisepass, wo war der Reisepass? Panik! Nervös fing Michael an, die wenigen Handgepäckteile, die er dabei hatte, zu durchwühlen. Eine halbe Stunde war die Fahrgemeinschaft bereits unterwegs. Die Zeit war knapp kalkuliert, schließlich war der Check-in schon erledigt. Es half nichts, Michael würde es vielleicht bis in die Karibik schaffen, aber niemals würde er alle Immigrationsbüros davon überzeugen, ihn ohne Ausweis einreisen zu lassen. Nur wo war das gute Stück? Michael fiel nichts mehr ein. „Wir bringen Ricco jetzt zum Flughafen und dann drehen wir um.", murmelte er genervt zu Fahrer Aaron, der ihn besorgt ansah. Es war 5.30 Uhr morgens, keine gute Zeit für Diskussionen und Ratschläge. Zurück im Haus wiederholte sich das Spiel: schauen, wühlen, fluchen. Es half nichts. Der Reisepass war wie vom Erdboden verschluckt. Michael überlegte: „Was ist das Schlimmste, was mir jetzt passieren kann? Ich kann ein wenig Geld für einen neuen Flug verlieren. Ich kann ein paar Tage Zeit verlieren." Enttäuscht rief er Ricco an: „Ricco, flieg allein los! Ich komme nicht mit." Ricco, der in Krisensituationen immer ruhig blieb, konnte seinen Frust kaum verbergen, aber er glaubte daran, dass sich die Dinge immer zum Guten wenden würden. Auf ein Wunder wagte er nicht zu hoffen. Aber genau das trat ein. Zwei Minuten später klingelte Michaels iPhone. „Ricco Geithner", stand auf dem Display. „Ricco!", antworte Michael einsilbig. „Micha, mein Hase, ich muss dir eine Geschichte erzählen. Aber während ich rede, steigst du bitte wieder ins Auto und kommst sofort zum Flughafen." Michael zog zögerlich seine Jacke wieder an und dirigierte seine Familie zurück zum Wagen. „Pass auf, ich komme gerade in unser Terminal hinein und laufe am Lufthansa-Schalter vorbei, der gerade geöffnet wird. Die Luke geht auf und im Augenwinkel sehe ich die Dame, die gerade ihren Arbeitsplatz vorbereitet und etwas Rotes aufräumt. Ich kann dir nicht erklären wieso, aber ich musste einfach umdrehen und fragen: ‚Was haben Sie denn da gerade hochgehoben?'. Sie zu mir: ‚Da hat jemand seinen Pass vergessen.' Und ich: ‚Heißt derjenige zufällig Michael Haufe?' Sie schaut nach und es ist tatsächlich dein Pass. Hast du so etwas schon einmal erlebt? Micha, heute ist dein Glückstag." Michael fing laut an zu lachen. Im Gewusel um das Übergepäck war der Reisepass am Vortag wohl zwischen die Papiere geraten und im entscheidenden Moment wieder aufgetaucht. Das Abenteuer hatte also begonnen. Er erzählte die Geschichte seinem Begleitkomitee. Jetzt musste er seinen Lieben tatsächlich Adieu sagen. Dieses Mal flossen die Tränen reichlich und Michael war beinahe erleichtert, dass er sich beeilen musste. Noch länger hätte er seine Familie nicht leiden sehen wollen. Die Verzweiflung seiner Kinder brach ihm fast das Herz.

In der Abflughalle fiel er Ricco um den Hals und angesichts des verrückten Auftakts mussten beide nun doch wieder lachen. Und der wilde Morgen bescherte ihnen einen zweiten, denkwürdigen Moment. Auf dem Weg zum Boarding lief Michael seinem alten 3-for-Sports-Partner Axel Schmidt in die Arme, der ihn vor vielen Jahren für den Aufbau einer anderen Wassersportbasis hatte sitzen lassen. Beiden grüßten sich höflich und Axel erklärte stolz: „Ich fliege heute nach Hawaii." Das Surffieber, das sie einst geteilt hatten, war ihm also treu geblieben. Michael antwortete spröde: „Ich starte heute meine Weltumsegelung." Damit war alles gesagt. Jeder lebte seinen Traum. Es gab nichts zu bereuen, aber auch nichts mehr zu besprechen.

Die Ankunft in Saint Lucia schockierte die Abenteurer. Auf der 45-minütigen Taxifahrt nach Rodney Bay sahen sie, dass die Infrastruktur von Hurrikans zerstört worden war und die Bevölkerung nicht hinterher kam, die Schäden zu reparieren. Aufgebrochene Straßen, verwüstete Landstriche, umgekippte Strommasten, überschwemmte Dörfer: Teile der Insel präsentierten sich als

Katastrophengebiet, wie man es sonst nur aus dem Fernsehen kannte. Im Yachthafen schien alles in Ordnung, Jan und das Boot hatten keine Blessuren abbekommen.

Ein anderer Sturm machte der Crew zu schaffen, der Ansturm auf die Lebensmittelgeschäfte. 43 Boote plünderten die Supermärkte der Insel und jede Nation suchte nach speziellen Speisen, die das Wohlbefinden an Bord steigern würden. Nervosität machte sich breit. Vergeblich suchten die Deutschen nach Brot, Käse, Wurst und überhaupt der gewohnten europäischen Qualität. Kurzerhand beschloss der Proviantbeauftragte Ricco, dass ein Törn nach Martinique unabdingbar sei. Das Überseedépartement Frankreichs würde von Entenleberpastete bis hochwertigem Bordeaux alles bieten, womit man sich eine gute Zeit machen könnte. Ricco bunkerte. Für Jan und Michael war diese Shoppingtour purer Stress und für die Polaris eine Feuertaufe: viel Wind, hohe Wellen, permanenter Regen, letzte Bootsarbeiten im schwülen Klima, tägliche Telefonate mit den Teamgeist-Büros.

Die neue SSB-Anlage wurde installiert, funktionierte mit der fünf Meter hohen Hilfsantenne aber auf See nicht. Eine Sieben-Meter-Antenne wurde in den USA bestellt. Per Superexpress durch UPS sollte sie rechtzeitig vor dem Ablegen in Saint Lucia ankommen. Ein Schneesturm in Ohio machte der Lieferung einen Strich durch die Rechnung. Panama wurde als neues Ziel definiert, sodass die Funkverbindung noch vor Einfahrt des Panama-Kanals wieder hergestellt sein würde. Hoffentlich!

Eine große Party im Rahmen eines karibischen Abends stieg im nahegelegenen 5-Sterne-Hotel. Die 43 Bootseigner mit ihren im Durchschnitt vierköpfigen Crews lernten sich kennen. Die Vorbereitungen hatte jede Crew autark vorgenommen, lediglich mit dem World ARC-Management war jede Schiffsbesatzung in Kontakt gekommen. Die Polaris hatte die Startnummer 52 erhalten, die nun am Seezaun prangte. World ARC-Flaggen wehten auf allen Schiffen. Michael war der jüngste Eigner innerhalb der Flotte und der einzige, der seine Arbeit mitgebracht hatte.

Mittlerweile war auch Beate Thrams angereist. Die Bankangestellte hatte dank Michael die Liebe zum Segeln entdeckt. Sogar Frank George war mit von der Partie und wollte bis Galapagos mitsegeln. Den Weltreiseauftakt seines Ziehsohns konnte er sich nicht entgehen lassen. Mit Rumpunsch begoss die bunte Crew den anstehenden Trip. Erste Erinnerungsfotos wurden geschossen und im Eifer des Gefechts plumpste Beate in ihrem knallroten Abendkleid in den Hotelpool. Ein krönender Auftakt mit großem Gelächter.

Der offizielle Rallyestart fand am 10. Januar 2014 um 11 Uhr statt. Die Polaris war noch nicht aufgetankt und so steuerte Jan das Schiff zur Bootstankstelle. Ein naiver Plan. Zwanzig weitere World ARC-Boote warteten dort bereits auf ihre jeweils mehrere hundert Liter Diesel. Michaels Hang zu Perfektion und Pünktlichkeit wurde strapaziert. Minütlich schaute er auf die Uhr. In der letzten Sekunde schaffte es die Polaris an die Startlinie. Per Funk wurde der Countdown heruntergezählt und es ertönte ein Startsignal. Was für ein Moment! Mit großen Hoffnungen segelten über 200 Menschen zur gleichen Zeit gen Westen. Die Einrümpfer und Katamarane waren, wie in Regatten üblich, in ein Handicap-System einsortiert worden und traten in ihren jeweiligen Kategorien gegeneinander an. Überwiegend die Größe des Schiffs war ausschlaggebend für die Schublade, zu der man zählte. Stunden unter Motor mussten die Schiffsführer selbst zählen. Diese wurden zur Gesamtzeit auf See addiert. Die gesamte Route war in „Legs", also Etappen, eingeteilt, die immer wieder durch Episoden freien Cruisens unterbrochen waren. Jede offizielle Etappe endete mit einer Preisverleihung. Die Gewinner erhielten Geschenke, oft Kunsthandwerk oder Genussmittel, aus dem jeweiligen Ankunftsort. Manch ein Skipper betrachtete den Wettkampf so ehrgeizig, dass er bei den Motorstunden gern ein bisschen mogelte. Aber diese Erkenntnis würde Jan erst später ereilen, wenn er mit jeder Facette seglerischen Geschicks versuchte, auch einmal den ersten Platz zu ergattern.

Kurz nach dem Start wurde die Polaris-Mannschaft Zeuge eines traurigen Schauspiels. Einige Boote kehrten um, steuerten wieder Richtung Hafen und meldeten per Funk technische Probleme. Für das Schiff aus Berlin, wie es am Heck der Polaris stand, aber waren die Bedingungen bestens geeignet. Eine lange Welle schob die Hanse voran. Leichtes Unwohlsein stellte sich ein, seekrank wurde niemand. Michael war angeschlagen von den nervenaufreibenden Monaten und Tagen, die hinter ihm lagen. Drei Tage brauchte die Crew, um sich einzuleben, Routinen zu entwickeln und sich zu entspannen. Michael musste akzeptieren, dass er der einzige Nichtraucher an Bord war. Es fiel ihm schwer, über die Asche hinwegzusehen, die sich trotz aller Vorsicht an Deck verteilte. Nach sieben Tagen änderte sich die Situation. Es gab eine Piratenwarnung vor Venezuela. Der Kurs musste geändert werden, ein großer Bogen um die venezolanische Küste wurde dringend empfohlen. Mit dem neuen Kurs folgten anspruchsvollere Konditionen. Die Welle wurde chaotisch, aber Jan hatte den Laden im Griff. Der Rest der Crew, der frisch aus dem Job kam, geriet an seine Grenzen.

Erholung bot die Ankunft auf den San Blas Islands, einer Inselgruppe vor der Ostküste Panamas. Weiße Sandstrände, kristallklares Wasser, Palmen, die sich ins Wasser bogen, und reife Kokosnüsse erwarteten die Crew, die sich endlich entspannen konnte. Michael und seine Gefolgschaft fühlten sich wie in einem Traum. Sieben freie Tage lagen vor ihnen. Zum ersten Mal mussten Michael und Jan auf Riffe achtgeben, die dem Schiff großen Schaden zufügen konnten. Gegen Mittag landeten sie an. Sie knackten ihre erste Kokosnuss und tranken ihr erstes Panama Lager. Zum ersten Mal musste Michael mit seinem Schiff einklarieren. Auf dem Asphaltfeld des Flugplatzes, gleich neben einer Kokosnussplantage, befand sich ein winziges Büro, in dem die Einreise- und Zollangelegenheiten abgewickelt wurden.

Mit dem Dinghi begab sich die Crew in die Mangroven. Die starke Strömung führte das Schlauchboot direkt auf ein Riff. Glücklicherweise war der Boden des Beibootes aus Plastik und wurde nicht beschädigt. Das kleine Malheur tat der Entdeckerfreude keinen Abbruch. Die Crew segelte zu einer kleinen, abgelegenen Insel des Archipels, die nur per Schiff erreichbar war und einen US-Dollar Eintritt pro Person kostete. Noch weit weg von Polynesien stellte sich das erste Südseefeeling ein. Fliegende Händler: Fehlanzeige! Niemand störte die Idylle. Selten verirrten sich mehr als vier Segelboote in die Bucht. Genau ein Mann lebte auf dieser Insel und betrieb etwas, das man großzügig Bistro nennen könnte. Drei Plastikstühle und einen Holztisch hielt er für seine Gäste bereit. „Es gibt Hummer", sagte er auf Englisch und nach einem zustimmenden Nicken der Crew verschwand er in seinem mit Decken verhängten Holzbeschlag. Zwanzig Minuten später servierte er die wohlschmeckendsten Hummer, die die Crewmitglieder je probiert hatten. Die sanft gebräunten Deutschen fühlten sich fern jeglicher Touristenmassen in einem Mikrokosmos im ökologischen Gleichgewicht. Glaubten sie zumindest. Geben und Nehmen schien ideal ausgewogen. Doch dann schlenderten sie um ihre kleine Trauminsel und entdeckten ein Phänomen, das ihnen noch öfter begegnen würde. Die wind- und stromzugewandte Seite des Paradieses bot einen grauenvollen Anblick. Die steinige Küste war voll von angeschwemmtem Müll aus Plastikflaschen, Gummilatschen, Tüten, Brettern und anderem Unrat. Jetzt eröffnete sich die andere Aufgabe des Eremiten. Tagtäglich räumte er den Müll zusammen, prüfte, was er verwerten konnte und sorgte sich um die Natur seiner selbstgewählten Heimat. Zwei Stunden lang, packten die Deutschen mit an. Ein Tropfen auf den heißen Stein! Zwiegespalten setzte die Polaris-Crew ihre Reise fort.

Shelter Bay hieß das große Zwischenziel, der Ausgangspunkt für alle Schiffe, die den Panamakanal passieren wollten. Michael hatte gehört, dass es auf den Weg dorthin eine kleine Marina, den geheimen Hafen des Wirtschaftsministers von Panama, geben sollte. Auf dem Yellow Brick-Gerät wurde an dieser Stelle Land angezeigt, die Ausschilderung „Green Turtle Cay Marina" war leicht übersehbar und nur ungefähr konnte man abschätzen, wo man abbiegen musste. Die Polaris fand den Zugang und landete an einem verwunschenen Ort mitten im Urwald. Ein deutscher Sportlehrer im Vorruhestand betrieb die Marina. Eine Nacht blieb die Crew dort und Michael genoss es, unter freiem Himmel zu duschen. Michaels Freiheitsgefühl fand stets bei den Duschgängen mit kühlem Meerwasser aus dem Eimer auf dem Deck der Polaris und in allen anderen Open Air-Duschen seinen Höhepunkt. Nacktheit war dabei kein Problem. Schnell lernten neue Mitsegler, dass Nacktheit beim Sonnen auf dem Vorschiff oder beim Duschen im Cockpit zum normalen Bordleben auf der Polaris gehörten. Früher oder später ließen alle die Hüllen fallen. Die Nasszelle wurde ausschließlich im Hafen zum Duschen genutzt, wenn unbegrenzt Frischwasser zur Verfügung stand.

In Shelter Bay angekommen, traf das 15-Meter-Boot auf zahlreiche, riesige Containerschiffe, die auf ihre Schleusung warteten. Innerhalb von wenigen Tagen trudelten alle World ARC-Boote ein. In einem Päckchen von jeweils 3 Booten sollten alle zusammen geschleust werden. Drei bis vier dieser Päckchen wurden zur gleichen Zeit in eine Schleuse geleitet. Die 2000 Euro für den Transfer beinhalteten eine Portion Fender und Autoreifen zum Schutz des Bootes und einen Piloten, ein junger Panamaer, der während der Schleusung das Kommando an Bord übernahm und die Leinen koordinierte. Mit der Anwesenheit des Piloten garantierte die Kanalgesellschaft einen, im Falle eines Schadens, versicherten Transfer.

Drei Stufen der Schleuse mussten überwunden werden. Sanftes Steuern musste verhindern, dass die Schiffe an die Kanalmauer trieben. Bei dem schwachen Wind nicht schwer. Der Kanal war ein imposantes Bauwerk, der an einen natürlichen Flusslauf angrenzte. Während der ersten Schleusung ertönte eine Musik, die Michael und sein Crew nicht einordnen konnten. Eine Melodie, beinahe vertraut, aber in diesem Ambiente so faszinierend anders. Und dann erkannten Sie es: Auf dem schweizerischen Boot „Boingo Alive" hatte die Crew ein echtes Alphorn ausgepackt und blies die schweizerische Nationalhymne. Die Lautsprecher der Boingo Alive bewiesen eine erstaunliche Leistung und die Akustik im Kanal trug das Ihrige bei. Eine ergreifend feierliche Stimmung machte sich auf den Flotten-Schiffen breit. So eine Kanaldurchfahrt planten die meisten nur ein einziges Mal in ihrem Leben. Dieses Erlebnis würde Legenden in Lebensgeschichten schreiben. Nach fünf Stunden traten die ersten Päckchen aus der Schleuse heraus und ankerten im Dunkeln für eine Nacht im Fluss.

Am Morgen stieg ein schwergewichtiger, ernster Guide mit pinkfarbenem Sonnenschirm an Bord, der die Polaris durch den zweiten Teil des Kanals führen wollte. Sanft schlängelte sich der Fluss durch die saftig grüne Landschaft. Immer wieder bestaunte die Crew imposante Bauwerke am Ufer und dann war es schon so weit: Die letzte Schleuse, die letzte Brücke. Die „Bridge of the Americas", auf Spanisch: Puente de las Américas, gilt als das Tor zum Pazifik. Tiefes, sattes Ozeanblau empfing die Polaris und eine von der Ferne anmutige Skyline von Panama City. Mit großem Stolz und einem ehrfürchtigen Gefühl liefen die Weltreisenden in die Marina ein. Die Stadt entpuppte sich als versmogter Moloch, in dem die große Kluft zwischen Armen und Reichen unübersehbar war. Die größte Metropole des Entwicklungslandes bot eine anschauliche Altstadt und einen großen Markt, den Vielgereiste als weniger spektakulär bezeichnen würden. Die Crew wusste, dass Galápagos teuer werden würde und so entschied man sich, Panama für den letzten Großeinkauf vor den langen Passagen zu nutzen. Mit 400 Kilogramm Lebensmitteln und Getränken in zig Plastiktüten zu ihren Füßen, winkten Ricco und Michael ein Taxi, das seinen Namen nicht verdient hatte, vor die Eingangstür des Großmarktes. Als es beladen war, steckte der Reifen fest, so schwer lastete der Einkauf auf der verrosteten Karosserie. Mit 25 Kilometern pro Stunde zuckelte der Schrotthaufen los und nach geschlagenen zwei Stunden erreichten die verschwitzten Insassen die Marina.

Die World ARC-Flotte besuchte den Stamm der Embero-Indianer. Anderthalb Stunden wurden die Segler mit Einbäumen in den Busch gefahren. Kinder und Frauen mit Blumenkränzen begrüßten routiniert ihre Gäste. Die Indianer präsentierten ihre Tänze und ihre Bootsbaukunst. Die Bootsbauer höhlten per Hand Baumstämme aus und nutzten Blech und Teer, um sie dicht und stabil zu machen. Bereitwillig zeigten die Einheimischen ihre Escuela Embera, ihre Schule, ein Pfahlbau aus Holz mit Solarzellen und Fernsehapparat. Michael würde auf seiner Reise noch bemerken, dass Bildung auch auf den abgeschiedensten Inseln der Welt groß geschrieben wurde, war sie doch die Fahrkarte in ein besseres oder zumindest flexibleres Leben. Den 90-Zoll-Flachbildfernseher in der Hütte des Häuptlings hatte man mit Tüchern abgehängt. Er hätte die Touristen angesichts so viel Authentizität wohl irritiert.

Auf dem Weg in die Stadt ereilte die zwei Freunde ein weiteres Taxi-Intermezzo. Der nette Fahrer fing, aus purer Lebensfreude oder in Erwartung eines Trinkgeldes, sogleich an zu singen. Nach wenigen Kilometern, wurde es Ricco auf dem Rücksitz immer heißer. Sein Hinterteil fing förmlich an zu glühen. Ricco wagte einen Blick unter seinen Sitz und stellte fest: Das Bodenblech existierte nicht mehr und er thronte direkt auf dem Nachschalldämpfer der Rostlaube.

Es war der letzte Abend in der Stadt. Die Crew versammelte sich auf einer kleinen Piazza und geriet in ein Restaurant, in dem eine Familie den

14. Geburtstag der jüngsten Tochter feierte. Über 50 geladene Gäste hatten sich versammelt, Gitarrenspieler unterhielten die illustre Gesellschaft und überall auf dem Platz hatte sich Sicherheitspersonal verteilt. Mit Einbruch der Dunkelheit überreichte der Familienvater dem Chef der Security ein dickes Bündel Geldscheine. Michael traute seinen Augen nicht. Entweder hatten sie es hier mit einem wichtigen Politiker, Wirtschaftsmogul oder einem Mafiaboss zu tun. Er wollte lieber raus aus der Schusslinie und rief ein Taxi, während ein mächtiges Feuerwerk für den Teenager losdonnerte.

Der Tag der Abreise gestaltete sich ebenso überraschend. Eine Stunde vor dem Ablegen rannte Paul Tetlow, der engagierte World ARC-Manager, mit einem 3,50 Meter langen Paket den Steg entlang und blieb atemlos vor der Polaris stehen. Ein lauter Jubel entfuhr Jan. Die Luftfrachtlieferung und die Zollangelegenheiten waren dank der Hilfe des Woldcruising Clubs in der allerletzten Minute über die Bühne gebracht worden und die lang ersehnte SSB-Antenne hatte es endlich an Bord des Schiffs geschafft. Beim Füllen des Dieseltanks beobachtete Frank George, wie ein kleines Motorboot mit sechs Passagieren um Hilfe winkte. Schnell warf der eine Leine und zog die verzweifelten Ausflügler zurück in den Hafen. Ein letztes gutes Werk und dann konnte es endlich losgehen.

Kaum aus dem Hafen geflitzt, friemelte Jan an den neu gekauften Butangasflaschen herum, die er als Ersatz für die drei gerosteten Exemplare aus Deutschland gekauft hatte. Die zwei Herdplatten des kardanisch aufgehängten, also bei Welle sich auspendelnden, Gasherds konnten an Effizienz kaum geschlagen werden und erhitzten das Nudelwasser für die sieben Portionen im Nullkommanichts, doch der Backofen war in Bezug auf seinen Verbrauch ein undankbarer Zeitgenosse. Leider war auch nach tagelanger Suche kein passender Adapter für das Schlauchsystem der Polaris verfügbar gewesen und so hatte er entschieden, die verrosteten Flaschen doch noch einmal auffüllen zu lassen. Der Gasverkäufer hatte ihm eine Werkstatt empfohlen, wo eine Adapterlösung für die neuen Flaschen zusammengebastelt worden war. Doch bei näherem Hinsehen, war das Ganze kein Meisterstück, dem man auf einem Weltumseglerschiff vertrauen sollte, und so erklärte Jan das Gassparen zur Chefsache. Beliebt machte er sich damit nicht und seine Frage „Muss das Toast getoastet sein?" hing ihm noch lange nach. Erst in Australien, also sechs Monate später, würde ein vernünftiger Ersatz für die wilde Ansammlung an Gasbehältern auf der Polaris gefunden werden.

Dafür funktionierte die sieben-Meter-Antenne jetzt hervorragend und zum ersten Mal konnte die Polaris mit nahezu allen Booten der Flotte kommunizieren. Zweimal täglich, jeweils um 9 Uhr und um 18 Uhr, trafen sich die Funker auf einem festgelegten SSB-Kanal und teilten sich Position, Kurs, Windrichtung, Windstärke, Strömungsverhältnisse, besondere Vorkommnisse und das allgemeine Wohlbefinden an Bord mit. Wenn Charlie Simon vom amerikanischen Schiff Celebrate „World ARC fleet, World ARC fleet, welcome to the round call with Charlie from Celebrate" die Funkrunde einleitete, fühlte sich manche an den Film „Good morning, Vietnam" erinnert. Die tiefe Stimme und der rollende Akzent des freundlichen, pensionierten Seglers würden mehr als 400 Tage lang ein Lächeln in die Gesichter der kopfhörertragenden Funkrundenteilnehmer zaubern. Für einen letzten Stopp vor der 900-Seemeilen-Passage fand sich die gesamte World ARC-Flotte auf Las Perlas, den Perleninseln ein, eine kleine Inselgruppe zur Erholung der Schönen und Reichen Panamas. Nach einem Seetag war die Polaris in der Ankerbucht angekommen und Michael fixierte seine neue erworbene, gewebte Hängematte zwischen Mast und Vorstag. Die Crew stand Schlange und einmal im schaukelnden Bettchen angekommen, wollte niemand wieder heraussteigen.

Das Rallye-Management hatte sich ein sportliches Spiel überlegt, um die faulen Segler noch einmal auf Trab zu bringen, bevor sie sich tage- oder gar wochenlang nur noch Bug bis Heck bewegen würden. Eine Orientierungsjagd sollte die Gruppe joggend oder walkend um die Insel führen. Immer wieder führten die Kreidepfeile auf der Straße in Sackgassen und forderten den Sportsgeist heraus. Der gut trainierte Michael kam dabei kaum ins Schwitzen, war doch der Großteil der Renner wesentlich älter als er. Als er wieder am Startpunkt, einer Hotelbar ankam, machte er Bekanntschaft mit einer 73-jährigen Dame, die in Bolero und Federboa gekleidet bereits ihre zweite Flasche Champagner leerte. Sie erzählte Michael, dass sie mit ihrer Familie segle und Michael verliebte sich in diese gepflegte Dame, die ihn an seine Großmutter erinnerte. „Baronin", hatte man sie genannt und dieser Titel stand seiner neuen Freundin ebenso gut. Er dachte an Zuhause. Schon einen Monat war er auf Reisen und hatte kaum Gelegenheit gehabt, mit Firma und Familie zu kommunizieren. Auf den San Blas-Islands hatte es sieben Tage lang kein WLAN gegeben. In Shelter Bay war das Netz hoffnungslos überlastet gewesen, sodass Michael nachts um 3 Uhr in der Marina gesessen und gearbeitet hatte. Die Zeitverschiebung nach Deutschland war ihm dabei entgegengekommen. In Panama City hatte die Marina weit weg von jeglichen Internetcafés oder Hotspots gelegen.

Das Satellitentelefon mit eingeschränkter Bandbreite war für Michael eine Notlösung: Bei einem Preis von 20 US-Dollar pro versendetem Megabyte, überlegte Michael genau, welche Kommunikation dringend war und welche nicht. Kontinuierliches Arbeiten war von guten Drahtlosnetzwerken oder einem regional verfügbaren LTE-Netz abhängig. Dann konnte er stundenlang per Skype oder Facetime Videoanrufe tätigen und kleine Konferenzen führen. Je länger er an einem Ort blieb, desto sinnvoller war die Anschaffung lokaler SIM- und Datenkarten. Die Gelegenheit war günstig und würde so bald nicht wieder-kommen. Die Überfahrt nach Galápagos war mit sieben Tagen kalkuliert und wer wusste schon, welche Bedingungen er dort vorfinden würde. Mit dem Dinghi fuhr Michael nun zwei Tage hintereinander in die Hotelbar, bestellte sich einen Kaffee, setzte seine Kopfhörer auf und legte los. Nach vier Stunden legte er eine Zwangspause ein, suchte sich eine Steckdose, die zu seinem Multistecker passte, und lud sein Macbook auf.

Die Informationen, die im zugetragen wurden, waren katastrophal. Die Interimsmanagerin, die als strategische Unterstützung für Isabel einge-stellt worden war, und die Leitung der jungen Tochterfirma Espoto GmbH übernommen hatte, trat überaus revolutionär auf und damit dem gesamten Team auf die Füße. Die Teamgeist-Umsätze waren unterirdisch und der Online-marktplatz brachte noch keine Erfolge. Die Markenwebsite war zugunsten des neuen Onlineshops abgeschaltet und das konventionelle Marketing, wie der Besuch von Messen, eingekürzt worden. Doch die Google-Suche kannte die neue Teamgeist.com-Seite noch nicht und die Dienstleistungen von Teamgeist waren plötzlich nicht mehr auffindbar. Für den Yachtclub lagen noch keinerlei Buchungen vor. Personal zum Betrieb des Yachtclubs schien auch nicht auffindbar und so schloss sich der Teufelskreis. Die Partnergesellschaften der Lizenznehmer brauchten noch viel Feedback und Beratung und liefen noch nicht selbständig. Auch hier kamen noch keine brauchbaren Zahlen zusammen. Alle Umsätze wurden von den Personalkosten und der Liquiditätssicherung aufgefressen.

Michael war frustriert. Da draußen fand ein konjunktureller Aufschwung statt und seine Firma profitierte so gar nicht davon. Vielleicht hatte er zu viele Veränderungen zu kurz vor seiner Reise angestoßen. Was er noch nicht ahnte: Die Flaute bei Teamgeist würde noch mehrere Monate anhalten, er würde Reserven angreifen und Ricco um eine Finanzspritze bitte müssen.

Michael rauchte der Kopf. Hatte er sich und seinem Team zu viel zugemutet? Er ging eine Runde im Hotelpool schwimmen, griff zum Telefon und rief Peggy an. Die Stimmen seiner Frau und seiner Kinder würde ihn entspannen. Pusteku-chen! Innerhalb von Minuten brach Michaels Welt endgültig zusammen. Peggy teilte ihm mit, dass soeben der histologische Befund eingetroffen sei, der bestä-tigte, dass Michaels Vater unter einem bösartigen, unaufhaltsam wachsenden Gehirntumor litt und voraussichtlich nur noch wenige Monate zu leben hätte.

Als Dialyse-Patient würde jedes Medikament kurz nach der Einnahme wieder aus dem Blut gewaschen und so standen die Therapiemöglichkeiten schlecht. Eine Operation wurde anberaumt, die allerdings wichtige Nerven zerstören würde und voraussichtlich das Sprachzentrum des 73-Jährigen stark beeinträchtigen würde. Michael hatte einen Kloß im Hals. Zwei seiner Worst-Case-Szenarien waren eingetreten und er musste eine Entscheidung treffen.

Für ihn stand fest, dass er unmittelbar von Galápagos aus nach Hause reisen würde, um die geschäftlichen Angelegenheiten vor Ort zu bewerten und möglichst zu regeln. Den Zustand seines Vaters wollte er ebenfalls von Angesicht zu Angesicht prüfen und mit ihm – solange dieser noch sprechen konnte – beraten, wie weiter zu verfahren wäre.

Eilig berief er Jan und Ricco zur Krisensitzung ein. Die Entscheidung lautete: Das Schiff würde weitersegeln, schon aus Verantwortung all den Mitseglern gegenüber, die hier ebenfalls Lebensträume wahrwerden ließen. Jan würde das Schiff über den Pazifik segeln und Ricco würde bis zum Abreisetag auf Galápagos bleiben, um wieder einmal das Provisioning zu übernehmen und die Crew mit vorgekochtem Essen in die längste See-Episode zu schicken. Damit waren die kommenden zwei Monate gesichert. Was danach passieren würde, stand in den Sternen. Eine Weltumsegelung ohne Michael? Ein Lebenstraum ohne den Träumer? Ein Schiff ohne seinen Eigner? Michael schloss den Abbruch der Reise nicht mehr aus. Er sah sich bei seinem Projekt scheitern. Galápagos, Polynesien, Marquesas: Das war Thor Heyerdahls Route. Hier wollte Michael seinem Idol folgen, das Meeresleuchten sehen, mit Haien tauchen, Thunfische angeln und in türkisblauen Atollen stranden. Michael hatte keinen Blick mehr für die Pelikane und Echsen, die vor seinen Augen herumtanzten.

Betrübt segelte die Mannschaft los. Michaels Magen fing augenblicklich an, Stresssymptome zu zeigen. Die große Sorge und Unsicherheit, die ihn nun belastete, äußerte sich in Appetitlosigkeit und mangelnder Motivation. „Ich will nur noch nach Hause", flüsterte er Ricco in einer Nachtschicht zu. Schon einmal hatte Michael kurz vor einem Zusammenbruch gestanden. Als er 2008 das Schiff gekauft hatte und sein Geschäftsmodell fast jährlich um neue Bereiche und neue Verbindlichkeiten erweitert hatte, hatte er aufhören müssen, sowohl Kaffee und Wein zu trinken als auch Obst zu essen. So arg forderte die Karriere ihren Tribut, obwohl Michael seine Arbeit nur selten als Stress empfunden hatte. Damals hatte ihn der Yogalehrer Maxim Kuschpel gerettet.

Als Michael das erste Mal Maxims Yogastudio in den Räumen einer ehemaligen Botschaft in Berlin betreten hatte, war er von der friedlichen Ruhe beeindruckt gewesen. Maxim hatte Michael lediglich aufgefordert, 30 Minuten lang seine Arme ausgestreckt in der Luft zu halten, was schon nach sieben Minuten zur unerträglichen Zitterpartie mutiert war. Maxim hatte Michael gebeten, sich auf seine Atmung zu konzentrieren und ihm gezeigt, dass sein Körper und sein Geist zu noch viel mehr Leistung fähig waren. Schnell hatte er seinem Meister zu verstehen gegeben, dass er Yoga als Sport betrachtete und er weder „Oms" singen würde noch spirituellen Unterricht erhalten wolle. Sie hatten vereinbart, sich einmal in der Woche und jeden Sonntagmorgen um 7 Uhr zu drei Stunden Intensivyoga zu treffen. Der weichherzige Maxim hatte begonnen, Michaels Beweglichkeit, seine Kraft, seine Balance und seine Atmung zu trainieren. Der muskulöse Mann, der seinen Körper in jegliche Position bringen konnte und dabei so geschmeidig aussah wie eine russische Balletttänzerin, war zu Michaels Vorbild geworden, dem es ehrgeizig nachzueifern galt.

Maxim studierte mittlerweile Medizin und Michael führte seine Übungen selbständig fort. Er beeindruckte die World ARC-Flotte regelmäßig mit seinen Verrenkungen, die er bevorzugt vor dem Frühstück am Strand, auf dem Vorschiff, an idyllischen Pools oder an Bootstegen zur Entspannung vollzog. Dabei stand er mitunter minutenlang auf dem Kopf oder schwebte auf einem einzigen Arm abgestützt in der Luft. Manches Mal dehnte er sich wie eine Schlange und man fragte sich, ob er den Weg zurück finden würde. Yoga war für ihn ein fester Bestandteil seines Alltags geworden, etwa so wie Zähneputzen für andere Menschen, und es gab keinerlei Entschuldigung auf der Reise damit nicht weiterzumachen.

Die Überfahrt nach Galápagos zog sich in die Länge. Der Kurs war nicht optimal, der Wind ließ sich betteln. Drei Tage lang plätscherte das Schiff durch absolute Flaute. Michaels Stimmung war an einem Tiefpunkt angekommen. Ihm waren das Wetter und die Segelei ziemlich schnuppe geworden und er verfiel immer wieder ins Grübeln. Plötzlich hatte er viel zu viel Zeit und kaum Gelegenheit, sich abzulenken. Per Satellitentelefon rief er nun täglich seine Eltern an. Alle fühlten sich dabei traurig, hilflos und der Situation nicht gewachsen, aber trotzdem wollten die beiden nicht, dass ihr Sohn seine Reise abbrach.

Die Polaris näherte sich dem nullten Breitengrad. Unter Seeleuten gab es die Regel, dass derjenige, der zum ersten Mal den Äquator überquerte, getauft werden müsse. Und weil Michael dringend Aufmunterung brauchte, hüllte sich Ricco in ein selbstgebasteltes Neptunkostüm. Für seine Äquatortaufe musste Michael in einen Rock aus Alufolie schlüpfen und ein Getränk aus den diversen Soßen in Riccos kreativer Küche trinken. Der Täufling amüsierte sich und lachte in die Kamera. Der Plan war aufgegangen.

Nach zehn Tagen ankerte die Polaris endlich vor San Cristóbal, der östlichsten Insel des Galápagosarchipels. Zusätzlich zur Gastlandflagge, deren Hissen zu guten Seemannschaft gehört und eine Wertschätzung der Gastfreundschaft symbolisiert, wurde eine gelbe Flagge hochgezogen, die zeigte, dass die Polaris die Einklarierung noch plante und nicht illegal bleiben wolle. Die Beamten nahmen diesen international üblichen Hinweis als Einladung und kamen zu acht an Bord. Es wurde die gründlichste und aufwendigste Einklarierung, die die Polaris je erleben würde. Nie zuvor und nie wieder danach wuselten so viele Offizielle durch das Schiff. Drogenfahndung, Hafenmeisterei, Immigrationsbüro, Naturschutzbehörde, Zoll und Polizei: Sie alle hatten ihre Kontrolleure losgeschickt, die einlaufenden Yachten unter die Lupe zu nehmen.

Auch der Rumpf des Bootes wurde auf Parasiten untersucht. Die einzigartige Fauna und die seltene Flora, zu denen viele endemische Arten, also Pflanzen und Tiere, die es sonst nirgends auf Erde gab, mussten geschützt werden und durfte nicht durch eingeschleppte Organismen in Gefahr geraten. Die Polaris hatte Glück, aber die Chika-Lu musste umdrehen, drei Seemeilen auf das offene Meer hinaus fahren und das Unterwasserschiff durch einen professionellen Reinigungsdienst für einen auch nach europäischem Maßstab üppigen Preis säubern lassen.

Das Dinghi durfte nicht zu Wasser gelassen werden, dafür konnten die Segler zu jeder Zeit ein Ein-Dollar-Wassertaxi heranwinken. Die Treppe, an der die Landgänger hinausgelassen wurden, war belagert von Seelöwen. Überhaupt waren die riesigen Stinker überall: auf den Badeplattformen der Segelboote, auf den Treppen von Schiffen, auf Dinghis, die es doch irgendwie ins Wasser geschafft hatten. Den zwei weltreisenden Signori der italienischen Yacht Festina Lente stand noch ein ermüdender Kampf gegen die ungebetenen Gäste an Bord bevor. Die Tiere durften weder verletzt noch beleidigt werden. Aber wie sollte man sie dann loswerden, wenn sie sich einmal heimisch fühlten?

Michael suchte die von World ARC-Teilnehmern überfüllten Straßencafés nach einem freien Plätzchen und funktionierendem WLAN ab. Er buchte einen Flug über Quito, die Hauptstadt Ecuadors, nach Berlin, der ihn in zwei Tagen von der Insel bringen würde. Zusammen mit der Crew nahm er an einer Rundfahrt über die außerordentlich saubere und gepflegte Insel teil und besuchte eine Schildkrötenaufzucht. Auf den Straßen fanden anlässlich der landesweiten Kommunalwahlen Autokorsos und Straßenfeste statt, wie sie für Schwellenländer so typisch sind. In einer organisierten Tour schnorchelten die Seemänner mit Schildkröten, riesigen Fischschwärmen, Blaupunkt Stechrochen und Hammerhaien, die Michael am meisten faszinierten.

Nach dem Ausflug zog sich Michael zurück und schlenderte allein durch die Stadt, um Mitbringsel für die Kinder zu kaufen. Nachdenklich und erschöpft ruhte er sich auf den Steinen eines Brunnens aus. Mit dem Rücken zum plätschernden Wasser beobachtete er für ein paar Minuten das bunte Treiben und schaute den Marktfrauen zu, wie sie die Lebensmittel, die sie feilboten, vor herumlungernden Pelikanen und Robben retten mussten. Plötzlich spürte er etwas Kaltes auf der nackten Haut seines Nackens. Erschrocken drehte er sich um und stellte fest, dass er gerade von einem Seelöwen geküsst worden war. Zum ersten Mal seit Tagen musste Michael herzhaft lachen. Er nahm den Schmatz als Abschieds- und Versöhnungskuss von Galápagos und reiste guten Gewissens ab.

In Quito hatte Michael eine Nacht Aufenthalt, die er in einem Hotel nahe des schönen Flughafens verbrachte. Das Frühstück nahm er im Café vor dem Check-in-Schalter ein. Es waren nicht viele Leute da und das Personal schien einen guten Überblick zu haben. Also ließ er das Gepäck unter seinem Sitz stehen und verzog sich für einen kurzen Augenblick auf das stille Örtchen. Wieder zurück am Platz fand er sein Frühstück und seine Sachen wie erhofft unangetastet wieder und freute sich über das belohnte Weltvertrauen. Er aß in aller Ruhe auf, bezahlte seine Rechnung, hinterließ ein ordentliches Trinkgeld, marschierte zum Schalter, gab sein Gepäck auf und trottete entspannt zu seinem Gate. „Meikel Aufie, Meikel Aufie, please come to the Lufthansa Check-in desk. I repeat, Meikel Aufie, Meikel Aufie..." Erst beim zweiten Mal nahm er die Durchsage wahr und es dämmerte ihm, dass er wohl gemeint war. An die englische Ansprache hatte er sich noch nicht gewöhnt. Bisher hatte er mit den internationalen Rallye-Teilnehmern kaum interagiert und an Bord der Polaris sprachen alle deutsch. Man zitierte ihn also zum Check-in-Schalter zurück. Darauf konnte er sich keinen Reim machen. Vielleicht gab es Verzögerungen beim Abflug oder Probleme mit dem Einreisestempel aus Galápagos. Am Schalter angekommen, wurde er von zwei Polizisten in die Mangel genommen, die ihn in einen abgeschlossenen Raum führten. Dort befanden sich zwei weitere Polizisten mit einem Hund, der Michael keines Blickes würdigte. Das einzige Möbelstück in dem fensterlosen Raum war ein billiger Tisch, wie ihn Michael aus seiner ehemaligen NVA-Kaserne kannte. Auf diesem Tisch lag ein Seesack. Michaels Seesack. Und dieser sollte nun einer Rauschgiftkontrolle unterzogen werden. Michael wurde gebeten, den Sack selbst aufzumachen und jedes eingepackte Stück einzeln auf den Tisch zu legen. Und da fiel es ihm wie Schuppen von den Augen: Er hatte sein Gepäck im Café allein gelassen und war Opfer von Drogenschmugglern geworden. Die Hunde hatten angeschlagen und nun würde er in einem südamerikanischen Gefängnis verrotten. Anders konnte es gar nicht sein. Warum musste ausgerechnet er sonst seine wenigen Habseligkeiten vorführen? Angstschweiß sammelte sich auf seiner Stirn. Sein Herz schlug ihm bis zum Hals. Blut schoss ihm in die Wangen und er wusste: Verdächtiger konnte man nicht mehr aussehen. Mit zitternden Händen breitete er Kleidung, Technik und Kosmetik aus. Noch war ihm nichts begegnet, was er nicht kannte. Und dabei blieb es dann auch. Die schwer bewaffneten Uniformierten nickten ihm zu und er packte seine Sieben Sachen rasch wieder zusammen.

Völlig erledigt sank er in seinem Flugzeugsitz zusammen und schlief die 14 Stunden Flugzeit nahezu durch. Seine kommenden Tage waren mit Terminen in der Firma und Besuchen bei den Eltern durchgetaktet und dies war eine gute Gelegenheit, ein wenig Energie zu tanken. Zumindest glaubte er das. Als Peggy ihren Mann vom Flughafen abholte, glaubte sie, ihn nicht wieder zu erkennen. Wie konnte er innerhalb von den wenigen Wochen, die er weg gewesen war, nur so abmagern. Michael war schon immer schlank gewesen, dank des Yogas hatte er eine gesunde Muskelmasse aufgebaut. Aber der Anblick, der sich Peggy hier bot, ließen die ersten Alarmglocken in ihrem Kopf ertönen. Beim Hineinhieven des Gepäcks in den Kofferraum, musste Michael kurz innehalten und blinzeln. Ihm wurde schwarz vor Augen und er stützte sich mit beiden Händen am Wagen ab. „Schatz, ich fühle mich nicht wohl.", sagte er tapfer. Aber Peggy ahnte, dass mehr dahinter steckte. Sie fuhr Michael in die Notaufnahme ihres ehemaligen Arbeitsgebers. In der Klinik stellte man Michael auf eine Wage. Sein Körpergewicht war von 75 Kilogramm auf 68 gesunken. Er wurde stationär aufgenommen und intravenös mit Elektrolyten versorgt. Die Ärzte analysierten Michaels Werte und untersuchten seinen Körper von oben bis unten. Wirklich aufschlussreiche Ergebnisse brachten weder die Magnetresonanztomographie noch die Endoskopie. Es hatten sich weder Viren noch Bakterien eingeschlichen und trotzdem litt Michael unter andauerndem Durchfall und konnte nur mit Infusionen aufgepäppelt werden. Jetzt war es Michaels todkranker Vater, der sich um seinen Sohn sorgte. Verkehrte Welt! Die Krönung der Katastrophe!

Die einzige Diagnose, die Michael nach zweieinhalb Tagen Krankenhausaufenthalt mit nach Hause nahm, war, dass er unter Zöliakie, einem Fehlen der Darmzotten und den damit verbunden Entzündungen im Darmtrakt, ausgelöst durch glutenhaltige Lebensmittel, litt. Das war für Michael kein Geheimnis. Allerdings hatten ihn seit seiner Pubertät keine Beschwerden mehr ereilt und er konnte sich bis dato normal ernähren, was plötzlich nicht mehr der Fall zu sein schien.

Die Ärzte und Michael gingen einstimmig davon aus, dass psychische Ursachen, also die Belastungen der letzten Wochen oder vielleicht auch Monate, zu dem Zusammenbruch des Kreislaufs und des Verdauungssystems geführt hatten. Der Arzt, ein ehemaliger Buschpilot, entließ Michael nur ungern und empfahl ihm, erst einmal zwei Kilo zuzunehmen, bevor er sich wieder in körperlich anstrengende Situationen oder gar auf eine Weltreise begeben würde. Michael versuchte, zu meditieren und so die nötige Entspannung, die Körper und Seele brauchten, herbeizuzaubern. Er wollte sich wieder fitmachen.

Nach der Entlassung fuhr er zu seinen Eltern nach Weißenfels. Ein ernstes Gespräch erwartete ihn. Die Diagnose stand fest: Dieter Haufe werde sterben und das vielleicht sehr bald. Als einziger Sohn fühlte sich Michael nicht nur seinem Vater, sondern auch seiner Mutter verpflichtet. Dieses Verantwortungsgefühl stand im Widerspruch zu seinem Lebenstraum. Mit einem pragmatischen Satz half der alte Herr seinem Stammhalter aus der Zwickmühle: „Junge, du kannst mir doch auch nicht helfen. Also geh. Mach deine Reise." Irgendwie war das die Antwort, die sich Michael gewünscht hatte. Er konnte die Tränen nicht mehr zurückhalten. Es war absehbar, dass dieser Abschied ein Abschied für immer werden würde. Die Operation stand noch bevor, aber die Chancen auf komplette Heilung aufgrund der Größe des Krebsgeschwürs gering. Michael fühlte sich schuldig. Nun stand fest, dass seine Mutter nicht mehr in die Südsee reisen würde und dass sie mit all den schwer beschreibbaren Gefühlen und harten Momenten, die bevorstehen würden, allein klarkommen müsse.

Michael beschloss, seine Weltumsegelung neu zu gestalten. Er beschloss, von nun an regelmäßig nach Hause zu fliegen und mindestens alle zwei Tage zu Hause anzurufen. Jan, der in der deutschen Sommersaison in heimischen Gefilden gebraucht wurde und von den Marquesas-Inseln zurückfliegen würde, sollte im September ab Australien wieder die Schiffsführung übernehmen. Auf diese Weise könnte Michael zusammen mit seiner Familie, die zuvor drei Monate lang mit ihm gemeinsam durch die schönen Südpazifikinseln segeln würde, nach Hause fliegen und sich ein paar Wochen um Firma und hoffentlich noch beide Elternteile kümmern.

In dieser verrückten Woche erhielt Michael eine E-Mail, in der sich eine Marketingmanagerin aus Thüringen um eine Mitsegelmöglichkeit bewarb. Keine zwei bis drei Wochen wollte sie an Bord entspannen, sondern ganze drei Monate von Bali bis nach Kapstadt mitsegeln. Michael dachte sich: „Eine Frau an Bord hebt grundsätzlich das Niveau. Eine PR-Expertin könnte unseren Blog pflegen, der die internen Ressourcen bereits zu stark band. Die nehmen wir mit." Der Indische Ozean löste offensichtlich nicht allzu viel Begeisterung aus, sodass der Kapitän kaum die nötige Crew für all die Wachwechsel zusammentreiben konnte. Fünf Minuten Anruf und die Sache war geritzt.

Dass dieses Telefonat zu einer neuen Freundschaft und einem gemeinsamen Buch führen würde, konnte niemand ahnen. Oder vielleicht doch? Gab es da nicht jemanden an Bord, der grundsätzlich einen Schritt vorausdachte und Beziehungen gern nutzte, um Neues zu lernen und zu schaffen?

Den Rest der Woche verbrachte Michael tagend mit Isabel. Beide mussten sich eingestehen, dass sie augenblicklich nicht viel ändern konnten. Sie erstellten einen Krisenplan, der auch Entlassungen und Kurzarbeit enthielt, sollte sich die wirtschaftliche Lage der Firma weiter zuspitzen. Sie beschlossen, kontinuierlich ihre Ziele zu verfolgen und den neuen Vermarktungsansätzen eine Chance zu geben.

Michael wusste, dass der Onlinemarktplatz, den er mit seinem Geschäftspartner Chris Möller anderthalb Jahre zuvor im gemeinsamen Familienurlaub ausgetüftelt hatte, der richtige Weg war. Mit dem Blick auf das Wrack eines gesunkenen Passagierschiffs hatte Chris seinen Service angeboten. Nur die webbasierte Vermarktung würde neue Zielgruppen erschließen, kleinere Agenturen und Unternehmen erreichen, standardisierte Paketangebote ohne Personalaufwand sofort buchbar machen, die Markenbekanntheit und Vertriebstätigkeit im gesamten deutschsprachigen Raum unterstützen, Teamgeist besser als seine Wettbewerber auffindbar machen. Der klassische Marketingmix, auf eine gesamtdeutsche Zielgruppe gerechnet, war für das 4-Millionen-Umsatz-Büdchen zu teuer. Kampagnen, Messen, Werbemittel verschlangen Summen, für die das Budget zu knapp war, ganz zu schweigen von der fehlenden Manpower. Chris Möller stand unter Erfolgsdruck. Er verdiente seine Provisionen ausschließlich an den Leads, also der Anzahl der Interessenten, und den eingehenden Aufträgen. Eine hohe Awareness der Website war sein ganz persönliches Anliegen. Michael vereinbarte mit Isabel ein Businessmeeting auf Tahiti. Isabel würde im Mai dem Schiff hinterherfliegen und drei Fliegen mit einer Klappe schlagen: sich mit ihrem Geschäftspartner über die Zukunft der Firma abstimmen, auf der Polaris mitsegeln und sich ein paar Tage von den Strapazen des neuen Postens erholen.

In Michaels Abwesenheit nahmen Jan und Ricco ein Paar an Bord auf. Der Schwede Glen und die Norwegerin Anita waren beide im Alter von 57 Jahren in Rente gegangen und trampten auf Segelbooten um den Erdball. Der ehemalige Flugkapitän und seine attraktive, lebenslustige Frau eroberten sofort die Herzen der beiden Polarisbewohner. Sie waren sicher, dass auch Michael begeistert sein würde.

Tatsächlich schaffte es Michael, eine Woche nach seiner chaotischen Abreise, noch etwas gebeutelt wieder auf Galápagos zu landen. Ricco und Michael gaben sich die Klinke in die Hand. Ricco hatte aus Sorge um seinen Freund literweise Hühnersuppe vorgekocht und portionsweise eingefroren. Jetzt flog er nach Deutschland zurück, um seine Betriebe auf eine zweite Abwesenheit vorzubereiten und die gemeinsame Reise in den Pazifik mit seiner Frau und seinen zwei Teenagern zu planen.

Schon nach 24 Stunden hieß es „Anker lichten!" und Kurs auf die Marquesas. Auch Michael Thor Heyerdahl Haufe würde den Südäquatorialstrom suchen und mit dessen zwei Knoten Unterstützung flink gen Westen segeln. Die längste Überfahrt der gesamten Reise stand bevor. Nach nur zehn Stunden Fahrt wurde die kleine Nussschale auf dem großen Ozean bereits ausgebremst. Die Polaris war in ein nichtmarkiertes Fischernetz geraucht. Eine kilometerlange Leine mit unzähligen Haken hatte sich um Kiel und Ruder gelegt. Wer hier mehr Grund zur Sorge hatte, blieb offen. Der Fischer war rasch zur Stelle und schnitt die Leinen durch. Zu allem Überfluss beschädigte er mit seinem Boot den Hydrogenerator der deutschen Weltenbummler. Vermutlich stand Jan nun eine zweite Chefsache ins Haus, mit der er sich unbeliebt machen musste, nämlich das Energiesparen.

Michaels Genesung ließ auf sich warten. Noch eine Woche lang plagten ihn Durchfall, entzündete Lymphknoten und eine geschwollene Zunge. Ihm war klar, dass sein Seelenzustand für diese Beschwerden verantwortlich war. Die Sorge um den Vater und die Firma ließ ihn nicht los. Jeden Tag rief er seinen Vater an, jeden Tag rief er seine Erinnerungen an die gemeinsamen Erlebnisse mit seinem Papa ab und erst nach zehn Tagen begann er, sich besser zu fühlen. Wieder einmal war er froh, Jan als Schiffsführer noch an Bord zu haben.

Seit Saint Lucia verlor der Motor permanent kleine Mengen an Öl. Irgendwo gab es eine undichte Stelle im Getriebe. Um die Ursache zu finden, hätte das Schiff aus dem Wasser herausgeholt werden müssen. Eine Trockendockkur für die Polaris war erst in ein paar Monaten in Australien vorgesehen. Jede Störung an Rigg, Kiel, Bilge oder Motor barg große Unsicherheiten für den Skipper. Mit Ankunft auf Hiva Ova würde Michael den Job übernehmen und Jan nach Hause fliegen. Bis dahin musste er sich also erholen, denn tiefer Schlaf war als Verantwortlicher auf einem Schiff selten gegeben. Stets musste man auf Zwischenfälle gefasst sein, jede ungewöhnliche Bewegung und jedes neue Geräusch würden Aufmerksamkeit verlangen. Musik aus seiner Spotify-Audiothek konnte er wenn überhaupt nur auf einem Ohr hören. Überhaupt bedeutete das Skipperdasein innerhalb der Rallye kein reines Zuckerschlecken: Die Route musste geplant, der Wetterbericht verfolgt, die Funkrunden geführt, die Ankerplätze geprüft, die Crew angewiesen und das Boot kontrolliert werden. Jan hatte ein erfolgreiches Windrouting vorgenommen und so segelte die Polaris

17 Tage lang bei Sonne und zwei bis vier Meter hoher Welle über den Pazifik, auf den Spuren des Balsaholzfloßes Kon-Tiki. Der Nordostpassat trieb sie mit fünf bis sieben Knoten, zu denen sich eine Strömung von ein bis zwei Knoten addierte, voran. Delfinschulen mit hunderten Tieren begegneten der illustren Runde. Auf der Bugwelle des Schiffs sprangen die verspielten Tiere stundenlang umher, so als wollten sie ihre kräftigen Körper trainieren und sich mit dem neuen Wesen im Wasser messen. In diesem Wettkampf hätte die Polaris keine Chance gehabt, zu agil waren die flinken Meeressäuger. Fischfangerfolge stellten sich leider keine ein, obwohl sich Glen, der schwedische Pilot, alle Mühe gab, Riccos Hochseeangelausrüstung fachgerecht zu bedienen. Erfolgreicher war der erfahrene Reisende bei der Einführung eines neuen Wachplans.

Um allzu viel Jetlag zu vermeiden, sollten die Wachhabenden ihre Schichten, also vier Stunden am Tag und vier Stunden in der Nacht, mehrere Tage lang beibehalten und maximal alle drei bis vier Tage wechseln. Auf diese Weise konnte sich jedes Team an einen Schlafrhythmus gewöhnen und kam früher oder später in den Genuss, die beliebten Sonnenaufgangs- oder Sonnenuntergangsschichten zu übernehmen. Die Nachtschicht von 2 bis 6 Uhr wurde Hundewache genannt, weil sie komplett im Dunkeln stattfand und sich langwierig und einsam anfühlen konnte.

An Bord entwickelte sich ein Alltag aus Wache halten, arbeiten, kochen, essen, lesen, schlafen, putzen, Körperpflege und reden. Die Bordsprache hatte mit der Zuwanderung des skandinavischen Pärchens ins Englische gewechselt und Michael trainierte seine eingerosteten Sprachkenntnisse nur allzu gern. Das neue Vokabular und die sich aufbauende Routine beim Sprechen war allerdings nicht der einzige Grund für seine ausdauernden Konversationen mit Glen und Anita. Er fand die beiden äußerst sympathisch und lernte von Glen die Parallelen zwischen Flugzeug- und Schiffsführung, die Interpretation von Wetterphänomenen, die Bordorganisation und hörte sich Anekdoten aus seinem bewegten Leben an.

Nach der Hälfte der Strecke ließ sich Jan von Glen in den Mast winschen. Nach dem offiziellen Teil des Riggchecks holte er die GoPro hervor und filmte und fotografierte von oben das Schiff auf dem tiefblauen Ozean. Weit und breit war kein Schiffsverkehr zu sehen. Die World ARC-Yachten hatten sich verstreut und die Polaris-Crew schaukelte allein durch die unzähligen Wellen.

Michael hatte seine Duschzeremonie mittlerweile professionalisiert und konnte auch bei 25 Prozent Krängung problemlos den Wassereimer am Heck hochziehen, sich mit dem 23 Grad Celsius warmen Wasser abduschen, einschäumen, rasieren und mit Frischwasser aus dem Duschschlauch im Cockpit, gleich neben dem Steuerbord-Steuerrad, abspülen. In der letzten Woche der Ankunft auf den Marquesas fühlte er sich wieder ausgeruht und erfrischt. Das tägliche Ritual half ihm dabei, seine alte Liebe zum freien Leben auf dem endlosen Meer wieder zu entdecken. Die skandinavischen Saunagänger fühlten sich durch die Freizügigkeit an Bord keineswegs gestört. Nach dem Duschen bestand der Dresscode aus selten mehr als einer Boxershorts oder Badehose, beziehungsweise einem Bikini für Anita. Nur wenn die Sonne allzu gnadenlos brannte oder die Dämmerung Abkühlung brachte, wurden T-Shirts und Softshell-Jacken hervorgeholt.

Als nach mehr als 3000 Seemeilen, also ungefähr 6000 Kilometern, das lang ersehnte Hiva Oa, die größte der Marquesas-Inseln, am Horizont auftauchte, fiel allen das satte Grün der tropischen Insel ins Auge. Eine willkommene Abwechslung zum ewigen Blau des Meeres und des Himmels. „Segeln ist schön, aber Ankommen ist noch schöner.", sagte er mehr zu sich selbst als zu den anderen. Auf den zweiten Blicken zeigten sich schwarze Strände, Felsen aus Vulkangestein und zahlreiche Masten in der Ankerbucht. Die Polaris befand sich im Mittelfeld der heranrollenden Flotte. Eine Woche Aufenthalt stand bevor. Mit einem Willkommensdinner und kühlem Bier, überreicht von lieblichen Inselschönheiten, wurden die Abenteurer von den World ARC-Mitarbeiten begrüßt. Kaum zu fassen. Michael hatte es getan. Die fixe Idee, die er sich als Zehnjähriger in den Kopf gesetzt hatte, war Realität geworden. Er war nicht nur der Meister im Floßbau geworden, er hatte auch den Pazifik bezwungen und war bis nach Polynesien gesegelt. Wie unwirklich doch alles schien. Wenn er nicht so viele Sorgen mit sich herumtrüge, könnte er glauben, er träume. Irgendwann würde er verstehen, was er alles geleistet hatte. Jetzt schwebte er wie in Watte gebettet auf einer Wolke und wusste nicht, was er zuerst fühlen sollte. Zum wiederholten Male schloss er seine Crewmitglieder in die Arme. Sie konnten zwar nicht die Menschen ersetzen, mit denen er diesen Höhepunkt seines Lebens gern persönlich geteilt hätte, und doch war seine Mannschaft ein Teil seines Traums geworden, hatte ihn in der schweren Zeit unterstützt und waren maßgeblich dafür verantwortlich, dass sie am Ziel angekommen waren.

Die Ausflüge der folgenden Tage brachten die europäische Crew zu entlegenen Siedlungen, in den aus Kokosnüssen das sogenannte Kopra, getrocknetes Kokoskernfleisch gewonnen wurde, das zur Kokosölgewinnung exportiert wurde. Die kleine Entdeckergruppe genoss schöne Aussichten und besuchte die Tikis, die Götterstatuen aus Stein, die Thor Heyerdahl einst zum Anlass genommen hatte, seine Theorie der Besiedlung Polynesien zu untermauern. Nach einem heißen Tag ging man sich am Strand abkühlen und traf auf eine

Gruppe Kinder, die aus dem, was die reichhaltige Natur feilbot, Autos gebastelt hatten, mit denen sie nun Seifenkisten-Wettrennen veranstalteten.

Überhaupt waren die Menschen hier naturverbunden, sanftmütig und kommunikativ. Sie pflegten ihre Lagunen, in denen Auslegerkanus zum Fischen und zum Transport geparkt waren, und kümmerten sich um die wenigen Touristen, die auf der Insel strandeten, mit viel Ausdauer und Fürsorge. Auf einem Berg entdeckte Michael ein kleines, exklusives Boutique-Hotel, das er zu seiner neuen Arbeitsstätte deklarierte. Direkt am Überlaufbecken des Pools, mit Blick auf die saftig-grünen Hügel empfand er seine Bürozeit als wahre Wonne.

Jan verabschiedete sich und lieferte sich einen Schlagabtausch mit Jörg Schiller und Maria. Jörg arbeitete als externer Marketingfachmann und kümmerte sich um das Layout sämtlicher Teamgeist-Werbemittel. Er war zudem ein begnadeter Fotograf und würde seine Reisezeit nutzen, einmaliges Material für ein hochwertiges Fotobuch zu sammeln. Und während sich Jörg der Recherche nach guten Motiven widmete, schnappte Michael Mitseglerin Maria und führte sie auf einem unwegsamen Pfad durch den Dschungel. Ein paar Steinhaufen und ein ausgetrocknetes Flussbett dienten zur Orientierung. Immer wieder mussten sie über Bäume klettern und Maria zweifelte daran, dass diese Wanderung ein Ziel haben würde. Ihre Zweifel waren unbegründet. Hinter runden Felsformationen fiel mitten im unberührten Urwald ein 30 Meter hoher Wasserfall ins Tal. Maria setzte sich auf einen Stein und lauschte den Geräuschen der Bäume und Tiere. Sehen konnte sie keine, aber in ihrer Fantasie malte sie sich aus, wer oder was sie wohl gerade beobachten würde. Während sie träumte, setzte Michael beide Hände auf den Felsen und stemmte seinen Körper waagerecht in die Luft. Das sogenannte Blanking wurde zu seiner liebsten Übung auf sämtlichen Felsen, die er für geeignet halten würde. Aus der kurzen Showeinlage entwickelte er eine einstündige Yogasession, die er sein Lebtag nicht vergessen würde.

Viele der World ARC-Segler fielen in diesen friedlichen Südseetagen in das einzige Tattoo-Studio der Insel ein. Jeder wollte sich eine Erinnerung an das Abenteuer seines Lebens auf den Körper malen lassen. Die Motive im beliebten Tiki-Stil landeten auf Oberarmen, an Handgelenken, auf Füßen und Schultern. Michael empfand diesen Trend als unnötig. Seine Liebe zum Purismus schloss den menschlichen Körper ein, der auch ohne Schmuck und Schnick-Schnack ästhetisch sein könne. Er besuchte stattdessen das Gauguin-Museum und lernte das polynesische Leben anhand der anschaulichen Bilderdokumentation besser kennen.

Die Weiterreise fand mit Marco, einem weiteren Segler aus Deutschland statt. Sechs Leute tummelten sich jetzt auf der Polaris und starteten in ein Inselhopping. Von Hiva Oa ging es zu einem Abstecher auf die Nachbarinsel Tahuata. Die kurze Überfahrt nutzte Jörg, um zwei riesige Goldmakrelen, auch bekannt unter dem Namen Mahi Mahi, zu fangen. Die leuchtendgelben Fische mit den plattgedrückten Köpfen und den schönen blauen Flossen, lieferten den hungrigen Matrosen weißes, saftiges Fleisch, das man hervorragend braten, kochen, grillen oder einlegen konnte. Ein Blue Marlin, vor dessen typischen Schwert man sich in Acht nehmen musste, entging nur knapp durch einen gewagten Sprung seinem Schicksal als Pfannenschmaus. Dieser Fisch war der Stolz aller Angler und die Augenweide aller Taucher. Die Herausforderung war definiert.

Auf dem Inselchen angekommen, stießen die Segler auf eine tief religiöse Gemeinde, die sich elegant gekleidet auf dem Weg zu einer Messe in der katholischen Kirche befand. Das Bauwerk bestand aus Steinen und Holz, also aus den Ressourcen, die die Umgebung hergaben und einem lichtdurchfluteten Portal. Und wieder einmal fiel Michael auf, wie sauber und wohlbehalten der Ort auftrat. Ein paar ältere Herren nutzten die Zeit vor Anbruch des Gottesdienstes, ihr Boule-Spiel zu beenden. „Typisch Frankreich! Hier haben die Eroberer ganze Arbeit geleistet.", schmunzelte er und freute sich über ein Stückchen europäische Vertrautheit im fernen Französisch-Polynesien.

Michaels Nerven waren zum Zerreißen gespannt. Grinsend wie ein Honigkuchenpferd steuerte er seine Hanse gen Süden mit Kurs auf die Insel, auf der sein Idol Thor Heyerdahl als junger Mann mit seiner Ehefrau Liv in einer Holzhütte gelebt und die These aufgestellt hatte, Polynesien sei von Osten, also von Südamerika, aus besiedelt worden. Strömung, Wind und die sagenumwobenen Überlieferungen über den Sonnengott Kon-Tiki, der möglicherweise einfach ein König mit seinem Gefolge gewesen sei, hatten seiner Meinung nach für seine Theorie gesprochen. War es ein Zufall, dass ausgerechnet im Jahr 2014 der Spielfilm über Thor Heyerdahls gewagte Beweisführung in die Kinos kam? Jeder Polaris-Neuling würde die abgegriffene DDR-Ausgabe von Heyerdahl's „Kon-Tiki", die im Bücherregal nicht fehlen durfte, lesen und Parallelen zu den eigenen Reiseerlebnissen ziehen, selbst wenn der Pazifik längst außer Sichtweite sein würde.

„Wie Jurassic Park!", entfuhr es Michael, als er die riesigen Schluchten, die säulenartigen Felsformationen und den grünen Dschungel Fatu Hivas entdeckte. Regen und Sonne wechselten sich stündlich ab und lieferten ein prächtiges Licht- und Farbenspiel. Regenbögen formierten sich über den schwankenden Masten der wenigen Segelboote. Einen spontanen Schnorchelgang nutzte Michael zum Prüfen des Propeller und des Bootsrumpfes. Nach den sintflutartigen

Regengüssen, drückte Minuten später wieder die Hitze und die Sonne prallte auf das Deck, sodass das Barfußgehen zum Spießroutenlauf wurde. Jörg ließ es sich nicht nehmen, seinen großen Fang selbst zuzubereiten und so kochte er in der Kombüse ein unvergessliches Mahl, das Michael noch viele Male kopieren würde. In Ermangelung von Semmelmehl für eine Panade, wälzte Jörg die weißen, feinen Mahi Mahi-Filets in einer Masse aus zerkleinerten Cornflakes, gehackten Erdnüssen und geriebener Limettenschale. Die Bratlinge landeten für wenige Minuten in der Pfanne und wurden mit hauchdünnen, gerösteten Scheiben der Brotfrucht serviert. Vor Begeisterung traute sich niemand mehr zu sprechen und die Crew genoss schweigend die köstlichen Happen, auf einem Boot, an einem märchenhaft schönen Ort der Welt.

Überall auf Fatu Hiva blühte der Hibiskus. Das Dorf war einfach, aber aufgeräumt, und mit dem nötigsten ausgestattet: eine befestigte Straße, eine Kirche, eine Schule, eine Telefonzelle, eine Wasserstelle, einen Fußballplatz. Was brauchte man schon zum glücklich sein? Die üppige Vegetation wuchs bis an das Wasser heran und die Polaris-Räuber fällten in Indiana Jones-Manier eine Bananenstaude. Bevor sie an Bord durfte, wurde sie gründlich abgespült. Spinnen, Kakerlaken und anderes Getier durfte keine Chance haben, das Boot zu entern. Als das frische Wasser des großen Wasserfalls auf seinen Kopf prasselte, empfand Michael pure Freiheit. Er fühlte sich rein, lebendig und entspannt. Die ständigen Regengüsse machten ihm nichts aus. Die Unterhose war das einzige, was er hier draußen im Wald am Leib trug und er war eins mit der Natur.

Nach drei Tagen einsamer Entdeckertouren zog es die Kommune wieder Richtung Norden, nach Oa Pou. Noch bevor die Matrosen Land entdeckten, sahen sie schon die Beschützerwolke am Himmel stehen, die über jeder Insel zu thronen schien. Hoher Schwell machte das Ankern ungemütlich. In der Hafen-anlage sprangen Kinder jauchzend ins Wasser und ihre Mütter taten es ihnen nach. Lautes Lachen und pure Lebensfreude schallte der Polaris entgegen. Das Eiland bot ein ähnliches Bild wie schon seine Schwestern zuvor: spitze Felsen wie die Zacken einer Krone, schwarze Strände, orange-glühende Abendsonne, kleine Tiki-Skulpturen, glasklares Wasser. Zwei Tage reichten aus, um zu schnorcheln und tausende Fotos von dem unverwechselbaren Relief der Insel zu schießen.

Der Besuch der letzten Marquesas-Insel vor dem Aufbruch zu den Atollen stand bevor. Nuku Hiva offerierte eine aufgebaute Infrastruktur und Michael zog sich wieder einmal zum Arbeiten in die Hotspot-Zone des Hotelpools zurück. In der freien Zeit mietete er einen Geländewagen für eine Inselumrundung und blieb auf einem Offroad-Abstecher prompt im Schlamm stecken. Mit vereinten Kräften zogen die Seemänner den Wagen aus dem Matsch. Erst spät abends kehrte die Crew aus den Büschen zurück und wurde von den Ukulele-Klängen der Einheimischen empfangen. Jeder schien Musik zu machen und jeder schien mit Talent ausgestattet zu sein. Auf dem Markt spielten üppige Damen Bingo und verkauften eher weniger engagiert Kunsthandwerk der Einheimischen. Keine bequemte sich, mit den Touristen in Kontakt zu treten. Die Segler schafften es dennoch, Ketten aus getrockneten Früchten zu kaufen, die ihnen später auf Fidschi von der Gesundheitskontrolle wieder abgenommen werden würden. Beim World ARC-Get-together wurden exotische Speisen auf Palmenblättern serviert und spektakuläre Südseetänze vorgeführt. So viel Energie hatte Michael den gemütlich umherschleichenden Locals gar nicht zugetraut, aber beim Tanz schienen sie sich mit aller Leidenschaft auszudrücken. Zu kräftigen Trommeleinlagen wirbelten sich die Baströckchen durch die Luft und verdrehten so manch einsamem Matrosen den Kopf.

Auf der Überfahrt zu den 500 Seemeilen südwestlich gelegenen Tuamotus-Atollen baute Jörg einen Köder aus einem Kaffeelöffel, den er Spooky Spoony taufte. Mit dem blinkenden Kunstwerk wollte er endlich seine Fischfangkarriere aufpolieren. Doch weder ein Thunfisch noch ein Blue Marlin hatten Lust, für Jörgs Kreation aus der Bordwerkstatt den eigenen Löffel abzugeben. Die vier Seetage verliefen ohne weitere Zwischenfälle. Vor Ahe hieß es: Wachsamkeit! Die flachen Riffe und Untiefen konnten eine Seefahrt in eine Katastrophe verwandeln. Mit polarisierten Sonnenbrillen auf den Nasen postierten sich die Segler an die Reling und hielten Ausguck. Eine Einfahrt in der Dämmerung oder gar nachts würde garantiert schief gehen und wurde in allen Büchern als unbedingt zu vermeiden eingestuft. Die Sonne stand hoch am Himmel, Michael überließ das Ruder Marco und erklomm seinen Lieblingsplatz, die erste Saling. Von dort konnte er die flachen Landgürtel am besten erkennen. Die Gezeiten mussten ebenfalls beachtet werden. Bei Gegenstrom hätte ein kleiner Motor keine Chance. Die Betonnung entsprach europäischem Standard, dank den Franzosen, und so kamen die Südseefans heil in der türkisfarben schimmernden Ankerbucht an. Verzaubert fuhren sie mit dem Dinghi an Land und ließen sich für ein kleines Trinkgeld von einem wohlgenährten, jungen Mann die Insel zeigen. Der Rundgang dauerte ganze zehn Minuten, in denen es der selbsternannte Guide nicht für nötig hielt, den Spaziergängern zuliebe, von seinem dreirädrigen Fahrrad abzusteigen. Es ging ja auch so. Er war das Monopol und seine Kunden wussten es nicht besser. Die 300 Bewohner des Atolls gehörten vier verschiedenen Glaubensrichtungen an und alle hatten ihr eigenes Gotteshaus.

Im Innenring des Atolls, der im Durchschnitt sieben Kilometer maß, fühlte sich Michael wie in einem „Traumschiff"-Film. Die Anhäufung von Mikroinseln, die nur aus Sand und Palmen bestanden, hatte es ihm angetan. Immer wieder warf er einen prüfenden Blick nach oben, um nicht von einer herabfallenden Kokosnuss getroffen zu werden. Gleichzeitig musste er aufpassen, nicht auf einen der unzähligen Einsiedlerkrebse in seinem Schneckenhäuschen zu treten. In der Mitte des Atolls band er sich die Festmacherleine des Schlauchbootes um den Bauch und schnorchelte um filigrane Korallenköpfe herum, die Heimat bunter Fischschwärme waren, die man sonst nur aus dem Aquarium kannte. Er traf auf Falterfische, auf Riffhaie mit einer Körperlänge, die ungefähr der von Michael entsprach, und auf Muränen, die schlangenartigen Fische, die gruselig aussahen, sich aber lieber zurückzogen als einem Menschen zu nahe zu kommen.

Michael fühlte sich wieder wohl in seiner Haut. Er aß wieder mehr, hatte längst die zwei Kilogramm, die ihm sein Arzt ans Herz gelegt hatte, zugenommen und brach zu weiteren Entdeckungen auf. Diese waren menschlicher Natur. Fischernetze, Bojen, Plastikmüll, Schrott: Der Außengürtel des Atolls war die Müllhalde des Paradieses. „Innen hui, außen pfui!", dachte sich der Wanderer. Die Flut schwemmte den Unrat an, und was die Eingeborenen nicht verbrennen oder verwerten konnten, belastete nun die Umwelt. Die Spuren der Zivilisation würden noch ewig dort schlummern. Das Entsorgungsproblem abgelegener Inseln war mindestens genauso kritisch zu betrachten wie die Versorgung. Echter Armut begegnete man nirgends. Die Kommunen, die aus wenigen Familien bestanden, hielten zusammen und lebten von dem, was die Natur hergab, also von Meerestieren und Früchten, und handelten mit dem, was sie anbauen und produzieren konnten. Dazu gehörten auch Perlen. Auf den Perlenfarmen konnten Schmuckstücke viel preiswerter als beispielsweise auf Tahiti erworben werden.

Nach einer Nacht winkte die Polaris-Crew ihrem Guide auf dem Dreirad zum Abschied ein letztes Mal zu und steuerte Rangiroa an. Zwei Stunden bevor sie die Südeinfahrt des Atolls passieren wollten, fing Anita im Cockpit an zu schreien. Erschrocken drehten sich die Sonnenbadenden zu ihr um. Aber davon merkte die Norwegerin nichts mehr. Mit einer Kamera bewaffnet, rannte sie zum Bug und vergewisserte sich. Erst dann rief sie, ganz aus dem Häuschen, nach hinten: „Orcas! Orcas! God damn, Orcas!" Sechs Meter lange, pralle, schwarzweiße, glänzende Körper kamen auf die Polaris zu geschwommen und untersuchten das seltsame Gefährt. Immer wieder tauchten sie unter dem Boot durch. Michael rollte die Genua ein und zitterte vor Sorge um Ruder und Kiel. Eine Kollision wollte er unbedingt vermeiden. Nicht nur dem Boot zuliebe. Noch nie zuvor hatte er Killerwale in freier Wildbahn gesehen und es würden die einzigen auf seiner Reise bleiben. Nach zehn Minuten langweilten sich die Meeresriesen und verließen das begeisterte Publikum.

Mühsam kämpfte der Motor gegen den Gezeitenstrom an und brachte das Schiff samt Besatzung langsam aber sicher zum Ankergrund. In zehn Meter Tiefe grub sich das schwere Eisen im weißen Sand ein. Das Wasser war so klar wie ein Gebirgsfluss und ein weiterer Ankercheck war nicht nötig. Michael kletterte auf den Mast und dokumentierte die atemberaubende Kulisse fotografisch.

Dieses Mal lag die Flotte versammelt vor einem luxuriösen Hotelressort, und weil das Internet es noch nicht nach Ahe geschafft hatte, standen Michael jetzt endlich wieder ein paar kommunikative Stunden bevor. Pünktlich um 16 Uhr jedoch war Feierabend angesagt. Ein besonderes Naturschauspiel erwartete die Weltenbummler. Jeden Tag zur gleichen Zeit fand sich eine Delfinschule in der Durchfahrt zum Atoll ein und sprang über die Gezeitenwellen. Auf einem nahe gelegenen Steg entdeckte Michael vier Tische und zwei orangefarbene Sessel, in denen man königlich Platz nehmen konnte. Er schlenderte vorbei und wurde von der 72-jährigen Gastgeberin in Empfang genommen. Das kleine Restaurant entpuppte sich als Familienbetrieb, das die Mutter und ihre 38-jährige, unverkennbar französischen Tochter gemeinsam betrieben. Neben den vier Tischen, gab es einen Herrensalon, ein Klavier und vier Châlets, die gemietet werden konnten. Die Menükarte wurde wöchentlich per Hand geschrieben. Es gab genau ein Menü à vier Gängen pro Tag.

Michaels Espresso wurde auf einer Schieferplatte serviert. Die Internetverbindung war hervorragend und er wusste, hier würde er in den kommenden Tagen seine Zelte aufschlagen. Denn dort, wo die World ARC-Flotte aufschlug, war es um die Bandbreite geschehen. Längst hatte man dem ewig telefonierenden und tippenden Manager das Prädikat „Mister Wichtig" verliehen. Aber bekanntlich hatte Michael keine Sensoren für diese Art subtiler Kritik. „Spaßbremse!", raunte man sich hinter seinem Rücken zu, wenn er sich von den allabendlichen Gelagen ausklinkte.

Mit Tablet, Notebook, Funkgerät, Smartphone und externer Festplatte rückte er also im neuen Open-Air-Büro an und nahm einen ganzen Tisch für sich in Beschlag. Josephine verwöhnte ihren neuen Fan mit Pina Colada, Pancakes und liebevoller Tischkultur. Wenn am Nachmittag die Delfine zurückkamen, schaltete Michael seine Geräte aus, schaute den Tieren beim Spielen zu, blätterte ein wenig wehmütig in dem Fotobuch, das seine Freunde ihm zu Abschied geschenkt hatten, und unterhielt sich mit der Wirtin, während diese Tischtücher, Stoffservierten und Platzteller für das Dinner dekorierte.

Vor 60 Jahren war Josephine mit ihren Eltern nach Tahiti in den Urlaub geflogen. Zwei Wochen lang hatte sich die junge Familie auf dem noch ursprünglichen Fleckchen Südsee vergnügt. Wieder zurück in Frankreich hatte der Vater eine Entscheidung verkündet. „Wir ziehen nach Papeete.", hatte er kundgetan und keine Widerrede der 12-jährigen Josephine akzeptiert. Einige Jahre später hatte der Teenager ein Studium in Paris angetreten. Sofort nach dem Abschluss hatte es die Absolventin wieder nach Tahiti gezogen. Dort hatte sie geheiratet, eine Tochter bekommen, ein paar Jahre etwas Geld angespart und bei einem Ausflug das Stückchen Land auf Rangiroa entdeckt. Dieses Mal war sie es gewesen, die ihre Familien gebeten hatte, ihr zu folgen, was die beiden getan hatten. Mittlerweile war auch Josephines Tochter Mutter und die 13-jährige Enkelin half im Familienbetrieb schon fleißig mit. Das Restaurant hieß, wie sollte es anders sein, natürlich „Josephine". Eine weitere Grand Dame, der Michael begegnet war.

In den kommenden Tagen machten sich Jörg und Michael unbeliebt. In der Flotte hatte sich eine Clique zusammen gefunden. Eine Gruppe jüngerer Mitsegler, die auf den Schiffen ihrer 20 bis 40 Jahre älteren Eigner halfen, hatte sich angefreundet und wollte gemeinsam schnorcheln und tauchen gehen. Es fehlte allerdings das zweite Dinghi, das sie zum Tauchspot bringen sollte. So wurde Michael gefragt, ob er seinen Fahrdienst zur Verfügung stellen würde. Michael, der selbst für sein Leben gern schnorchelte, ließ sich nicht zweimal bitten und lud die wilden Kerle ein. Als alle ins Wasser gesprungen waren, band sich Michael wie gewohnt die Leine des Dinghis um den Bauch und ließ sich treiben. Nach einer Weile stieg er wieder in das Beiboot, ankerte und wartete auf seine Mitfahrer. Langsam beschlich ihn ein mulmiges Gefühl. Wo blieben denn alle? Er suchte das Wasser ab und sah seine Passagiere heftig winkend, viel zu weit draußen auf dem Wasser. Er schmiss den Motor an und düste los. Eine Strömung hatte das Grüppchen mitgerissen und erste Panik machte sich breit. Schnell lud er die Erschöpften ein. Doch statt Erleichterung und Dankbarkeit, begegneten ihm Feinseligkeit und Frustration über den gefährlichen Augenblick. Offensichtlich hatte man von Michael erwartet, die Gruppe zu beobachten, ihnen zu folgen und sie womöglich noch zu leiten. So hatte er seinen Job als Chauffeur nicht interpretiert. Eine Woche wurde Michael gemieden, bis der Schock vergessen war.

Jörg, der noch immer an seinen Fischfangerfolg anknüpfen wollte, hatte plötzlich einen Tölpel an der Angel. Federvieh war in seinem Speiseplan nicht vorgesehen, aber das Tier ließ nicht mehr los. Behutsam rollte er die Angelsehne auf und zog den sprichwörtlichen Pechvogel zu sich heran. Der Haken des Köders hatte sich durch den Schnabel gebohrt und das arme Tier schlug panisch mit den Flügeln. Anita wurde nervös. Hysterisch schimpfte sie auf Jörg ein, der gar nicht verstand, was er falsch gemacht hatte. Hätte er denn ahnen können, dass das Geflügel auf seinen Köder abgehen würde? Jörg klemmte den Vogel zwischen seine Beine und knipste mit einer Zange die Wiederhaken des

Köders ab. Vorsichtig zog er ihm das Tintenfisch-Imitat aus Silikon aus dem Hals. Das erschrockene Wesen hackte zum Dank einmal kräftig in Jörgs Lippe, flog eine Acht und zog von dannen. Anitas Mitleid galt ausschließlich dem Tölpel und nicht dem blutenden Mann.

Zwei Tage dauerte die Fahrt nach Tahiti. Es war mittlerweile April geworden und Papeete würde einen Crewwechsel mit sich bringen. Die Stadt überwältigte die Ankömmlinge. Wer wochenlang keinen Verkehr, keine Geschäfte und kaum Menschen zu sehen bekommen hatte, war mit dem Gewusel des Wirtschaftshafens überfordert. In einer großen Markthalle ließ sich Michael von einem Thunfischgericht überraschen, das er noch Monate später als bestes Landessen seiner gesamten Weltreise bezeichnen würde. Poison tahitienne bestand aus Thunfish-Sashimi, also rohen Thunfischstücken, die mit einer Marinade aus gehacktem, rohen Gemüse und Kräutern serviert wurde. Zum Nachtisch gab es Schokoladenostereier, die zum Schutz vor dem Davonschmelzen auf Eis serviert wurden.

„Zu Ostern wirst du nicht zu Hause sein.", hatte seine Mutter im Dezember gejammert. Ein Sohn mit schlechtem Gewissen rief seine Eltern an. Der Vater sei im Krankenhaus, die Bestrahlung hätte begonnen, man müsse abwarten, teilte ihm Renate mit. Wohlweislich hatte Michael seinen Vater mit einem iPad ausgestattet und melde sich per Skype bei ihm. Sein alter Herr bemühte sich um einen optimistischen Ton, aber das Bild des Videoanrufs trog nicht. Dieter Haufe war nicht mehr der Gleiche. Der resolute Lehrer sah aus wie ein Häufchen Elend, das versuchte, mit Scherzen und Fragen von sich abzulenken. Michael nahm sein iPhone mit und ließ seinen Vater an der Live-Musik, die überall auf der Straße gespielt wurde, teilhaben. Mehr konnte er im Moment nicht tun. Michael zwang sich trotz Gefühlschaos und Verlockungen der Südsee, von denen er vor allem die sportlichen und kulinarischen genoss, täglich zur Büroarbeit. Ihm war klar: Ohne eiserne Disziplin würde sein Versuch, eine Firma per Fernsteuerung auf Erfolgskurs zu führen, nicht gelingen. Die richtigen Menschen dafür hatte er im Boot und das nicht nur sprichwörtlich.

Chris Möller, der Geschäftsfreund, der den Onlineshop betrieb, kam mit seiner Familie zu Besuch, und Michaels Partnerin Isabel Lippold kam zum Management-Meeting und Mitsegeln an Bord. Zusammen mit Michaels Orthopäden Matthias samt Ehefrau Gabi sowie Daniela Pönisch, einer Hand gegen Koje-Mitseglerin, die auf eigene Faust um die Welt reiste, und löste sie die bestehende Crew ab.

Und noch ein paar Wesen begannen sich heimisch zu fühlen. Geckos hatten es geschafft, über die Festmacherleinen zu klettern und klebten nun an den

Wänden. Die niedlichen Echsen störten niemanden und hielten Moskitos fern. Zumindest wollte man gern daran glauben.

Die blassen Neulinge aus Deutschland sollten in kurzer Zeit möglichst viel vom Südseeparadies mitnehmen und so legte die Polaris zur Nachbarinsel Moorea ab. Lediglich ein paar vergessene Schiffe, die niemand mehr segeln würde, lagen in der kristallklaren Bucht. Sie mieteten Fahrräder ohne Gangschaltung und strampelten schwitzend Führer Michael auf die Hänge hinterher. Mit Daniela, genannt Dani, begab er sich auf ausgedehnte Bergtouren. Sie trotzten starkem Nebel, steilen Hängen, die nur mit Seilen bezwingbar waren, und umgefallenen Bäumen, die den Weg versperrten. Michael verbuchte einen weiteren Erfolg im Yoga: Zum ersten Mal gelang ihm ein Männerspagat.

Zur Belohnung für die schweißtreibenden Aktivitäten sollte es ein schönes Essen für die Crew geben. Leider schien das auserkorene Restaurant nicht offen zu sein. Das konnte Michael nicht auf sich sitzen lassen. Er hatte den perfekten Platz mit Blick auf Teahupoo, einen der weltweit besten Spots zum Wellenreiten auserkoren. Das gesamte Lokal war mit Fotos von Profisurfern geschmückt, Blumen umrankten die Terrasse und die Gastgeberin kochte persönlich. Dani übersetzte ihre französische Erklärung zu der Misere: „Ich habe nicht genügend Zutaten. Ich habe eine große Gesellschaft und jetzt ist nicht mehr genug übrig." Soviel Ehrlichkeit ließ Michaels Herz erweichen. Er ging auf die rundliche Frau zu, nahm sie fest in seine Arme und erklärte der verdutzten Köchin: „Das macht nichts. Geben Sie uns, was Sie haben. Wir essen alles, was Sie uns auf den Tisch stellen." Die Crew war sprachlos. Seit wann war Michael so spontan, so vertrauensselig, so herzlich? Hatte die Reise den ernsten Workaholic jetzt schon verändert? Seine Umarmung zahlte sich aus. Das Essen wurde serviert und es gab alles, was das Herz begehrte, liebevoll serviert und bunt geschmückt. Der Fisch schmeckte köstlich und niemand blieb hungrig.

Beim Essen gab Isabel die Geschichte ihres ganz persönlichen VIP-Empfangs in der Südsee zum Besten: „Stellt euch vor: Ich marschiere aus der Zollkontrolle heraus und plötzlich bebt der Fußboden. Menschen jubeln. Blitzlichtgewitter. Mir wird ein Blumenkranz umgelegt. Wow, denke ich. Das ist ja mal ein Empfang. Ich drehe mich um und sehe, dass 30 halbnackte, muskulöse Männer einen traditionellen Tanz aufführen. Ich frage nach und ihr werdet es nicht glauben: Mister Bodybuilder, also der Goldmedaillengewinner im Bodybuilding, saß zusammen mit mir im Flieger. Der ganze Trommelwirbel galt ihm. Geile Nummer!" Sie zog ihr Smartphone heraus und zeigte den Grinsebacken am Tisch ihre Bilder und Videos der prächtigen Söhne Tahitis. Eines war klar: Die Reise zur Polaris war jetzt schon unvergesslich.

Als die Crew am nächsten Tag aufwachte und noch schlaftrunken an Deck schlurfte, traute sie ihren Augen nicht. Ein Segelschiff im Hello-Kitty-Design hatte sich neben sie gelegt. Hello Kitty-Fans machten aber auch wirklich vor gar nichts mehr halt. Die Kameras wurden gezückt. Es war nicht irgendein Tag. Es war der 27. April, Michaels 44. Geburtstag. Und diesen wollte das Geburtstagskind mit einer kleinen Schnorchelrunde beginnen. Das Boot war umlagert von Stachelrochen, die die komischen Wesen mit ihren bunten Masken mindestens genauso interessiert beobachteten, wie sie selbst bestaunt wurden.

Michael wollte feiern. Im Hilton-Hotel lud er auf einen Umtrunk ein. Der Manager, der grundsätzlich gedeckte Farben trug, schlenderte auf dem Weg dahin an der Hotelboutique vorbei. Hinter dem Tresen lachte ihn die schwergewichtige Verkäuferin an, griff sich ein rosa Hemd mit aufgedruckten Hibiskusblüten und lockte mit den Worten: „This T-Shirt is only made for your body." Wer konnte da schon widerstehen? Michael machte sich selbst ein Geburtstagsgeschenk und läutete eine neue modische Ära in seinem Leben ein. Ab heute würde es trübes Grau schwer haben.

Als die fröhlichen Cocktailtrinker aus der Bar torkelten, liefen sie geradewegs auf eine Strandparty zu. Eine tahitianische Band spielte Südseeklänge und eine Horde junger Menschen tanzte im Sand. Wie die Geburtstagsgesellschaft erfuhr, handelte es sich um Lehrer der Universität für Landwirtschaft. Sie berichteten von einer Eiscreme-Testfabrik, die sich auf der anderen Seite der Insel befinden würde. Im Sand zeichneten sie den Weg dorthin auf und luden ihre neuen Kumpanen am folgenden Tag zum Testlecken ein. Kichernd plumpsten die Glückspilze ins Dinghi.

Am nächsten Tag regnete es in Strömen. Aber es war warm, die Einladung stand und die Hochseebezwinger waren schließlich nicht aus Zucker. Eine dreiviertel Stunde dauerte die Schlauchbootfahrt der Versuchskaninchen zur Eiscreme der Träume. Und tatsächlich: Die Lehrer hielten Wort. Auf der Obstplantage standen die eiskalten Fruchtkombinationen, die an Exotik nicht zu übertreffen waren, zum Naschen bereit.

Auf dem Rückweg zum Schiff, hielt Michael an einer Shrimpszucht an und kaufte zwei Kilogramm frische Garnelen. Das würde ein Festmahl werden. Die Zeitverschiebung nach Deutschland machte es möglich, dass Michael einfach zweimal Geburtstag feierte. Als hätten sie den Leckerbissen gerochen, begleiteten Delfine das Schlauchboot und nahmen den großen grauen Freund kurzzeitig in die Familie auf. Am Abend trudelte noch eine besondere Geburtstagsüberraschung ein: Michaels Freunde hatten sich in Hawaiihemden geworfen und schickten ihm Fotogrüße von daheim. Das inspirierte Michael so sehr, dass er seine neue Freundin, die Hemdenverkäuferin, erneut aufsuchte und ein weiteres Teil mit einem Print von bunten Ringen erwarb. Beim Absacker an der Hotelbar wurde es plötzlich feierlich: Wunderkerzen gingen an und eine Schokoladentorte wurde für das 48-Stunden-Geburtstagskind hereingetragen. Das Älterwerden konnte so schön sein!

Die bevorstehende Destination sollten die Schwesterninseln Huahine und Huahine Iti sein. Ein Regenbogen hing über der Insel, als die deutsche Segelyacht auf den Ozean hinausbrauste. Sechs Beauforts prügelten in die Segel und augenblicklich wurden alle Passagiere seekrank. Keine einfache Situation. Wenn der Autopilot weiterhin so gut aussteuerte, konnte Michael als Einhandsegler agieren. Nach anderthalb Tagen auf See war Land in Sicht und die Quälerei vorbei. Die Navigation war kompliziert. Wieder einmal waren Untiefen durch spitze Korallenriffe im Weg. Michael dachte sich: „Warum soll ich mir die Arbeit zweimal machen. Ich tracke einfach unsere Einfahrtsroute und nehme genau den Weg zurück. Dann kann nichts schief gehen" Nur zwei Boote lagen vor Huahine und das Meer schimmerte in allen Blautönen, die der Pantonefächer hergab. Isabel bekam davon nichts mit. Die erschöpfte Geschäftsführerin schlief noch mehrere Stunden ihren Jetlag und die Übelkeit aus. Der Rest der Crew entdeckte eine unvergleichliche Idylle. Auf dem Fußballfeld weidete eine Kuh mitten im Tor, die Vorgärten waren gepflegt, als hätte man einen Preis dafür ausgerufen, die Tante-Emma-Lädchen boten frische Früchte an, die Dorfjugend trainierte im Outdoor-Fitnessstudio ihre Muskeln, die freundlichen Big Mamas ließen sich bereitwillig mit Michael fotografieren. Und weil es gar zu idyllisch war, stieg die beste Party der Insel am Abend an Bord der Polaris. Immer wieder bot die freistehende Stange im Salon des Schiffs Raum für Spekulationen über ihren Zweck. Es gab kaum einen Polaris-Segler, der sich daran nicht mindestens einmal im Pole Dance übte. Zur Taufparty der Polaris hatte es Michael sogar geschafft, beim fröhlichen Drumherumschwingen den Wasserhahn des Spülbeckens wegzukicken. Es war das Erste gewesen, das am neuen Schiff hatte repariert werden müssen. Morgens kam der unangenehme Teil vieler Landpausen. Die Polaris musste gewartet und geputzt werden. Mit Rakeln, Bürsten und Schwämmen reinigte die in Tauchmasken, Schnorcheln und Flossen gekleidete Crew den Rumpf des Bootes. Algen, Seepocken, Muscheln, Schmutz und Ablagerungen galt es vom Unterboot zu entfernen. Dabei durfte die empfindliche Antifouling-Beschichtung nicht beschädigt werden. Ein Knochenjob. Zur Belohnung standen eine Kajak-Expedition, ein Motorroller-Ausflug und eine Radtour an. Die Crew erkundete jeden Zipfel der Inselwelt und kürte Huahine Iti zur saubersten Insel der Südsee.

Michael hatte in den vergangenen Tagen kaum gearbeitet. Aber nun, da sich Isabel erholt hatte, wollte er die Zeit nutzen und mit ihr Entscheidungen treffen und Diskussionen führen, die beide aufgeschoben hatten. Da kam es Michael recht, dass Marco ihn bat, die Schiffsführung übernehmen zu dürfen. Der große eifrige Mann wollte noch ein paar Seemeilen als Skipper sammeln und hatte sich mit der Polaris vertraut gemacht. Der Besuch der winzigen Insel Raiatea stand auf dem Plan. Das würde Marco bewältigen, war sich Michael sicher.

Er setzte sich gespannt zu Isabel in den Salon und vor ihren Notebooks und einem Berg Papier fingen sie an über Zahlen, Personalien, Auftragsein- gänge, bevorstehende Veranstaltungen, Investitionen und Förderanträge zu sprechen. Erstaunlicherweise hatten sich nach einem äußerst lahmen Start zu Beginn des Jahres die Auftragsbücher gut gefüllt. Der finanzielle Engpass schien überwunden. Lediglich Personal müsste aufgestockt werden, um den vielen Anfragen nach Teamtrainings und Incentives Herr zu werden. Die Lizenz- partner in Hamburg und München zeigten schon zu Beginn der neuen Saison eine hervorragende Performance. Dem Online-Buchungstool, dem intensiven Austausch mit den Geschäftsführern und der leicht zu buchenden Paketange- bote sei Dank! Aufatmen war angesagt. Michael verschränkte die Hände hinter dem Kopf, schloss die Augen und dankte für ein paar Sekunden seinem Team und dem Universum für den Aufschwung, der ihm die Weiterreise so viel leichter machen würde. Womit er nicht rechnete: Dieses Jahr, in dem er um den Globus segelte, würde das bis dato erfolgreichste Geschäftsjahr seiner Unternehmens- gruppe werden. Der Umsatz würde wachsen und ein üppiger Gewinn würde ausgeschüttet werden.

In diesem Augenblick spürte er Vibrationen im Schiff. Er hörte ein schlei- fendes Geräusch. Irgendetwas war anders als sonst. Er kletterte den Nieder- gang hinaus und schaute in das verkniffene Gesicht seines Skippers Marco. „Ist der zweite Anker noch im Wasser?" „Ups! Sorry!" Vertrauen ist gut, Kontrolle ist besser, dachte sich Michael, und setzte sich mit ins Cockpit. Der zweite Anker wurde gelichtet. „Die Ausfahrt ist leicht. Du brauchst nur mein gespei- chertes Tracking nutzen und den gleichen Weg zurückfahren, den wir hineinge- kommen sind. Siehst du hier." Michael zeigte auf das iPad, das in seiner wasser- und stoßfesten Hülle mit einer kreativen und stets zuverlässigen Konstruktion aus Schrauben, Gummiband und einem Weinkorken über dem Steuerrad befes- tigt war. Mit mutigen vier Knoten Geschwindigkeit fuhr die Polaris Richtung Atoll-Ausgang. Marco war sich sicher, auf der Karte eine Abkürzung gesehen zu haben und wich vom vorgegeben Kurs ab. „Marco, wo fährst du hin?", fragte Michael irritiert. „Ich habe einen besseren Weg gesehen." „Das glaube ich kaum.

Außerdem sind wir zu schnell. So viel Eile ist nicht nötig." „Mach dir keine Sorgen, Micha. Ich weiß, was ich tue." Michael zweifelte. Hätte es einen besseren Weg gegeben, hätte er ihn nicht vorher schon entdeckt? War er zu streng und zu konservativ? Hatte er etwa plötzlich ein Problem damit, Verantwortung abzugeben? Er selbst hatte das Schiff mit einem Knoten und intensivem Ausguck um das Riff herum gesteuert. Er hielt den Mund und betete, dass sein Vertrauen zu dem jungen Skipper nicht enttäuscht würde.

Michael stieg wieder in den Salon zu Isabel. Kaum hatte er den Fuß von der letzten Treppenstufe gesetzt, ging ein heftiger Ruck durch das Schiff. Er stolperte nach vorn und fing sich am Salontisch auf. Mit aufgerissenen Augen starrte er für zwei Sekunden durch Isabel hindurch. Das Schiff stand. Dann drehte er sich um und sprang mit einem Satz wieder an Deck. „Was ist hier los?" schrie er. „Micha, ich...Oh Gott!" stammelte Marco. In seinem Gesicht stand Verzweiflung. Ein Blick über Bord und ein Blick auf das Display, das die Tiefenangabe des Lots anzeigte, bestätigten das, was der Eigner längst wusste: Die Polaris war auf das Riff gerauscht. „Scheiße! Das ist eine Riesenscheiße, Marco!" fluchte er laut. Mittlerweile war auch Isabel ins Cockpit getreten und legte eine Hand besänftigend auf Michaels Arm. Voller Zorn schüttelte er sie ab und schimpfte „Verdammt nochmal, war es so schwer, meinem Tracking zu folgen? Das hier war also dein geheimer Schleichweg, ja? Mit vier Knoten auf ein Riff. Ich gratuliere dir! Du kannst einpacken!" Alle schauten sich betroffen an. War hier, mitten in Polynesien, am Ende der Welt, die gemeinsame Reise zu Ende? Wie groß war der Schaden am Rumpf.

Michael drängte sich ans Steuer, legte den Rückwärtsgang ein und manövrierte die Polaris vorsichtig weg von den spitzen Felsen. Motor und Ruder schienen zu funktionieren. Wie in Zeitlupe bewegte er sein Schiff wieder zurück in die Ankerbucht von Huahine Iti. Der Anker wurde erneut herabgelassen. Ohne einen Ton zu sagen, schnappte sich Michael Schnorchel und Maske und sprang ins Wasser. Zentimeter für Zentimeter tauchte er das Boot ab und untersuchte es auf Schäden. Unter Wasser hielt Michael solange wie möglich die Luft an, an Deck traute sich seine Crew kaum zu atmen. Alle befürchteten das Schlimmste. Was war denn das Schlimmste? Michael machte einen zarten Riss im unteren Teil des Kiels ausfindig. Der Kiel, der das Boot stabilisierte und gegen ein Umkippen schützte, war ein zentrales Bauteil des Schiffs. Er wog mehrere Tonnen und durfte nicht beschädigt werden. Immer wieder musste Michael auftauchen, um Luft zu holen. Andere Schiffe hatten Tauchausrüstungen und Kompressoren zur Auffüllung der Lufttanks an Bord. Ach wären doch die NDS Darwin, der luxuriöse Katamaran aus Argentinien, oder die deutsche Chika-Lu in der Nähe, jammerte Michael innerlich. Im Wasser konnte er seine Wut verarbeiten, aber sein Unverständnis für die Arroganz des 10-Minuten-Kommandoführers war nicht überwindbar. Er näherte sich dem Heck und prüfte das Ruderblatt. Hier schien alles in Ordnung zu sein. Jetzt war er froh, dass der Rumpf frisch gesäubert worden und das Wasser klar wie ein Gebirgsbach war. Die Oberfläche ließ sich ohne Behinderungen nach Verletzungen absuchen. Hier war alles ok. Noch einmal schwamm Michael zurück zum Kiel und versuchte einzuschätzen, wie groß das Risiko und der materielle Schaden wären. Seine Erfahrung sagte ihm, dass er mit vier bis fünf Tausend Euro nicht so falsch liegen konnte. Der größte Teil des Pazifiks lag hinter ihnen. In Australien würde das Schiff zur Wartung aus dem Wasser geholt. Den Indischen Ozean würde er nicht mit einer Macke am Kiel bezwingen wollen, aber bis Australien sollten sie es ohne Gefahr für Leib und Seele schaffen.

Michael kletterte zurück an Bord, wies die Crew ein und legte ein zweites Mal ab. Die Situation an Bord spitzte sich zu. Michaels Stimmung war im Keller, sein Vertrauen zu Marco dahin. Eine Trennung der zwei Männer war unausweichlich. Auf Raiatea begegneten sie anderen World ARC-Yachten und der Geläuterte wechselte in eine andere Crew.

Dani und Isabel mieteten Mopeds und chauffierten die Herren der Runde um die Insel. Perfekt geteerte Straßen machten es ihnen leicht. In den Buchten fiel ihnen eine Anhäufung von Wracks von einstmals edlen Yachten auf. Was war hier passiert? In Anbetracht der aktuellen Erlebnisse wollte keiner genauer darüber nachdenken. Aus der Kirche drang Gesang und andächtig inspizierten die Segler die Pilger- und Opferstätte der Insel.

Mitten im Territorium der Gesellschaftsinseln bekam die Polaris weitere Gesellschaft. Hildegunde Ebert stieg an Bord. Die 57-Jährige war einst als Pharmareferentin eine der ersten Kundinnen der Teamgeist GmbH gewesen. Jetzt hatte sie ihr Leben umgekrempelt und für sich das Reisen als oberste Priorität definiert. Ihre neue Arbeit bei der „Manufaktur von Blythen", einem Hersteller von Produkten aus essbaren Blüten, bot ihr dafür mehr Freiräume.

Hildegundes Debüt an Bord konnte nicht gerade als das sanfteste beschrieben werden. Auf dem Weg nach Tahaa kam ein Unwetter mit Starkwind, Regen und hoher Welle über die Polaris. Komplett durchnässt besuchte das neue Team eine weitere Perlenfarm. Die Praktikantin, die ihnen erklärte, wie die Perlen geimpft werden, war von feenhafter Schönheit. Tiefe schwarze Augen strahlten die Gäste an und Michael konnte nicht entscheiden, welche Perle er schöner finden sollte. Die, die ihm gegenüber stand oder die, die er in der Hand hielt. In einer Kolonialstilvilla wurde das Verkaufsgespräch eingeläutet. Michaels Telefon zeigte ein neues WLAN-Netz an. Ob er wohl mit dem Kauf einer Perle das Recht auf die Nutzung der Internetverbindung erwerben könnte. Mit frechem Charme richtete er sich häuslich ein.

Bora Bora lag nur sechs Stunden entfernt. Normalerweise. Über acht Stunden lang prügelte ihnen der Wind mit fünf Beauforts entgegen. Wie schon so oft zuvor: Die Neue wurde seekrank. Erlösung gab es erst im Hafen. Als die Polaris auf der renommierten Trauminsel ankam, half ein Lotsenboot bei der Orientierung im Hafen. Zwei Helfer warteten bereits am Pier und nahmen die Festmacherleinen entgegen. Einer der Helfer führte die Leinen zur Eisen-klampe auf dem Steg, mit gewohntem Schwung aus einer Hand wickelte sich der Festmacher um den Bügel. Aber er hatte den Wind unterschätzt, der am Boot rüttelte und kraftvoll gegen Rigg und Rumpf blies. Die Leinen bekamen Zug und dann war es geschehen: Die Hand des Assistenten klemmte fest. Er versuchte sie wegzuziehen, aber die Natur war stärker. Sofort sprangen der Hafenmeister und Michael auf und befreiten den Unglücksraben. Die Finger sahen gequetscht aus, die Haut war aufgerissen und blutete. Ob Knochen gebrochen waren, konnten die Laien nicht erkennen. Ein schneller Transport ins Krankenhaus war die einzige sinnvolle Lösung. Hildegunde und Isabel halfen, einen provisorischen Verband anzulegen und wünschten dem Verletzten viel Glück.

Nach diesem Vorfall brauchten alle ein Anlegerbier zur Beruhigung. Das gab es im Yachtclub der Marina. Und wie es der Zufall wollte, parkte die Polaris genau vor dem Eingang der Lokalität. Das Entrée und das Schiff trennte ledig-lich ein romantischer, kleiner Swimmingpool. Ja, das war Bora Bora. Der Yacht-clubinhaber stellte sich als Chefkoch in Personalunion heraus. Michael erzählte ihm von seinem eigenen Yachtclub zu Hause im fernen Brandenburg. Er lud ihn ein, sein Schiff zu besichtigen. Doch bevor dieser sich die Mühe machte, seine heiligen Hallen zu verlassen, entgegnete der charismatische Tahitianer selbst mit einer Einladung. Er wollte Michael an einen geheimen Ort mitnehmen und dieser ließ sich entführen. Hinter einer schweren Tür verbarg sich die Kühlkammer des Restaurants und dort hing ein zwei Meter langer Thunfisch. Eine riesige Masse aus schönstem, tiefroten Muskelfleisch, frisch gefangen von den Fischern der Insel. Wer konnte da schon widerstehen? Die beiden Männer grinsten sich verständnis-voll an. Es stellte sich heraus, dass der neuwertige Zustand des Hauses kein Zufall war. Sechs Jahre zuvor hatte ein Taifun das gesamte Gebäude zerstört. Aber weil das Geschäft nun einmal sein Lebenswerk war, hatte der Unternehmer den Club mit der Hilfe seiner kalifornischen Ehefrau und vielen Freunden wieder aufge-baut. Auch hier sah Michael Parallelen zu seinem Leben. Hatte er am Ende der Welt tatsächlich einen Seelenverwandten, einen Bruder im Herzen getroffen?

Zwei Stunden lang philosophierten die mutigen Männer über das Leben, das Unternehmerdasein, Risiken und Freuden, die die Selbständigkeit mit sich brachte. Michael lernte die Schwiegermutter und die zwei Kinder kennen und er wünschte sich, diese spontane Freundschaft intensivieren zu können.

Michael verabschiedete Isabel, Gabi und Matthias. Die Drei flogen wieder nach Deutschland. Mit dem Urlaub auf der Polaris hatte ihnen Michael unvergessliche Erinnerungen geschenkt. Mit Blumen im Haar schlossen sie ihren verantwortungsvollen Skipper in die Arme und stiegen glücklich auf die Fähre zum Flughafen. Ein nachdenklicher Skipper blieb mit Dani und Hildegunde zurück. Zwei Damen, die vom Segeln noch keine Ahnung hatten. Da durfte nichts schief gehen. Er hoffte auf gutes Wetter.

Der World Cruising Club organisierte für die Rallye-Teilnehmer eine Gala am Pool des Yachtclubs. Die Seehasen bekamen pinkfarbene Hasenohren aufgesetzt und fotografierten sich gegenseitig am und im Pool. Wie immer endete auch dieses Fest feucht-fröhlich mit viel Bier, Rum und Gelächter. Wie es sich eben für gute Piraten gehörte. Wie immer hatte Michael andere Pläne. Sein Freund, der Yachtclubchef Teiva Tapare, hatte wieder einmal eine Überraschung und entführte das nasse Kaninchen zum Steg. Ein Strahler war auf das türkisblaue Wasser gerichtet. „Wait and look!", sagte der geheimnisvoll lächelnde Gastronom. Eine Bloody Mary schlürfend starrte Michael gebannt auf das Wasser. Wie friedlich doch alles war. Sie warteten eine Minute, bis sich ein Schatten aus der schwarzen Nacht herauslöste und auf sie zukam. Drei Meter im Durchmesser maß der dunkle Fleck im Wasser. Michael konnte nun gut erkennen, dass er rautenförmig war und durch die Lagune zu schweben schien. „Ein Manta!", hauchte er auf Deutsch. „My friend, the manta ray!", bestätigte ihm sein Begleiter. Ein magischer Moment unter dem Sternenhimmel von Bora Bora. Und es kam noch besser. Teiva forderte Michael auf, in das dunkle Wasser zu steigen und mit dem Manta zu schwimmen. Dieser ließ sich nicht zweimal bitten. Das war ein Erlebnis für die Ewigkeit.

Bis zu diesem Zeitpunkt war Michael von Bora Bora enttäuscht gewesen. Das Riff war zu 40 Prozent durch Wirbelstürme zerstört worden, und vielleicht war er durch die vielen Atolle, die er bereits besucht hatte, schon so verwöhnt worden, dass ihm der Touristen-Magnet wie eine schlechte Kopie des echten Südsee-Gefühls vorkam.

Abgetrocknet und zufrieden schlenderte er zur Party zurück, um seine zwei Mitstreiterinnen zu suchen. Da versperrte ihm Paul den Weg. Paul Tetlow, der überaus hilfsbereite World ARC-Manager schob eine adrette, blonde Dame vor sich her, die er nun Michael vorstellte. Tigs Lankester, Passagierin auf dem spanischen Schiff Andromeda, suchte eine neue Crew und weil die Polaris etwas dürftig bestückt war, vermittelte Paul Bedarf und Angebot. Tigs wolle sich zuerst das Schiff anschauen. Michael nickte und gab einen wohlwollenden Wink. Mit der Körperhaltung einer typisch englischen Lady schritt Tigs voran. An Bord erzählte sie, sie sei 52 und lebe seit sechs Jahren auf Schiffen. Sie könne also als Deckshand funktionieren, Wachführer sein und eine der unerfahreneren Frauen unter ihre Fittiche nehmen.

Michael war skeptisch und doch reizte ihn der Gedanke, den Neid der gesamten Flotte auf sich zu ziehen, wenn er mit drei reizenden, weiblichen Wesen auf große Fahrt ging. Die kommenden drei Etappen hießen Suwarrow, Nui und Tonga. Für jedes Atoll waren fünf bis sieben Tage inklusive Anreise und Aufenthalt vorgesehen. Das Wetter war äußerst wechselhaft. Tigs interessierte ihn und sie schien Erfahrung zu haben. Wie kam eine elegante Frau ihres Alters dazu, offensichtlich allein so viele Jahre segelnd um die Welt zu reisen? Diese Geschichte konnte er sich nicht entgehen lassen. Und war es nicht so, dass seine Weltreise auch genau wegen dieser Begegnungen erst so richtig wertvoll wurde? War es nicht so, dass mit Frauen an Bord die Stimmung immer gelassener, die Kommunikation immer themenreicher und das Ambiente immer sauberer war als mit reinen Männer-Crews, die im Grunde nur zum Biertrinken gut waren?

„Wenn ich so zurückdenke, hatte ich mein Leben lang Glück mit Frauen.", tippte er als What's App-Nachricht an seinen Freund Ricco, natürlich nicht ohne zu erwähnen, dass er ab morgen drei Blondinnen durch die Südsee schippern würde. Er teilte Tigs seine Zustimmung mit. Nach gründlicher Inspektion des Innenraums antwortete diese, sie würde über sein Angebot nachdenken und ihm am kommenden Tag um 9 Uhr Bescheid geben. Das hatte er auch noch nicht erlebt. War sie nicht gerade noch die Bittstellerin gewesen? „Clever, clever!", dachte Michael, „Wie schnell sie doch den Spieß umgedreht hatte!"

Punkt 9 Uhr stand eine perfekt frisierte, putzmuntere Tigs mit zwei winzigen wasserfesten Seesäcken am Steg und bat, einziehen zu dürfen. Michael staunte nicht schlecht. Die Frau verblüffte ihn immer mehr.

Michael checkte den Motor, die Bilge, die Batterie und den Füllstand des Frischwassertanks. Einzig das austretende Öl im Getriebe machte ihm Sorgen, aber noch konnte er der Situation Herr werden.

Von den folgenden Wochen an Bord würde Michael noch lange schwärmen. Michaels Frauen fanden sich ohne viel Aufhebens in die seglerischen und organisatorischen Aufgaben hinein. Die Dinge erledigten sich quasi von selbst. Um Kleinkram musste er sich nicht mehr kümmern. Auf hoher See polierten die fleißigen Helferinnen gemeinsam das Edelstahlgerüst, ein Job, zu dem andere Mitsegler nicht freiwillig zu bewegen waren. Keine der Damen ruhte sich aus, während die anderen noch schufteten. Die Abenteurerinnen wollten Zeit für Landgänge sparen und sich dankbar zeigen. Zickenkrieg? Fehlanzeige! Sie waren sensibel für die Bedürfnisse der Crew und Michael hatte den Eindruck, dass sich jede von ihrer besten und sozialsten Seite zeigen wollte. Die gute Seemannschaft wurde an Bord der Polaris gelebt wie selten zuvor. Als Hahn im Korb wurde Michael kulinarisch verwöhnt. Vor allem Hildegunde tischte leckere, gesunde und raffinierte Speisen auf. Die Wahlberlinerin war Ernährungswissenschaftlerin und damit prädestiniert für den Einkauf frischer Lebensmittel, deren Bevorratung und Verarbeitung. Überhaupt war sie erstaunlich fürsorglich, verständnisvoll und mit ihrer Lebenserfahrung an einem Punkt, an dem sie mit Bedacht auswählte, was sie glücklich machte und worauf sie verzichten konnte.

Soweit war Dani noch lange nicht. Die quirlige 32-jährige Touristikerin hatte oft das Gefühl, etwas zu verpassen. Sie stellte aktionsgeladene Programme für die Landgänge zusammen. Voller Leidenschaft schrieb sie Blogs über die gemeinsamen Erlebnisse und wurde zu Michaels Verbündete, wenn es um sportliche Herausforderungen ging. All der Aktionismus hatte seinen Preis: Dani war oft ein bisschen schusslig und die kleinen Missgeschicke, die ihr passierten, wurden zum Running Gag an Bord der Polaris.

Die Lebensgeschichte der mysteriösen Tigs übertraf die Erwartungen der Mitreisenden. Viele Tage wurde Tigs gelöchert, bis sie peu à peu alle Details offenbarte.

Die attraktive Engländerin war in Oxford geboren worden. Nach dem Studium war sie mit ihrem Ehemann nach Südafrika gezogen und hatte in Kapstadt als Marketingchefin für den berühmten Lebensmittel- und Körperpflegekonzern Unilever gearbeitet. Sie hatte gut verdient und zwei Kinder bekommen. Ihr Mann allerdings hatte sich höhere Ziele gesteckt. Er hatte um jeden Preis einmal Selfmade-Multimillionär werden wollen und hatte kurzerhand eine neue Position im lukrativen Dubai angenommen. Tigs und ihre Kinder, mittlerweile im Teenager-Alter, waren ihm gefolgt, aber nicht sonderlich glücklich. Die Karrierefrau hatte im Mittleren Osten keine Arbeit gefunden und nach drei Jahren, im Alter von 42 Jahren, beschlossen, nach England zurückzukehren. Dort angekommen, hatte sie sich nach Beratung mit ihrem Vermögensberater, beraten lassen, ihrer Familie mit den Worten „Wenn ihr heute keine Einwände habt, will ich später auch keine Vorwürfe hören." mitgeteilt, dass sie auf Weltreise gehen würde und sich im Internet ein Boot zum Mitsegeln organisiert.

Es war ein Amerikaner mit einem Holzschiff der Luxusklasse gewesen, der Tigs eingeladen hatte. Sechs aufregende Jahre hatten die beiden, die bald nicht nur eine Segelgemeinschaft, sondern auch ein Paar geworden waren, zusammen auf den Weltmeeren gelebt. Danach hatte der Kapitän beschlossen, das Schiff zu verkaufen und sesshaft zu werden. Diesen Schritt hatte Tigs nicht mitgehen wollen und sich prompt ein anderes Schiff zum Mitsegeln gesucht. Nach einigen Monaten in Panama war die neue Fahrgemeinschaft, die sich auch dieses Mal zu einer romantischen Partnerschaft entwickelt hatte, in eine lebensbedrohliche Situation geraten. Piraten hatten nachts versucht, das Schiff mit Waffen anzugreifen. Der Skipper hatte keine andere Chance gesehen als zurückzufeuern. Er hatte in die Dunkelheit geschossen und dem Geschrei zufolge einen der Banditen getroffen. Die Räuber hatten sich daraufhin zurückgezogen und ein durchlöchertes Boot und eine verängstigte Tigs zurückgelassen. Mit dem Gefühl, sicher auf diesem Boot zu sein, war es vorbei gewesen und Tigs hatte es bevorzugt, auf ein Schiff der World ARC-Flotte zu wechseln.

Michael war überaus beeindruckt von dem Erfahrungsschatz und der Offenherzigkeit, die sein neustes Crewmitglied mitbrachte. Sie schien nichts mehr als das Bordleben zu lieben und in jedem Land der Welt Freunde zu haben. Ihre innere Ruhe zog sie wohl, aus der Gewissheit, eines Tages Alleinerbin einer wohlhabenden Familie zu sein. Die Ländereien um Oxford, die ihre 80-jährigen Eltern verpachten ließen, und deren schlossartiges Anwesen würden eines Tages ihr gehören und einen Verwalter benötigen. Aber bis es soweit war, wollte Tigs ihr Leben genießen. Sie hatte einen guten Überblick auf dem Schiff und konnte mit dem Aufwand der Bootspflege gerecht werden. Bei der Ankunft in Suwarrow bedankte sie sich bei Michael und lobte ihn. Sie hätte sich zu jeder Sekunde sicher gefühlt und es sei eine Freude mit ihm zu reisen. Pure Motivation für den Skipper und Eigner!

Das russische Schiff „Suvorov" hatte das Atoll im Norden der Cookinseln 1814 entdeckt. 1952 war der Neuseeländer Tom Neale dorthin ausgewandert und hatte bis zu seinem Tod als Einsiedler auf der Insel gelebt. Michael und seine Holden wurden von einer wildromantischen Atmosphäre und einem Yachtclub empfangen, in dem sie die einzigen Gäste waren. Eine Bibliothek stand Ihnen zum Tausch ihrer ausgelesenen Literatur zur Verfügung. Der Club wurde nur sechs Monate im Jahr betrieben, ein Ranger kümmerte sich in dieser Zeit um die Insel und die Segler. Vogelschutzreservate charakterisierten die Landschaft. Einsiedlerkrebse tummelten sich am Strand. Das geschützte Gewässer innerhalb des Atolls bot einem farbigen Korallenriff, Schwarzspitzen-Riffhaien und Meeresschildkröten ein Heim. Drei Tage genossen die Deutschen ihren ganz persönlichen Robinson-Crusoe-Traum in der bezaubernden Wildnis. In Ermangelung anderer Menschen tanzten die Vier abends auf dem Schiff, allein oder jeweils eine der Damen mit Micha, der – dank seiner Tanzclub-Erfahrung mit Peggy – sich noch immer als begnadeter Tänzer herausstellte.

Die Weiterfahrt nach Nui, eines der sechs Atolle der Konstitutionellen Monarchie Tuvalu, brachte Michaels Crew-Konzept kurzzeitig an seine Grenzen. Im Südpazifik braute sich ein Squall nach dem anderen zusammen. Die in sich geschlossenen Tiefdruckgebiete, die schnell sehr starken Wind, heftigen Niederschlag und große Temperaturschwankungen mitbringen konnten, stellten eine Gefahr für Material und Mensch dar. Bei guter Sicht erkannte Michael sie schon eine Stunde vor deren Zusammentreffen mit dem Schiff anhand der Wolkenformation und des dunklen Regenstreifens zwischen Wolke und Wasseroberfläche und verglich diese Beobachtung mit den Angaben des Radargeräts. Dann hatte er genügend Zeit, die Luken dichtzumachen, die Segel zu reffen und damit die Windangriffsfläche zu verkleinern, Regenkleidung und Rettungsweste anzuziehen und sich mit dem Karabiner am Schiff festzuhaken, das Steuer selbst in die Hand zu nehmen und die Navigationsgeräte aufmerksam zu kontrollieren, Ausguck zu halten, herumliegende Utensilien sicher zu verstauen und die Crew einzuweisen. Wie die sprichwörtliche Ruhe vor dem Sturm kündigte sich ein Squall oft mit einem kurzen Abfall der Windstärke an, die der Wachführer nicht falsch interpretieren durfte. Von 15 bis 50 Minuten konnte das Gefangensein in einem Squall dauern, höchste Aufmerksamkeit war gefordert. Bei schlechtem Wetter in dunklen Nächten war es kaum möglich, die kleinen Stürme rechtzeitig zu erkennen. Dann mussten Manöver wie das Einholen der Genua und das Reffen des Großsegels zügig gehen und in den Urlaubstörn kehrte die laute, prägnante Kommandosprache zurück. Zwischen Suwarrow und Nui musste Michael für 24 Stunden das Steuer übernehmen und zwischen Flauten und Squalls geschickt agieren. Der Autopilot hätte eine Patenthalse kaum verhindert. Durch Wellen und Wind war der Druck auf die Genua einfach zu groß. Keine seiner Mitseglerinnen brachte die Routine mit und den Mut auf, Michael abzulösen. Mit Espresso und Süßspeisen wurde er wachgehalten.

Aufatmen konnte die Crew erst, als sie nachts die ihr zugewiesene Muringboje fand und die Polaris befestigt hatte. Zwar war das Anlegen an einer Muringboje ohne einen helfenden Mann im Schlauchboot und im Dunkeln schwieriger als zu ankern, doch schützte man die empfindlichen Korallen im Atoll vor Schäden durch die schweren Anker und Ankerketten. Abgebrochene Korallen würden, genau wie Bäume, Jahre brauchen, um wieder zu wachsen. Seepferdchen zum Beispiel, die jahrelang an der immer gleichen Koralle lebten, würden ihres Wohnortes beraubt werden. Das wollte natürlich niemand.

Ein Stadthalter aus Neuseeland verwaltete die Insel. Dank der Ankündigung der World ARC-Organisatoren war die Einklarierung ein Klacks für die Polaris-Kommune. Dort erst einmal hinzukommen, war allerdings mit einer völlig neuen Erfahrung verbunden. An einer Betonwand musste das Dinghi in die Gurte eines Selbstbedienungskrans eingehängt, ausbalanciert und dann auf das Dock gehievt werden. So etwas hatte Michael noch nicht erlebt und entsprechend besorgt, korrigierte er die Gurte und deren Position drei Mal, bevor er Vertrauen zu der Konstruktion hatte.

Die Crew nahm sich vor, die Lebensmittel- und Drogerieartikelvorräte aufzustocken. Der einzige Supermarkt der Insel war ein winziger Shop. Das waren die Segler von den anderen Inseln bereits gewöhnt. Hier bot sich noch ein anderer Anblick: Leere Regale! Genau drei Shampoo-Flaschen standen im Regal hinter der Theke. Was auch immer der Besitzer gewöhnlich im Sortiment hatte, es war entweder lange nichts geliefert oder alles von den World ARC-Schiffen aufgekauft worden. Viele Kunden waren ohnehin nicht mehr übrig. Von den einst 15 000 Menschen, hatten bis auf zehn Prozent der alten Bevölkerung alle die Insel verlassen und waren nach Neuseeland ausgewandert. Die World ARC-Segler lernten von den Greisen ein traditionelles Begrüßungsritual. Um jemandem „Hallo!" zu sagen, wurde ihm nicht die Hand gegeben, sondern dem Gegenüber mit beiden Händen an die Ohrläppchen gefasst. Ein amüsantes Spektakel! Die Einwohner verbrachten ihren Lebensabend mit Singen und Angeln. Michael und seine drei zarten Schützlinge vergnügten sich während der Radtour um die Insel in Tropfsteinhöhlen, wilden Grotten und natürlichen Pools, in die man wahlweise springen oder sich abseilen konnte. Das Kind im Mann hatte seine wahre Freude.

Der Countdown lief. Michaels Familie stand in den Startlöchern. Auf Tonga würde Michael nach vier Monaten Abstinenz seine Frau und seine Kinder wieder in die Arme schließen können. Was gab es Schöneres als mit den Menschen durch die Südsee zu segeln, die man am meisten liebte? Was gab es Besseres als endlich viel Zeit für einander zu haben? Die Weltreise würde auf Tonga ihren wunderbarsten Zweck erfüllen und die Pazifiküberquerung ihren emotionalen Zenit erreichen. Der Abschlusstörn mit den Frauen wurde ein entspanntes Fest des Abschieds und der Vorfreude.

Mittlerweile war Michael vom weltpolitischen Geschehen abgeschnitten. Das Satellitentelefon diente vor allem dem Zweck, Wetterdaten zu empfangen, mit der Familie zu kommunizieren und ab und zu die Mitarbeiter mit einer Ladung Text, Daten und Arbeitsanweisungen zu bombardieren. Klassische 20-Uhr-Nachrichten drangen kaum noch zu ihm vor. Sie waren weder relevant noch trugen sie zum allgemeinen Wohlbefinden bei und Michael fühlte sich in seinem Mikrokosmos geistig und seelisch befreit.

Im Königreich Tonga nahm sich Michael zusammen mit anderen World ARC-Seglern einen Schlauchbootausflug vor. Zu sechst fuhren sie los. Das Dinghi war gut gefüllt mit wasserfesten Säcken, Wasser, Sonnenbrillen, Hüten, Schnorchelausrüstung, Prosecco, Schokolade, Handfunkgeräten, Flip Flops, wasserdichten Kameras, Festmacherleine und einem Reservekanister Benzin. Michael war dankbar, dass sein Dinghi einen festen Plastikrumpf hatte. Zwar war es an Bord damit sperrig und belagerte die freie Fläche unter dem Großbaum, aber das versehentlich mögliche Zusammenstoßen mit Felsen, Korallen, Wurzeln, Steinen und Muscheln verlor an Bedrohlichkeit. „Vittorio, Silvano!" rief Hilde plötzlich. Die italienischen Gentlemen, die von der Flotte den spontan eingeführten Preis für die bestgekleidete Crew erhalten hatten, schienen in Not zu sein. Sie trieben zwischen zwei Strömungen hin und her, waren von den Wellen schon ordentlich nass gespritzt worden und hatten gerade begonnen, die Ruder auszupacken. Bei Sichtkontakt mit Michaels Kaffeefahrtkommando begannen sie wild mit den Armen in der Luft herumzufuchteln. Michael fuhr zu den Hilfebedürftigen, die ihm erklärten, dass ihnen das Benzin ausgegangen sei. Michael hatte zwar noch Benzin im Kanister, würde es aber selbst brauchen, um alle wieder heil zu ihren Schiffen zurück zu bringen. Die kleinen Motoren hatten gegen die Bedingungen im Wasser anzukämpfen. Die extralange Leine erwies sich zum wiederholten Male als sinnvolle Investition. Michael schleppte die Festina Lente-Crew zum naheliegenden, amerikanischen Katamaran Nexus, wo der Dinghi-Tank aus genügend Reserven wieder aufgefüllt werden konnte. Michael schüttelte den Kopf. Die Leichtsinnigkeit der Italiener war ihm unverständlich. Wie schnell hätten sie abgetrieben werden können? Wann hätte jemand gemerkt, dass die Crew nicht mehr an Bord zurückgekehrt war? Die beiden Senioren segelten zu zweit. Vittorio bewohnte den gesamten Bug des Schiffs und Silvano die Heckkabine, die eher als Kabinenlandschaft bezeichnet werden konnte. Natürlich war der Salon mit einer perfekten Küche und einem exzellent gepflegten Weinvorrat in der Bilge der Yacht ausgestattet. Sogar selbstgemachter Balsamico durfte mitfahren. Immer wieder beklagte Silvano, die Tomaten seien nirgends auf der Welt so gut wie daheim in der Toskana. Das mochte wohl stimmen. Aus Michaels Perspektive hätte er sich jedoch wesentlich mehr Sorgen um die Vorbereitung des Dinghi-Ausflugs als um seine kulinarischen Gelüste machen sollen.

Aber wer genügend Benzin hatte, konnte sich getrost um das leibliche Wohl kümmern. Ein Fischer winkte Michael heran und nach kurzer Verhandlung wechselten vier ausgewachsene Hummer den Besitzer.

In diesen ersten Tagen auf der kleineren Südinsel Tongas, nutzte Michael die Zeit, um nach der Episode intensiver Kommunikation und sozialer Interaktion und vor der Phase mit Kindern an Bord durchzuatmen und allein zu sein. Während er im unberührten Sand seine Fußspuren hinterließ, fühlte er sich wie der erste oder auch einzige Mensch auf der Erde. Weich und warm spürte er den feinen Sand zwischen seinen Zehen. Selten waren seine Sinne so geschärft und sein Blick für die kleinen Schönheiten der Welt so offen wie in diesen Stunden der Einsamkeit an einem Ort, der aus nichts anderem als Natur bestand. Er übte das Apnoetauchen, wobei er dank der beim Yoga trainierten Atemtechniken lange ohne Luft auskam und meditative Momente erlebte. Seine Begeisterung für die ganz persönliche Auszeit versuchte er in Bildern festzuhalten. Das Licht, die Farben, die ganze Insel luden dazu ein, Buchtitelseiten zu zieren. Warum nicht? Wäre es nicht wundervoll, die Erlebnisse festzuhalten und das nicht bloß in einem ephemeren Internetblog?

Der Abschiedsabend von Tigs rückte heran. Selbst in ihren letzten Momenten überraschte sie ihre Zuhörer. Sie berichtete, sie wolle nach Fidschi übersetzen, um sich dort in einem Brunnenbauprojekt zu engagieren. Michael würde noch vielen Mitseglern von dieser inspirierenden Wahnsinnsfrau berichten. Ihre Anwesenheit an Bord hatte noch einen weiteren Nutzen gehabt: Michaels Englischkenntnisse hatten sich erheblich verbessert. Sein neues Vokabular, sein Mut zu sprechen und seine Fortschritte bei der Verwendung der Grammatik überraschten die amerikanischen Segler der Flotte, die Michaels Sprung mit „Amazing!" bewerteten.

Auf Tongatapu, Sitz der königlichen Familie und Hauptinsel mit 70 Tausend Einwohnern, herzte Michael auch Hildegunde und Dani zum letzten Mal. Erst beim Winken wurde ihm klar, wie wichtig ihm die Gemeinschaft geworden war, die nun auseinanderbrach. Vielleicht waren hier, mitten im Pazifik, Freundschaften für den Rest des Lebens entstanden. Für jemanden, der keine Zeit in unverbindliche Bekanntschaften oder oberflächliche Small Talks investierte, für jemanden, der nur wenige echte Freundschaften zu Menschen, die ihn in irgendeiner Weise weiterbrachten — sei es intellektuell, sportlich oder geschäftlich —, pflegte, war diese Erkenntnis ein großer Schritt.

Michael fuhr zum Flughafen, um seine neue Crew abzuholen. Frau Peggy, Sohn Aaron, Tochter Anni, Roland, Peggys Studienfreund und Chefarzt einer Kinderstation, und Rolands Partner Stefan waren auf der Anreise. Pünktlich stand Michael vor dem Gate und wartete. Eine kleine, bunte Gruppe aus Einheimischen, die entweder nach Hause zurückkehrten oder ihre Verwandten besuchten und Kartons voller Mitbringsel vom australischen Festland schleppten, und ein paar blasse Touristen mit großen Rollkoffern und suchendem Blick strömten aus der Tür. Michael ahnte, dass drei Erwachsene und zwei Kinder etwas mehr Zeit zum Koordinieren brauchten, dass der Kleine vielleicht auf die Toilette musste und sich Anni etwas anderes anziehen wollte. Aber auch zehn Minuten nach dem letzten Fluggast, ging die Tür nicht mehr auf. Komisch! Waren sie im Zoll hängen geblieben. Wurden jetzt die deutsche Leberwurst, der Nutellavorrat oder der Eierlikör konfisziert? Die nette Dame am Schalter musste bemüht werden. Sie prüfte die Passagierdaten in ihrem Computer. Einen Namen nach dem anderen. Nichts! Keiner der Fünf war an Bord der Maschine gewesen. Im Internet fand Michael heraus, dass der vorangegangene Flug rechtzeitig in Sydney gelandet war. Aber die Fragen, wieso seine Familie den Umstieg nicht geschafft hatte, erklärte dieses Wissen nicht. Er fuhr zurück zum Boot und hoffte, dass Peggy seine Nachricht empfangen konnte und ihn über ihren neuen Ankunftstermin informieren würde.

In Sydney stand eine Mutter kurz vor der Verzweiflung. Schon drei Stunden wurde Peggy mit einem völlig übermüdeten Dreijährigen und einer genervten Dreizehnjährigen in der Passkontrolle festgehalten. Die Einreise nach Australien wurde ihnen verwehrt. Es lagen weder die Buchung eines Rückfluges vor, noch ein Beweis, dass das Schiff wirklich in Tonga auf sie wartete. Michael musste als Eigner und Skipper jedem zukünftigen Crewmitglied eine schriftliche Bestätigung über die geplante Anwesenheit an Bord ausstellen. Das hatte er bisher nie versäumt, doch bei den Menschen, die seinen Nachnamen trugen, war er seiner Pflicht nicht hinterhergekommen. Peggy rief das Satellitentelefon an, aber niemand antwortete. Handynetz suchte man auf Tonga vergeblich. Da hatte Roland eine Idee. Er loggte sich über das Flughafen-WLAN auf der Internetseite des Worldcruising Clubs ein und zeigte den australischen Beamten die im Profil der Polaris hinterlegten Passagierlisten. Die Ozzies staunten nicht schlecht. So eine Weltumsegelung klang nach einem Abenteuer, das auch sie einmal aus den Fängen des Alltags in Uniform retten konnte. Sie zweifelten nun nicht mehr an den Angaben der deutschen Frau und wünschte eine gute Weiterreise. Wenn das so einfach gewesen wäre. Der Flieger nach Tonga war weg. Die Airline vermittelte einen Nachtflug. Michael, der inzwischen am Schiff angekommen war und sich zurückmelden konnte, buchte zwei Hotelzimmer am Flughafen. Um 2 Uhr nachts fielen ihm drei blonde Engel in die Arme. Dankend klopfte er Roland auf die Schulter.

Michael wurde oft von seinen Mitseglern gefragt, ob er seine Kinder nicht zu stark vermisse, wenn er sie so lange allein ließe. Seine Antwort enthielt eine gewisse Logik, die man nachvollziehen konnte, aber vielen fremd blieb:

„Ich habe natürlich viel Sehnsucht nach meiner Familie, vor allem in einsamen Nacht-schichten, in denen die Gedanken ungehindert fließen können. Ich empfinde diese Sehnsucht als ein wertvolles Gefühl. Mein Herz schmilzt jedes Mal, wenn ich meine Familie am Telefon habe. Und wenn sich der Kleine nach einer langen Trennung auf mich stürzt, dann weiß ich, wofür ich lebe. Wer kann im Alltag von sich behaupten, Sehnsucht nach denen zu empfinden, die ständig um einen sind?

Ich ersticke nicht vor Schmerz, weil ich genügend Ablenkung habe und hier meinen Lebenstraum verwirkliche. Ich weiß, dass meine Kinder nicht leiden. Aaron ist noch zu klein. Er lebt im Hier und Jetzt und beschäftigt sich mit denen, die gerade für ihn da sind. Anni lebt als Teenie in ihrer eigenen Welt und kapselt sich ohnehin gerade von ihren Eltern ab. Sie ist ein cleveres Mädchen, das gut reflektieren kann und ihren eigenen Vorteil durch die Reise erkennt. Peggy hat es sicherlich am schwersten. Zuhause zu bleiben, allein mit Kindern, Arbeit, Haushalt und der leeren Betthälfte ist eine große Leistung, vor der ich giganti-schen Respekt habe. Ich freue mich jetzt schon darauf, sie alle wieder in die Arme zu schließen und sie nach der Reise wieder täglich um mich zu haben."

Anni war drei Monate von ihrer Schulrätin freigestellt worden. Das Schulamt konnte ein kulturelles oder sportliches Ereignis zum Anlass nehmen, Schüler mit guten Leistungen für einen begrenzten Zeitraum vom Unterricht zu befreien. Vor dem Besuch der Entscheiderin, hatte Peggy ihrem Sohn zugeflüstert, er müsse jetzt sehr lieb sein. So war der kontaktfreudige Knirps auf die Schulrätin zugerannt und hatte ihr einen Kuss auf die Wange gegeben. Das Eis war gebro-chen. Anni hätte einen guten Notendurchschnitt und eine Segelreise könne der persönlichen Entwicklung der Schülerin dienen, hatte es in der Begründung für die Zusage geheißen. Annis Freundinnen, denen drei Monate wie ein halbes Leben vorkamen, hatten eine Abschiedsparty geworfen und Geschenke gebas-telt. Die Mädchen hatten sich gegenseitig versprochen, so oft wie möglich zu skypen. Peggy hatte ihre langen Haare abgeschnitten. Zu heiß würde es in der Südsee werden und zu anstrengend wäre es, ihre Mähne im Wind zu bändigen. Michael staunte nicht schlecht über die Frau im neuen, feschen Look. Hildegunde hatte die Polaris mit zahllosen, bunten Luftballons geschmückt und Aaron kam die Ankunft auf dem Schiff wie ein Piratenmärchen vor. Augenklappe, Plastik-schwert und Piratenmütze würden in den kommenden Monaten nur selten abgelegt werden.

Der erste Familientag war auch der erste Tag der Wiederaufnahme der Regierungsgeschäfte nach der Sommerpause auf Tonga. Die Schulen blieben geschlossen und die Kinder liefen in ihren Schuluniformen Parade. Die offiziellen Beamten trugen ebenfalls einheitliche Kleidung, die aus einem Hemd, einer

Krawatte, einem Gehrock und einer Bastmatte zum Hinsetzen bestand. Feierlicher konnte man den Urlaub nicht beginnen.

Einzig Michael konnte sich nicht auf die Zeremonie konzentrieren. Er rechnete. Fünf Tage würde die Überfahrt nach Fidschi dauern. Das Wetterfenster, das sie einigermaßen sicher ans Ziel bringen würde, wurde stündlich kleiner. Er traf die Entscheidung, noch am gleichen Tag abzulegen. Das Ministerium für Auswärtige Angelegenheiten war geschlossen und so würde er ohne Ausklarierung abreisen. Sieben Beaufort im Segel, Regen, Squalls und drei bis vier Meter hohe Wellen trafen am Abend auf eine Seglergemeinde mit Jetlag. Alle wurden seekrank und Michael übernahm die Rolle des Skippers, Arztes und Stewards in Personalunion. Als die pure Hölle, würde er diese Nächte eines Tages bezeichnen. Fast hätte er das Überqueren der Datumsgrenze am 180ten Längengrad verpasst. Ein schnelles Foto des Kartenplotterdisplays musste als Beweis reichen, dass die Polaris soeben in die kalendarische Vergangenheit gereist war. Zum Feiern war niemandem zumute. Zu den üblichen Startschwierigkeiten neuer Crews, traf Michael die Sorge um seine Kinder mehr als erwartet. Drei Tage lang erbrach sich Aaron, der nur aus Erschöpfung in den Schlaf fiel. Sobald der Regen aussetzte, richtete ihm Michael ein Bett an Deck ein. Das Schwanken des Schiffs würde er dort besser verkraften und die frische Luft täte ihm gut. Als er sah, wie sich sein winziger, blasser Stammhalter vor Schmerzen krümmte, hätte er am liebsten angehalten, um dem Leid ein Ende zu setzen. Zum Umkehren war es zu spät. Er musste jetzt funktionieren und so rasch wie möglich irgendein Ziel erreichen, denn ein Gutes hatte der viele Wind: Sie würden wesentlich früher in der Republik Fidschi landen. Das Archipel bestand aus 332 Inseln. Ganz im Norden befand sich die zweitgrößte Insel mit dem Namen Vanua Levu. Vor dem Ort Savusavu im Süden der Insel warf Michael bei Sonnenuntergang den Anker.

Am nächsten Morgen weckte Baulärm die gebeutelte Familie und ihre zwei Freunde. Eine Marina wurde gerade errichtet und erst jetzt konnten die Haufes das gesamte Ausmaß der Insel erkennen. Grüner Regenwald leuchtete hinter dem blauen Wasser. Tägliche Regengüsse nährten die saftige Flora. Hier konnten sie endlich wieder frisches Obst und Gemüse einkaufen und überhaupt kehrte die Lust am Essen zurück. Der Beamte der Immigration kam an Bord und erledigte die Einklarierung am Klapptisch im Cockpit. Aaron, der Pirat, wickelte auch ihn mit seiner Herzlichkeit um den Finger. An Land durfte der kleine Mann endlich ein Eis naschen und alle Qualen schienen augenblicklich vergessen. Der blonde Junge erregte überall Aufsehen und wurde von Groß und Klein sofort ins Herz geschlossen. Michael war fasziniert, wie unkompliziert sich sein Kind in der Fremde zurechtfand, im Country Club Freundschaften zu anderen Kindern knüpfte, ohne auch nur ein Wort mit ihnen sprechen zu können.

Der Tagesablauf wurde dem Rhythmus des kleinen Rabauken anpasst. Er wurde in die Aufgaben an Bord integriert und griff gern zu Bürste und Schrubber. Er wurde mit seinen Leibspeisen gefüttert und mit vielen Spielen beschäftigt. Der Salon verwandelte sich in ein Spielzimmer voll mit Superhelden, Spielzeugautos und Buntstiften. Das iPad wurde zum Babysitter, der die immer gleichen Trickfilme und Melodien abspielte. Größer hätte die Transformation des Bordambientes kaum sein können. Michael hatte um die Reling ein Netz gespannt, damit der kleine Wicht nicht herausfallen konnte. Für den Nichtschwimmer galt ganztägige Schwimmwestenpflicht. Seine Kinder an Bord zu beschützen, steigerte Michaels Stresslevel. Nie zuvor war sein Verantwortungsbewusstsein derart strapaziert worden.

Am Strand lud eine einheimische Mama die Crew zu einem Ausflug ein. Zusammen fuhren sie in einem Bus voller Frauen in ein Dorf, das eine halbe Stunde entfernt lag. Während der Fahrt unterhielt sie der ununterbrochene Gesang der Frauen. Die Segler waren sich einig: So viel Lebensfreude wäre auch in Deutschland wünschenswert. Am Ziel angekommen, ging es musikalisch weiter. Die Big Band der Polizei unterhielt die Feiergemeinde. Ein anregender, erdig schmeckender Trunk wurde unter den Männern herum gereicht. Peggy und Roland wurden zum Tanz aufgefordert und Aaron von den Frauen und Kindern adoptiert. Anni traute dem Geschehen nicht recht und hielt sich lieber an der Kamera fest. Die anstehende Regenwaldwanderung demotivierte sie noch mehr. Michael würde sie ins Kino einladen und dringend eine Internetverbindung finden müssen, um ihre gute Laune zurückzugewinnen.

Suva, die Haupstadt Fidschis, die nach anderthalb Tagesreisen und einer vor Energie strotzenden Crew erreicht wurde, enttäuschte die reisenden Romantiker. Schmutz, Müll und Lärm kratzten am Idealbild der Südsee. Die Wertschätzung für das architektonische Erbe der Kolonialzeit schien sich gerade erst zu entwickeln. Nach dem billigen und wohlschmeckenden Mittagessen auf einem Lebensmittelmarkt gönnten sich die Urlauber Kaffee und Kuchen in einem Fünf-Sterne-Hotel.

Um Fidschi besser kennenzulernen, fuhr das Gespann weiter an der Südküste entlang und ankerte in einer Bucht, die von Bretterbuden umsäumt war. Ganz gespannt darauf, ein typisches Dorf kennenzulernen, stiegen die Sechs in das Dinghi. Kurz vor dem Anlanden blieb das Bötchen im Schlick stecken. Also wateten sie die 500 Meter zum Strand durch das glitschige Watt, hoffend, dass der Wasserstand bei Flut nicht über die Waden steigen würde.

Mehrere Männer begrüßten die seltsamen Wandervögel und führten sie schnurstracks zum Stammesältesten. Im Gemeindehaus saßen die fünf Oberhäupter des Dorfes erwartungsvoll zusammen und fragten nach ihrem Gastgeschenk. Die Erwachsenen schauten sich fragend an, zuckten mit den Schultern und legten betroffene Mienen auf. Sie lernten an diesem Tag eine wichtige Lektion: Erwarte niemals Gastfreundschaft, wenn du keine Kavawurzeln im Gepäck hast. Die Kava-Zeremonie war ein kultureller und religiöser Akt, bei dem man das Pfeffergewächs zu einem Sud mit beruhigender Wirkung braute und gemeinsam trank. Als die Crew ihr Bedauern über ihr Versäumnis ausdrückte, wurde ihnen die vorläufige Gastfreundschaft gewährt, mit der Auflage, am nächsten Tag doch das Gastgeschenk nachzureichen. Peinlich berührt zogen die Deutschen von dannen.

Zur Gastfreundschaft gehörte, dass die Familie einen Fahrer zugewiesen bekam, der sie in den Nachbarort brachte. Dort stiegen alle in einen Einbaum und ließen sich bei strömendem Regen flussaufwärts fahren. Für die Bergbewohner war der Fluss die einzige Verbindung zur Außenwelt. Mit dem ausgehöhlten Baumstamm, an dem ein Außenbordmotor klemmte, überwand der Kapitän sogar Stromschnellen in einer Höhe von einem halben Meter. Die Wasserfälle und Blumenpracht wollten die durchnässten und frierenden Touristen nicht so recht begeistern. Sie sehnte sich nach etwas Heißem. Und das gab es auf Robinson Crusoe Island, ein winziges Stückchen Land vor der Westküste der Hauptinsel.

In einer spezialisierten Akademie wurden hier die besten Feuertänzer des Landes zu Höchstleistungen gedrillt. Wer hier trainierte, hatte gute Chancen, für die Shows der gehobenen Hotelressorts gebucht zu werden. Glänzende Körper wirbelten umher, lodernde Flammen flogen durch die Luft. Artistischer Tanz traf auf ausgefeilte Jongleurskunst. Wem hier nicht warm ums Herz wurde, dem war nicht mehr zu helfen. Wie versteinert verfolgte Aaron das Schauspiel. Belehrungen wie „Mit Feuer spielt man nicht!", konnte sich Peggy heute sparen.

Und noch ein Kunststück faszinierte die Crew. Geschickt kletterten junge Männer die allgegenwärtigen Kokospalmen hoch, ohne Seile oder andere Hilfsmittel. Flink wie Eichhörnchen rannten sie den Stamm entlang und hielten beim Abpflücken der Kokosnüsse ganz selbstverständlich die Balance. Michael bat den Verkäufer frischer Saftkokosnüsse die Ernte selbst vornehmen zu dürfen. „No problem! Never try, never know!", rief der drahtige Junge sichtlich amüsiert und machte eine einladende Geste in Richtung Palmenstamm. Noch fehlte Michael das Konzept. Er hatte die Einheimischen beobachtet. Sie liefen nahezu schwerelos den Stamm nach oben, ohne sich daran festzuklammern oder lange zu überlegen. Der steile Winkel schien ihnen nichts auszumachen. Er hob die Hände über den Kopf, legte die Hände auf die rauen Fasern der Palme und zog sich einen halben Meter nach oben. Dann presste er seine Füße in die verholzten Blätter und verlagerte sein Gewicht. Mit den Beinen drückte er sich nach oben und wusste schon jetzt, dass er es niemals bis zu den Nüssen in der Krone schaffen würde. Seine Fußsohlen und seine Handinnenflächen fühlten sich an, als würde sie mit einem Stahlschwamm kuscheln. Wie sehr raues Schmirgelpapier zerrieb die Palme Michaels Haut. Vor einem neuen Versuch müsste er sich erst Hornhaut wachsen lassen, was ganz sicher nie passieren würde. Penibel achtete Michael darauf, auch auf der Weltumsegelung stets gut gepflegt zu erscheinen. Nagel-knipser, Bimsstein, Anti-Aging-Creme, Zahnseide, Bodylotion waren das Minimum an Beautyprodukten für den dünnhäutigen Weltumsegler. Michael brach seinen Versuch ab. Als Skipper musste er fit bleiben und konnte sich keine Verletzungen erlauben. Selbst winzige Schürfwunden heilten im tropischen Klima sehr schlecht, entzündeten sich leicht und hinterließen unschöne Narben. Anerkennend klopfte Michael dem Händler auf die Schulter und bestellte eine große Portion Kokosnusssaft.

Es war der 12. Juni 2014, der Auftakt einer historischen Phase für Deutsch-land. Mit dem Spiel Brasilien gegen Kroatien feierten Fußballfans weltweit den Startschuss für den FIFA World Cup, so auch auf Fidschi. Den Deutschen wurde immer wieder versichert, dass man ihnen Glück wünsche und sie die besten Spieler hätten. Der beliebteste von allen war Bastian Schweinsteiger, dessen Name immer wieder zu Zungenbrechern führte. Michael, der kein bekennen-der Fußballfan war, überließ das Feld bis zum Beginn der Deutschlandspiele seinem Sohn und widmete sich der Firma, die sich genau jetzt in ihrer jährli-chen Hochsaison befand und gute Chancen hatte, die Löcher vom Jahresbeginn endlich zu stopfen. Anni skypte trotz zehn Stunden Zeitverschiebung mit ihren Freundinnen, die sich für ihre beneidenswerte Kameradin gern die Nächte um die Ohren schlugen.

Auf Robinson Crusoe Island lernten die Kinder, dass Süßwasser keine allge-genwärtige Ressource war. Wer hier duschen wollte, nutzte Regenwasser. Grund-wasser war nicht vorhanden. Wenn der Eimer mit dem anmontierten Duschkopf geleert war, konnte man eben erst nach dem nächsten Schauer weiterduschen. Wie wenig 20 Liter auf einmal sein konnten, öffnete Anni die Augen für den hohen Lebensstandard in der Heimat.

Die Familie brach zu einer Dinghi-Expedition in die Mangroven auf. Die 15 PS des kleinen Motors musste jetzt einmal zeigen, wozu sie fähig waren. Michael gab Gas und versetzte das Boot in eine berauschende Gleitfahrt. Michael musste höllisch aufpassen, dass er die herumtreibenden Baumstämme nicht mit dem Außenborder erwischte. Zurückpaddeln wäre eine äußerst mühsame Alternative. Peggy ließ die Sommerfrisur im Wind wehen, Aaron jauchzte vergnügt und Anni schoss Fotos von ihrer verrückten Familie.

Aarons Geburtstag nahte und Michael nutzte die Chance, seinen Teenager zu einem exklusiven Vater-Tochter-Strandspaziergang einzuladen. Die künstlerisch begabte Anni hatte vorgeschlagen, dem kleinen Bruder ein Modellkatamaran für seine Plastiksuperhelden zu bauen. Dafür sammelten Michael und Anni nun Treibholz und nutzten die Zeit zu zweit zum Reden, einfach über alles, was die 13-Jährige auf dem Herzen hatte. Michael wusste, dass diese Zeit mehr wert war als alle materiellen Zuwendungen. Er war stolz darauf, seiner Familie die Welt zeigen und mit ihr all die einmaligen Orte und Erlebnisse teilen zu können.

In Port Denarau feierte die World ARC-Flotte ihr Wiedersehen und Aaron seinen vierten Geburtstag. Michael kaufte seinem Sprössling eine bunte Torte und spielte mit ihm den ganzen Tag im Schwimmbad der Hafenanlage. Segelyachten im Wert von mehreren Millionen Dollar, Megamotoryachten und Nobelvillen charakterisierten das Erscheinungsbild der Luxusmarina. Hier Liegeplätze und Reparaturleistungen ohne Voranmeldung zu erhalten, war ein utopischer Wunsch. Sechs aufregende Tage standen der Polaris bevor. Roland und Stefan flogen wieder nach Hause. Ricco Geithner landete mit Ehefrau Silke und den Kindern auf Fidschi.

Zu acht wurde es enger als je zuvor auf dem Schiff. Der Jüngste schlief zwar bei den Eltern, nahm dafür tagsüber viel Raum, Aufmerksamkeit und Fürsorge für sich ein. Ricco und Michael hatten auch für den Familientörn ein Worst-Case-Szenario entwickelt: Ricco würde mit seinen Lieben in ein Hotel ziehen, wenn Bedarf nach mehr Freiraum entstand. Eine Aufgabenteilung erleichterte das Zusammenleben. Ricco war wieder einmal verantwortlich für die Verpflegung, das Bevorraten und die Landaktivitäten. Michael sorgte sich um die technischen, navigatorischen und seglerischen Belange. Die Frauen hielten das drohende Chaos an Bord und die Kinder in Schach. Silke kümmerte sich dabei gern um die Details während man mit Peggy hervorragend herumalbern konnte. Die Kinder profitierten von der guten Laune ihrer Eltern, mussten es aber nun vier Aufsichtspersonen recht machen. Riccos Wort galt ebenso für Michaels Kinder und Silkes Zöglinge mussten auch auf Peggy hören.

Die 13-jährige Jenny und der 11-jährige Pascal waren ebenfalls aus der Schule befreit worden. Anni war froh über die gleichaltrige Verstärkung. Ihre Bücher waren mittlerweile ausgelesen und auf See würde das Internet wieder nicht funktionieren. Das Segeln interessierte sie nicht sonderlich und so schlief sie einfach viel bis zur nächsten Ankunft an Land. „Ich bin eine Landratte", beteuerte sie immer wieder.

Richtung Westen lag das Musket Cove Island Ressort. Die Dünenlandschaft kam den Deutschen irgendwie bekannt vor. „Ostsee!", murmelte Ricco und alle brachen in schallendes Gelächter aus. Vertraut, wunderschön, aber viel wärmer. Hier fühlten sich die zwei Familien sofort wohl. Dank der neuen Babysitter an Bord, gönnten sich Peggy und Michael eine kleine Auszeit zu zweit. Sie mieteten sich im Südsee-Dresscode, sprich Flip Flops, in den Golfclub ein und schlugen ihre Bälle über Markierungen aus Kokosnüssen. In der sanften Abendsonne vergaßen sie die Zeit. Da rasselte es hinter ihnen. Erschrocken drehten sie sich um. Es war der Platzwart, der an seinem Schlüsselbund fummelte. Mit den Worten „This is for you. Put the key in the letterbox." händigte er dem verblüfften Paar den Schlüssel für das Tor aus, das sie nach beendeter Runde einfach selbst zuschließen durften, und verabschiedete sich in den ganz sicher wohlverdienten Feierabend. Das Leben könnte kaum schöner sein. Und doch wurde es noch ein bisschen schöner.

Ricco hatte für einen US-Dollar eine Grillstelle gemietet. Diese bestand aus einer heißen Platte, auf der man mitgebrachte Speisen im Teppanyaki-Stil braten konnte, was der Gastronom eifrig tat. Die hungrigen Mäuler versammelten sich um den Grillmeister und verbrachten den letzten gemütlichen Abend vor der mit fünf bis sechs Tagen kalkulierten Überfahrt nach Vanuatu.

Für den Auftakt der neuen Etappe hatte sich Michael etwas Besonderes überlegt. Im azurblauen Ozean zog Michael den 180 Quadratmeter großen Spinnaker mit Espoto-Logo hoch. Nach acht Stunden Handsteuerung bei zehn Knoten über Grund war ihm der zweite Platz in der Flotte sicher. Schneller kam nur die größere Chika-Lu ins Zwischenziel.

Peggy und Michael hatten vorgesorgt. Filme, Serien, Hörbücher, Musik und Spiele: Im Bordnetzwerk stand ein Entertainment-Programm zur Verfügung, das dem einer Airline glich. Mit allen mobilen Geräten konnten die Kinder auf die Dateien zugreifen, solange wie die Akkus hielten. Michael hatte unterschätzt, wie sehr der Stromverbrauch mit Ankunft der Kinder in die Höhe schießen würde. Smartphones, Tablets, E-Book-Reader und MP3-Player musste permanent aufgeladen werden. Der Harmonie zuliebe warf Michael lieber den Motor an, um kurzfristig mehr Strom bereitzustellen, als Langeweile Einzug halten zu lassen. So ganz ohne Auslauf und Abstand gingen sich selbst Erwachsene nach wenigen Tagen gegenseitig auf die Nerven, aber Kindern fehlte die nötige Diplomatie. Sie ließen die Situation viel unmittelbarer eskalieren.

Die drei großen Kids kümmerten sich liebevoll um den kleinen Aaron. Der arme Bengel war trotz Superpep-Reisetabletten wieder einmal tagelang seekrank, klagte ständig über Bauchschmerzen und konnten nur mit sehr viel Aufmerksamkeit, Ablenkungen und Piratengeschichten beruhigt werden. Michael und Peggy schliefen abwechselnd mit Aaron an Deck. Eingemummelt in einen Schlafsack schienen ihn die Geräusche des Schiffs und der Wind nichts auszumachen.

Besorgt beobachtete Michael die langsame Genesung seines Sohnes und die Wettersituation vor Vanuatu. Starkwind war im Anmarsch. Es würde wieder ungemütlich werden. Schweren Herzens traf er seinem kranken Sohn zuliebe eine Entscheidung. Er verkürzte die geplante Route und strich Tanna aus dem Plan. Der aktive Vulkan auf der Insel im Süden Vanuatus lieferte den anderen Flottenseglern beneidenswerte Erinnerungsvideos von fließender, glühender Lava und tiefroten Springbrunnen aus Feuer und halbflüssigen Gesteinsmassen. Dieser Abstecher bedeutete drei zusätzliche Seetage, die Michael kurzerhand vermied. Peggy beschloss außerdem, ihrem Sohn die lange Passage von Vanuatu nach Australien zu ersparen und diese Strecke per Flugzeug zu überbrücken. Im Grunde tat sie sich mit diesem Schritt selbst einen Gefallen. Wochenlang Putzfrau, Köchin, Entertainerin und Ärztin in einer engen Barke zu sein und nichts als den Salon und das immer gleiche Meer zu sehen, war längst nicht so spannend wie das tageweise Hopping zu malerischen Buchten und Inseln, wie Manöver vor felsigen Küsten und blütenweißen Stränden, wie entspannte Mahlzeiten an Land oder auf der vor Anker liegenden Yacht. Die zehn bis zwölf Tage, die die Polaris sich in das Great Barrier Reef schaukeln würde, konnte sie nutzen, Aaron die Tierwelt Australiens zu zeigen, Wellness- und Sportangebote wahrzunehmen, Souvenirs zu kaufen und einfach zu entspannen. Mit ihrer Rückkehr nach Deutschland endete ihre Elternzeit. Sie wollte wieder in den Beruf zurückkehren und da wäre ein weiterer Urlaub erst am Ende des Jahres wieder möglich.

Die Teenies schleppten Decken und Kissen unter die Sprayhood und richteten sich an Deck ein gemütliches Tageslager ein. Von dort aus konnten sie Ricco besser beim Fischen beobachten. Morgens um 5 Uhr stand er jeden Tag auf und kümmerte sich mit Hingabe um sein teures Angelequipment. Auf jeder Insel erwarb er entweder buntere Köder, größere Haken, festere Sehnen oder neue rutschsichere Handschuhe. Die japanischen Filetiermesser und überhaupt alle Kochmesser an Bord wurden regelmäßig geschärft. Fast täglich bissen ein, zwei Fische an, schafften es aber nicht ins Cockpit. Die abgeknabberten Köder untersuchte Ricco fachsimpelnd darüber, welcher Fisch ihm da wohl entgangen war. Wenn die Polaris mit mehr als fünf Knoten durch das Wasser zog, hatte er eine Chance, die Beute zu überlisten. Sie ließ sich unter der starken Spannung nicht herankurbeln und riss ab.

Ricco fischte nur auf dem offenen Ozean. In der Nähe von Land sei die Fischvergiftung Ciguatera allgegenwärtig, unkte es in der Flotte. Meist traf es dabei nur eine bestimmte Fischart und die Fischer konnten darüber Auskunft geben, ob und wo das Gift bereits aufgetreten war. Für die Meeresbewohner, die das Gift beim Fressen von Algen aufnahmen, bot Ciguatera keinerlei Gefahr. Für den Menschen konnte der Verzehr der Fische in seltenen Fällen tödlich, in den meisten Fällen sehr unangenehm werden. Die Angst vor monatelangen Beschwerden wie Übelkeit, Schwindel, Krämpfe und Herzrhythmusstörungen, hatte andere Weltumsegler bereits veranlasst, Vorkosterkatzen an Bord zu holen. Keine zuverlässige Methode, wie sich später herausstellte.

Und plötzlich summte es laut im Cockpit. Die Spule der Angel wickelte sich in rasender Geschwindigkeit ab. „Micha, nimm die Schot von der Winsch! Ich hole die Genua rein. Wir sind zu schnell. Ich will endlich wieder Fisch essen.", rief Ricco und zerrte an der Rollleine. „Silke, bring die Messer, die Handschuhe, die Hammeraxt!", „Micha, schnapp dir das Gaff! Allein schaffe ich es nicht, das Tier hereinzuwuchten.", „Ach, Pascal, kannst du mir mal ein Bändsel reichen? Wir müssen den Schwanz anbinden, sobald wir das Tier im Boot haben.", verteilte Ricco seine optimistischen Kommandos. Die Angel krümmte sich und Ricco schmerzten die Hände. Nur ganz kurz ließ die Spannung nach und er kurbelte aufgeregt los. Gleich war wieder Zug auf der Sehne. „Noch sechs Meter! Micha, mach den Seezaun auf und setz das Gaff hinter den Kiemen an, wenn's geht!". Der Fisch kämpfte um sein Leben und Ricco um die Ehre und das Abendessen. Nie würde er mehr fangen, als gegessen würde. Nie würde er Fisch nur zum Spaß töten. Aber im Gefrierschrank war ausreichend Platz und was gab es Gesünderes als frischen Fisch? Sein Fang wurde müde und ließ sich die restlichen Meter mühelos heranziehen. Erst als der Kopf durch die Wasseroberfläche schoss, fing er an zu zappeln, aber da hatte ihn Michael schon am Haken. Mit einem Schwung, lag ein ausgewachsener Bonito für einen Moment reglos im Cockpit. Nach einem kräftigen Hammerschlag auf den Kopf war der kräftige Fisch bewusstlos. Eine scharfe Schneide trennte den Kopf vom Körper. Ricco warf den Kopf und die Eingeweide zurück ins Wasser, steckte den Fisch zum Ausbluten in einen Eimer und lachte in die Runde. Er blickte in die Gesichter der Frauen und Kinder und erkannte sowohl Ekel und Mitleid, als auch Anerkennung und Vorfreude auf den leckeren Bissen. Für die Erwachsenen würde er das rote Fleisch als Sashimi zubereiten und die Kinder bekämen selbstgemachte Fischstäbchen, die formal nicht mehr an den armen Fisch erinnerten.

Einen Tag vor Ankunft auf Vanuatu schrieb Michael zwei Listen: Dinge, die besorgt werden mussten und Dinge, die erledigt werden mussten. Und während er kritzelte, fiel ihm ein, dass er vergessen hatte, eine Gastlandflagge für Vanuatu zu besorgen. Ohne Flagge einzulaufen war peinlich und konnte als Affront gewertet werden. Im „Ocean Passages & Landfalls"-Lexikon schlug Michael nach und hielt seinem Sohn die Abbildung der Flagge Vanuatus unter die Nase: „Aaron, du darfst jetzt eine Flagge malen. Wir brauchen genau diese hier, nur in groß. Schaffst du das?" Aaron nickte verschwörerisch. Mit Wachsmalstiften in rot, schwarz, gelb und grün bewaffnet kroch er wieder ins Cockpit. Selten hatte das Hafenpersonal ein schöneres Kunstwerk unter der Saling flattern sehen. Die Deutschen wurden mit Schulterklopfen empfangen. Das WM-Finale stand bevor und die Hälfte aller Autos fuhr mit Deutschlandfahnen geschmückt über die Insel. Die argentinische Familie Ivanissevich auf dem Katamaran NDS Darwin konterte mit selbstbewusstem Nationalstolz. Am 14. Juli 2014, morgens um 6 Uhr in Vanuatu trafen sich die Fußballnarren vor einer Großbildleinwand auf dem, wie konnte es anders sein, Fußballfeld. In Brasilien wurde das Spiel Deutschland gegen Argentinien angepfiffen, welches Mario Götze in der 113. Minute mit dem „1:0"-Tor für Deutschland entschied. Besser konnte der Tag nicht starten. Mit Sekt und Bier stießen die Weltmeister im fernen Pazifik zum Frühstück auf den lang ersehnten Pokal an. Die Argentinier gratulierten großzügig.

Michael ahnte, dass man die neugewonnene Euphorie in Energie umwandeln konnte, und stattete seine vier jungen Helden mit Bürsten, Tüchern und Polierpaste aus. Der GFK-Rumpf brauchte eine Politur, das Teakholzdeck eine Frischwasserreinigung, die Fenster eine Essigreinigung. Keiner murrte, denn gemeinsam zu putzen und zu wienern war immer noch besser als Schulaufgaben zu machen. Doch sie hatten die Rechnung ohne Ricco, den ehemaligen Physik- und Mathematiklehrer gemacht. Die Bootspflege befreite sie längst nicht von den Pflichten, die sie für die Schulbefreiung in Kauf nehmen mussten. Die drei Teenager hatten Hausaufgaben für alle Schulfächer im Gepäck und als hätte er seinen Beruf nicht schon seit vielen Jahren an den Nagel gehängt, bestach er die Halbstarken: „Ich habe eine Überraschung am Strand, wenn die Aufgaben fertig sind." Misstrauisch ob dessen, was der Vater Überraschung nannte, setzten sie sich an den wohl schönsten Schreibtisch der Welt. Am Strand, unter einer Palme, mit Blick auf das Meer durften sich die drei Schüler gegenseitig helfen. Sie saßen in einem Boot, in jeder Hinsicht, und ermahnten sich untereinander immer wieder zur Konzentration. Ruckzuck waren sie fertig oder fühlte es sich vielleicht einfach nur so an, weil mitten im Paradies sogar die Schularbeiten Spaß machten?

„Papa, was ist denn nun die Überraschung?", drängte Pascal seinen Vater, sein Versprechen einzulösen. „Schnappt euch Schnorchel, Tauchmasken und Flossen! Wir gehen zur Post.", lachte Ricco. Die Mädchen rollten mit den Augen. Sie hatten heute schon genügend Rätsel gelöst. Skeptisch folgten sie Riccos Aufforderung. Er hatte nicht gescherzt! Sie gingen tatsächlich zur Post. Rechtzeitig vor der täglichen Briefkastenleerung um 16 Uhr kamen die zwei Familien in der Nähe von Port Vila am weltweit einzigen Unterwasserpostamt, das vom Unternehmen Vanuato Post betrieben wird, an. Am Strand gab es Karten zu kaufen, die man mit wasserfesten Stiften beschreiben konnte. Der Postschalter befand sich zwei Meter tief unter der Wasseroberfläche und war nur schnorchelnd zu erreichen. Ein Postbeamter in Tauchausrüstung wartete dort geduldig auf seine Kunden. Das war so albern, dass es schon wieder cool war, fanden die Teenager und zählten all die Personen zusammen, die eine Postkarte vom „Underwater Post Office" erhalten sollten.

Großes Kino sollte es auch am Abend geben. Ricco gab sich größte Mühe, den Spaßpegel am oberen Anschlag zu halten und baute ein Bordkino auf. Per Beamer projizierte er, passend zum Tagesprogramm, den Disney-Trickfilm „Findet Nemo" auf das ausgerollte Vorsegel. Eine bessere Leinwand und eine bessere Kulisse konnte sich keines der Kinder vorstellen.

Neben der World ARC-Party zum Abschied aus der Südsee und zum Auftakt für den Pazifikendspurt nach Australien standen noch der große Lebensmitteleinkauf und eine Wasserfall-Klettertour an. Erlebnisse für alle Sinne! Auf dem Markt begegneten ihnen exotische Gerüche und ungewohnt präsentierte Speisen wie unzerlegte Tiere, Gewürze und Tees in offenen Säcken und farbenprächtige Obstpyramiden. Im Urwald trafen sie auf unheimliche Geräusche, das Rauschen des Wassers und der Baumwipfel, Vogelgesang und Tierstimmen, die sie nicht identifizieren konnten. Michael fühlte den Felsen, von dem einen Kilometer lang ein Wasserfall terrassenartig herunterfiel. Das Gestein war rau und eignete sich zum Bouldern. Klettern ohne Sicherung mit der Gewissheit, nur ins Wasser fallen zu können, war Michaels Welt. Sein schlanker, muskulöser Körper klebte prompt an einem Überhang und alle zückten die Kameras. Mit Lianen schwangen sie sich in den großen Pool am Fuß des Wasserfalls und stießen beim Herabfallen Schreie aus, die mal mehr, mal weniger nach Tarzan klangen.

Nach dem sportlichen Event setzten sich Peggy und Aaron in den Flieger nach Brisbane, Australien und die verschmälerte Crew legte ab. Michael und Ricco hatten ein Schichtsystem entwickelt, bei dem beide jeweils fünf Stunden

Nachtwache hielten. Michael übernahm die Abendschicht von 20 bis 2 Uhr und Ricco die Frühaufsteherschicht von 2 bis 7 Uhr. Tagsüber würden sie bilateral entscheiden, wer das Steuer übernahm. Nach dem Motto „never change a running system" blieb der Plan bis zum Ende der Überfahrt bestehen.

Als Anni mitten auf dem Ozean 14 Jahre alt wurde, fehlte zum ersten Mal in ihrem Leben die Mutter zu ihrem Geburtstag. Michael fühlte sich unter Druck gesetzt, es seiner Tochter trotz Abwesenheit von Freunden und Mutter so lustig wie möglich zu machen. Silke hatte einen Kalten Hund vorbereitet. Der Kuchen aus Keksen und Kakaomasse, der nicht gebacken werden musste, wurde von allen Kindern geliebt. Ricco fing zur Feier des Tages einen Mahi Mahi, der schon aufgrund seines Namens zum Lieblingsfisch der Kinder wurde. Sie trauten sich sogar, das weiße Fleisch roh als Carpaccio zu naschen. Ein großer Schritt für die Kleinen, die seit Beginn der Reise scheinbar einen Entwicklungssprung mitge-macht hatten. Erst am neunten Seetag kehrte mürrische Stimmung in das Famili-enboot ein. Bei einem durchschnittlichen Etmal von 100 Seemeilen, standen ihnen noch drei weitere Tage ohne festen Boden unter den Füßen bevor. Das junge Volk langweilte sich und nichts schien es mehr zu interessieren. Auch diese Situation würde die Kinder stärker machen, dachte sich Michael, und kümmerte sich wieder um die Navigation. Und das war alles andere als ein Kinderspiel.

Das UKW-Funkgerät fiel aus. Somit konnte Michael weder die Notrufe und Warnungen der Küstenwache oder anderer Schiffen empfangen, noch konnte er selbst welche senden. Eine denkbar riskante Sache. Per SSB konnte Michael weiterhin mit der World ARC-Flotte kommunizieren und seine Position bekannt geben, und per Sailmail konnte er immerhin den Organisatoren Informationen weiterleiten. Sie mussten dem Hafenmeister in Mackay bekannt geben, dass er ohne Anmeldung in die Marina fahren würde. Normalerweise fragte ein Schiff auf Kanal 16 oder einem speziell bekannt gegebenen Kanal um Erlaubnis, in den Hafen einfahren zu dürfen. Daten wie Länge, Gewicht, Tiefgang des Schiff, Herkunftsland, Anzahl der Crewmitglieder, Zeit des Einlaufens und Dauer des Aufenthalts wurden abgefragt und das Prozedere des Anlegens und Einklarie-rens geklärt. Die Telefonnummer des Hafenmeisters stand im Rallye-Handbuch, das Satellitentelefon konnte bemüht werden, sollte sich das Rallye-Management nicht melden.

Plötzlich drehte das Boot ab. Michael griff zum Steuerrad. Was war da los? Eine Welle war das nicht gewesen. Er prüfte die Displays und stellte fest, dass der Autopilot seinen Dienst quittiert hatte. Bevor er fluchen konnte, spürte er einen Widerstand beim Steuern und war nicht mehr in der Lage, das Schiff auf Kurs zu halten. Michael ahnte Böses. Er brachte das Schiff zum Stehen.

Vermutungen halfen jetzt nicht weiter. Er musste selbst sehen, ob es etwas zu sehen gab. Michael setzte sich eine Tauchmaske auf, zog sich Flossen an und band sich eine Sicherungsleine um den Körper. Am anderen Ende der Leine stand Ricco. Er wollte über die Leine ein Signal geben, falls er einen Hai sichtete. Weiße Haie waren vor der Küste Australiens keine Seltenheit. Michael tauchte ab. Ein Blick an Ruder und Kiel: Nichts! Noch zwei Flossenschläge und er entdeckte den Übeltäter: Treibende Leinen hatten sich um den Propeller des Motors gewickelt und blockierten die gleichmäßige Rotation. Mit bloßen Fingern zerrte er daran, aber die Stricke klemmten fest. Atemlos kehrte Michael an die Wasseroberfläche zurück. „Ricco, reich mal das Messer!", keuchte er. Mit dem kurzen, scharfen Seglermesser kickte er sich wieder unter den Bootsrumpf. Das Schiff schaukelte in den Wellen und Michael versuchte eine Position zu finden, in der er sich nicht immerzu den Kopf anstieß. Kaum hatte er eine gute Körperhaltung ausgemacht, die ihm auch noch genügend Raum zum Zerschneiden der Leinen gab, ging ihm die Puste aus. Er musste hoch. Das Wasser war hier, einige Hundert Seemeilen südlich vom Äquator, in den Wintermonaten viel zu kühl für lange Aufenthalte ohne Neoprenanzug. Noch einmal füllte er seine Lunge mit Luft und stieß sich ab. Gezielt schnappte er sich die Störenfriede und sägte sie durch. Eine Minute später war alles erledigt. Er schwamm nach oben und zeigte Ricco seine Beute. Dieser schüttelte nur ungläubig den Kopf und rief: „Hai! Schnell, schnell!". Michael riss die Augen auf, drehte sich hektisch um und begann zu strampeln. Dann spürte er ein Zucken an seiner Sicherungsleine. Fragend blickte er zu Ricco, der sich schadenfroh auf den Schenkel klopfte und sich vor Lachen krümmte. Dafür würde er büßen müssen, beschloss Michael, kletterte über die Badeplattform zurück ins Cockpit, wo ihm Silke mit einem Gläschen Rum und einem Handtuch entgegenkam.

In das Great Barrier Reef, das größte Korallenriff der Erde, robbte sich die Polaris bei fünf Knoten Gegenstrom, zwei Meter hoher Chaoswelle mit gerade einmal zwei Knoten über Grund hinein. Dieser frustrierende Kampf gegen die Naturgewalten hatte mit Segelspaß wenig zu tun. Der 75-PS-Dieselmotor lief auf Hochtouren. Mit Eintritt in das Riff kamen Strom und Welle augenblicklich zum Stillstand. Spiegelglattes Wasser und viel Wind brachten die Startnummer 52 wieder gut voran. Dank detailliertem Kartenmaterial konnte Michael die Korallenköpfe ohne Zwischenfälle umschiffen.

Nach 1200 Meilen erlebte Michael einen andächtigen Moment: Er blickte auf den Hafen der Industriestadt Mackay und wusste, dass er es geschafft hatte. Er hatte zusammen mit seiner Tochter, seinem besten Freund und dessen Kindern die zweitlängste Etappe des Pazifiks hinter sich gebracht. Er hatte das größte der drei Weltmeere überquert. Er hatte als jüngster Eigner der Flotte acht Monate lang Segeln und Arbeiten kombiniert, neue Freunde gefunden und unvergessliche Orte gesehen. Er hatte die erste Halbzeit seiner Weltumsegelung abgeschlossen und er hatte ein Versprechen eingelöst. Er hatte wahr gemacht, was er sich als 10-jähriger Knirps einmal vorgenommen hatte: Flöße zu bauen und über den Pazifik zu segeln. Niemand würde nachempfinden können, was er empfand. Nach 34 Jahren löste sich ein Knoten, ein Zwang, eine Antriebskraft und zurück blieb ein befreiter, glücklicher, stolzer Mann, der einfach wusste, dass er es geschafft hatte.

Kalt war es geworden. Je weiter sie sich gen Süden vom Äquator entfernt hatten, spürten die Reisenden, dass sie sich Anfang August im australischen Winter befanden. Bei 18 Grad Celsius am Tag und 7 Grad in der Nacht, passte der Name „Barfußroute" nicht mehr zur Realität. Wie sehr man doch verweichlichte, wenn man den Jahreszeiten aus dem Weg ging und nur noch in einer Klimazone lebte, dachte Michael. Wie wenig man vom Fluss des Jahres mitbekam, wenn die Vegetation immer gleich aussah und die Kleidung sich nie ändern musste.

Peggy und Aaron warteten am Pier und schlossen ihre Matrosenbande in die Arme. Gemeinsam winkten sie ihrem Schiff. Die Polaris brauchte eine Pause. Wohlgemerkt eine wohlverdiente. Was das Schiff an Strecke geleistet hatte, war vergleichbar mit den durchschnittlichen Seemeilen eines Charterschiffs im Mittelmeer innerhalb von vier Jahren. Die Segelyacht wurde aus dem Wasser gekrant und auf das Trockendock gefahren. Eine Woche lang hatten die Mechaniker Zeit, die Schäden zu beseitigen. Zu allererst wurde der angerissene Kiel repariert. Mit 4000 Euro schlug dieser Schaden zu Buche. Als nächstes wurden Motor und Getriebe unter die Lupe genommen und die Ursache des Ölaustritts behoben. Dichtung, Simmering und Kupplungsscheibe mussten ausgewechselt werden. Ein neues Funkgerät für 2000 Euro wurde eingebaut, originale Adapter für die neuen Gasflaschen besorgt, lose Nähte an den Segeln ausgebessert. Inklusive Liegeplatz blätterte Michael am Ende der Woche 12 Tausend Euro auf den Tisch.

Er fühlte sich hin- und hergerissen. Er wollte seiner Familie vor Ort gerecht werden. Er wollte die Reparaturen und Wartungsarbeiten am Schiff überwachen. Er musste sich um seine Firma kümmern. Und vor allem wollte er so viel wie möglich Kontakt zu seinem Vater pflegen. Der alte Mann kämpfte wie ein Löwe um sein Leben, fast so als galt es, die Weltreise seines Sohns zu überstehen. Bei der Operation hatte die Hälfte des Tumors entfernt werden können. Ob die Chemotherapie bei dem Dialyse-Patienten dazu führen konnte, dass das Wachstum des verbliebenen Krebses eingedämmt wurde, blieb abzuwarten. Bei dem Eingriff war wie erwartet das Sprachzentrum im Gehirn verletzt worden. Mit wachem Blick hörte Dieter Haufe seinem Sohn zu, lächelte an den richtigen Stellen, nickte und schüttelte mit dem Kopf. Sprechen wollte er nicht. Sein Mund würde nicht das wiedergeben, was er sich in seinen Gedanken zurechtgelegt hatte. Er würde nuscheln und stammeln und am Ende frustriert sein darüber, dass man ihn nicht verstand. Dem gebildeten Mann wurde jetzt erst klar, was es bedeutete, sich nicht ausdrücken zu können. Die zwei Männer gaben sich stark füreinander, aber sobald die Tablets wieder ausgeschaltet wurden, rollten in Weißenfels und in Australien die Tränen. Um Michael etwas Privatsphäre zu lassen, hatte Ricco die Familien auf einen Spielplatz gelotst. Aaron machte sich sofort mit den anderen Kindern vertraut. Sprache spielte wie immer keine Rolle. Als Michael hinzustieß, flog ihm Aaron um den Hals und drückte ihm einen Schmatz auf die Wange. Der Winzling musste gespürt haben, dass Michael genau diesen Trost jetzt gut gebrauchen konnte. Über Aarons Schulter blickte er grinsend in die Runde und sah, wie ihm ein anderes Elternpaar freundlich zublinzelte. Er lachte, nickte und trat auf sie zu. Zu dem Teil seiner Persönlichkeit, den er auf der Reise voranbringen wollte, gehörten Kontaktfreudigkeit, Unvoreingenommenheit, Neugier und echtes Interesse an anderen Menschen. „Hi, I am Michael and this is my son Aaron.", begrüßte er die Zwei. In Australien wunderte man sich nicht über diese Spontanität, sondern antwortete mit: „G'day, mate! How ya goin'?" Worüber sich die blonde Dame an der Seite ihres hochgewachsenen Mannes allerdings wunderte, war Michael deutscher Akzent. „Ich komme aus Österreich, und du?", fragte sie.

Es stellte sich heraus, dass ihr Mann Brandon der ehemalige Kapitän der Privatyacht von America's Cup-Gewinner Ernesto Bertarelli war. Der italienisch-schweizerische Unternehmer und Milliardär Bertarelli hatte sich zum Ziel gesetzt, die weltweit bedeutendste Regatta zu gewinnen. Als Navigator auf seinem Schiff Alinghi war ihm das 2003 und 2007 gelungen. Genügend Zeit, sich um seine Luxusyacht zu kümmern, hatte der reiche Erbe und erfolgreiche Manager nicht. Neben Kapitän Brandon stellte er auch eine Purserin ein, Yvonne, die das Personal an Bord führen und die Gäste umsorgen sollte. Der junge Australier verliebte sich in die schöne Chefstewardess, sie wurden ein Paar und heirateten, als Brandon einen neuen Job annahm. Sie gründeten eine Familie und beschlossen auf zwei Kontinenten zu leben. In der Skisaison würden sie mit ihren fünf- und sechsjährigen Kindern wieder nach Österreich zurückkehren und die gemeinsame Skipension führen. In den europäischen Sommermonaten arbeitete Brandon als Hafenlotse in Mackay. Sein Revier, war der größte Kohleumschlagplatz auf dem Planeten. Mehr als 100 Kohlefrachtschiffe lagen im Hafen und warteten vor Anker darauf, abgerufen zu werden. Wenn die Weltmarktpreise sanken, wurden die Spekulanten aktiv und boten wenig Kohle für viel Kohle. Der Lotse hatte vor allem die Aufgabe, bei bis zu neun Meter Tidenhub die Manöver in den Pier-Anlagen zu koordinieren.

Brandon war außerdem Triathlet und gleich in Michaels Kategorie „lohnenswert, weiter kennenzulernen" eingeordnet worden. Brandon sah das glücklicherweise genauso und lud die Deutschen zu sich ins Haus ein und empfahlen ihnen einen Ausflug in den Cape Hillsborough National Park nördlich von Mackay. Gesagt, getan! Die jungen und junggebliebenen Haufes und Geithners amüsierten sich auf ihrer Wanderung über Krabben, die Millionen kleiner Kügelchen im Watt hinterließen, und erfreuten sich über tausende Schmetterlinge, die um sie herumflatterten. Salzwasserkrokodile warteten in den Mangroven geduldig auf neue Beute. Wallabies, die kleinsten und zahlreichsten Känguruhs in Australien, sprangen am Strand herum. Pures Australien-Gefühl!

Zum Dank für dieses Erlebnis übernahm Ricco am Abend Brandons Küche und bekochte die zufriedene Gesellschaft. Am Swimmingpool ließen es sich die drei Damen mit Prosecco gutgehen. Sie hatten sich in Schale geworfen, Lippenstift und Parfum aufgetragen. Auch eine Seemännin musste ab und zu zeigen, dass sie eine Lady war. Den Herren der Tafelrunde sollte es recht sein. „Noch etwas Prosecco, die Damen?"

Noblesse dominierte auch auf Hamilton Island, der beliebtesten Insel der Whitsunday Islands. Der Liegeplatz für die Polaris kostete 120 Australische Dollar pro Nacht, der Yachtclub glich in seiner Architektur einem Mantarochen, Golfcaddies transportierten die Touristen umher. All das interessierte die Kinder natürlich nicht. Die niedlichen Koalas, die gefährlichen Schlangen und die frechen Kakadus unterhielten sie besser als die teuren Villen, Yachten und Helikopter, die die Prominenten einflogen.

Ein kurzer Zwischenstopp am berühmten Whitehaven Beach bescherte der Polaris einen Verlust. Der Heckanker grub sich so tief im Schlick ein, dass er mühselig in zweistündiger Arbeit herausgehebelt werden musste. Danach war er verbogen und nicht mehr zu gebrauchen. Da hatten es die Wasserflugzeuge leichter, die in fliegendem Wechsel Touristen an den Strand brachten, dessen Quarzsand blütenweiß schimmerte wie die frisch gebleichten Zähne einer lächelnden Diva. Bei wolkenloser Vollmondnacht schipperte das Gespann weiter nach Cairns. Was so romantisch begonnen hatte, ging tagelang aufregend weiter. Ricco holte endlich den lang ersehnten Blue Marlin ins Boot. Der große Raubfisch mit dem spitzen Schwert kämpfte unermüdlich um sein Leben, aber sein Ende kam auf einen Schlag. Jeder an Bord wollte einmal mit der schönen Trophäe abgelichtet werden. Der Speiseplan der kommenden Tage stand fest.

So klar wie die Nacht, so klar war auch der Tag. Die Luft war kühl, aber die Sonne strahlte. Eine halbe Seemeile voraus sah Michael Unruhe an der Wasseroberfläche. Große dunkle Klumpen platschten ins Wasser. „Nein! Das darf doch nicht wahr sein! Kinder, Peggy, Ricco, Silke! Wale! Buckelwale, wenn mich nicht alles täuscht.", rief der weitsichtige Skipper. „Holt die Spiegelreflexkamera! Schnell! Sie kommen auf uns zu! Ricco, geh ans Großfall! Wir holen alles runter.", verteilte er seine Kommandos. Genua und Großsegeln wurden eingeholt und die Polaris stand erwartungsvoll vor der Ostküste Australiens. Acht Augenpaare richteten sich gebannt auf das, was dem Bug immer näher kam, und so manch eines vergaß sogar zu zwinkern. Es war Buckelwalsaison und hier tauchten sie nicht nur schüchtern am Boot vorbei. Hier sprangen sie meterhoch in die Luft und ließen sich in die Wellen krachen. Wären die Kameraaufnahmen nicht gewesen, hätten die Augenzeugen wohl geglaubt, sie träumten. Michael hoffte, dass sie rechtzeitig vor dem Boot abdrehen würden und nicht auf die Idee kämen, ihren Unfug direkt neben oder gar auf der Polaris fortzusetzen. „Kommt bitte nicht zu nah.", flüsterte er in den Wind. Die sportlichen Giganten erhörten die Warnung des Kapitäns und zogen friedlich vorbei. „Hast du das gesehen?", „Das war der Hammer!", „Das glaubt mir kein Mensch in der Schule!", hallte es über das Schiff. Dieses Spektakel bedürfte einer After-Show-Party, einer „Walparty". Anni sorgte für musikalische Untermalung der Feier. Peinlich berührt fragte sie sich allerdings kurz danach, ob es ein Fehler gewesen war, den Eltern die Seemannslieder der Band Santiano vorzustellen. „Gott muss ein Seemann sein! Keiner geht verloren...", grölten die von Wein und Rum angeheiterten Erwachsenen.

Je weiter sich die Polaris an der Ostküste Australiens Richtung Norden entlanghangelte, desto wärmer wurden die Temperaturen. Trotzdem waren Sprünge ins Wasser mit Ankunft in Cairns nicht mehr möglich. Die Salties, die Salzwasserkrokodile, waren allgegenwärtig. Alternativ konnte man Swimmingpools an den Sandstränden nutzen. Und überhaupt wirkte der Trubel der Stadt hier viel fröhlicher als im charakterlosen Mackay. Mit der Kuranda Scenic Railway ging es auf 37 Kilometern vorbei an restaurierten Stellwerken und Bahnhöfen aus dem späten 19. Jahrhundert mitten hinein in den Regenwald. Dort angekommen brachte ein Amphibienfahrzeug die Gäste auf Entdeckertour durch den Barron River. Die bei internationalen Touristen beliebte Tour krönte in einer Seilbahnfahrt durch die Baumwipfel. „Superlativ!", fand die Polaris-Crew. Und es wurde noch besser. Nach dreitägiger Segelei landete das Familienschiff vor Lizard Island, einem kleinen Nationalpark mit porzellanweißem Sand, wunderschönen Kletterfelsen, malerische Mangrovenwälder und Schildkröten im türkisfarbenen Wasser. Drei Stunden zogen Michael und Ricco durch den Busch, wohlgemerkt in Flip Flops, und vergaßen die Zeit. Dass Australien der Kontinent mit den tödlichsten Tieren der Welt war und Spinnen, Schlangen, Quallen und anderes Getier eine Reise zu einen Albtraum verwandeln konnten, beschäftigte lediglich die zurückgelassenen Frauen. Als die Möchtegernforscher schlussendlich lebendig wieder auftauchten, begriffen sie, dass hier nicht nur Tiere giftig sein konnten. Besänftigende Maßnahmen in Form von Erdbeeren und Prosecco retteten sie gerade noch rechtzeitig.

Es war ruhig auf der Insel. Die Landebahn des Flugplatzes und das Hotelressort waren im Vorjahr von einem Hurrikan so sehr in Mitleidenschaft gezogen worden, dass niemand einfliegen konnte. In der Einöde ließen sich ganz ungestört, unter der Aufsicht herumschleichender Leguane, ein paar Schulaufgaben lösen, beschlossen die Eltern zum Leidwesen der Kinder. Michael entschädigte Anni für die Strapazen mit einem Schlauchbootausflug. Wieder einmal gingen sie zu zweit schnorcheln und begrüßten Haie, Rochen und Schildkröten. „Unsere Lieblingsinsel! Unser schönster Tag!", verkündeten Vater und Tochter bei ihre Rückkehr auf das Schiff.

Im Glücksrausch spürte Michael abends noch Energie in sich, die er abbauen wollte, bevor er schlafen ging. In der Dämmerung begann er zu joggen, wurde immer schneller und rannte auf die Anhöhe über der Bucht. Schwitzend und schwer atmend schaute er zu dem Ankerlicht auf der Masterspitze seines Schiffes hinunter. „Ob meine Mitarbeiter auch so glücklich sind wie ich?", schoss ihm durch den adrenalingeladenen Kopf. Wie gern wollte er jetzt eine Excel-Tabelle öffnen und den Zufriedenheitsscore seines Teams prüfen. „Warum eigentlich nicht? Ich entwickle eine Voting-App, die den Glückindex meiner Angestellten preisgibt.", lachte er und klopfte sich auf die Brust.

Auf dem Weg von Lizard Island nach Darwin, der letzten Station der Flotte in Down Under, musste die Weltumsegler-Gemeinschaft um das Nordkap Australiens, nahe Papua-Neuguinea herum. Genau an diesem Zipfel hinter dem Great Barrier Reef lag Seisia, ein Ort, in dem die Farbe Rot dominierte. Rote Erde, rote Straßen, roter Staub, rote Flüsse, australisches Outback-Rot wohin das Auge blickte. Nach vier Stunden Beine vertreten, sprangen alle wieder an Bord. Selbstverständlich nicht, ohne die Schuhe vorher ausgezogen und ausgeklopft zu haben.

Die Anfahrt war navigatorisch spannend. Grenzkontrollschiffe waren allgegenwärtig und viele kleine Inseln musste umschifft werden. Endlich hatte die Polaris den richtigen Wind und nahm wieder Fahrt auf. Da ertönte ein altbekanntes

Surren. Ein Geräusch, das den Jagdinstinkt ans Licht brachte. „Fisch!", reichte mittlerweile als Befehl. Der restliche Workflow war einstudiert. Im Sonnenuntergang zog Ricco einen langen, schwarzen Körper an das Heck heran. Auf riesige 2,20 Meter schätzte er den Segelfisch, den er an der Angel hatte. Diese besondere Kreatur verdankte ihren Namen ihrer gigantischen Rückenflosse, die ausgebreitet wie ein Segel aussah. Wie der Blaue Marlin trug auch der Segelfisch ein Schwert am Kopf. Einen größeren und schöneren Fang konnte ein Hochseeangler sich nicht wünschen. Die Tierfreunde beschlossen, der Quälerei ein Ende zu bereiten. Sie befreiten den Meeresbewohner von dem Angelhaken und ließen ihn wieder schwimmen. Zu wertvoll, zu groß, unnötig, ihn zu töten. Wie ein Blitz tauchte das Muskelpaket in das tiefe Blau ab und entging so seinem Schicksal als in Ketchup ertränktes Filet auf dem Teller eines wählerischen Teenagers.

Nachts bekam das schwimmende Heim Besuch vom Land. Ein Tölpel setzte sich auf die Solarzellen des Geräteträgers und ruhte sich aus. „Da hat sich wohl jemand verschätzt?", flüsterte Peggy, die Vogelnärrin, sanft und schaltete ihre Stirnlampe auf Rotlicht. Der Tölpel suchte eine stabile Position und tippelte auf seinen Schwimmhäuten umher. Dabei kam er dem Windgenerator verdächtig nahe und Peggy wollte sich nicht ausmalen, welch Massaker passieren könnte, ganz zu schweigen von dem Schaden am Generator. Wie eine Falknerin streckte sie den linken Arm aus und bot diesen dem Vogel an. Dieser nahm an und beäugte seine neue Freundin argwöhnisch. Peggy trug den erschöpften Asylsuchenden auf das umgedrehte Schlauchboot an Deck, wo er sich bis zum Tagesanbruch chauffieren ließ. Zum Dank ließ er ein Souvenir an Bord. Als Peggy gleich nach dem Aufwachen nach ihrem Schützling schauen wollte, entdeckte sie eine Sauerei, die ihresgleichen suchte. Das komplette Dinghi war mit Vogelkot überzogen, der in der aufgehenden Sonne zu einer weißen Kruste herantrocknete. „Das hat man nun von seiner Gastfreundschaft!", schimpfte sie grinsend. Einem Tölpel konnte sie unmöglich böse sein und widmete sich der Beseitigung der fäkalen Spuren.

Anfang September, nach elf schönen Segeltagen, peilte Michael die Großstadt Darwin an. Noch rechtzeitig vor dem Anlegen zog Ricco zwei kräftige Thunfische an Bord, die als Sashimi serviert zum Mittelpunkt einer spontanen Dockparty für die World ARC-Yachties wurden. Michaels und Riccos Familien verabschiedeten sich mit diesem kulinarischen Coup von der Flotte. Die Väter würden in drei Wochen ohne familiären Anhang zurückkehren, wenn die Polaris im Indischen Ozean wartete.

Michael übergab das Schiff an Kapitän Jan, für den sich die Rückkehr wie das Wiedersehen mit seinem wahren Zuhause anfühlte. Michael wusste, dass er ohne Jan den Zielen in der Unternehmensführung, der Weltumsegelung und den familiäre Pflichten nicht gerecht werden könnte. Intensiv um den Schriftverkehr mit der Firma und die Kommunikation mit dem Vater gekümmert, hatte er sich zuletzt in Mackay. Nun war er dankbar, dass Jan ihm den Freiraum bot, seine Frau und die Kinder nach Deutschland zu begleiten. Heimweh war Michael fremd, aber er wusste, dass er Isabel bei strategischen Entscheidungen helfen musste und seinen Vater wiedersehen wollte.

Aber bevor das Flugzeug Richtung Berlin abhob, machten die Haufes noch einen Abstecher nach Sydney, der alten Zeiten wegen. Es war 16 Jahre her, als sie hier zusammen surfen waren und neue Freundschaften geknüpft hatten, vor allem die zu Sven, der sie zu seinen überraschten Eltern nach Südafrika eingeladen hatte.

Zuhause angekommen fühlte sich Michael wie ein Gast, wie auf einer Dienstreise. Er litt unter Jetlag und trommelte in den ersten drei Tagen alle Führungskräfte aus den deutschlandweiten Standorten zusammen. Nach dem Gespräch mit der Interimsmanagerin legte diese mit den Worten „Ich kann mit dem Team nicht zusammenarbeiten." genauso resolut ihr Mandat nieder, wie sie es ausgeübt hatte. So etwas hatte selbst Michael noch nicht erlebt. Matthias Thielbier musste einspringen, ein junger, fleißiger, schlauer Mann aus den eigenen Reihen. Er wurde zum Teamleader der neu gegründeten Espoto GmbH, der direkt an Michael berichtete.

Michael lernte, dass in Krisenzeiten einhundertprozentige Fernsteuerung eines Team oder Unternehmens nicht funktionierte. Die physische Anwesenheit, die persönliche Präsenz wog schwerer und war in prägnanten Phasen immens wichtig. Michael glaubte an die Selbstheilungskräfte seines Teams. Die Identifikation mit der Marke Teamgeist war selbst bei den noch ganz frischen Azubis ausgesprochen zufriedenstellend.

Das Vertrauen, das der Chef seinen Mitarbeitern entgegenbrachte, zahlte sich aus. Mehrere Angestellte hatten vor Michaels Rückkehr mehr Verantwortung übernommen wie Sebastian Zieler, der zum Standortleiter Potsdam avanciert war. Sebastian war Michaels ganzer Stolz. In neun Monaten hatte er gezeigt, wie effizient, kreativ, selbständig und diplomatisch er seine Führungsposition ausfüllte.

Und noch eines hatte Michael gelernt: Im Umgang mit seinem Team war es mitunter wirkungsvoller, nach dem persönlichen Befinden als nach konkreten Fachthemen zu fragen. Sich Zeit zu nehmen für Fragen wie „Wie geht es dir?", „Wie fühlst du Dich?", „Was brennt dir auf der Seele?" hatte der konzentrierte

Workaholic erst auf seiner Weltreise gelernt. Irgendwann war ihm aufgefallen, dass das Feedback aus Deutschland weniger wurde, dass intensiver Kontakt von der Gegenseite nicht mehr eingefordert wurde und befehlstonartige E-Mails nicht mehr beantwortet wurden. Die guten Leute entglitten ihm. Warum das? Er übte sich in Selbstkritik und begann zu ahnen, dass elektronisch verschickte Arbeitsanweisungen ohne Anrede und Grußwort häufiger ignoriert wurden als freundliche, formell korrekte Bitten. Er musste sich eingestehen, dass „Liebe Andrea" und „Mit sonnigen Grüßen" keineswegs Floskeln waren, die Zeit verschwendeten, sondern Türen öffneten. Wer hätte das gedacht? Mit spontanen Umarmungen, Aufmerksamkeiten, Lobes- und Dankesworten, aber vor allem dank offener Ohren für kleine und große Sorgen und Nöte zog er das Team wieder auf seine Seite. Es galt schließlich, noch einmal sieben Monate durchzuhalten.

In den Nachtschichten an Bord der Polaris hatte Michael beschlossen, alte Attitüden abzulegen und weisere Methoden anzuwenden. Hatte er bisher zu jeder Zeit seine Meinung kundgetan und Entscheidungen rasant über den Kopf anderer hinweg getroffen, so wollte er jetzt konstruktiv diskutieren, produktiv streiten, nachdenken, zuhören, kreative Lösungen sammeln und Beschlüsse bekannt geben, wenn alle Optionen, Barrieren und Mittel bekannt waren. Eine entsprechend wertschätzende Atmosphäre schaffte Michael beim Gesellschafter-Meeting aller Teamgeist-Lizenzpartner: Die Anteilseigner und Geschäftsführer von Teamgeist Ost, West, Nord und Süd, sowie Espoto-Teilhaber Chris Möller übten sich in Offenheit. Die Manager staunten nicht schlecht. Ein völlig veränderter Michael stand vor ihnen in einem quietschbunten Hemd. Ja wo gab es denn sowas?

Der letzte Geschäftstermin fand mit seinem Steuerberater statt. Die Beteiligungsgesellschaften an den neuen Teamgeist-Standorten suchten nach Struktur und Klarheit. Sie wollten in das Unternehmen eingebunden werden und gleichberechtigt behandelt werden. Am Ende des Gesprächs stand fest: Michael werde eine Holding gründen. In einem Jahr würden die Teamgeist-Firmen unter einer Aktiengesellschaft arbeiten. Die Teamgeist GmbH mit den drei Standorten in Blossin, Kolberg und Potsdam, die Espoto GmbH, Teamgeist Nord, Süd, Ost und West und das Einzelunternehmen Michael Haufe würden ein neues Dach finden und offiziell als Teamgeist Group auftreten. In seinem segelnden Büro wollte Michael diesen Schritt vorbereiten.

Trotz neu entdeckter Emotionalität war der Betriebswirt durch und durch Zahlenmensch und ließ sich von Gefühlen und Annahmen nicht irreführen. Die Betriebswirtschaftliche Auswertung, die tagesaktuellen Zahlen zu Kosten, Erlös und Ertrag gaben ihm ehrliche, nicht zu beschönigende Auskünfte über die Situation seines Unternehmens. Die positive Bilanz, die die Sommersaison mitgebracht hatte, ermutigte Michael, eine Reise wie geplant fortzusetzen. Die Lizenznehmer in München und Hamburg waren mit jeweils mehreren Hunderttausend Euro Umsatz durch die Decke geschossen. Das typische Wachstumsverhalten der Startups galt es, so lange wie möglich aufrecht zu halten.

Der Besuch seines Vaters hatte für Michael auch dieses Mal einen faden Beigeschmack. „Es könnte das letzte Mal sein", hing wie ein Damoklesschwert über Dieter, Renate und Michael Haufe. Vier Tage lang unternahm der Sohn kurze Ausflüge und Kinobesuche mit seinen Eltern. Ablenkung schien das beste Rezept für seinen kranken Herrn, der sich ungeschickt bewegte und kaum noch sprach. Immerhin hatte er die Prognose der Ärzte bezüglich seiner Lebenserwartung bereits überboten. Vielleicht schlug er dem Schicksal noch einmal ein Schnippchen. Die Untersuchungen in drei Monaten würden es zeigen. Renate stand plötzlich vor der Herausforderung, die klassische Rollenverteilung auflösen zu müssen. Auf einmal musste sie sich mit Finanzfragen auseinandersetzen, die schon immer die Aufgabe des Mathematiklehrers gewesen waren.

Der Abschied nahte. Wie immer war das kein Zuckerschlecken. Doch die Perspektive auf ein Wiedersehen im Advent beruhigte die Gemüter. Mit Küssen und Umarmungen verabschiedete sich Michael von Peggy und den Kindern, die ihm mit Vorfreude auf das Wiedersehen im winterlichen Deutschland, die anschließende Afrikareise und eine Silvesterfeier in Kapstadt nachwinkten.

Michael, Ricco und Beate Thrams, also die Crew der ersten Stunde, hatten eine viertägige Anreise zu den Kokosinseln vor sich. Dieses winzige Atoll im Indischen Ozean gehörte offiziell zu Australien und war selten auf einer Weltkarte eingezeichnet.

In der Zwischenzeit hatte Jan das Schiff zusammen mit einer jungen, lustigen Truppe nach Indonesien überführt. Der gutgelaunte Halbspanier Luis, der ehemalige Bankier Thomas aus Österreich, Claudia und Isabel aus Deutschland und Isabels Freund Ben waren über das Meer getrampt. Es war Flaute gewesen und die Crew hatte 1000 Seemeilen lang Zeit für Kreativität gehabt. Isabel, die Hebamme auf Workaway-Reise um die Welt, hatte ihre Gitarre mit an Bord gebracht und alle deutschen und englischen Songs ausgepackt, die die Vokabeln „Boot", „Meer", „Segeln" und „Wasser" enthielten. Rod Stewart hätte seine wahre Freude gehabt. Dem Gejaule und Gegröle an Bord der Polaris waren sogar die Piraten ferngeblieben. In der hübschen, aber einsamen Marina im Norden von Kuta, hatte die Crew Kapitän Jan mit einem selbstgeschriebenen Lied überrascht. Im Yachtclub hatten sie „99 miles to go" mit der Melodie von

Nenas Hit „99 Luftballons" vorgetragen und Jan Tränen in die Augen geträllert. Sie hatten Balis schönste Bar aufgesucht. Im „Potato Head" in Seminyak hatten sie mit Cocktails auf zwei grandiose Wochen angestoßen. Die World ARC-Party war ein Abschieds- und Willkommensevent für die Crews gewesen. Alte Seehasen waren von Bord gegangen und neue hinzugekommen.

Und eine von jenen, die ihre persönliche Freiheit im Indischen Ozean ausleben wollten, war ich gewesen: Sheila Rietscher, diplomierte Kulturwissenschaftlerin, Marketingmanagerin, Business Coach, Wassersportlerin, Auszeitnehmerin, Weltreisende, frisch gebackene Divemasterin, zukünftige Autorin. Ich war gerade erst aus den Tiefen der Tauchspots um Komodo emporgestiegen und hatte mit Jan, Luis und Thomas den Teil meiner künftigen Crew kennengelernt, mit der ich in den kommenden zehn Tagen zur Abwechslung einmal auf, und nicht unter dem Wasser sein würde. Jan hatte mir am 13. September, einen Tag vor dem Ablegen mitgeteilt, dass meine Ausreise endlich bestätigt worden war und ich so schnell wie möglich in meine Kabine einziehen möge. Zwei Stunden vor dem Ablegen hatte ich meinen ersten Job bekommen. „Fahr noch einmal in den Supermarkt und kauf einfach alles, was lecker ist, ein. Vergiss Tomatenmark und Wasabi nicht!", so oder so ähnlich hatte die Bitte von Luis geheißen.

Zu viert hatten wir jeder eine eigene Kabine belegt. Meine Doppelkoje hatte ich mit zwei balinesischen Surfbrettern geteilt, die Jan und Luis günstig erworben hatten. Bei Jan hatten 300 Liter Trinkwasser in Flaschen gelagert. Unter Thomas Pritsche waren 500 Dosen Bier versteckt gewesen. Luis hatte sämtliche Reisetaschen und Kitesurfausrüstung bei sich beherbergt.

Mit direktem Kurs auf die Weihnachtsinsel war die Post abgegangen. Mit einer Spitzengeschwindigkeit von zehn Knoten über Grund hatten alle sichtlichen Spaß am Segeln gehabt. Jan hatte den Anspruch entwickelt, uns den perfekten Ablauf des Ein- und Ausreffens beizubringen und die sportliche Crew hatte vom Steuern und Manövrieren gar nicht genug bekommen können. Tagsüber hatten die Rudergänger stündlich gewechselt. Jeder hatte einmal die Fünfmeterwellen heruntersurfen wollen. Nachts hatten sich Jan und Luis eine Schicht geteilt und Thomas, genannt Tom, hatte mich unter seine Fittiche genommen. Wir hatten Schlangenfrüchte genascht, uns über das Leben unterhalten und per Skyguide-App auf dem iPad hunderte von Sternenbildern über uns unter die Lupe genommen. Wir hatten Dutzende Sternschnuppen gezählt und festgestellt, dass wir gar nicht so viele Wünsche hatten, um sie ausgiebig zu nutzen. Alle zwei Stunden hatten wir die wichtigen Daten in das Logbuch eingetragen: Uhrzeit, Position in Breiten- und Längengrad, Richtung und Geschwindigkeit von Wind und Strom, Fahrt durch das Wasser in Knoten, Kurs, Wetter, Wellenhöhe,

Daten zu anderen Schiffen, besondere Vorkommnisse. Kurz vor Christmas Island hatten uns zahlreiche Squalls eingeholt und die drei Männer hatten eine kalte, nasse Nacht an Deck verbracht, um sich beim Steuern abzuwechseln und beim Manövrieren zu unterstützen. Als Frau und Neuankömmling hatte man mich außerhalb meiner Schicht geschont, wofür ich mich mit Spiegeleiern zum Frühstück und mit wieder neuen Happy Hour-Cocktailkreationen bedankt hatte. Danach hatte ich mich auf einen Aufruf von Charlie Simon, dem Eigner der amerikanischen Segelyacht Celebrate, hin der Dichtkunst gewidmet und eine Geschichte geschrieben, die alle Bootsnamen der Flotte beinhaltete. Wohlgemerkt auf Englisch, in perfektem Versmaß und in Reimen. In der Funkrunde hatte der diese dann vorgelesen und später in seinem Blog veröffentlicht.

In der Ankerbucht der Weihnachtsinsel hatte Jan mich, die Taucherin, gebeten, den Rumpf des Schiffs auf Ablagerungen und Schäden zu prüfen, was dank des Tauchequipments der Chika-Lu und Sebastians unermüdlichem Einsatz beim Auffüllen der Pressluftstanks mit dem bordeigenen Kompressor zu einem kleinen Gruppentauchgang in einer unberührten Unterwasserwelt gemündet hatte. Kleine bunte Wesen, die aufgrund ihrer Form ausgerechnet den Namen Weihnachtsbaumwürmer trugen, waren dankbare Motive für die Linsen der wasserfesten Kameras gewesen.

Auf einer Inseltour hatten wir uns auf die Suche nach den Millionen von roten Krabben, begeben, die sich alljährlich zu einem weltweit einzigartigem Naturspektakel zusammenfanden und wie ein nicht enden wollender, roter Teppich aus dem Wald zum Meer hinunterströmten, um sich dort fortzupflanzen. Vier Kilo schwere Kokoskrabben, rote und blaue Krabben, endemische Tölpelarten und die Vielfalt der Landschaft aus kargen Vulkanfelsen und dichtem Regenwald hatten uns beeindruckt.

Abends hatte sich die World ARC-Gemeinde zum BBQ am Strand zusammengefunden, wo wenige Stunden zuvor noch die Einklarierung stattgefunden hatte. Und wenn man schon einmal im September auf der Weihnachtsinsel gelandet war, dann konnte man auch Weihnachten feiern. Aus Bintang-Bierdosen und Teelichtern hatte die Polaris-Crew einen Weihnachtsbaum gebaut und war „Oh Bintang tree, oh Bintang tree" singend drum herum gehüpft, was dem Schiff zu unserem Stolz endgültig die World ARC-Auszeichnung „Kreativstes Boot" und den heimlichen Titel „Party boat" eingebracht hatte. Zurecht, zu Michaels Erstaunen und mit dem fatalem Ergebnis, dass die Alkoholvorräte schon deutlich geschrumpft waren. Kapitän Jan hatte mir, wohl zur Versöhnung, zum Weihnachtsgeschenk gemacht, die Frischwasserdusche so oft nutzen zu dürfen, wie ich wollte. Er hatte wohl eingesehen, dass eine dankbare Frau mit weichen, wallenden Haaren an Land vorzeigbarer war als eine struppige Hexe. Zu den Cocos Keeling Islands war es nur noch ein Katzensprung gewesen und als die ersten Palmen am weißen Sandstrand in den Sichtbereich geraten waren, hatten wir gejubelt wie Suchende, die das Paradies gefunden hatten.

Michael, der sich nach Aufenthalt in Abu Dhabi und Perth in der Mittagssonne im Anflug befand, staunte nicht schlecht, als er aus der Luft die winzigen Segelboote, wie auf eine Leinwand in Türkis und Hellblau, ankern sah. Mit Gänsehaut stieg er aus dem Flugzeug und voller Vorfreude auf die Fähre zur nächsten Insel. Von dort holte ihn Jan im Schlauchboot ab, das auf dem Weg zur Ankerbucht vor Direction Island eine Delfinschule begleitete. Was für ein Empfang! Sofort fühlte sich Michael wieder zu Hause und am Lagerfeuer merkte er, dass ihm die Gemeinschaft der Flotte tatsächlich ans Herz gewachsen war. Diese hatte sich allerdings sehr verschlankt. Nur 20 Boote waren noch mit von der Partie. Alle anderen hatten sich entschieden, in der Inselwelt des Pazifiks, in Australien oder Neuseeland zu verweilen. Einige wollten den nächsten Durchlauf der World ARC nutzen, um die große Fahrt fortzusetzen, und einige brachen die Reise wegen technischem oder finanziellem Notstand oder aus persönlichen Gründen ab.

„Ich bin hier nicht das Mädchen an Bord. Ich bin ein Kerl. Bitte behandelt mich so!" Michael traute seinen Ohren nicht. Die Blondine, die im knappen Bikini auf seinem Boot saß, konnte schlecht leugnen, dass sie dem weiblichen Geschlecht zugehörte. Dieser Satz, mit dem ich versuchte, Michael meine Position innerhalb der Crew zu erklären, wurde noch oft zitiert. Zusammen begaben wir uns auf Schnorcheltour. Michael und der ganze Kerl stellten fest, dass sie das Potential hatten, Sportsfreunde zu werden. Über einen felsigen Einstieg begaben wir uns in einen Strom, der uns wie durch ein Kanonenrohr über einen der schönsten Tauchgründe schickte. Michael hatte sich wieder einmal das Dinghi um den Körper geschnallt. Mit kräftigen Flossenschlägen versuchten wir der Strömung so lange wie möglich standzuhalten und so langsam wie möglich über das Riff zu treiben, das zwischen Direction Island und Prison Island wie eine Halfpipe aussah. Große Schwarzspitzen-Riffhaie, Napoleon-Lippfische und Büffelkopf-Papageifische mit ihren plattgedrückten Boxernasen kreuzten unseren Weg.

Zurück auf der unbewohnten Insel stellten wir fest, dass das von der Verwaltung zur Verfügung gestellte WLAN-Netz zwar teuer war, aber funktionierte. Ganz anders als unsere Mobilfunknetze. Die Menschen hier nutzten Funkgeräte und das interne Festnetz. In einem wetterfesten Kasten verbarg sich ein Inseltelefon, mit dem sich kostenlos alle 100 Nummern der Bewohner und Ladenbetreiber der anderen Inseln anrufen ließen. Wir spielten mit den Einsiedlerkrebsen, knackten Kokosnüsse und übten uns im Wakeboarden. Luis stellte sein

Kiteboard zur Verfügung, aber die Herren der Schöpfung mussten einsehen, dass sie für den 15-PS-Motor des Schlauchbootes zu schwer waren. Ich Leichtgewicht schaffte es, eine Runde in der Bucht zu drehen. Bei Michael drehte sich nur das Knie. Das war so schmerzhaft, dass er vier Wochen lang mit den Folgen seines jugendlichen Leichtsinns zu kämpfen hatte und mit einer Bandage, die zur medizinischen Ausrüstung der Polaris gehörte, herumhumpelte.

Weil keiner Lust hatte, drei Inseln zu überbrücken, um den Waschsalon aufzusuchen, wuschen Luis und ich kurzerhand selbst. Dank Regenwassertanks und Wäscheleinen, die wohl andere Segler auf dem Eiland vergessen hatten, konnten wir sechs Stunden später nach Ozeanbrise duftende Bettwäsche auf das Schiff bringen.

In der Bucht lag ein Schiff, das nicht zur World ARC gehörte. Auf dem 35 Jahre alten Stahlschiff Voyager segelte die deutsche Familie Bey in drei Jahren um die Welt. Sie hatten wie andere World ARC-Kritiker auch den Eindruck, dass die Rallye die Segler um die Welt hetze. Drei Jahre waren für sie der angenehmere Zeitrahmen, der auch spontane Kursabweichungen zuließ. Mit an Bord befand sich Tara Kohlberg, eine Hamburgerin auf Weltreise. Die gelernte Frisörin und Holzkünstlerin hangelte sich von einer Work and Travel-Auszeit auf den Plantagen Australiens und Neuseelands per Schiff in die Heimat zurück. Dank ihrer Schnitzkunst und ihren Diensten an den Sturmfrisuren der Segler gewann sie neue Freunde, die sie Monate später in Kapstadt in die Flotte aufnahmen.

Küchenmeister Ricco und die mit dem Segelvirus befallene Bankangestellte Beate reisten rechtzeitig vor dem Provisioning an. Glücklicherweise hatten wir gebunkert. Die Preise der eingeflogenen Lebensmittel und Kosmetika schwebten in galaktischen Sphären. Mindestens viermal höher als in Deutschland waren die Preise für Banalitäten wie Shampoo und Cornflakes. Erschwerend kam hinzu, dass die Crews von sämtlichen Segelbooten gleichzeitig über die zwei Supermärkte, die das Atoll zu bieten hatte, herfielen. Im strömenden Regen schleppten 80 Segler ihre Einkäufe zum Steg und beluden ihre Dinghis.

Trotz der durchnässten Kleidung und aufgeweichten Verpackungen sah Michael keinen Grund zum Jammern. Dieser Moment würde ihn in Zukunft noch oft zum Schmunzeln bringen. Er hatte sich vorgenommen, das zu genießen, was er hatte. Er wollten keinem Ideal hinterherjagen oder Vergleiche mit bereits Dagewesenem ziehen, um dann möglicherweise mitten im Paradies Grund zur Unzufriedenheit zu haben.

Nach sechs Tagen wollte niemand ernsthaft abreisen. Luis hatte den perfekten Ort zum Kitesurfen gefunden, Tom hatte sich mit den Haien angefreundet und sie täglich mit Küchenabfällen gefüttert, Ricco und Beate hatten das Atoll nur bei Regen erlebt, Jan hatte nie einen schöneren Arbeitsplatz gehabt als den an den Stränden der Kokosinseln. Mit 2400 Meilen standen die größte Etappe im Indischen Ozean und die zweitgrößte Überfahrt der gesamten Weltumsegelung bevor. Als Schlusslicht der Flotte zu segeln, kam für Michael nicht in Frage. Er wollte sicher gehen, dass in einem Notfall noch Schiffe hinter ihm waren, die die Polaris innerhalb von einem Tag einholen und helfen konnten. Der Indische Ozean galt als tückisch, ein Risiko musste vermieden werden.

Und er sollte Recht behalten. Poseidon zeigte sich ohne Gnade. Die Wellen schlugen gegen den Rumpf und blaue Flecken waren an der Tagesordnung. Selbst während der Bettruhe holten wir uns Schürfwunden. Hochgeklappte Holzbretter in den Kojen verhinderten, dass jemand heraus fiel oder auf den anderen rutschte. Die Doppelstockkojen ähnelten in ihrer Form jetzt stark offenen Särgen und so wünschten wir uns makaber „Ruhe in Frieden!", wenn wir schlafen gingen. Wir tauschten die Genua gegen die Schwerwetterfock aus und stellten fest, dass das Schiff zwar langsamer wurde, sich aber besser durch die heranrollenden Monster steuern ließ.

Als der Regen endlich stoppte, stieg schlagartig die Laune und die Crew wurde übermütig. Zum Feiern gab es guten Grund. Luis hatte Geburtstag. Luftballons, Kuchen, grasgrüne Cocktails und eine Trinkflasche von der Surfschule auf den Kokosinseln beglückten den 32-Jährigen.

Jan dachte sich jeden Tag ein neues Späßchen aus. Erst versteckte er sich im Spinnakersack, um mit einem fröhlichen „I am bag!" herauszuplatzen. Dann kletterte er auf den Spinnakerbaum aus dem Boot und bot über den Wellen turnend einen adonisgleichen Anblick, den wir für einen möglichen Captain's Calendar fotografisch festhielten. Michael folgte ihm zugleich und wir fragten uns, wer das Schiff führen würde, falls beide ins Wasser fielen. Die athletische Vorführung setzte sich sogleich auf der ersten Saling fort.

Ich prüfte den Bierbestand und errechnete eine Estimated Beer Consumption Time, also den Tag, an dem der Hopfentrank voraussichtlich aufgebraucht sein werde. Diese lief gegenläufig zur ETA, der Estimated Time of Arrival, also der geschätzten Ankunftszeit, die uns unser Navigationssystem vorrechnete. Überhaupt nahm alles ab an Bord: Eier, Kartoffeln, Gemüse, Obst, Saft, Brot und Käse. Und weil der Brotbestand leer war, aßen alle Müsli zum Frühstück, sodass auch die Milch knapp wurde. Ich schrieb einen Blog über den letzten Apfel, den sich tagelang niemand zu essen wagte. Er wurde von mir als Carpaccio in hauchdünnen Scheiben zum Verzehr durch die gesamte Crew serviert.

In diesen Tagen wurde viel gelacht und Michael fühlte sich so entspannt wie lange nicht mehr. Seine Firma war in trockenen Tüchern, der Gesundheitszustand des Vaters schien erst einmal stabil, die Kinder waren wieder sicher an Land, die Verantwortung für das Schiff trug Jan und in der Crew gab es keinerlei Spannungen. Er läutete jeden Morgen den Tag mit einer Stunde Yoga auf dem Vorschiff ein und arbeitete tagtäglich mindestens vier Stunden konzentriert an seinem Rechner. Wie Phönix aus der Asche stieg er zwischendurch den Niedergang empor, atmete tief ein, schaute in die Ferne, schlürfte seinen Espresso und sonnte sich eine halbe Stunde. Natürlich so, wie ihn Gott geschaffen hatte. Wer wollte denn Streifen auf der braunen Haut?

Alle zwei Tage rief Michael für zehn Minuten seine Familie an und überließ die Koordination der Crew und die Navigation seinem fleißigen Kapitän. Mit seinem besten Freund Ricco, genannt „Schatzi" an Bord, mit dem er Kabine und Schichten teilte, ging es nicht nur ihm blendend, sondern allen anderen Genießern ebenso. Ricco hatte wieder den Küchendienst übernommen und sah auch gar nicht ein, den Kochlöffel wieder abzugeben. Zweimal konnte er uns mit frischem Thunfisch-Sashimi beglücken. Als Tom es dann doch schaffte, sich am Herd zu verlustieren, knallte eine Welle gegen das Schiff. Diese riss den Kochtopf aus den Haltebügeln, eine Flamme schlug nach oben und die Nudelsuppe ergoss sich auf dem Boden. Tom sprang zur Seite, Jan sprang zum Gasknopf und drehte ab. Die heiße Brühe floss in die Bilge und hinterließ einen fettigen Film in der Pantry. Mit dem Allzweckreiniger Essig war das zackig behoben und Tom setzte sein Werk fort. Meine fliegenden Leberwurstbrötchen hatten lediglich zu einem ermahnenden Grummeln seitens des Kapitäns geführt, dieses Missgeschick aber war uns allen eine Lehre. Beim Kochen mit dem Schnellkochtopf wurde stets ein Topfhalter engagiert. Töpfe, die mit Suppe für die Nachtschicht, bereitgestellt wurden, wurden mit Gurtbändern am Herd festgebunden.

Vier Stunden nach dem Nudelmalheur schrubbten wir wieder das Parkett. Eine Welle war über die Reling direkt in den Niedergang geschwappt. Die Feudel lagen noch bereit, die Bilgenpumpe tat ihren Job. Doch dann schoss Michael aus seiner Kabine. Seine Luke hatte offen gestanden und das Salzwasser hatte sich über ihn und seine Koje ergossen. Nun stand er vor mir wie ein nasser Pudel und beschloss im Salon zu schlafen. Eine Situation, die ihm noch öfter bevorstand und jedes Mal erneut dazu führte, dass ich mich vor Lachen krümmte.

Zwei Tage vor Ankunft auf Mauritius ereilte uns ein Fischsegen von nie dagewesenem Ausmaß. Alle drei Angeln, die zwei professionellen Hochseeangeln und eine Handspule, rauschten gleichzeitig hinaus. Vielleicht hatten sich die Angeln ineinander verhakt oder waren wir doch durch einen Fischschwarm gesegelt? Derart weit vom Land entfernt hatte uns zumindest kein Vogel vorgewarnt. Eine Ansammlung von Vögeln über der Wasseroberfläche war grundsätzlich ein Indiz für die Anwesenheit von Fischschwärmen. Der Appetit auf frischen Fisch hatte Michael mehr als einmal dazu verleitet, vom Kurs abzuweichen und auf vermeintliche Schwärme zuzusteuern.

Die Aufgabenverteilung war in Windeseile abgestimmt. Ich übernahm das Ruder und die Männer die Fische. Zwei Mahi Mahis mit einer Körperlänge von jeweils 120 Zentimetern und einem Gewicht von jeweils 20 Kilogramm wuchteten die Jäger in das Cockpit. Wie in einem Schlachthof gesellte sich ein Wahoo, den wir zuerst für einen Barrakuda hielten, hinzu. Anderthalb Stunden lang filetierten Michael und ich das weiße Fleisch aus den großen Wesen. Jan hing einen Zettel ins Cockpit: „No fishing! Freezer is full!". Als verantwortungsvolle Naturfreunde packten wir aus Sorge vor weiterer überdimensionaler Beute die Angeln für die kommenden drei Monate ein. Erst Ende Dezember wurde die letzten Stücke des mächtigen Fangs verputzt, was auch daran lag, dass die befriedigte Lust auf Fisch von der Lust auf gutes Fleisch abgelöst wurde.

Aus ihrem blauen Bettlaken, einem roten Teamgeist-Shirt und einem grünen Stoffbeutel nähte Beate eine Mauritius-Gastlandflagge. Das perfekte Werk hausfräulicher Nähkunst wurde gehisst und wir trafen nach zehn Tagen im Dunkeln in der Innenstadtmarina von Port Louis ein. Am amerikanischen Flottenboot Alpheratz machten wir im Päckchen fest. Der strahlende World ARC-Manager Joel empfing uns mit einem Schnaps auf der Flitterwocheninsel, an die wir hohe Erwartungen stellten.

Zwei Tage lang putzten Michaels Mainzelmännchen das Schiff. Der Eigner selbst freundete sich währenddessen mit dem Personal des einzigen Cafés in Hafennähe an und eröffnete wieder einmal sein mobiles Büro. Nur die schönen Models, die auf die Polaris kamen, um für die Plakatkampagne eines Nachtclubs abgelichtet zu werden, veranlassten Michael, ein paar Minuten länger als sonst an Bord zu verweilen. Und wir alle warteten.

Eine ganze Flotte wartete auf die American Spirit, das Schiff von Brian, einem ehemaligen Inhaber einer Sicherheitsfirma. Mitten auf dem Ozean war das Vorstag seiner Yacht gebrochen. Um das Kippen des Mastes Richtung Heck zu verhindern, hatte die Crew unter widerlichen Bedingungen Seile zur Stabilisierung eingezogen. Die Crew der Merlyn of Poole war zu Hilfe geeilt und neben dem beschädigten Boot hergesegelt. Über Seile hatten sie Werkzeuge zu Brian geschickt, der im Falle eines Mastbruchs den Teil des Riggs kappen müsste, der das Schiff durch Schleifen im Wasser oder Schlagen auf den Rumpf weiter beschädigen oder instabil machen würde. Zum Dank hatten die Helfer eine Aufstockung ihres Biervorrates erhalten. Mit gerefftem Großsegel schlich die American Spirit bei fünf Knoten durch das Wasser. Es waren nervenaufreibende Nächte für ihn und seine Crew. Schlaflos wälzten sie sich in den Kabinen, begleitet von der Angst, der Mast könne jeden Moment herunterkrachen. Dank des Yellowbrick-Trackingsystems konnten wir alle regelmäßig die Position unseres Freundes verfolgen. Fast fühlten wir uns, als seien wir selbst da draußen auf dem rauesten der drei Weltmeere in Gefahr.

Fünf Tage nach unserer eigenen Ankunft wurden die Unglücksraben endlich erwartet. Alle Rallye-Teilnehmer standen am Dock, Sekt, Schnaps und eine Torte mit der Aufschrift „Sailing with friends" standen bereit, um die Gebeutelten in Empfang zu nehmen. Müde und um tonnenweise Last auf den Herzen leichter, stiegen die zwei Crews von ihren Schiffen und wurden kräftig umarmt. Der tüchtige Engländer Joel hatte bereits alle Hebel in Bewegung gesetzt, einen Reparaturdienst für den kommenden Tag anrücken zu lassen. Tag und Nacht hatte er die Schiffe in der Innenstadt-Marina empfangen und man fragte sich, wann World ARC-Mitarbeiter schliefen. Endlich waren alle Schäfchen im Trocknen und das BBQ mit Musik und Tanz konnte starten.

Auf der Polaris wurde es einsam. Die Crewmitglieder trafen sich in Grand Baie zum Feiern und Tanzen, aßen und tranken die Reste der Bordkasse leer. Danach verstreuten sie sich in alle Winde zum Surfen, zum Sonnen oder zum Cruisen. Michael zog mit Ricco und Beate in ein Hotelressort, das einen Hauch der luxuriösen Atmosphäre des Inselimages versprach. Wie ein Magnet wurde Michael wieder einmal von einem Wasserfall angezogen. „Les 7 Cascades" oder auch „Tamarind Falls" boten auf 300 Höhenmetern eine ideale Umgebung zum Klettern, Wandern, Schwimmen und Klippenspringen. Michaels wagemutiger Sprung vom Wasserfall ließ Beates Atem stocken. Sie hielt solange die Luft an, bis Michael laut lachend vor Adrenalin im frischen Wasser des Naturbeckens wieder auftauchte.

Auf einer Teeplantage entdeckte der Espressotrinker seine Liebe zu grünem Tee, der augenblicklich Einzug an Bord erhielt. Michael studierte dessen optimale Zubereitung und setzte diese allmorgendlich auf dem Schiff akribisch um. Zusammen besuchten wir den botanischen Garten, rochen an Zimtbäumen, naschten frischen Pfeffer, verputzten Palmenherzsalat und sonnengereifte Ananas.

Zusammen mit anderen Seglern mietete ich Motorroller. Wir fuhren über die Insel und sahen außerhalb der Hotelressorts wenig, was uns an eine Trauminsel erinnerte. Die wilden Strände und kleinen Dörfer versprühten keinen Charme. Kaum ein Grund zum Anhalten! Wir blieben auf unseren Mopeds sitzen und genossen die Fahrten entlang der unendlichen Zuckerrohrfelder, die zum Mundraub einluden. Eine Stunde vor Rückgabe meines Mopeds konnte ein rasanter Autofahrer nicht mehr rechtzeitig bremsen und schoss das gute Stück von der Straße. Mit schmerzendem Steißbein konnte ich Humpelkollege Michael die Hand geben. Wir beschlossen, noch einmal gemeinsam über den überaus farbenfrohen, wohl sortierten Marktplatz zu watscheln und uns mit Obst, Gemüse, Gewürzen und Tees einzudecken. Hier lebte die multikulturelle Atmosphäre der Insel. Ein fröhliches, kontaktfreudiges, hilfsbereites Volk mit afrikanischen, asiatischen und arabischen Wurzeln bot hier alles Exotische feil, was die nahrhaften Böden zum Sprießen brachten.

Die neue Crew aus Deutschland rückte an. Bis nach Südafrika würde ich mit einer Gruppe ausgesprochen schlauer, sportlicher Männer im besten Alter segeln. Stefan, Uwe, Bodo und Christian zogen ein. Michael überließ mir das Sicherheitsbriefing und die Koordination des Einkaufs. Das Schiff war leer gefuttert und es mangelte an allem. Sieben volle Einkaufswagen schoben wir durch den Großmarkt. Wenn wir da schon gewusst hätten, dass die Seekrankheit zuschlagen würde und von den Leckereien kaum etwas angerührt würde, hätten wir einigen Ballast vermieden.

Nur einer hatte immer Hunger: Bodo. Der Hüne mit den kroatischen Wurzeln fühlte sich oft unterernährt und aß der Gesundheit wegen gern einmal eine rohe Zwiebel. Seine Anwesenheit an Bord erinnerte Michael daran, uns von einem Zwischenfall zu berichten: „Bodo und ich haben schon einmal zusammen einen Mastbruch überstehen müssen. Bodo hatte eine Truppe zu einem Feinschmecker-Segeltörn durch Kroatien zusammengetrommelt. Die schönsten Häfen, die besten Restaurants, nette Menschen auf zwei Bavarias verteilt. Ein herrliches Leben! Wir durchfuhren eine Enge zwischen zwei Inseln, Bodo mit seinem Schiff voraus, ich als Skipper des anderen Schiffs hinterher. Die Fahrrinne war schmal, wir mussten sehr genau steuern. Plötzlich hörte ich ein Geräusch, gar nicht laut, ein Knarren, das ich so zuvor noch nie wahrgenommen hatte. Geistesgewärtig sprang ich zur Seite und schrie der Crew zu, in Deckung zu gehen. Und da passierte es schon: Der Mast fiel um wie ein Streichholz. Der Wind trieb uns Richtung Land. Segel, Schoten, Stahlseile: Alles schliff im Wasser. Wir funkten Bodo an, der die Segel einholte und den Motor starten wollte, um uns zu Hilfe zu eilen. Leichter gesagt als getan! Sein Motor streikte und wir saßen beide in der Klemme. Der Wantenschneider an Bord war verrostet. Ganz toll! In schweißtreibender Teamarbeit hebelten wir die Wanten aus den Verankerungen und ließen die Takelage gehen. Danach brauchten wir noch eine Dreiviertelstunde, um den Anker zu lichten. Was für ein Tag! Ein amerikanisches Boot eilte zu Hilfe und irgendwie schafften wir es, in den Hafen von Hvar zu kommen, wo wir augenblicklich zum Stadtgespräch wurden. Später erfuhren wir, dass das Schiff erst kürzlich nur dürftig repariert worden war und von den Schrauben, die das Rigg verankerten, die Hälfte fehlte. Glücklicherweise konnten wir die Situation zu unseren Gunsten klären. Diese Erfahrung war der Grund, eine ganze Werkstatt auf die Weltumsegelung mitzunehmen."

Nicht ganz so furchterregend, aber doch recht schrecklich gestaltete sich die Überfahrt auf die französische Insel Île de la Réunion. Was mit einer aufsehenerregenden Abfahrt aller Schiffe aus der Marina startete, endete in einem einzigen Dauerlauf zur Reling. Der Indische Ozean zeigte sich von seiner temperamentvollen Seite. Der achterliche Wind machte das Steuern nicht leichter. Alle neuen Seemänner verbrachten die Nacht an Deck und erleichterten sich abwechselnd in kurzen Rhythmen. Jan und Michael zwängten sich größtmögliche Portionen meines Gemüsecurrys in den Magen, um die stundenlange Arbeit wertzuschätzen. Die blassen Matrosen blieben bei Wasser, Keksen und Küchenrolle. Nach 24 Stunden hatten sie es geschafft.

Vor dem winzigen Yachtclub in Le Port machen wir fest und die Strapazen waren augenblicklich vergessen. So vergessen, dass Bodo spontan die netten Yachtclub-Mitglieder und die World ARC-Flotte zu einem gemeinsamen Grillabend einlud. Er kaufte eine Baby-Badewanne voll Hackfleisch und ließ alle, die helfen wollten, Cevapcici kneten. Die Party startete mit viel Wein und Gesang in seiner improvisierten Küche, zog dann an den Grill und wurde an einer langen Tafel gemütlich. Die Fleischklöße waren würzig und gingen weg wie warme Semmeln. Der Kroate hatte Gastfreundschaft bewiesen an einem Ort, an dem er selbst zu Gast war. Als alle gut gesättigt waren, überraschte Siggi, Mitsegler auf der Merlyn of Poole, mit einem selbstgeschriebenen Musical. Es handelte von den Schiffen und Crews der Flotte. Siggi sang sich in unsere Herzen. Bis spät in die Nacht summten die Segler seine „Nexus, Nexus, Chika, Chika-Lu"-Rhythmen.

Voller Motivation nahm die fitte Polaris-Crew am Orientierungslauf durch die nicht weiter nennenswerte Stadt Le Port teil und fiel eifrig in die erste französische Boulangerie ein. Erdbeertörtchen, Croissants, dunkles Brot mit knuspriger Kruste, Café au lait: Geschmack muss man ihnen lassen, den Franzosen. Wenn man hier von Franzosen sprechen konnte, denn auch hier hatten sich viele Kulturen vermischt und ein Völkchen geschaffen, das sich als tolerant und in Integrationssachen vorbildlich beschrieb. Aber Michael hatte seit dem Surfsport-Dreh auf Hawaii so seine Vorurteile gegen die französische Arbeitsmoral und diese bestätigten sich sogar tief im Indischen Ozean. Ganze drei Stunden dauerte das Mieten eines Kleinwagens für die geplante Inseltour. Wir hatten uns entschieden, zweisprachig vorzugehen. Er auf Englisch, ich auf Französisch. Am Ende wusste keiner mehr, was so lange gedauert hatte, aber Michael schloss die Autohausmitarbeiterin einmal herzlich in seine Arme. Mit Wurst, Käse, Brot und Wein bepackt fuhr der sportliche Teil der Crew in die Berge. Mit den schwarzen Vulkanstränden war ohnehin nicht viel anzufangen. Aggressive Bullenhaie warteten überall darauf, Surfer und Badegäste anzuknabbern. Schwimmen war nicht nur gefährlich, sondern sogar nahezu überall verboten. In der Kurstadt Cilaos mieteten wir ein Jugendherbergszimmer und picknickten auf dem Fußboden zwischen unseren Doppelstockbetten. Wir fühlten uns wie Teenager vor den Bundesjugendspielen und Uwe kroch sogar in den Bettbezug und spielte uns das Gespenst. Um 4:30 Uhr klingelte der Wecker und rüttelte uns aus dem rotweintiefen Schlaf. Die Challenge hatte begonnen. Mit Stirnlampen zogen wir im Gänsemarsch in den dichten Dschungel. Schnell hatte ich den Anschluss an die Muskelmänner verloren und trabte hinterher. Michael, führte die Gruppe an. In pures Gold getaucht erschien uns der Piton des Neiges bei Sonnenaufgang. Der mit 3070 Metern höchste Berg im Indischen Ozean hatte tatsächlich schon einmal Schnee gesehen. Je höher wir stiegen, desto karger wurde die Landschaft. Der dichte Wald wurde abgelöst von Büschen und Heidekrautgewächs. Auf den letzten 500 der 1700 zu überbrückenden Höhenmeter kletterten wir nur noch über Felsgeröll. Wir hatten es eilig. Der Gipfel sollte vor 10 Uhr erreicht werden, bevor Wolken den Berg in dichten Nebel hüllten. Meine Tüte Gummibärchen war aufgegessen, der leckere Käse und die Baguettes wanderten mit einem Vorsprung von 20 Minuten vor mir her. Nicht nett! Von den Bikini-Temperaturen im Tal war auf dem Plateau nichts mehr zu spüren. Michael empfing mich mit ausgebreiteten Armen, dick eingemummelt mit Mütze auf dem Kopf. Hinter einem Steinwall verweilten wir, bis unsere Muskeln hart und unsere Lippen blau wurden. Es wurde Zeit für den Abstieg. Die Kniepatienten Michael und Stefan teilten sich ein paar Nordic-Walking-Stöcke. Fünf Stunden hatte der Aufstieg gedauert, der Abstieg war mit vier Stunden nicht weniger anstrengend, führte er tatsächlich durch den angekündigten dichten Nebel. Im Tal entspannten sich die Herren in der Sauna. Ich fiel hundemüde ins Bett, um gefühlte 30 Minuten später wieder wachgerüttelt zu werden.

Ein Blick auf die Uhr: 5.30 Uhr. Oh je! Der nächste Aufstieg stand bevor. Wieder wollten wir vor dem Mittagsnebel ankommen. Unser Ziel: Der Kraterrand des Piton de la Fournaise auf 2632 Metern über dem Meer. Der vor 380 Tausend Jahren entstandene Vulkan ist einer der aktivsten der Welt. Auf der erstarrten Lava kletterten wir zwei Stunden den Krater hinauf und mussten aufpassen, auf dem scharfkantigen Geröll nicht auszurutschen. Viele Touristen wagten den Aufstieg mit wenig geeignetem Schuhwerk und einige von ihnen trugen blutige Schürfwunden. Michael übte sich erneut im Blanking und schwebte über den Dingen. Nach der kurzen Pause, die geradeso reichte, ein Gruppenfoto zu schießen, schaltete er den Rennmodus wieder an und verschwand im Lavastrom.

Zurück am Auto platzte mir der Kragen. Auf unserem Crewausflug war ich nun an zwei Tagen einmal ganze fünf und einmal ganze vier Stunden komplett allein durch die Pampa gewandert. Gemeinsame Zwischenpausen? Fehlanzeige! So wenig sozial hatte ich mir unsere Tour nicht vorgestellt. Michael fiel es schwer, meine Kritik anzunehmen und erklärte, dass sein verletztes Knie eine eigene Geschwindigkeit verlangte. Das war durchaus plausibel, aber wenig tröstlich. Mit Kuchen und Kaffee wurde ich besänftigt und wir setzten unseren Ausflug mit einer Fahrt durch pittoreske Täler und Dörfer fort. Wir fotografieren bis zu 1000 Fuß hohe Wasserfälle, kehrten im idyllischen Hell-Bourg in ein Gasthaus ein und aßen würziges Kaninchen aus den typischen gusseisernen Töpfen. Erst als man uns erzählte, dass die heißen Quellen, die die Bergregion einst für Kurgäste so interessant gemacht hatte, mittlerweile abgekühlt waren, leuchtete uns ein, warum wir den Eindruck hatten, die beste touristische Zeit der Insel sei seit Jahren vorbei. Trotzdem hatten wir uns verliebt. Da wir ohne Erwartungen angereist waren, konnte uns La Réunion nur positiv überraschen, was Mauritius nicht geschafft hatte.

Im Hafenrestaurant feierte die Flotte Halloween. Erschrocken stellten wir fest, dass schon wieder zwei Monate vergangen waren, seit Michael gen Heimat gereist war. Die immer gleichen Tage in Äquatornähe hatten uns vergessen lassen, dass die Jahreszeiten in der Heimat wechselten. Der immer gleiche Rhythmus auf See hatte uns vergessen lassen, dass es Wochenenden gab und eine Woche nach der anderen dahinzog. Die Tage waren immer gleich lang, die Temperaturen waren immer gleich und so brauchte man schon die Feiertage, um sich dem Lauf der Zeit bewusst zu werden.

Mit blinkenden Hüten, die ich wohlweislich auf Mauritius besorgt hatte, auf den Köpfen und in Tuniken aus Müllsäcken gekleidet mischten sich die Polaris-Schönlinge unter das gespenstische Partyvolk. Gespenstisch war auch ein treffendes Attribut für die 1400 Seemeilen, die uns südlich von Madagaskar entlang nach Richards Bay, Südafrika bringen sollten.

Zwei Tage lang plagte uns die Flaute. Die Seekrankheit konnte sich noch nicht so recht austoben und ich konnte endlich einmal das neu angelieferte Segelporzellan „Magic Grip" meines ehemaligen Arbeitgebers KAHLA in Einsatz bringen. Eine Silikonapplikation verhinderte das Wegrutschen der Teller, Tassen und Schüsseln und beeindruckte vor allem bei starker Krängung. Kapitän Jan war bei dem Gedanken an fliegende Porzellanuntertassen nicht ganz wohl. Eine große Welle konnte auch Rutschfestes durch die Gegend schleudern. Aber noch war es ruhig. Zu ruhig! Kein Lüftchen kühlte uns ab. Die Polaris schaukelte gelangweilt in den Wellen hin und her. Per Funk meldete sich Brian von der reparierten American Spirit und kündigte einen Besuch zum Badestopp an. Wir drehten bei und warteten auf den Kompagnon. Jan hielt das Schiff auf Position und passte auf, dass niemand verloren ging. Michael befestigte eine Schwimmleine mit Boje an der Badeinsel. Die könnten wir nutzen, um uns bei zu viel Strömung festzuhalten und uns wieder zum Boot zurück zu ziehen. Noch war der Strom kaum spürbar und wir konnten getrost das Schiff umrunden. Ein herrliches Gefühl! 5000 Meter tief war der Ozean laut Seekarte hier und außer den zwei Booten sahen wir nur den Horizont, an dem das Blau des Meeres und das Blau des Himmels zusammenstießen. Ganz so, als wären wir allein auf dem Planeten. Die Bullenhaie wähnten wir in sicherem Abstand. Diesen wünschte sich Brian auch von Michael, der schnurstracks die 50 Meter zur American Spirit geschwommen war und sich splitternackt vor den drei Amerikanern postierte. Das nächste Mal solle er sich bitte etwas anziehen, lediglich Sheila dürfe nackt sein Boot besteigen, hieß Brians Kritik an den freizügigen Deutschen mit einem freundlichen Augenzwinkern. Großes Gelächter ertönte auf beiden Schiffen.

Und dann ging die Post ab. Der Strom und Wind kamen aus zwei Richtungen, die See schaukelte sich auf, es wurde stürmisch. Spitzen von 40 Knoten Wind zeigten die Geräte an. Im Regen rollten acht Meter große Wellen von Achtern auf die Polaris zu. Der Autopilot steuerte schon lange nicht mehr aus. Michael und Jan wechselten sich zwei Tage lang in einem Rhythmus von vier Stunden beim Steuern ab. Im dritten Reff raste die Polaris 100 Seemeilen vor der Südküste Madagaskars entlang. Kaffee, Tee, Kekse, Suppe und Schulbrote hielten die tapferen Kämpfer am Leben. Ich kümmerte mich um alle Belange, die nicht die seglerische Erfahrung der Profis benötigten. Alle anderen lagen halb sterbend in den Kojen oder an Deck unter der Sprayhood. Nach einer Woche zeigte sich die Sonne und die Lebensgeister kehrten an Bord zurück. Das erste Bier wurde geöffnet, die ersten Witze gerissen und plötzlich zeigten sich wieder die wahren Charaktere derer, die tagelang versucht hatten, den Mund geschlossen zu halten. Mit Eintreffen in der gemütlichen Marina des Zululand Yacht Clubs im Osten Südafrikas waren alle Sorgen vergessen. Die Warnung vor Krokodilen und die deutlich gesunkenen Temperaturen hielten uns davon ab, direkt ins Wasser zu springen. Mit einem Braai, der südafrikanischen Version des Barbecue, führte man uns in die Kultur des neuen Kontinents ein. Wir maßen uns im Weitspuckwettbewerb und tanzten mit den Kriegern des Zulu-Stammes. Stolz nahmen wir den Preis für den zweiten Platz in unserer Schiffskategorie entgegen.

So hatten sich die Strapazen doch noch bezahlt gemacht. Ein geschnitztes Giraffenpärchen aus Holz durfte in Michaels Kabine einziehen.

Diese Kabine gehörte seit Mauritius auch mir. Um zu viele Kabinenwechsel zu vermeiden, hatten wir nach Riccos Heimflug beschlossen, den Rest der Reise zusammenzurücken. Weil ich außerdem den Anspruch hatte, das Schiff in- und auswendig kennenzulernen und meine Segelkünste zu trainieren, teilten wir uns auch die Schichten. Wenn die See nicht gerade verrückte spielte, nutzten wir diese Stunden zum Reden. Immer mehr erfuhr ich über Michaels Lebenstraum, über die Firmengründung, über seinen persönlichen Antrieb und seine Art, Entscheidungen zu treffen. Schnell baute er mit seiner Offenheit eine Vertrautheit auf, die er dazu nutzte, auch mich und meine Motivation besser kennenzulernen. Michael hatte keinerlei Schwierigkeiten damit, Fehler zuzugeben. Mich überraschte seine Transparenz, seine Authentizität und Geradlinigkeit. Es war nicht schwer, die Marotten meines Wachführers zu erkennen, seine Stimmung zu lesen und seine Antworten auf Fragen zu erraten.

Von der ersten Sekunde an behandelte das Yachtclub-Personal die World ARC-Segler wie gute Freunde. Und die hatten wir dringend nötig. Wäsche abgeben, Müll entsorgen, Gasflaschen füllen, Sim- und Datenkarten organisieren, Boot entsalzen, Bilge putzen, Ankerkasten ausspülen, Achterlast aufräumen und vom Gestank verfaulter Kartoffeln und leckender Benzinkanister befreien, Gefrierschrank abtauen und fluchen über denjenigen, der sein Bier darin vergessen hatte: Dass nach dem Segeln erst die Arbeit kam, musste jede Crew schmerzlich lernen.

Als alle Schiffe wieder neu erstrahlten, fuhren wir als Minibuskolonne zum ältesten Nationalpark Afrikas, dem „Hluhluwe-iMfolozi-Park". Offene Geländewagen fuhren uns in die Steppe und wir zitterten bei Regen im kalten Fahrtwind. Als ein Giraffenbaby am Straßenrand auftauchte, war die Kälte vergessen, die Gänsehaut blieb. Es war schwer, vor Begeisterung nicht zu schreien, nicht aus dem Jeep zu klettern oder hektisch mit der Kamera zu wedeln. Nur schwer übten wir uns in Selbstdisziplin, denn sie kamen alle: Elefanten, Nashörner, Büffel, Zebras, Antilopen und Affen. Nur die Raubkatzen hielten sich bedeckt. Bestes LTE-Netz begleitete uns und wir posteten unseren wilden Begegnungen alle gleichzeitig auf Facebook.

Es war an der Zeit, Platz zu schaffen. Die neue Crew reiste an, die Bergsteigerkollegen verabschiedeten sich. Jan sprang unterstützend auf dem schweizerischen Boot Boingo Alive ein, wo händeringend ein zweiter Wachführer gesucht wurde. Mit Achim Haller kam nicht nur der Geschäftsführer der Teamgeist Süd GmbH an Bord der Polaris, sondern auch der neue Skipper und

Südafrikakenner. Achim hatte in Port Elizabeth studiert und freute sich schon darauf, uns seine alte Heimat vorzustellen. Mit im Gepäck hatte er Bruder Peter, ebenfalls ein brillanter Segler, und seinen Freund Richard. Achim etablierte eine neue Kommunikationskultur. In einem langen Crewgespräch klärte er die gegenseitigen Erwartungen, besprach Aufgaben, legte Verantwortlichkeiten und Prozesse fest, begründete seine Entscheidungen und stellte sicher, dass niemand im Unklaren blieb. Mit einer Engelsgeduld erklärte er Schichtplan, Reiseroute und Bordtechnik. Es schien nichts zu geben, was nicht sorgfältig geplant werden konnte. Wäre da nicht das Wetter gewesen.

Sehr spontan forderte uns Michael auf, abzulegen. Verpassten wir das aktuelle Windfenster, wäre nicht absehbar, wann wir es schaffen würden, Zululand zu verlassen. Wir hofften, in einem Ritt bis nach Port Elizabeth zu kommen. Ihm hätte klar sein müssen, was es bedeutete, wenn wir bei Einbruch der Dunkelheit losfuhren. Die frisch zugezogenen Landratten hatten keine Chance, sich an das Schunkeln zu gewöhnen. Michael, dem die kühlen Temperaturen im frühsommerlichen Südafrika eine ordentliche Erkältung beschert hatten, legte sich schlafen. Kurze Zeit später brach es aus Richard heraus. Tee kochen, Wasser, Kekse, Küchenrolle reichen, Tabletten verteilen: Darin hatte ich Übung. Ich wunderte mich nur, warum sich das starke Geschlecht nicht besser vorbereitete. Tabletten wurden immer erst dann in Betracht gezogen, wenn sie nicht mehr im Magen bleiben wollten. Peter begab sich vorsorglich in die Waagerechte und Achim biss die Zähne zusammen. Irgendwann hörte ich ihn rufen: „Sheila, kannst du das Ruder übernehmen? Ich müsste mal kurz…" Drei Leichen an Deck und eine in der Koje. Ein jämmerliches Bild auf der Polaris.

Michael wirkte in diesen Tagen nicht nur fiebrig, sondern auch teilnahmsloser als sonst. Zwei Ozeane lagen hinter ihm und die Adventszeit in der Heimat rückte ins Blickfeld. Einfach nur in Kapstadt ankommen, hieß seine Devise. Aber dieser Wunsch wurde nicht erfüllt. Mit Motor und Stützsegel versuchten wir, irgendwie voranzukommen. Ein Winddreher mit 25 Knoten aus Südwesten zog uns entgegen. Nach nur 24 Stunden flüchteten wir nach Durban. Die Hälfte der Flotte hatte sich für den gleichen Plan entschieden, der andere Teil steckte, wie auch Kapitän Jan, noch eine Woche lang in Richards Bay fest. Bei Einfahrt in den Hafen von Durban winkten wir den Passagieren riesiger Kreuzfahrtschiffe zu. Die Kulisse der Stadt wirkte grau und bedrückend. Trotzdem wollten wir die Metropole kennenlernen. Jetzt, da wir Zeit hatten und nichts tun konnten, außer auf besseren Wind zu warten. Ein geführter Stadtrundgang war ernüchternd. Nichts wollte uns verzaubern. Ein Plakat riss uns aus der lethargischen Stimmung. Südafrika gegen Sudan, morgen im WM-Stadion. Das war das Durban-Erlebnis, das wir suchten. Wir kauften Tickets für das Fußballspiel und saßen eine Stunde später mitten im Vuvuzela-Lärm. Es handelte sich um ein bedeutsames Länderspiel zur Qualifikation für die Afrikameisterschaft. Wir holten uns Wurst und Bier. Die Südafrikaner holten den Heimsieg und die Erlaubnis, nach langjähriger Abstinenz 2015 wieder im Afcon Cup mitspielen zu dürfen. Die Stimmung explodierte. Südafrikanische Flaggen wedelten in der Luft, Perücken in den Nationalfarben hüpfen in der Menge auf und ab, alles tanzte und sang und wir Deutschen ließen uns anstecken. Eines mussten wir Durban lassen: Der Fußball und das Essen waren exzellent. Kudu, Krokodil, Strauß, Springbock frische Austern landeten auf unseren Tellern, Milchshakes, Castle-Bier, Savanna Dry Cider und der berühmte Amarula aus den Früchten des Marula-Baumes, die sogar Elefanten beim Naschen besoffen machten, in unseren Gläsern.

Michael schloss sich wie gewohnt stundenlang im Marina-Café weg, tippte Excel-Tabellen und Präsentationen. Gelegentlich bat er mich in Sachen Marketing um Rat und ich freute mich, ihn beim Texten oder Bewerten von Angeboten unterstützen zu können. Von Zeit zu Zeit vermisste ich meine kreative, bunte Arbeitswelt und die Rolle, die ich darin spielen durfte. Wir unterhielten uns darüber, was wohl einmal von einem Lebenswerk oder auch einem Lebenstraum übrig bliebe und ob die Dinge, die man geschaffen hatte, in Erinnerung blieben und für andere nützlich seien. Und während wir sprachen, stellten wir fest, dass es in Michaels Leben lehrreiche Momente gegeben hatte, die er mit seinen Mitarbeitern, Kunden, Kindern und Freunden teilen wollte. Damit sie daraus lernten, die Zusammenhänge verstünden, sie Mut bekämen, aus ihren Träumen Pläne zu machen. Damit sie sähen, dass sich harte Arbeit und Ausdauer auszahlten und sie verstünden, dass sie bereits Teil einer großen Geschichte waren, und nicht zuletzt, um ihnen zu danken. Michaels Werdegang, seine Verbissenheit, seine Kontinuität hatten mich beeindruckt. Warum sollte seine Geschichte nicht auch für die, die seinen Weg bisher nicht gekreuzt hatten, spannend sein? Vielleicht gab es da draußen Manager, die sich inspirieren ließen, ihr Büro selbst einmal auszulagern. Ganz sicher gab es Menschen mit Wünschen, die sie sich nie zu erfüllen wagten. „Sheila, ich mag, wie du schreibst. Wollen wir es wagen, zusammen ein Buch zu verfassen? Über all die Dinge, die ich dir schon erzählt habe, noch verraten werde und natürlich über unsere Reise? Allein schaffe ich das nicht. Ich würde Dich gern an Bord behalten und mit über den Atlantik nehmen. Dann könnten wir gemeinsam prüfen, ob das Material reicht. Denk darüber nach!" Und das tat ich. Ich dachte darüber nach.

Der Wind um Durban wurde schwächer und wir starten Versuch Nummer zwei, Port Elizabeth zu erreichen und Achims versprochene Stadttour einzulösen. Nur langsam ging es voran. Und langsam machte sich Nervosität breit. Würden wir jemals wieder richtig segeln? Würde jemals das Knattern des Motors aufhören? Würden es die Jungs jemals rechtzeitig zu ihrem Flugzeug schaffen? Zwei Wochen hatten wir bereits vertrödelt. Es half alles nichts. Wir mussten wohl oder übel einen weiteren Zwischenstopp einlegen. Der Dieselvorrat wurde immer kleiner und ein weiterer Winddreher stand bevor. Vor der Einfahrt in den Yachthafen von East London beschloss die Crew, ein wenig Segelspaß nachzuholen. Ich sah Michael an, dass er nicht allzu begeistert war von dieser Idee. „Warum jetzt noch herumspielen?", stand in seinem Gesicht geschrieben. Aber er wollte kein Spielverderber sein und sagte nichts. Etwas, das er wenig später bereute.

Die Fock wurde gesetzt, das Großsegel ausgerefft und das Dieselmonster abgeschaltet. Achim und Peter konnten Freund Richard endlich zeigen, was sie drauf hatten. Erstklassige Manöver und sportliches Auf- und Abkreuzen ließen den Frust vergessen. Per Funk meldete ich die Polaris im Yachthafen an und erfuhr, dass eine Muringboje für uns bereitstand. Um dorthin zu gelangen, mussten wir eine Seemeile flussaufwärts in den Buffalo River hineinfahren. Wir rollten das Vorsegel ein und Achim drehte den Zündschlüssel des ungeliebten Motors. Nach tagelangem Geratter blieb dieser plötzlich still. Noch einmal! Nichts! Und wieder nichts! Wir trieben immer weiter auf die Hafenmauer zu. Michael klappte die Treppe des Niedergangs hoch und kroch in den Motorraum. Der Anlasser hatte schon manches Mal versucht, den Dienst zu quittieren. In der Kürze der Zeit konnte er die Ursache nicht finden. Achim beschloss, unter Segeln anzulegen. Es waren keine andere Schiffe unterwegs und das Risiko hielt sich in Grenzen. Einzig die Windverhältnisse im Kanal ließen sich nicht vorhersagen. Wir rollten das Vorsegel wieder aus und hielten Ausschau nach unserer Boje. Plötzlich spürten wir einen kräftigen Ruck, das Schiff blieb stehen und neigte sich gen Lee. Wir schauten uns fragend an und dann um. Die Seekarten und das Lot gaben eine Tiefe von mindestens zwei Metern unterm Kiel an. Da wir uns in einem Fluss befanden, steckten wir wohl in Sedimenten fest, die dieser mitgebracht hatte. Mit einem funktionierenden Motor hätten wir uns sicher leicht aus der weichen Masse befreien können. Nun war guter Rat teuer. Ich informierte das Hafenbüro über unseren Status. Bevor eine teure Abschleppmaschinerie in Bewegung gesetzt wurde, wollte Michael selbst versuchen, uns zu befreien. Wir holten das Vorsegel back, hingen uns an die Wanten versuchten, so viel wie möglich Krängung in das Schiff zu bekommen. Je größer die Neigung, desto höher die Wahrscheinlichkeit, den Kiel aus dem Schlick zu befreien und Fahrt aufzunehmen. Alle Bemühungen halfen nichts. Da hörten wir einen Funkspruch. Die

Sweet Pearl, das zweite Schweizer Schiff unserer Flotte, bat um Erlaubnis, in den Hafen einfahren zu dürfen. „Sailing with friends" wurde erneut zum Credo des Tages. Wir funkten zurück und baten um Hilfe. Flink holten wir beide Segel ein, knüpften Fender an die Steuerbordreling und legten Leinen zum Abschleppen bereit. Routiniert wie die Küstenwache, wurden wir von Tom, Sandra und Alejandro fixiert und zu unserer Boje gezogen.

Für ihre große Hilfe erhielt die Sweet Pearl-Crew eine Einladung zum Abendessen und Dinghi-Chauffeurdienst für den gesamten Aufenthalt. Patrick vom Yachtclub organisierte einen Dieseltransporter zum Pier, von dem aus 200 Liter Diesel, abgefüllt in kleinen Kanistern, per Schlauchboot zum Schiff gebracht wurden. Kein schwerer Job für die starken Polaris-Männer. Nach einer halben Stunde hatte Achim einen neuen Anlasser eingebaut und ein Date zum Abendessen mit alten Studienfreunden vereinbart, zu dem die gesamte Crew gelassen wurde. Vorher buchte ich noch ein Runde Sandboarden für die Sports-kanonen unter uns. Auf Holzbrettern glitten wir die wunderschönen, weichen Sanddünen zum Strand hinunter und beobachteten dabei die Surfer in den Wellen und Wale, die durch die Bucht zogen.

Achim und Richard waren sich mittlerweile sicher, dass sie es per Seeweg nicht mehr zu ihrem Flug nach Deutschland schaffen würden. Das Berufsleben hatte sie fest im Griff und eine Verlängerung des Urlaubs war schlicht nicht möglich. Sie nahmen sich einen Mietwagen, verabschiedeten sich und sendeten per What's App Fotos ihres Roadtrips. Die bis dato kleinste Crew, die die Polaris auf der Weltumsegelung hatte, brach Richtung Kapstadt auf. Sollte das Wetter bleiben, fiel der Abstecher nach Port Elizabeth aus. Michael, wieder Kommandeur seines Schiffs, entwarf einen Schichtplan, für Peter, sich und mich. Fünf Stunden sollte jeder am Stück übernehmen, allerdings mit jeweils einer Stunde Überlap-pung, sodass niemand länger als drei Stunden allein Wache halten musste. Es wurde gemütlich an Bord. Wir hörten Santiano, Anni sei Dank, und genossen den Blick auf die Küste. Es wurde sogar so idyllisch, dass Peter sagte: „Wir brauchen dringend einen Wal!" Kaum hatte er das ausgesprochen, sahen wir zwei riesige Hasenohren aus dem Wasser ragen. Was war das? „Robben!", löste Michael das Rätsel. Was wir sahen, waren die Brustflossen von Seerobben, die sich auf dem Rücken treiben ließen. Robben waren ein Indiz dafür, dass die Wassertempe-ratur deutlich gesunken war und sich das warme Wasser des Indischen Ozean bereits mit dem kalten des Atlantiks mischte. Ihre Anwesenheit war außerdem ein sicheres Signal für die Allgegenwärtigkeit von Weißen Haien.

Als ich nachts zu meiner Schicht antrat, war das Cockpit leer. Wo war Peter, den ich ablösen sollte? „Ssst! Ssst!", hörte ich es vom Vorschiff zischen. „Sheila!

Hier!" Mit meiner Stirnlampe leuchtete ich zum Bug. Michael und Peter hockten neben der Genua und starrten ins Wasser. Angeleint kroch ich nach vorn. Die Nacht war schwarz. Sterne und Mond hatten sich hinter Wolken versteckt. „Schau mal, Kometen!", sagte Peter und zeigte auf die dunkle Wasseroberfläche. Wie in einem Formationstanz bahnten sich vier Delfine ihren Weg durch das Wasser zum Bug der Polaris, um mit einem Satz über die Bugwelle zu springen. Die Delfine selbst konnten wir nicht sehen. Die Meeressäuger, die nur so durch das Wasser zischten, umgab eine Linie lumineszierenden Planktons. Was wir sahen, waren die Umrisse der unverwechselbaren Körper und ein langer Schweif aus leuchtenden Partikeln, den sie im aufgewirbelten Wasser hinterließen. Die kühlen Wassertemperaturen begünstigten die Entwicklung der kleinen Organismen, die Futterquelle von Walen. Die Biolumineszenz, auch Meeresleuchten genannt, war ein Phänomen, das wir schon vorher beobachtet hatten, wenn die Polaris einen Teppich aus vermeintlichen Diamanten wie den Schleier eines Brautkleides hinter sich her gezogen hatte. Jetzt schoss eine zweite Gruppe Delfine auf der Backbordseite hervor und schien ihren Freunden den Rang ablaufen zu wollen. Wir waren fest davon überzeugt, dass die Mythen über Meerjungfrauen genau in solch einem Moment entstanden waren. Wir flüsterten und trauten uns kaum, uns zu bewegen. Eine Stunde lang verfolgten wir die glitzernden Spielkameraden, bis sie sang- und klanglos verschwanden. Wir fragten uns, ob wir unsere Faszination jemals in Worte fassen könnten und waren glücklich, diese Erinnerung miteinander teilen zu können.

Je näher wir dem Kap Agulhas, dem südlichsten Punkt Afrikas, wo offiziell der Atlantik den Indischen Ozean ablöste, kamen, desto aufregender wurden die Nächte. Es war wieder Mitternacht, als ovale Leuchtflecken auf unser Boot zutrieben. Geschätzte fünf bis acht Meter lang waren die Wesen, die sich nicht zu erkennen gaben. Eine unheimliche Atmosphäre. Wir hörten keinerlei Geräusche und sahen nichts außer dem mysteriösen Licht aus dem Meer. Entweder wurden wir von Haien ausspioniert oder Fischschwärme umrundeten die Polaris. Eine Antwort bekamen wir nicht, aber an Schlafen war auch nicht mehr zu denken. Wir ließen Michael verschlafen. Ihm täte es gewiss gut, einmal mehr als vier Stunden am Stück durchratzen zu können.

Am Kap war die See sehr kabbelig. Mit den Segeln auf Schmetterlingsstellung ließ sich das Schiff nur per Hand gut steuern, wenn man das Schlagen der Segel vermeiden wollte. Im Dunkeln halfen da nur viel Gefühl und Erfahrung, die ich unter diesen Bedingungen noch nicht hatte. Beim Checken des Kurses wurde ich vom Licht des iPads, das nicht auf Nachtansicht gestellt war, derart geblendet, dass ich für einige Sekunden die Segel nicht mehr sah. Darauf nahmen

Wind und Wellen aber keine Rücksicht und ich legte eine Patenthalse hin, die nur durch den Bullenstander – eine Leine, die den Großbaum fixiert und gewolltes Überkommen verhindert – gehalten wurde. Michael beschloss, das Ruder zu übernehmen und die Schicht zu tauschen. Er zog sich das Ölzeug und Mütze an – Kleidung, die wir im Indischen Ozean nie gebraucht hatten – und stieg den Niedergang hoch. Wie angewurzelt blieb er stehen. „Michael, was ist los?", fragte ich erschrocken. „Weißt du, welch unglaubliches Bild du gerade abgibst?" Ich wusste es nicht, erfuhr es aber am folgenden Tag aus Michaels Blogbeitrag auf der Espotoworldtour-Seite.

Die aufgewühlte See bildete bis zum Horizont Schaumkrönchen auf den Wellen. In der Nacht waren anstelle der Schaumkrönchen nur die glitzernden Planktonteilchen zu sehen, die den gesamten dunklen Ozean um uns herum beleuchteten. Die Polaris segelte auf einem riesigen Teppich aus funkelnden Swarovski-Steinen und wir fühlten uns, wie in einem verwunschenen Märchenland. Vor lauter Konzentration hatte ich keine Augen für dieses Wunder der Natur gehabt. Doch jetzt wurde mir klar, dass diese Nacht einmalig in unserem Leben war. Nie zuvor und nie wieder danach strahlte das Meer aus eigener Kraft derartig hell. Wie von einem goldenen Heiligenschein umrahmt zog das Schiff weiter durch die Nacht.

Pünktlich zum Frühstück sahen wir ihn: Den Tafelberg. Selfies, Fotos, Posts und „Prost!": Wir waren am Ziel! Für die nächsten sechs Wochen war der Steg in der Victory & Alfred Waterfront Marina gebucht, inmitten aller Schiffe der Flotte. Die Vorstellung von einem Jahresende im engsten Kreis in einer der schönsten Städte der Welt, ließ Michael jubeln. Für ihn fühlte es sich an, als würde er nach vielen Jahren wieder nach Hause kommen.

Zwei Fußgängerbrücken mussten für die Durchfahrt mit unserem 24 Meter langen Mast passiert werden. Wartende Touristen fotografierten und winkten dem einfahrenden Schiff zu. Wir fotografierten dieses bunt gemischte Empfangskomitee und winkten zurück. Für Michael stand fest, dass das Abendessen im Mama Africa-Restaurant stattfinden würde. Vor 15 Jahren war er dort bereits mit Peggy eingekehrt, jetzt konnte er es nicht mehr erwarten, uns seinen Lieblingsort zu zeigen. Zu der Live-Musik einer Trommelband schlürften wir Cocktails. Peter zog in ein Surfhotel und schrieb uns, dass ihn beim Kitesurfen Robben begleitet hätten. Wir waren froh, dass er dabei nicht ins Visier der Haie geraten war.

Vier Tage kümmerten sich Michael und ich uns um Einklarierung und Ordnung auf dem Schiff. Die Segel wurden den Segelmachern zur Reparatur überlassen, ein neues Bimini in Auftrag gegeben, die muffenden Spinnaker zum

Trocken ausgelegt, ein Polierteam engagiert, eine Innenraumreinigung verein-bart, das Dinghi mit Babyöl gepflegt und repariert.

Nach der Arbeit kam das Vergnügen. Wir mieteten ein Auto und fuhren zum Cap of Good Hope-Trail, also dem Wanderweg, der uns zum Kap der Guten Hoffnung bringen sollte. In unseren Rucksäcken trugen wir Proviant für zwei Tage. Die atemberaubende Landschaft veränderte sich ständig. Mal liefen wir durch Büsche, mal auf Sand und dann kletterten wir wieder über Felsen, immer mit dem Blick auf das tiefblaue Meer, über das wir hereingesegelt waren. Michael zückte sein iPhone und nahm ein spontanes Interview mit mir auf. Verschwitzt und atemlos hauchte ich in die Kamera, dass dies die schönste Wanderung meines Lebens sei. Ich empfand so tatsächlich. Wir entdeckten Wale vor dem Cape Point, überraschten Antilopen, fanden Schildkröten und trafen wilde Strauße, ausge-rechnet als wir Bilton aus Straußenfleisch naschten, und übernachteten nach fünfstündigem Auf und Ab in den Baracken eines alten Militärstützpunktes. Von dort aus genossen wir den Panaromablick über den gesamten Nationalpark und einen einmaligen Sonnenuntergang am Kap der Guten Hoffnung. Über die Felsen des Kaps kletterten wir am frühen Morgen, noch bevor irgendein Rancher oder Tourist den Eingang zum Park gefunden hatte. Neun Stunden lang wurde uns nicht einmal langweilig. An der Westküste entlang stapften wir durch Dünen und Blumenwiesen. Der letzte Hügel wurde für mich zur Tortur. Wie groß die Blasen an meinen Füßen waren, sahen wir erst, als ich die Schuhe auszog. Michael fuhr uns über den berühmten Chapmans Drive zurück Richtung Kapstadt. In Camps Bay erfüllte er sich den langersehnten Wunsch und besuchte Horst und Jutta, die ihn und die schwangere Peggy vor 15 Jahren so liebevoll umsorgt hatten. Horst wartete bereits mit Kudu-Würsten am Grill und Jutta versorgte mich mit Eiswasser für die Füße. Auch Sven, seine Frau und Kinder waren da und das Wiedersehen wurde mit einem ausgedehnten Abendessen gefeiert.

Michael hatte das Gefühl, angekommen zu sein und alles erlebt zu haben, was man in zwei Tagen erleben konnte. Nun war er reif für den Abflug. Aber da fehlte noch jemand. Jan! Unser Kapitän hatte es noch nicht weit gebracht. Die Boingo Alive lag noch immer an der Ostküste Südafrikas. Kranke Crew, Motor-schaden, schlechtes Wetter: Er hatte getan, was er konnte, aber nun musste er zurück. Michael übergab ihm das Schiff, das zur Rumpfpflege aus dem Wasser geholt werden sollte. Die Dienstleistungen waren dank des guten Wechselkurses zum Südafrikanischen Rand äußerst günstig und das Hafenmanagement sehr zuverlässig. Als sich die angekündigten 14 Tonnen als 17 Tonnen Gewicht heraus-stellten, wurde der Plan wieder verworfen. Eine Taucherin musste die Korallen, die sich in den Wochen im Hafen am Boot festsetzten, in mühevoller Millimeter-arbeit mit einem Rakel entfernen.

Teamgeist-Technikchef Kendy Kuschke flog ein, um zusammen mit Jan zwei Wochen lang das gemeinsame Baby auf Herz und Nieren zu prüfen. Schrauben, Leitungen, Kabel, Motor und Pumpen wurden untersucht, gereinigt, gewartet, repariert, ausgetauscht. Wenig wohnlich war das Schiff in diesen Tage und ich beschloss, die Schusslinie zu verlassen und in das wärmere Surfrevier Jeffrey's Bay zu reisen. Allerdings nicht ohne den Schuftenden frisches Brot aus dem Brotbackautomaten zu hinterlassen.

Jeden Tag ging Michael mit Ale joggen. Die Promenade, die den Hafen umschloss, führte kilometerweit am Meer entlang. Michael fühlte sich seinem Partner sehr verbunden. Alejandro Ivanissevich war ebenfalls Unternehmer und Familienvater. Im Jahr 1991 hatte der Argentinier als erster in seinem Land ein Unternehmen zur Herstellung von Strom aus erneuerbaren Energien eröffnet. In den Gründerjahren kamen seine Tochter Lucia und sein Sohn Tomas auf die Welt. Es war bereits die zweite Generation Nachkommen. Die ersten beiden Kinder waren schon aus dem Gröbsten raus und gingen ihre eigenen Wege. Neben der Kindererziehung half seine Frau Maria Jose bei den Geschäften. Die Erfolge schossen durch die Decke. Das Ehepaar verdiente gutes Geld, aber verlor wertvolle Zeit mit seinen Kindern. Als diese Teenager wurden, erkannten die Workaholics, dass ihnen nicht mehr viele Jahre blieben, die zwei heranwachsen zu sehen. Sie kauften eine Lagoon 620, einen 20 Meter langen Katamaran, den sie luxuriös ausstatteten, und nannten das Schiff „NDS Darwin". Die Abkür-zung stand für „Need to develop skills" und bedeutete, dass das Schiff ihnen und den Kindern dienen sollte, neue Fähigkeiten zu erlernen und die Welt zu entdecken. Sie packten den 13-jährigen Tomas und seine zwei Jahre ältere Schwester ein, buchten einen Kapitän und eine Köchin und nahmen an der World ARC teil. Ale kontrollierte seine Geschäfte ebenfalls an Bord weiter, die Kinder bekamen Schulaufgaben und Prüfungen online zugesandt. Es war nicht immer leicht für die Pubertierenden, die Nähe der Eltern, die Langeweile auf See und das Fehlen gleichaltriger Partner zu ertragen. Und doch bauten sie eine nie dagewesene Vertrautheit zu ihren Eltern auf, äußerten offen ihre Dankbarkeit für diese aufregende Reise, lernten viel über das Segeln, die Natur, die Menschen, das Leben, die Privilegien, die sie im Vergleich zu anderen Kindern in der Welt genossen, und entwickelten sich prächtig. Die älteren zwei Geschwister kamen mit ihren Partnern und den eigenen Kleinkindern während der Weltumsegelung oft zu Besuch. Das exklusive Schiff wurde ein Ort der Zusammenkunft für die gesamte Familie.

Bevor Michael mit seiner Familie zusammenkam, besuchte er mit seinen Freunden das Sonntagskonzert im Botanischen Garten Kirstenbosch, was er als eines der kulturellen Highlights der Reise beschrieb. In einem 40 Jahre alten VW-Käfer brachte ihn Sebastian, der ihm noch Minuten zuvor den Kopf rasiert hatte, zum Flughafen. Das Auto war immer nur notdürftig, zum Beispiel mit Red Bull-Dosen repariert worden, aber alle Macken in der Karosse waren großzügig mit buntem Muster übermalt worden. Durch Löcher im Bodenblech konnte man auf die Straße schauen. Laut ratternd hoppelte die liebenswürdige Schrott-kiste, die man wohl nirgendwo anders auf der Welt zu mieten bekäme, über die Autobahn. Michael freute sich über diesen besonderen Zubringer und flog nach einer letzten Fotoaufnahme mit dem Oldtimer heim.

In Deutschland traf er zur Firmenweihnachtsfeier auf alle Kollegen, in Kostümen verkleidet, die ihn bei seinem Projekt, der Weltreise im Hochsee-büro, direkt oder indirekt unterstützten. Er bedankte sich förmlich und lud zum Krimi-Dinner ein. Grund zum Feiern hatte er. Die Teamgeiststandorte München und Hamburg hatten einen Umsatz von über einer Million Euro erwirtschaftet und der Strom der Anfragen riss nicht ab. Der Onlinemarktplatz erzielte gute Buchungsquoten mit seinen Standardkonzepten für Events bis 100 Personen. Die Anfragen trudelten zu 60% von Unternehmen mit über 300 Mitarbeitern ein. Auf solche Ergebnisse konnte man zurecht stolz sein. Der schwere Jahresstart war längst vergessen und schon jetzt wusste er: Remote Control hatte dank detail-lierter Vorbereitung, loyaler Mitarbeiter und gewinnbringender Partnerschaften funktioniert. Das Ergebnis konnte sich sehen lassen.

Mit den Führungskräften beschloss der Firmenchef die Planung 2015. An ein Wachstum im gleichen Maße wollte er noch nicht glauben. Er vermutete, dass sich die Regionalmärkte konsolidierten und forderte seine Führungsriege auf, weitere Partner ausfindig zu machen.

Die zweite Woche diente der Familie und Michael stellte fest, dass seine Mutter an die Grenzen ihrer psychischen und physischen Grenzen geriet. Mit Schuldgefühlen verabschiedete er sich und flog zusammen mit Peggy und den Kindern zurück nach Kapstadt.

Das Weihnachtsfest verbrachten sie zu viert an Bord der Polaris. Kendy war wieder zurückgeflogen und Jan zum irischen Feiertagsgelage auf der Avocet eingeladen. Michael zeigte seiner Familie die Pinguine in Simonstown und das

Kap der Guten Hoffnung. Dieses Mal fuhr er mit dem Auto vor. Zu Silvester luden die Familien der Schiffe zum Umtrunk ein und so schlenderte die Gesellschaft von Boot zu Boot zum Trinken, Naschen, Reden und Lachen. Über der V&A Waterfront-Marina wurde ein großartiges Feuerwerk gezündet, dem tausende Einheimische und Touristen zujubelten. In dieser Nacht wurde die American Spirit ausgeraubt, ausgerechnet das Schiff, das einem ehemaligen Inhaber einer Sicherheitsfirma gehörte. Computer, Funkgeräte, Schmuck und andere Wertgegenstände hatten das Schiff über eine unbewachte Rampe verlassen. Die Marina schickte ihren Sicherheitsdienst, aber der Schaden war nicht rückgängig zu machen. Der Abschied von seiner Familie fiel Michael leichter, als er die Flüge in die Karibik gebucht hatte. Drei Monate sollte es dauern, bis sie sich wieder an Bord vereinten.

Im fliegenden Wechsel reiste Ricco für eine Woche nach Südafrika und Michael besichtige zusammen mit ihm zum dritten Mal das Kap, was seine Geduld gewaltig strapazierte. Die Freunde schnupperten sich durch die Weingüter Stellenboschs und Michael hatte den Eindruck, ein Zweiwochenprogramm in vier Tage quetschen zu müssen. Ricco kochte Hühnersuppe für den Atlantik vor und fror Hackfleisch vom Strauß ein. Mittlerweile war ich zur Bordköchin avanciert, Michael steuerte gelegentlich Fisch und Hackbällchen bei und Jan forderte uns mit seinem scharfen Chili con Carne heraus. Ich freute mich über Riccos Unterstützung und räumte hinter seinem Rücken das Kochgeschirr aus, das monatelang niemand gebraucht hatte und spendete es zusammen mit Kerzen, Stiften und Kleidung an ein Frauenhaus. Jans Auftrag lautete: Gewicht abspecken. Die Segeleigenschaften der Polaris hatten sich durch zu viel Ballast an Bord verschlechtert. Eine 300 Kilogramm schwere Box mit Spinnakern, Stahlseilen und persönlichem Übergepäck machte sich auf den Weg nach Deutschland.

Mit Christian, Klaus, Peter kamen Segler mit jahrelanger Regattaerfahrung in Afrika an. Eine Atlantik-Crew, die vor allem eines wollte: Die Rallye gewinnen! Sie wollten das Boot auf Höchstleistungen trimmen, mit dem Spinnaker Höchstgeschwindigkeiten fahren und mit ausgeklügelten Methoden Strom und Wetter ausnutzen. Den Einkauf hatte ich online erledigt und pünktlich erreichte er unseren Steg. Toll, Pick & Pay! Penibel achtete der Kapitän darauf, dass keine Verpackungen an Bord kamen. Sie bedeuteten einerseits Müll, den man nicht mehr loswurde, andererseits konnten sie Eier oder Larven von Ungeziefer enthalten. Eine Handvoll Kakerlaken schaffte dennoch mehrere Wochen auf der Polaris zu überleben. Dass wir sie mit etwas Chemie und guter Hygiene wieder loswurden, bevor sie sich vermehrten, glich fast einem Wunder. Michael war froh und stolz, eine Crew zu haben, die auch ohne seinen Einfluss funktionierte. Seine Botschaft lautete: „Wer delegiert und Vertrauen zeigt, gewinnt Freiheit, die er entweder für wichtige Aufgaben oder persönlichen Genuss nutzen kann. Kontrollfreaks, so wie ich es einer war, geißeln sich mit ihren eigenen Zwängen. Man kann nicht alles unter Kontrolle haben. Man muss Mut haben, die richtigen Experten um sich zu versammeln und ihnen Freiräume zum Handeln lassen."

Jan und Michael lernten beim Skipperbriefing durch das World ARC-Team die Tücken des Südatlantiks kennen. Wie immer brachten sie Wetter- und Routeninformationen und Vorschläge zum Ausflugsprogramm bei Landgängen mit. Unsere nächste Etappe lautete St. Helena. Die Insel lag auf dem Breitengrad von Angola und diente einst als Exil für Napoleon, der dort vor lange Weile umkam. Vor uns lagen 1700 Seemeilen, bis nach Brasilien kämen noch 1900 hinzu. Vor lauter Aufregung über den spektakulären Rallyestart unter dem Tafelberg verwechselte Steuermann Christian die Startlinienmarkierung und die Polaris wurde zu drei Strafrunden aufgefordert. Wir nahmen es gelassen, schließlich hatten wir noch viele Tricks auf Lager. Dachten wir zumindest. Rasmus, der Gott des Windes und Schutzpatron, meinte es nicht gut mit uns. Flaute, pralle Sonne und brütende Hitze ermüdeten uns. Michael zog das Ass aus dem Ärmel und gönnte uns einen Badestopp auf dem Nullmeridian. Mehrere Stunden täglich saßen Michael und ich auf dem Vorschiff und tauschten uns über sein Leben und die Inhalte unseres Buches aus. Routinen entwickelten sich. Wir erhoben Anspruch auf die Schicht zwischen 6 und 10 Uhr, sowohl morgens als auch abends, die uns ausreichend Tageszeit zum Arbeiten, Reden und Schreiben schenkte, und uns gleichzeitig auch Sonnenauf- und Sonnenuntergang an Deck bescherte. Jeder Sonnenuntergang wurde mit einem Gläschen Rum begossen. Allabendlich wartete die Crew gespannt auf den „Green Flash", das kurze grüne Licht, das sich über der Wasserlinie am Horizont genau in dem Moment zeigte, wenn die Sonne im Meer versank. Anderthalb Jahre lang diskutierte die Flotte, ob es diesen grünen Blitz ernsthaft gab, warum ihn nicht alle Segler sehen konnten oder ob der Rum an den Erscheinungen schuld war.

Wie so oft wurde Michael von der Crew gefragt, welches Schiff er zum Kauf empfehlen könne und wie immer antwortete er: „Gar keins!" Wer ausschließlich wenige Wochen im Jahr Zeit hätte, das Mittelmeer, die Karibik oder andere nette Inselwelten abzusegeln, solle chartern und die Bootspflege Dritten überlassen, erklärte er. Er hatte in all den Jahren gelernt, wie zeit- und kostenaufwendig es war, Schiffe zu warten und vor allem, dass sie bewegt werden mussten. „Vom Herumliegen wird kein Schiff besser. Wenn ihr nicht darauf wohnen wollt, dann lasst es bleiben und chartert!", sagte er in desillusionierte Gesichter. Der geduldige Christian, der als neuer MacGyver in Kendys Fußstapfen trat, übernahm auch Riccos Erbe als Fischflüsterer und holte einen frischen Fang nach dem anderen an Bord. Immer wieder zogen seltsame Plastiktüten am Schiff vorbei, bis Peter das Mysterium auflöste und uns mitteilte, dass es sich um Spanische Galeeren, einer Qallenart, handelte, die sich mit einer Luftblase an der Wasseroberfläche hielt und sich mit einem Segel fortbewegte.

Als wir nach elf langen und langsamen Tagen auf die Ankerbucht zusteuerten und mit dem Verstauen des Großsegels beschäftigt waren, erblickten wir Flossen im Wasser. Das mussten irre große Delfine sein. Ich rannte in den Salon, um die Kamera zu holen. „Walhaie!", rief Jan. Ich traute meinen Ohren nicht. Wie ein Blitz schoss ich den Niedergang hinauf. Jan schaltete den Motor aus und wir ließen uns treiben. Die Kolosse hielten genau auf uns zu. Peter zählte 30 gepunktete Körper, die mit ihren breiten, offenen Mäulern um die Polaris herumschwammen. Wir schossen Fotos und tanzten aufregt über das Deck, um kein einziges Tier zu verpassen. Zehn Meter lang waren die größten Exemplare. Ich stand am Bug, als mir ein kleiner Walhai direkt entgegenkam. Meine Kamera war im Dauerbetrieb. Das mächtige Geschöpf kam immer näher und ich fragte mich, wann er wohl abdrehen würde. Es tat es nicht. Kurz vor dem Bug musste der Walhai gemerkt haben, dass ihm etwas im Weg war, er tauchte ab, es ruckelt an Bord und wir standen endgültig still. Mit gerunzelter Stirn schaute mich Michael an und dann auf das Wasser. „Mist!", ließ er verlauten. Ich wusste nicht, ob er sich mehr Sorgen um den Hai oder das Schiff machte. Der Walhai blieb verschwunden und wir gingen davon aus, dass er mit einem Schrecken davon gekommen war. Das Schiff tauchten wir in der Ankerbucht ab und entdeckten nichts, worüber wir uns Sorgen machen mussten.

Michael freute sich, einen Ort für sportliche Ertüchtigungen gefunden zu haben. Wanderungen, Schwimmzüge im öffentlichen Bad, Auf- und Abstieg der mit 699 Stufen steilen Jakobsleiter erfüllten sein Bedürfnis nach körperlichem Ausgleich. Ein Gruppenausflug führte uns zu Napoleons ehemaligem Domizil, wo auch wir uns mächtig gelangweilt hätten. Der Flughafen, der die britische Insel, touristisch erschließen sollte, wurde gerade erst gebaut.

Mit direktem Kurs auf Salvador da Bahia, Brasilien, legten wir wieder ab. Anders als im Indischen Ozean verhielt sich die See wesentlich ruhiger. Der Wind frischte auf und die Regattagötter zogen den Spinnaker hoch. Zehn Stunden am Stück steuerten die drei Hartgesottenen die 180 Quadratmeter Stoff über Südatlantik. Wir justierten Schoten und Kurs, dass der Spinnaker nachts mithilfe des Autopiloten allein gesteuert werden konnte.

In der freien Zeit wurden Filme geschaut und Bücher gelesen. Auch „Der Hundertjährige, der aus dem Fenster stieg und verschwand" von Jonas Jonasson machte die Runde. Ich überraschte die schwitzende Crew mit selbstgemachtem Vanilleeis, frisch gebackenen Brötchen, Pizza und sauer eingelegtem Fisch.

Mit einem Bestzeit-Etmal von 220 Knoten erreichte die Polaris ihren Zenit. Es reichte trotzdem wieder nur für den zweiten Platz. Dieser wurde bei Caipirinha in Salvadors sehenswerter Altstadt Pelourinho begossen. Jeder bereitete sich auf den Karneval vor. In allen Gassen übten Trommler- und Tanzgruppen in ausschweifenden Kostümen ihre Rhythmen. Die tiefen Paukenschläge gingen sofort ins Blut über und animierten zum Mittanzen. Die Lebensfreude, die sich überall in Musik ausdrückte war ansteckend. Tagelang suchte ich nach den passenden Kostümen für die Crew und kleidete die Männer schließlich in neonbunte Röckchen. Indianisch anmutende Malereien zierten ihre stählernen Körper. Auf ging es ins Getümmel. Einmal begleiteten wir den traditionellen Umzug durch die Altstadt und ein anderes Mal stürzten wir uns ins Partygetümmel am Strand von Barra. Die Flottenfreunde, die ihre Skipperunterlagen nicht aufmerksam studiert hatten, ließen sich Kameras, Geld und Telefone aus den Hosentaschen stehlen. Wer, so wie wir, nichts am Leib trug, konnte auch nicht beraubt werden.

Ein Ort zum Sicherfühlen war Salvador nicht. Touristenmassen spazierten von morgens um 7 Uhr bis spät abends, wenn die letzte Fähre zu den benachbarten Inseln ablegte, an unserem Dock vorbei. Wir wurden fotografiert, wie wir in Hängematten an Deck schliefen, wie wir unsere Wäsche zum Trocken aufhängten, wie wir aßen und arbeiteten. Gegenseitig setzten wir uns als Bootsitter ein, um zu verhindern, dass kein Schiff ungebetene Gäste bekommen würde. Eine Brasilianerin verirrte sich dann doch zu uns. Sie rannte der verdutzten Crew Küsschen zuwerfend in den Salon der Chika-Lu, die neben uns lag, schaute sich um und rannte wieder hinaus. Als sie den Fuß auf die Gangway der Polaris setzte, konnte ich sie stoppen. Auf Spanisch sprach ich sie an. Sie erklärte auf Portugiesisch, sie wolle zu ihrem Freund. Wie ihr Freund denn hieße, hakte ich nach. Darauf wusste sie keine Antwort. Ich nahm sie mit zum Fahrtkartenschalter der Fähre, wo man übersetzte, sie sei auf der Suche nach Arbeit. Da fiel es mir wie Schuppen von den Augen und mir leuchtete ein, welche Art der Arbeit sie meinte. Unsere Herren waren in das Visier der Liebes-dienerinnen geraten, die sich von den Yachties im Karnevalsfieber ein paar Extragroschen erhofften. Nach einer Woche im Caipirinha-Rausch hielten es alle für gesünder, weiterzusegeln.

Peter und Klaus flogen nach Hause und Hildegunde trudelte ein. Die Ankunft der Ernährungswissenschaftlerin nahm Michael zum Anlass, sich endlich um glutenfreie Kost zu bemühen. Was er, trotz besseren Wissens, monatelang ignoriert hatte, wollte er jetzt wieder gutmachen. Das Problem war nur, dass wir bei seiner Entscheidung schon abgelegt hatten und für die folgenden 700 Seemeilen mit dem haushalten mussten, was wir hatten. Für Michael waren demzufolge Nudeln, Brot, Müsli und Mehlspeisen wie Pfannkuchen tabu. Was blieb da noch übrig? Eine halbe Packung Maismehl, Eier, Gemüse, Fleisch, Fisch, Obst, Jogurt und Kartoffeln, die Michael jetzt für sich beanspruchte. Ich war genervt. Das brachte meinen Bevorratungsplan aus dem Konzept. Aber Michael hatte vollstes Vertrauen in seine Mitseglerin aus dem Pazifik.

Kein bisschen unterernährt ankerten wir bald vor Fernando de Noronha, einer wahren Perle der Natur, die versuchte, ihre Gäste abzuzocken. Glatte 300 Euro kosteten uns Ankerplatz und Marineparkgebühr für drei Tage. Unverschämt, fanden wir. Es gab noch nicht einmal Duschen, Toiletten oder andere Formen von Infrastruktur für die Segler. Entschädigung kam in Form von ausgewachsenen Delfinen und ihren Jungen. Diese schwammen in großen Schulen in der Ankerbucht auf und ab und kamen beim Schnorcheln bis auf wenige Meter an uns heran. An einsamen Stränden unter malerischen Felsen übten Jan und Michael das Wellenreiten und gemeinsam verfolgten wir die Sturmtaucher, mutige Vögel, die im Sturzflug sich zwischen die Surfer tauchten, um Fische aus den Wellen zu ziehen. Gern wären wir länger geblieben, aber die Karibik rief. Hildegunde beäugte angewidert das Treiben in unserer Fischfabrik. Unsere Fänge wurden wesentlich kleiner, dafür umso häufiger. Sie ernährte sich selbst am liebsten einfach nur von Schokomilch. Jan lümmelte in seinem Strumpla-Strampelanzug an Deck herum und wir unterhielten uns über das, was die Zukunft wohl bringen könnte. Für Michael stellte sich diese Frage nicht. Zurückkehren, ankommen, arbeiten, die AG-Gründung über die Bühne bringen, neue digitale Produkte schaffen, für seine Familie und die Menschen in der Firma da sein, lautete sein Plan. „Mein größter Traum steht kurz vor dem Ende der Erfüllung. Es ist befreiend und entspannend zu wissen, dass ich erst einmal keinem ganz großen Ziel hinterherrennen werde.", gestand er uns.

Die Ankunft in Grenada, fiel in die Nachtschicht, die Christian und ich jetzt teilten. Die vielen Lichter vor der Port Louis Marina verwirrten uns beim Navigieren zunächst, führten uns dann aber doch zum Ziel. Neben der Luxusyacht Naia, die man samt Hubschrauber, für 525 Tausend Euro pro Woche chartern konnte, legten wir in der edlen Camper & Nicholson-Marina an. Wir schwankten bei unseren ersten Schritten auf dem Steg. Michael blieb ehrfürchtig stehen, atmete tief ein und schloss innerlich mit dem nervenaufreibendsten, verrücktesten und schönsten Abenteuer seines Lebens ab. Alle wichtigen Etappen lagen hinter ihm. Alle Ozeane waren überquert. Die Last, für das Leben anderer Menschen verantwortlich zu sein, fiel von ihm ab. Das Gefühl, Großes geleistet zu haben, war unbeschreiblich. Schon jetzt fühlte er sich angekommen.

Euphorisch, an einem solch gepflegten Ort wieder zu zivilisierten Menschen werden zu dürfen, sprangen wir nachts um eins unter den argwöhnischen Augen der Security in den Swimmingpool. Wir waren viel zu aufgeregt, um zu schlafen. Erst in den frühen Morgenstunden fielen uns die Augen zu. Alles, was jetzt kam, waren Routine und Genuss. Das karibische Inselhopping durch die Windward Islands stellte für Weltumsegler keine Herausforderung mehr dar. Auch wenn Saint Lucia das Ziel der Reise war, fiel bereits jetzt jegliche Anspannung von den Flottenteilnehmern ab. Diese Befreiung äußerte sich in täglichen Dock- und Deckparties, denen Michael meistens fernblieb. Seine Familie war im Anflug und es war klar, dass er die gemeinsame Zeit nicht mehr zum Schuften nutzen wollte. Während die anderen Rumpunsch tranken, arbeitete Michael den kommenden Urlaub vor.

Ich mietete einen Wagen, den wir uns für Inseltouren teilten. Ricco war wieder eingeflogen und konnte es nicht erwarten, die Gewürzplantagen der grünen, fruchtbaren Insel zu besuchen. Bepackt mit Muskatnüssen, Zimtstangen, Nelken und dunkler Schokolade aus den Kakaobohnen Grenadas kehrten wir von unseren Touren zurück. Hildegunde hatte eine Überraschung für uns vorbereitet. Ohne zu wissen, worauf wir uns einließen, führte sie die Polaris-Crew in eine Garage neben dem Fußballplatz. In dem hell beleuchteten Raum standen 25 Stahltrommeln, die einst für circa 1000 Euro pro Stück aus Ölfässern hergestellt worden waren. Es begann ein Konzert, das wir angesichts der simpel aussehen Instrumente nicht erwartet hatten. Informatiker, Lehrer, Polizisten, Schüler, Rentner bildeten das Angel Harps Steel Orchestra und übten täglich für ein großes Festival. Wir trauten unseren Ohren kaum, so melodisch waren die Klänge und so harmonisch das Zusammenspiel. Zwei Stunden lang verfolgten wir die Probe und nahmen die Einladung zu einer Unterrichtsstunde für die Flotte sofort an.

Ich zog auf die Chika-Lu und machte Platz für Michaels Familie. Bei allen Crews herrschte das gleiche Programm: Insel für Insel bis nach Saint Lucia abklappern, schnorcheln, schwimmen, ein bisschen wandern, Hummer kochen, tanzen und feiern. Ricco baute am Strand einen Räucherofen. Das Rohr dafür hatte er extra aus Deutschland mitgebracht. Die Polaris-Crew labte sich an geräuchertem Thunfisch und tagtäglich frischen Mangos, die von fliegenden Händlern auf Surfbrettern zu den Schiffen gebracht wurden. Anni und Aaron standen im Mittelpunkt der Aktivitäten. Aaron verliebte sich in Kapitän Jan und wurde sein steter Begleiter. Sie besuchten in der Wallilabou-Bucht auf Saint Vincent einen der Drehorte der „Fluch der Karibik"-Filme und schnorchelten in den Tobago Cays mit Schildkröten und Rochen. Das Leben war leicht in der Karibik. Zu Ostern schmunzelte die Crew über Michaels bunte Unterhose im schönsten Osterei-Muster. Aaron durfte das ganze Schiff nach Süßigkeiten absuchen und wurde reichlich belohnt.

Das große Finale auf St. Lucia bildete der Törn von Marigot Bay nach Rodney Bay. Einige Schiffe waren direkt von Kapstadt aus nach Europa gesegelt. Die noch anwesenden 15 Schiffe fuhren nun wie Perlen auf einer Kette als Kolonne in die Bucht, von der sie sich im Anfang vergangenen Jahres verabschiedet hatten. Zu zehnt, mit Neuzugang Carina Hofmeister, traten wir zu diesem letzten Stück Weltumsegelung an. Wir trugen Rastafari-Mützen und Espotoworldtour-Shirts. Mit einen breiten Grinsen im Gesicht und Tränen in den Augen legten wir an dem Steg an, den Polaris vor 15 Monaten mit besten Hoffnungen verlassen hatte.

Diese Hoffnungen hatten sich erfüllt. Schiff und Crew waren stets ohne größere Blessuren davon gekommen. Die spannendsten Menschen, die verträumtesten Orte, die leckersten Spezialitäten, die intensivsten Gefühle, sportliche und menschliche Herausforderungen, große Verantwortung, große Erfolge waren in einer Weltumsegelung vereint worden. Michael Thor Heyerdahl Haufe hatte kurz vor seinem 45. Geburtstag das geschafft, was er sich vor 35 Jahren erträumt hatte. Hinter ihm lagen 30 Tausend Seemeilen, 49 Mitsegler, 400 Kilogramm frischer Fisch und 111 klare Sonnenuntergänge. Vor ihm lag ein Fest, das sich gewaschen hatte. Am Swimmingpool wurde, wie konnte es anders sein, Rumpunsch gereicht. Überglücklich stellten sich die Herren und Damen, die die Weltmeere bezwungen hatten, zum Gruppenfoto auf. Der Auslöser war noch nicht gedrückt, als schon die ersten Segler in hohem Bogen ins Wasser flogen. Wer nicht freiwillig hineinsprang, dem wurde geholfen.

Die andere schöne Nachricht des Tages verbreitete sich wie ein Lauffeuer. Die World ARC-Manager Paul und Suzanna hatten sich ineinander verliebt und planten, bald zu heiraten. In ihren typisch gelben T-Shirts schwammen sie, die World ARC-Flagge hinter sich herziehend, jetzt schon ins Glück und alle freuten sich mit ihnen.

So gut sie konnte, takelte sich die Flotte zur letzten gemeinsamen Gala auf. Die Crewmitglieder empfingen ihre Urkunden, schlemmten sich durch das Büffet und stürmten die Tanzfläche. Allen voran Michael. In seiner roten Hose und seinem bunten Hemd war er der Leuchtturm auf dem Dancefloor. Peggy und Michael fegten über das Parkett und zogen die bewundernden Blicke all jener auf sich, die weniger gut tanzen konnten. Das waren in der Tat alle. Als die Band aufhörte zu spielen, torkelten die Crews selig nach Hause. Für Michael, Ricco und seine Familie war es vorerst die letzte Nacht an Bord. Mit Dankesworten und Umarmungen verabschiedeten wir uns, wohlwissentlich, dass wir uns bald wieder sehen würden. Jan und Christian würden zusammen mit wechselnden Mitseglern das Schiff zurück in den Heimathafen Warnemünde bringen und dabei noch Abstecher zur Antigua Sailing Week und nach London wagen. Während ich Michaels Taxi hinterher sah, wurde mir klar, dass er mit der Weltumsegelung nicht nur seinen eigenen Lebenstraum verwirklicht hatte, sondern auch den vieler Mitsegler, und so auch meinen.

Im Yachtclub in Kolberg, der mittlerweile den Namen „Eventlocation am See" trug, empfing Michael am 1. Mai 2015 seine Freunde, Mitarbeiter und Mitsegler zu einer Wiederkommens- und Geburtstagsfeier mit Fotovortrag. Ricco servierte Rumpunsch und multikulturelle Speisen mit Noten von allen bereisten Territorien. In Piratenkostümen gekleidet standen ihm Peggy und die Kinder zur Seite. Und dann stieß Michael mit den Menschen an, die ihn am sehnsüchtigsten vermisst hatten: mit seiner Mutter Renate und seinem Vater Dieter.

Die Wiederkehr der Polaris am 8. August 2015 im Heimathafen Hohe Düne in Warnemünde erlebte Dieter Haufe nicht mehr mit. Seinen Vater im Herzen, seine Mutter und die Kinder an seiner Seite, hieß Michael die Polaris und die Crew der letzten Seemeilen im Hafen willkommen. Welcome-Banner, Begleitboote, Sekt und 100 Gäste erwarteten das zuverlässige Weltumseglerschiff. Michael nahm die Festmacherleinen selbst in die Hand und brachte sein Schiff nach Hause. Er bedankte sich bei Kapitän Jan und teilte seinen Gästen mit, dass das Boot ab sofort seinen Mitarbeitern und Freunden zur Nutzung zur Verfügung stünde, denn „Was gibt es Schöneres als einen anderen Traum zu teilen?".

Datum   000
WGS 1984   68

LAT   17
LON 180

Geschwindigk.
6.24kn   3

Interne POS
GPS   A

ARBEITSPLATZ HOCHSEEYACHT ≈ *Riggcheck auf dem Mast ≈ Michaels Lieblingsschicht bei Sonnenaufgang im Pazifik ≈ Skipper Jan unter Outdoor-Dusche am Strand von Fernando de Noronha, Brasilien ≈ Überquerung der „Datumsgrenze" auf dem 180. Längengrad zwischen Tonga und Fidschi ≈ „Remote Control", Michael und Jan im heißen Hochseebüro*

Log 2
5370.2nm

6.704 S
0.000 W

Tiefe
. M

UTC-Datum
7-06-2014

PURER GENUSS AUF HOHER SEE

≈ Blue Marlin, der große Fang im
Great Barrier Reef ≈ Naturphänomen
Halo in der Karibik ≈ Schwere Segel-
last ≈ Frisches Thunfisch-Sashimi,
Kulinarischer Höhepunkt an Bord

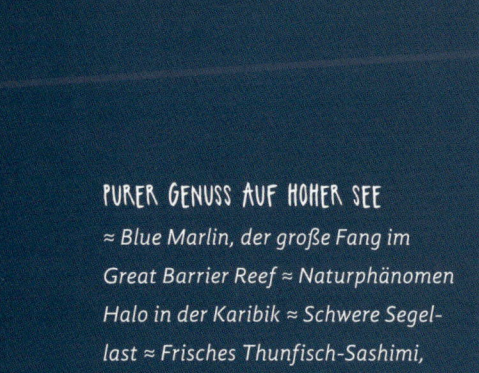

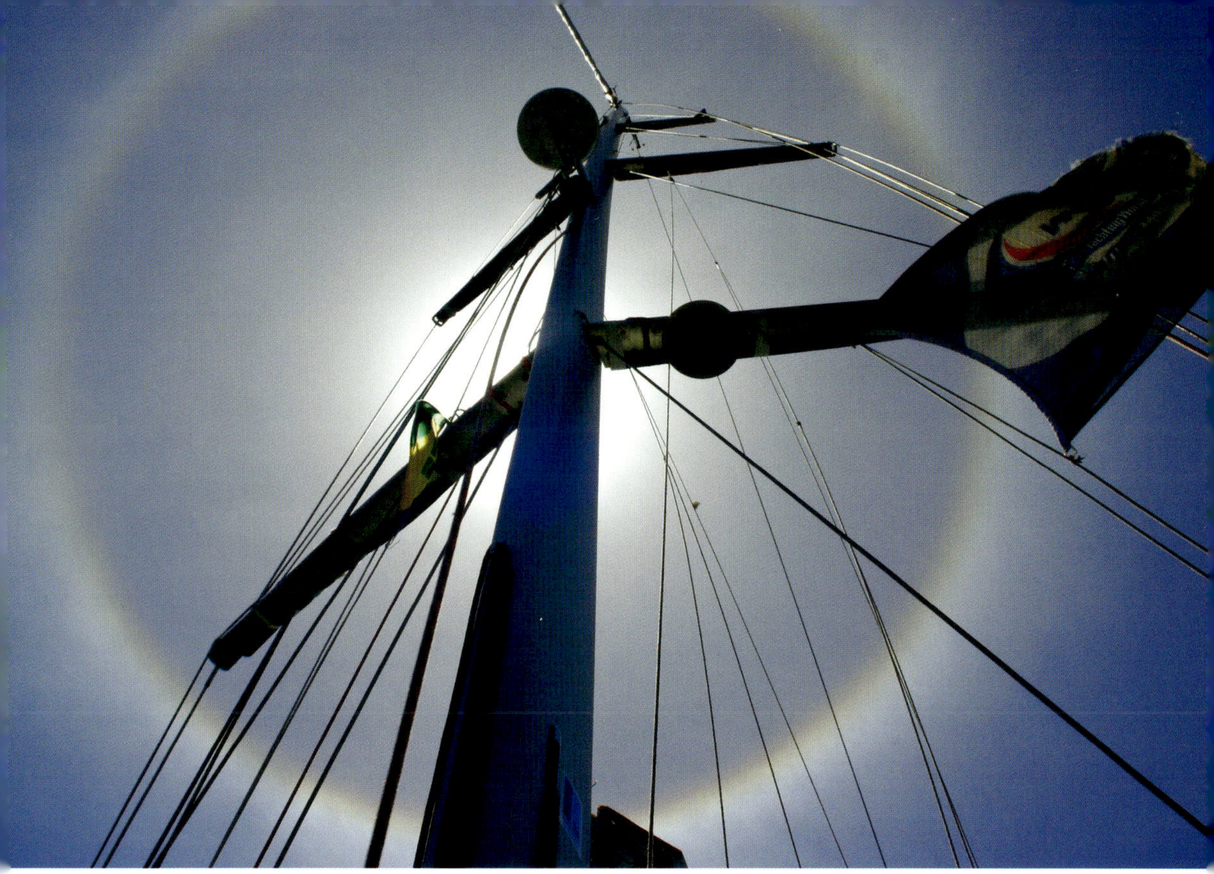
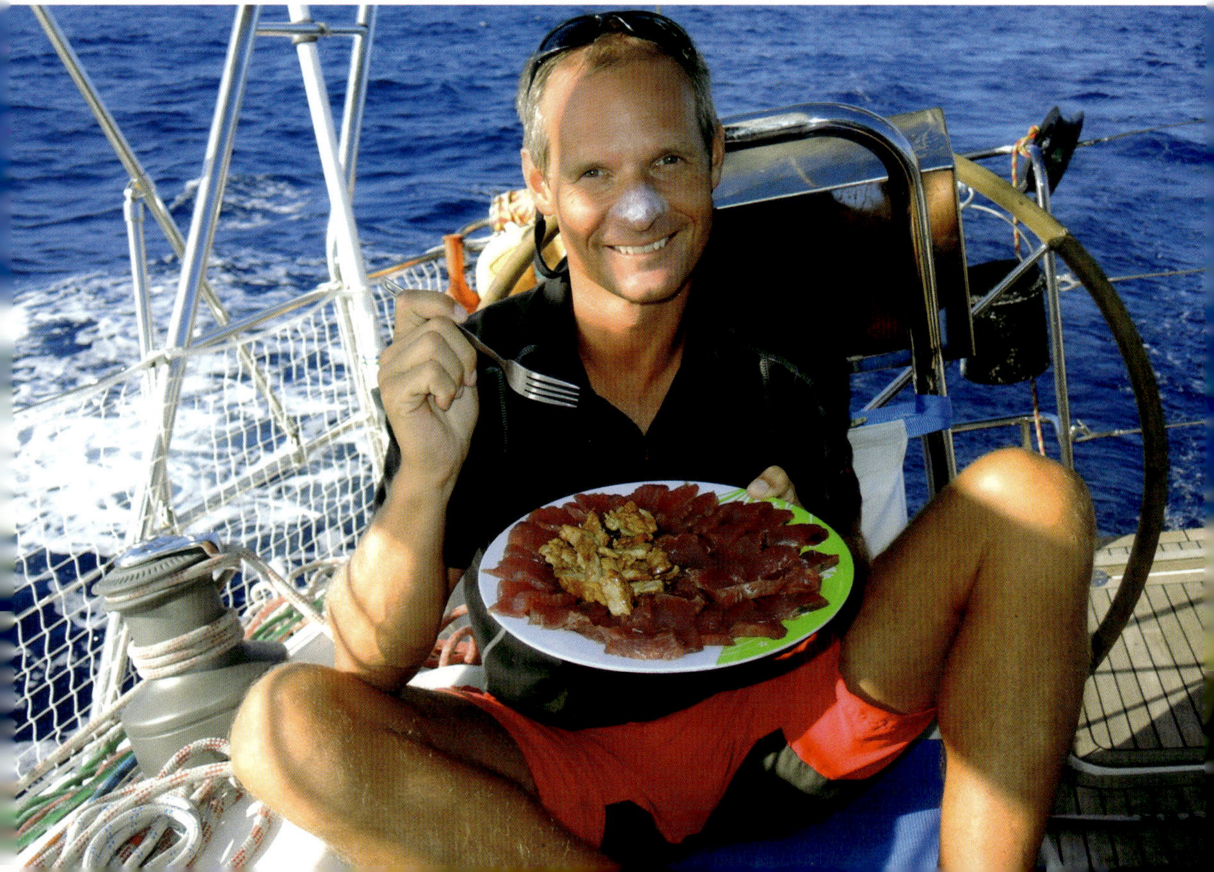

MAGISCHE MOMENTE IM PARADIES ≈ „Hallo Pazifik!" nach erfolgreicher Durchquerung des Panama-Kanals ≈ Cocos Keeling Islands-Atoll im Indischen Ozean ≈ Delfinschulen in der Ankerbucht von Fernando de Noronha, Brasilien

FAMILIENZEIT IM FERNEN PAZIFIK

≈ Michael kuschelt mit
Sohn Aaron ≈ Peggy rettet
erschöpften Tölpel ≈ Tochter
Anni hat die Sonne nicht nur
im Herzen

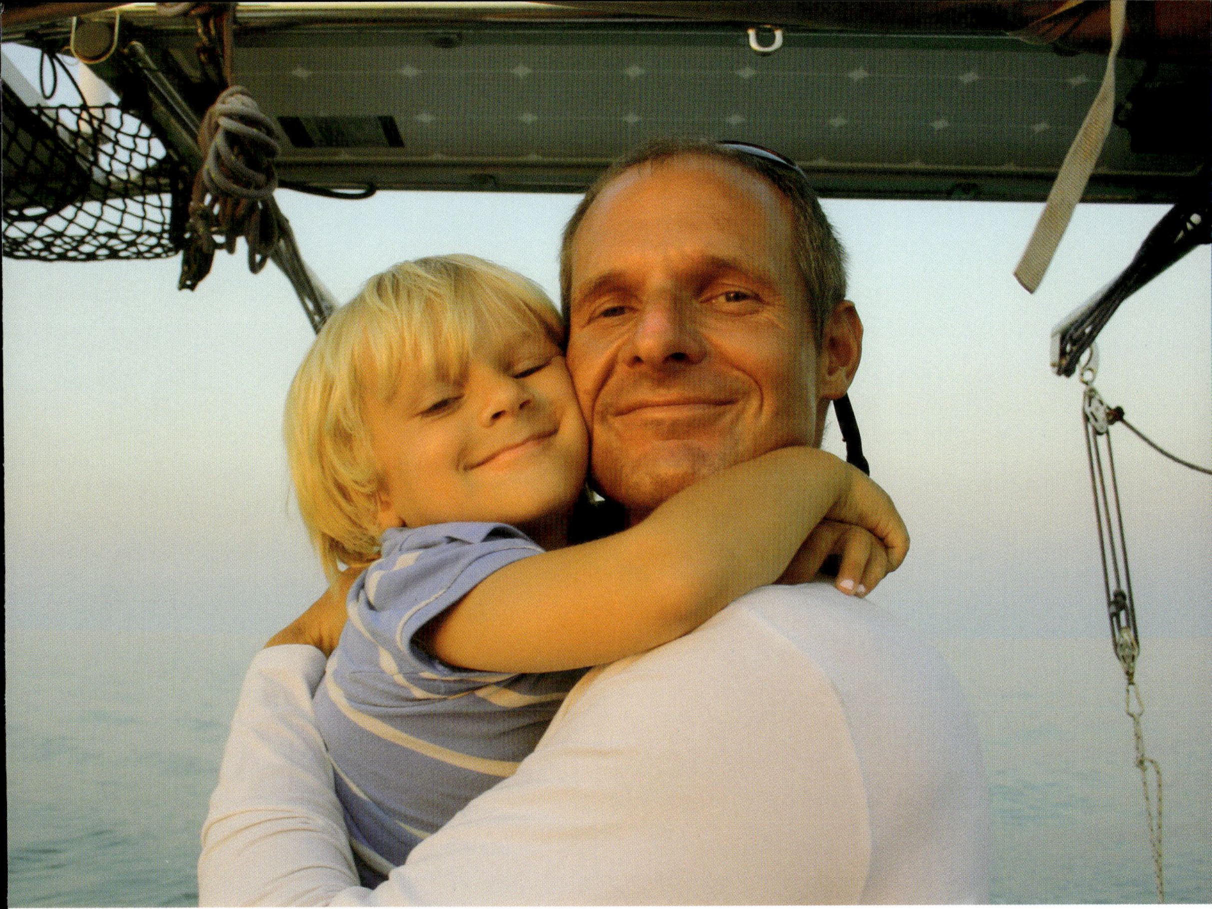

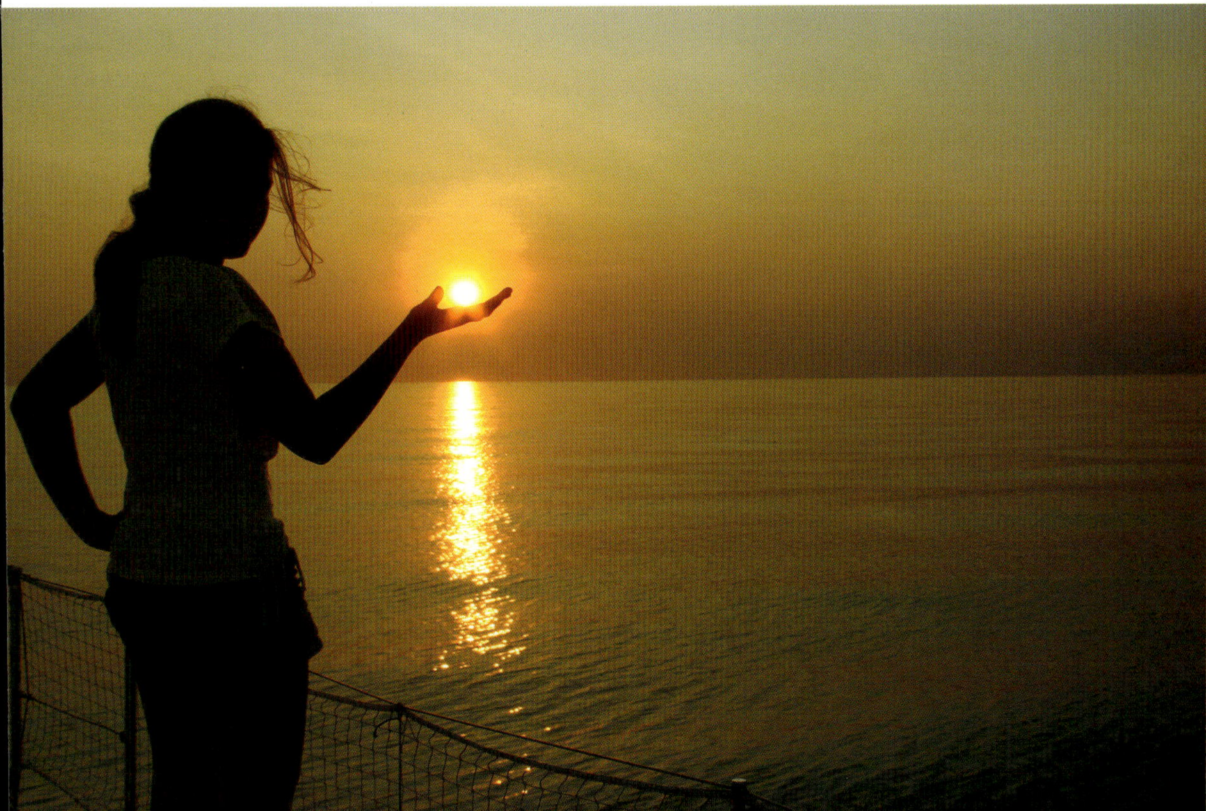

VIEL TEAMGEIST AN BORD ≈ *Die sportliche Crew von Mauritius nach Südafrika ≈ Kapitän Jan beim Setzen des Spinnakers ≈ Die Frauencrew in der Südsee: Tigs, Hildegunde, Dani ≈ Willkommen Familie Haufe: Hildegunde empfängt die Kinder auf geschmücktem Schiff*

WOHNEN IN DEN WELLEN ≈ Das Leben an Bord erfordert Flexibilität: flugsichere Bevorratung, Rasieren ohne Spiegel, Pfannenkuchenfrühstück bei Schräglage, Fischverarbeitung im Cockpit, Schlafen mit Brett vor dem Kopf und immer wieder das Deck schrubben.

AUF DEN SPUREN FREMDER KULTUREN ≈ 1000-Fuss-
Wasserfall auf der Île de la Réunion ≈ Michael empfängt
Geburtstagsanrufe auf Moorea, 27. April 2014 ≈ Mit den
Embera-Indianern auf dem Weg zu versteckten Wasser-
fällen in Panama ≈ In Thor Heyerdahls Fußstapfen auf
Fatu Hiva

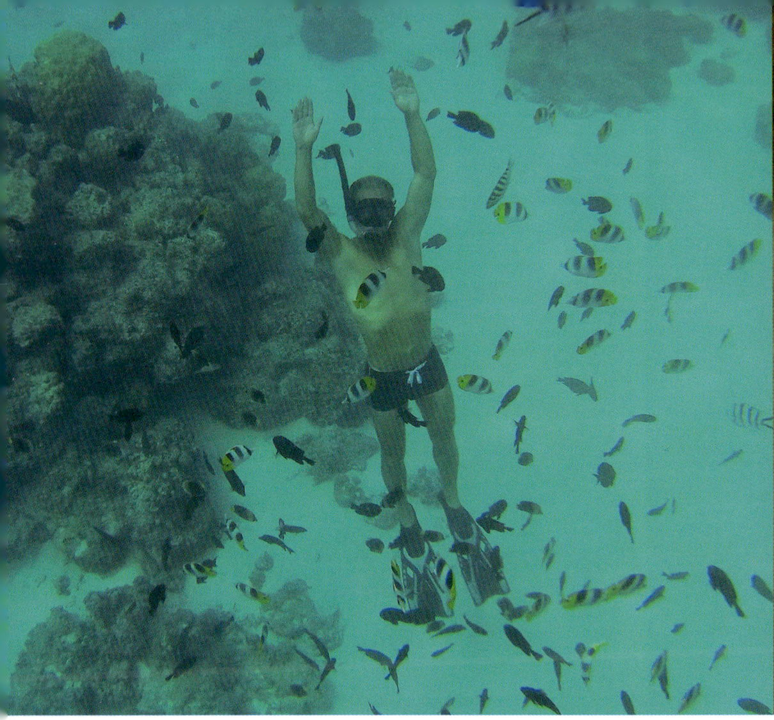

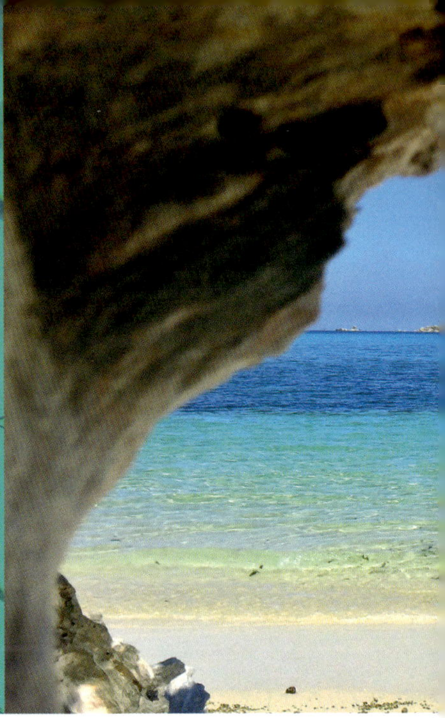

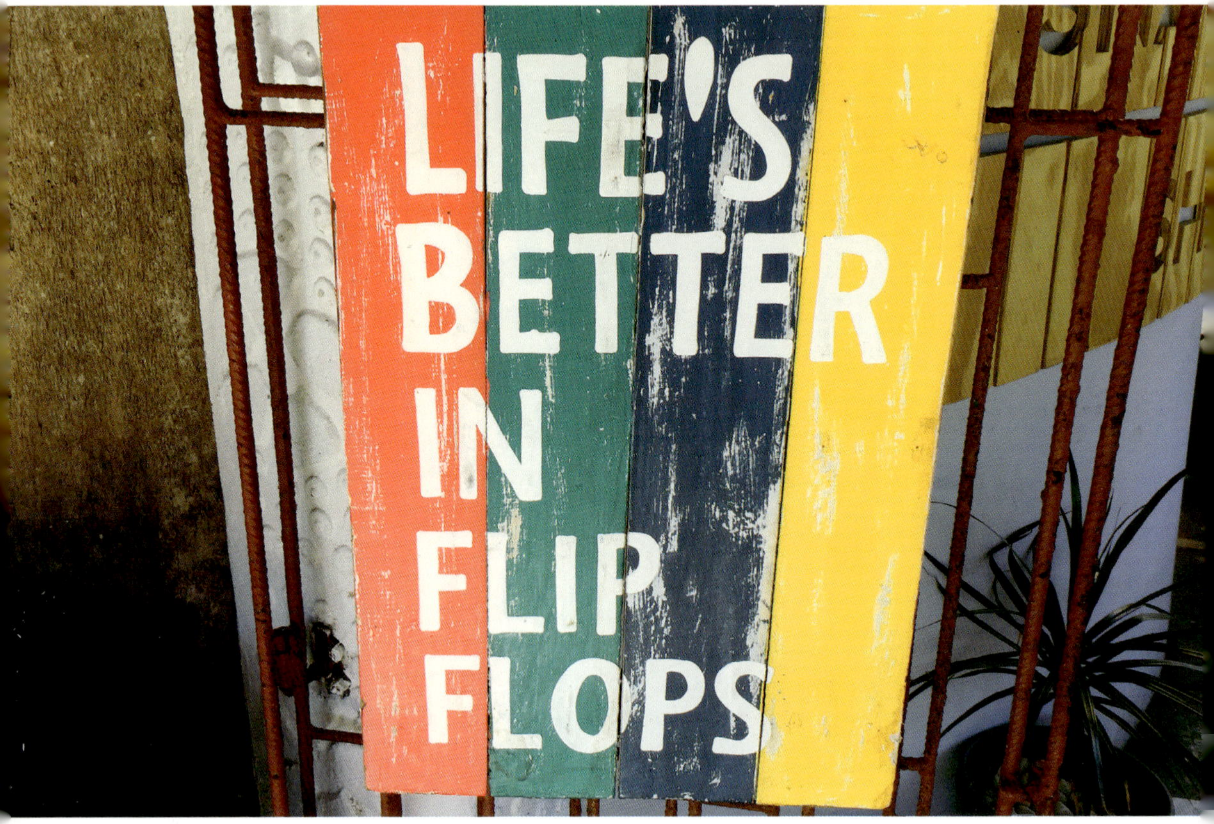
LIFE'S
BETTER
IN
FLIP
FLOPS

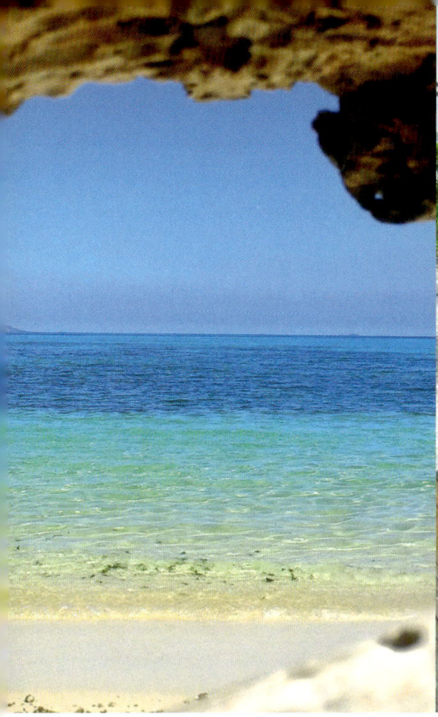

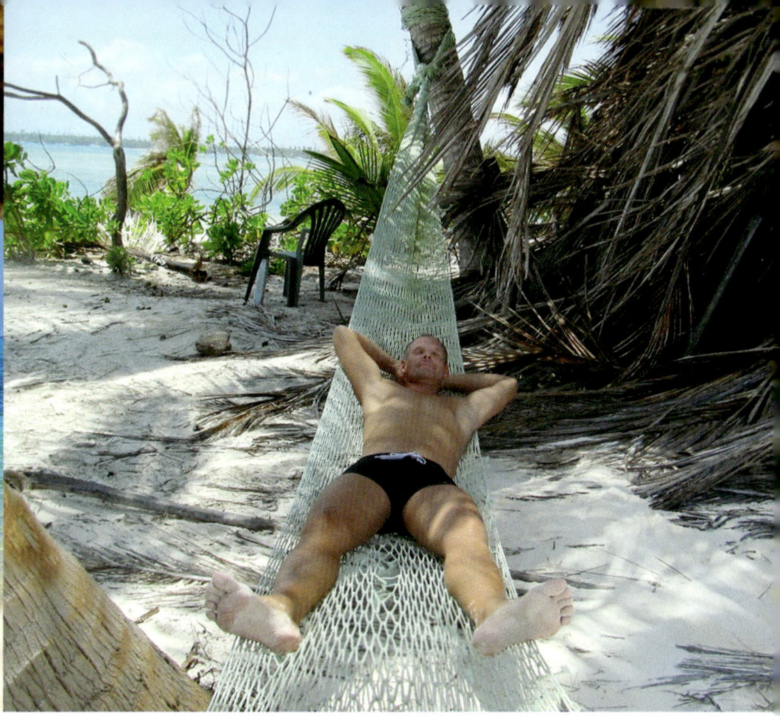

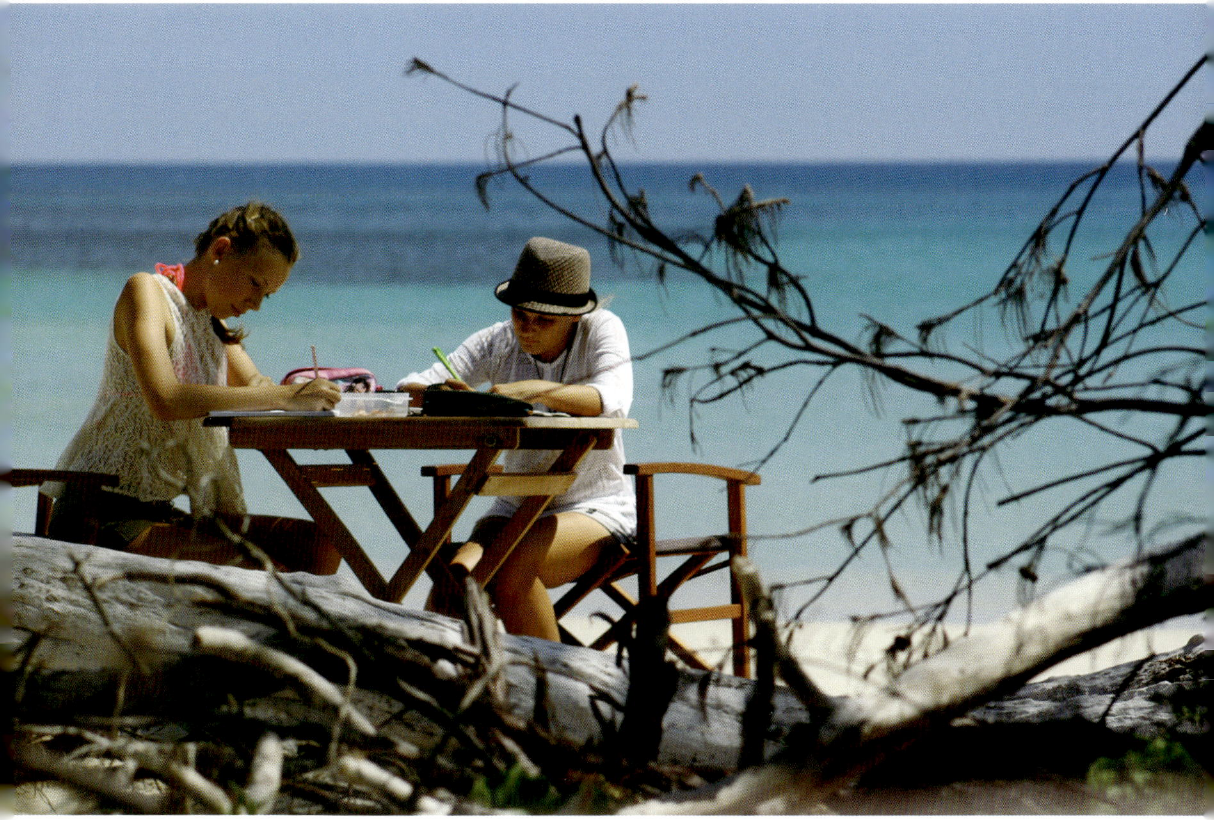

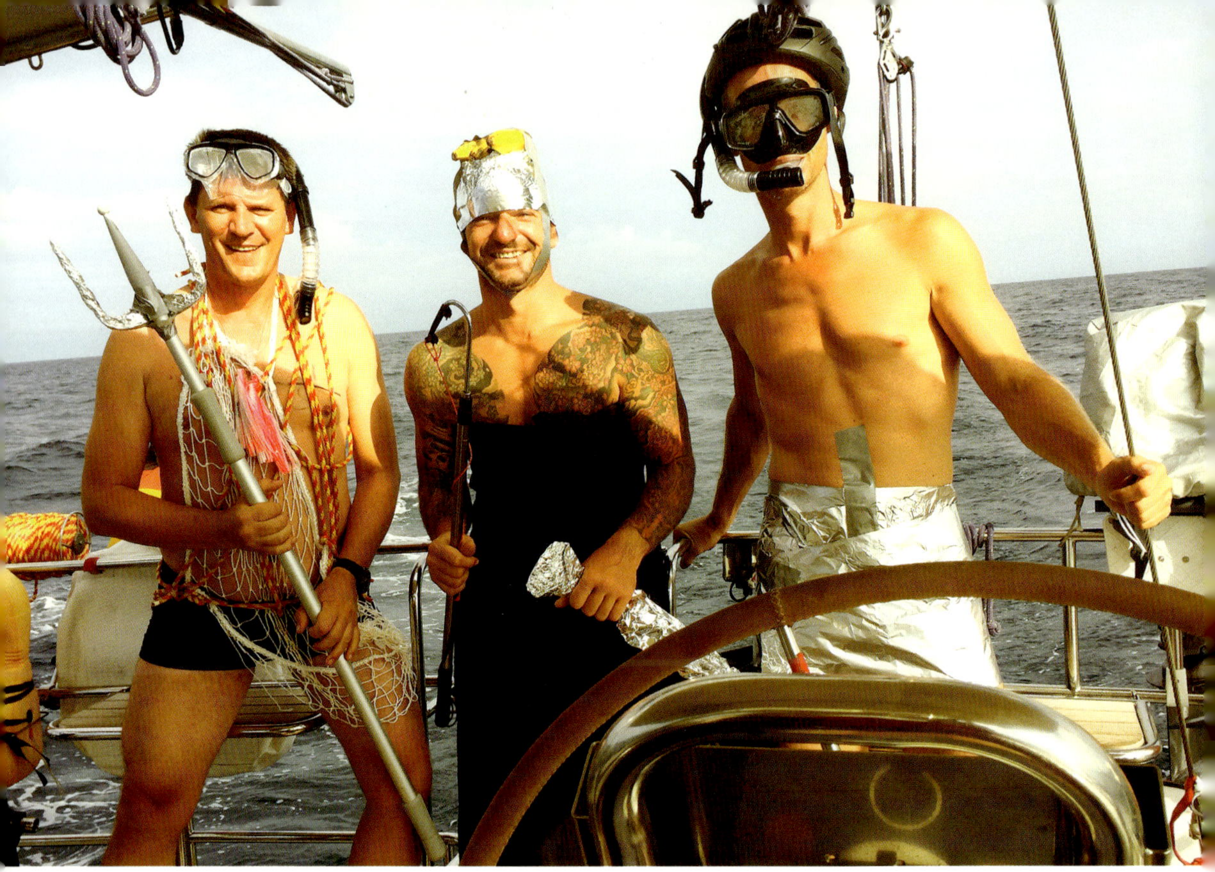

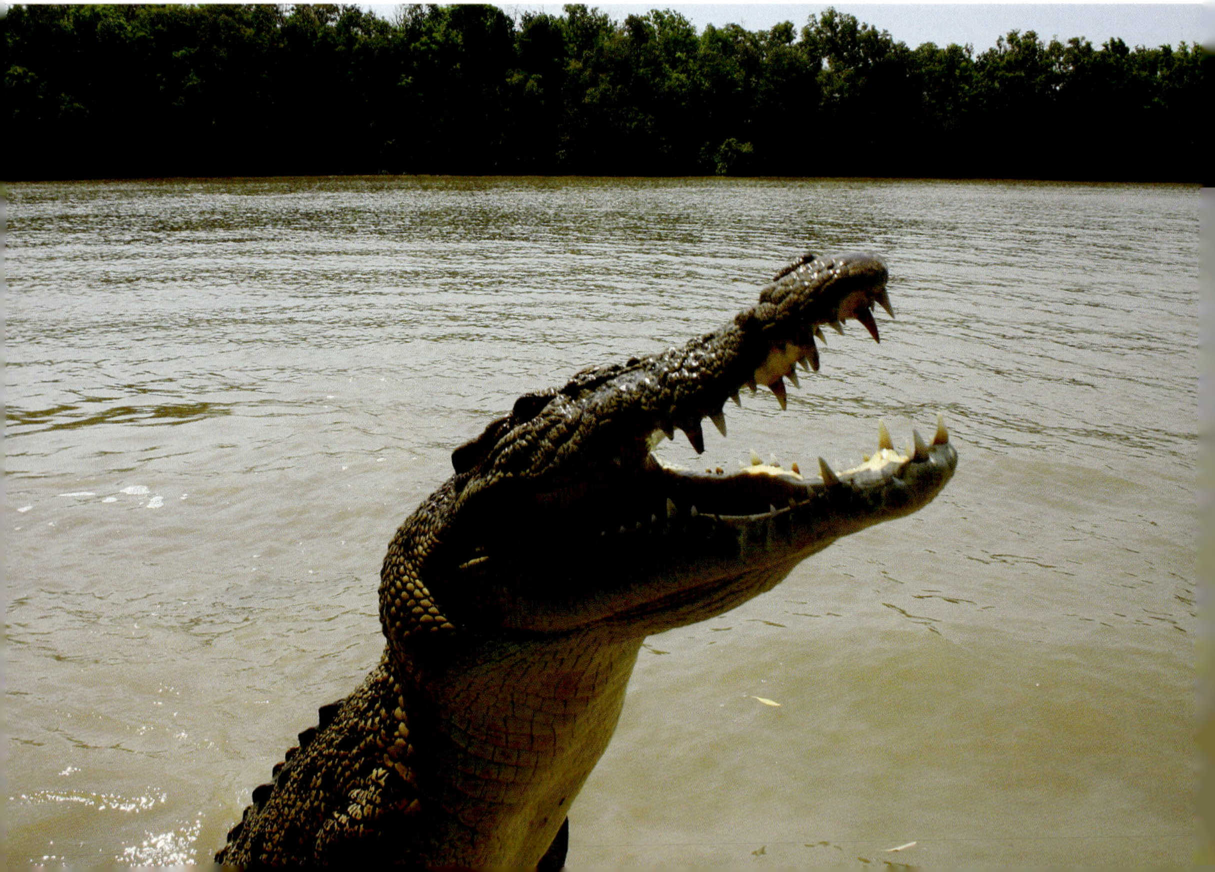

ENTDECKERFIEBER ≈ Äquatortaufe für Erstüberquerer auf dem Weg von Panama nach Galapagos ≈ Baden verboten: Krokodile in Nordaustralien ≈ Unverwechselbares Relief der Insel Ua Pou, Marquesas

BUNTE LEBENSFREUDE ≈ *Modellboot-bau auf Bequia, Aaron ist fasziniert von lokalem Handwerk ≈ Tarzan auf Vanuatu kurz vor dem zerstörerischen Hurrikan ≈ Jan und Michael beim Karneval in Salvador, Brasilien ≈ Unterwasserpostamt auf Vanuatu mit echtem Lieferdienst*

IM GLEICHGEWICHT MIT DER NATUR ≈ *Märchenhaftes Fidschi, nahe Surfspot Teahupoo ≈ Erholung nach der längsten Ozeanpassage von Galapagos auf die Marquesas ≈ Michael auf dem Piton des Neiges, mit 3070 Metern der höchste Berg im Indischen Ozean ≈ Sport und Yoga an den schönsten Stränden*

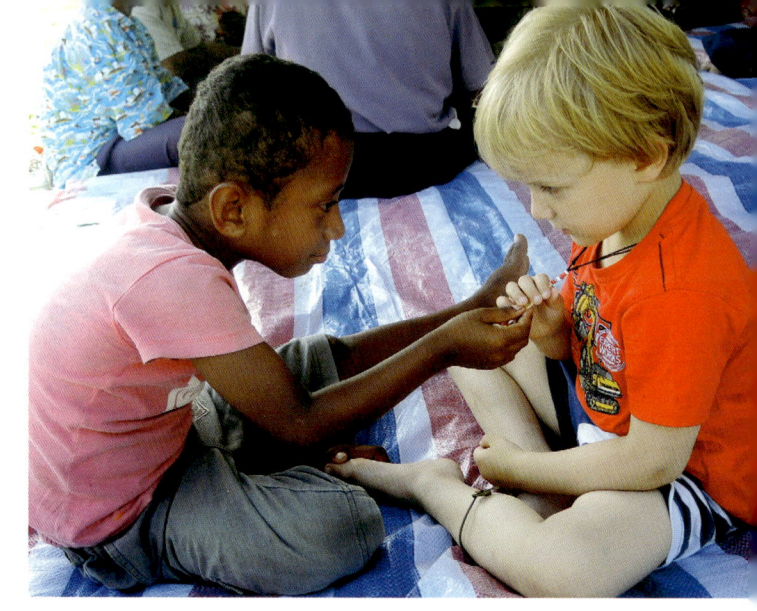

FREUNDSCHAFT FÜRS LEBEN ≈
*Freundschaft ohne Worte, Aaron
mit kleinem Polynesier ≈ Spielende
Delfine in der Gezeitenwelle vor
Raiatea ≈ Ricco mit hungrigem
Kakadu ≈ Familie Haufe im
Schlauchboot ≈ Michael mit Ricco
und Silke Geithner*

ICED COFFEE 280
ICED LATTE 400
ICED MOCHA 450
ICED TEA 250
ICED CHAI 300
FRAPPE VANILLE 500
FRAPPE MOCHA 550
allegro COFFEE

espoto worldtour
» espotoworldtour.com
teamgeist.com
52

ORGANISIEREN UND STUDIEREN ≈
Mobiles Büro auf dem Obst- und
Gemüsemarkt von Papeete, Tahiti
≈ Michaels Rückenfreihalter: Sheila
und Jan ≈ Kendy Kuschke, der
MacGyver von Teamgeist, baute
die Polaris für die Weltreise um ≈
Stolze Segler mit Rallye-Startnum-
mer 52, Saint Lucia ≈ Gut vernetzt:
Michaels technische Ausstattung

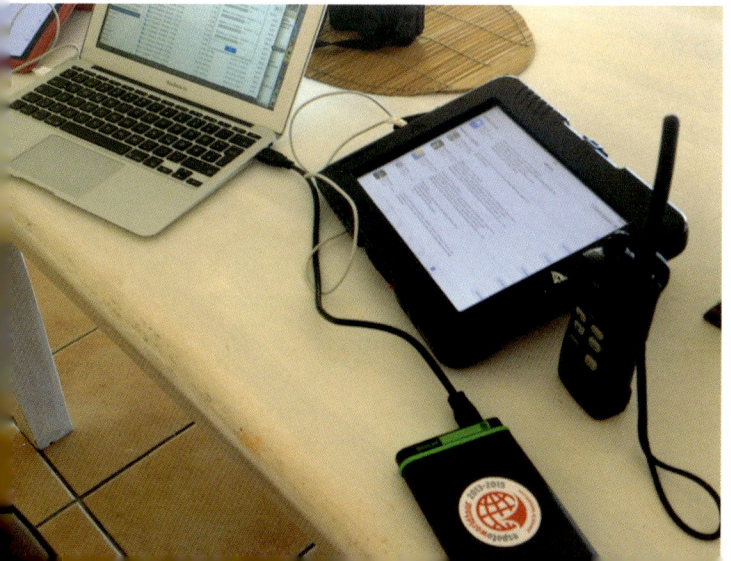

DIE TRAUMERFÜLLER ≈ Mission erfüllt:
Glückliche Flotten-Finalisten der
World ARC 2014/15 auf Saint Lucia
≈ Michael und Sheila: Vuvuzela-
Konzert beim Fußball-Qualifikations-
spiel in Südafrika ≈ Kurzer Land-
gang für die Polaris, Australien

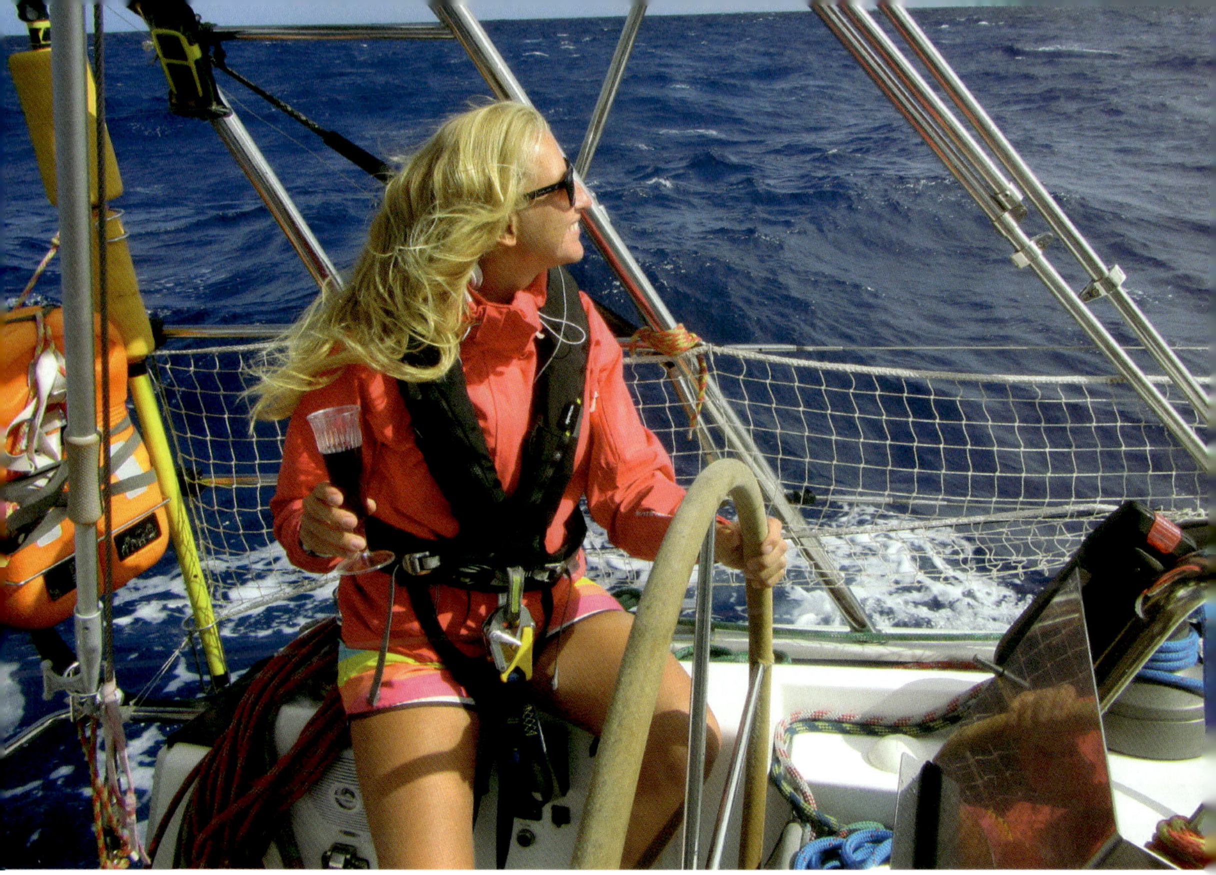
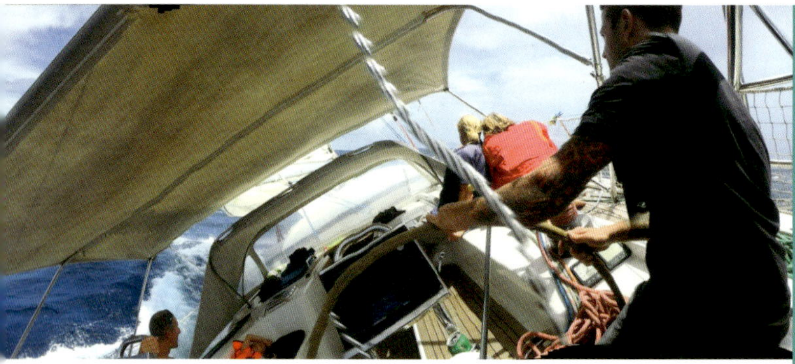
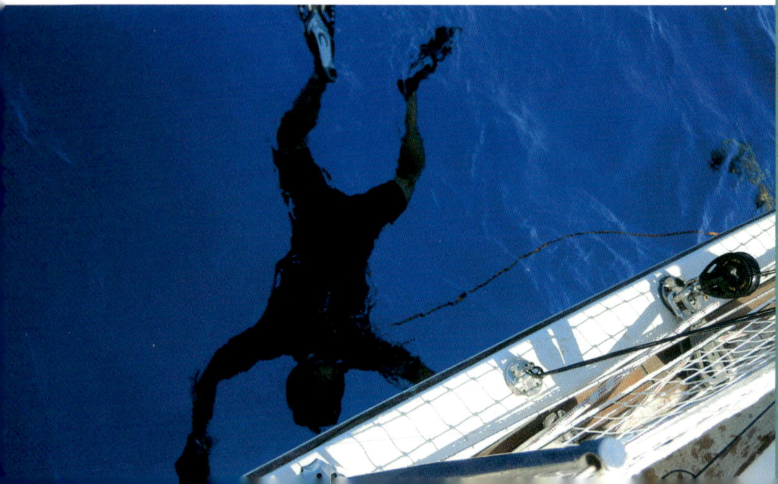
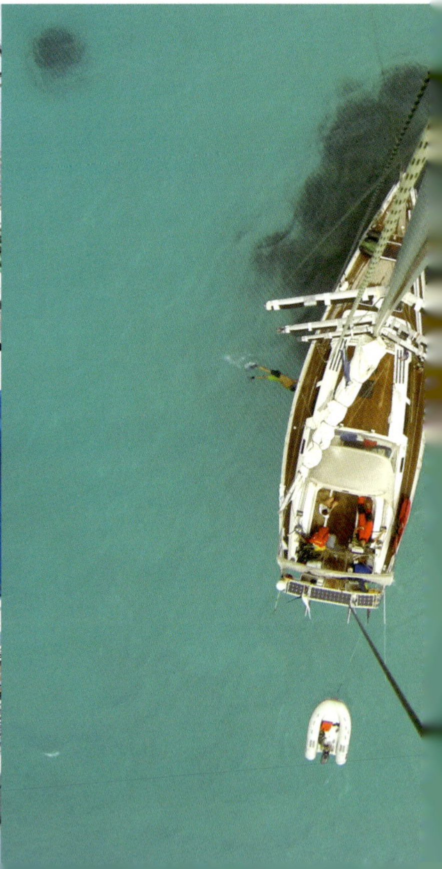

ALLE IN EINEM BOOT ≈ *Das Steuer fest im Griff: Sheila auf der Sonnenseite, Jan in Schräglage ≈ Michael schneidet festgefahrene Leinen vom Propeller, immer auf der Hut vor Weißen Haien ≈ Luis beim Berechnen der Seemeilen*

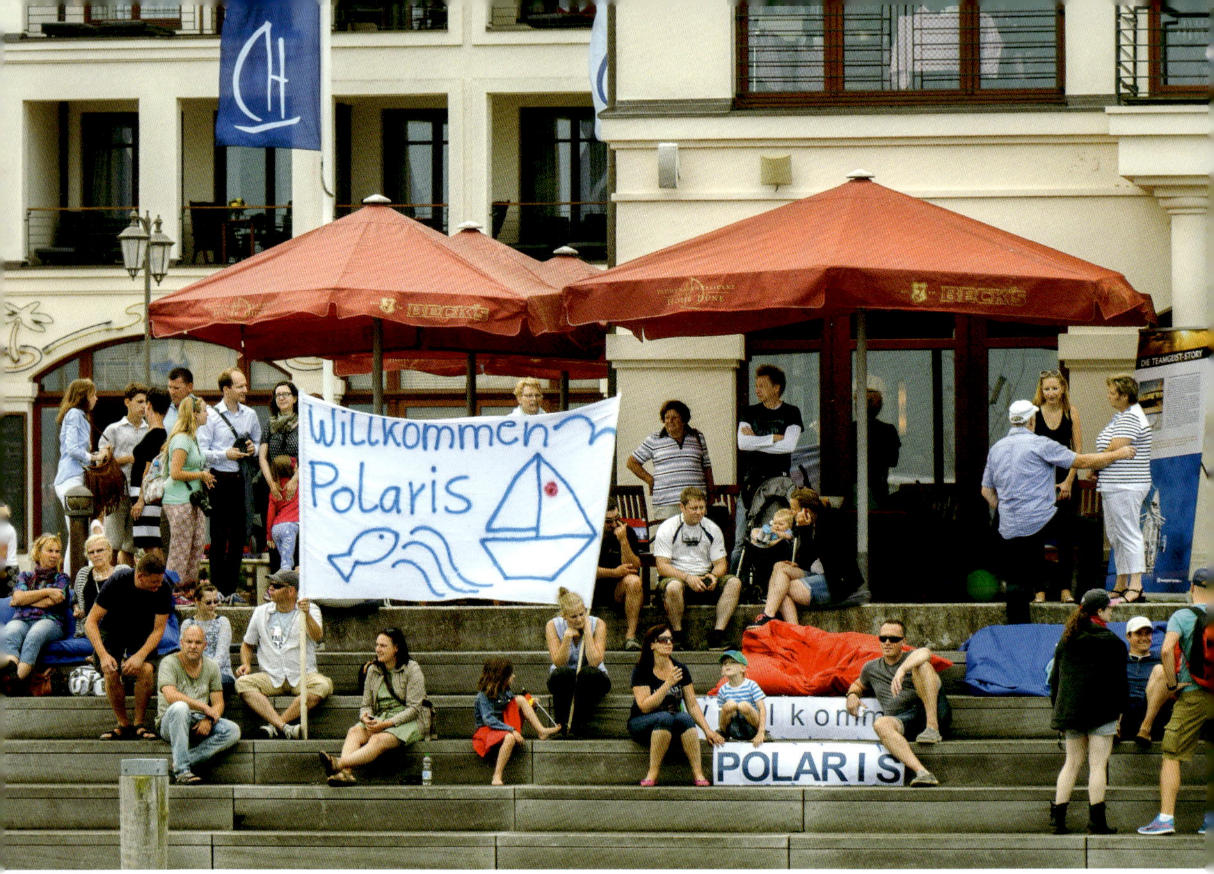
Willkommen
Polaris
POLARIS
BECK'S

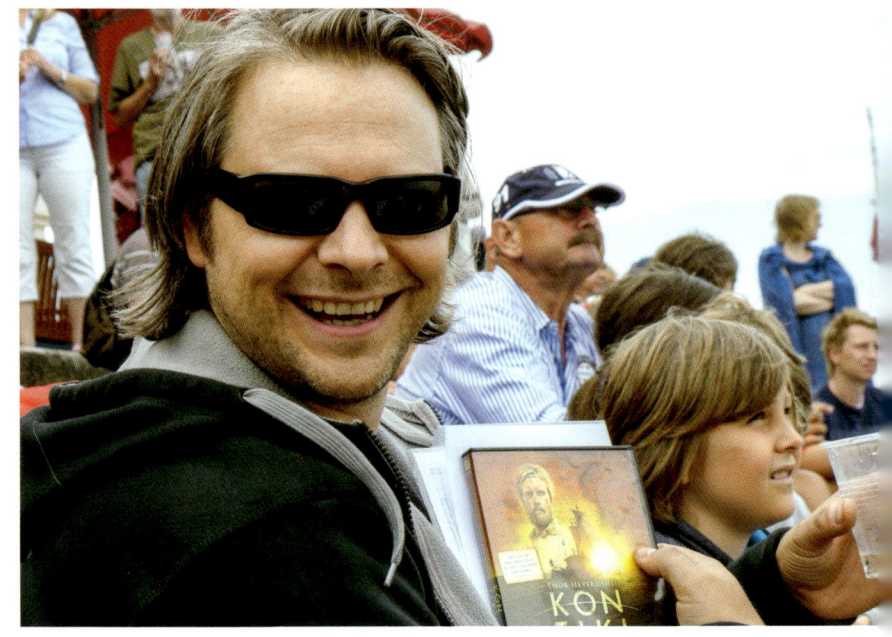

HEIMATHAFEN HOHE DÜNE ≈

Nach genau zwei Jahren kehrt die Polaris pünktlich zur Hanse Sail 2015 nach Warnemünde zurück ≈ Freund und Standortleiter Aaron Backhaus überreicht Michael die brandneue „Kon-Tiki"-DVD ≈ Mit Anni, Aaron und Jan an Bord bedankt sich Michael bei seiner Familie, seinen Freunden, Mitarbeitern, Mitseglern und Unterstützern

LEBENSZEIT EPILOG.
WERTE UND MODELLE.
DER ENTFESSELTE MANAGER.

> „Ohne Grundsätze ist der Mensch wie ein
> Schiff ohne Steuer und Kompass, das von jedem
> Winde hin und her getrieben wird.“
>
> — Samuel Smiles

Michael, was bedeutet für dich Freiheit?

In erster Linie bedeutet für mich Freiheit, meine Ideen verwirklichen und meine Träume realisieren zu können. Frei zu sein, bedeutet Zugang zu Mitteln zu haben, mit denen die Umsetzung der großen persönlichen Ziele möglich ist. Zu diesen Mitteln gehören Bildung, Reisefreiheit, ein soziales und politisches Gefüge, das einem maximalen Gestaltungsspielraum bietet.

Materielle Sicherheit schafft ganz sicher gewisse Freiräume. Besitztümer wiederum wollen verwaltet und beschützt werden. Sie binden Zeit, rauben Nerven, machen mitunter immobil und abhängig.

Jederzeit räumlich flexibel zu sein, verbinde ich mit dem Gefühl, frei zu sein. Ich kann heute entscheiden, ob ich in Kapstadt oder Kolberg arbeiten möchte. Mobile Kommunikationstechnik unterstützt mich dabei. Ich fühle mich befreit, seit ich meine Familie und meine Firma für den Fall meines Ablebens oder einer schweren Krankheit abgesichert habe. Ich kann jedem empfehlen, das frühzeitig im Leben zu tun. Wer keine Angst haben muss, ist frei.

Das Segeln ist für mich Freiheit pur. Es bedeutet maximale Unabhängigkeit von Ressourcen. Ich kenne keine andere Art der Fortbewegung, die einen derart autarken Mikrokosmos schafft.

Wie definierst du den Begriff „Freies Unternehmertum"?

Ich hatte das Ziel, ein Unternehmen zu gestalten, das auch ohne meine persönliche Anwesenheit funktioniert. Das habe ich weitgehend geschafft.

Unternehmer finden heute deshalb keine Nachfolger mehr, weil sich eine ganze Generation, die Generation Y, keine Fesseln mehr anlegen lassen möchte. Menschen, für die es wichtiger ist, glücklich als reich zu sein, verzichten lieber auf die Karriere, weil sie glauben, dass Verantwortung den Verlust von persönlicher Freiheit bedeutet. Die Gewerbeanmeldungen sind rückläufig. Es werden immer weniger Firmen gegründet, obwohl unser Land alle Bedingungen dafür bereithält. Ich glaube nicht, dass es an Mut und Ideen mangelt. Ich glaube, dass die Furcht davor, sich aufzuopfern, seine Gesundheit, seine Freizeit, seine sozialen Kontakte und seine Träume aufgeben zu müssen, zu dieser Zurückhaltung führt. Ich möchte anhand meines Beispiels zeigen, dass Unternehmer keine Fesseln tragen müssen. Wer segeln will, soll segeln. Aber Remote Control muss nicht immer gleich auf exotische Südseeinseln führen. Wer die besten Strategien auf einer Almhütte entwickeln kann, soll den Aufstieg wagen. Wer als Manager ein Ambiente schafft, in dem Transparenz und Vertrauen regieren, hat den ersten wichtigen Schritt getan. Ich habe Menschen um mich versammelt, die in meinem Sinne agieren, die Handlungsspielraum haben, am Erfolg beteiligt werden, sich eins fühlen mit der Marke. Ich kann delegieren und vertrauen. Das macht mich zu einem freien Unternehmer. Ein weiteres wichtiges Werkzeug ist Disziplin. Nur wer es mit den Flip Flops an den Füßen schafft, seine Geschäfte mit der gleichen Stringenz zu steuern wie zu Hause, wird am Ende des Tages mit einem Kokosnussdrink belohnt.

Ich achte auf meine Gesundheit und nehme mir auch hier die Freiheit, mich zurück zu ziehen, wenn es dazu dient, dass ich leistungsfähig bleibe. Nur ein ausgeglichener Geist und ein gesunder Körper können Verantwortung für Mitarbeiter, Familie und Freunde übernehmen.

Jetzt arbeite ich an Produkten, die ich online überwachen kann. Neue Softwarelösungen der Teamgeist AG werden dem Unternehmen und auch mir persönlich wieder eine Stufe mehr Freiheit bieten.

Hast du Angst zu scheitern?

Nein. Gescheitert ist für mich jemand, der aus seinen Fehlern nicht lernt und hinwirft. Man scheitert in meinen Augen erst, wenn man seine Ideale, seine Ziele, seine Träume, seinen Mut, neu zu starten, und seine innere Flexibilität, einen anderen Weg zu wählen, aufgibt. Zum Erfolg, zum Glück oder zur Freiheit führen viele Wege. Wenn einer nicht klappt, dann klappt ein anderer. Krisen sind heilend. Sie zeigen uns, wenn es an der Zeit ist, etwas zu verändern. Ich konnte aus vielen Misserfolgen heraus neue Konzepte entwickeln.

Ich stand schon oft vor dem Ruin. Rückschläge sind ein notwendiger Bestandteil der persönlichen Entwicklung. Für die Verwirklichung meiner Ziele benötige ich Geld, also möchte ich Geld verdienen. Ich habe viele Euros verbrannt in meinem Leben und versuche das stets zu verhindern. Und dennoch gilt: Wer nicht viel hat, kann nicht viel verlieren. Ich reduziere die Dinge, die ich in meinem Alltag brauche, auf ein Minimum. Luxus ist für mich nichts Materielles. Ich brauche keine Statussymbole. Luxus ist für mich die Zeit mit meinen Kindern. Die einzige Angst, die ich habe, ist die um deren Wohl. Ich sorge mich um meine Mitarbeiter, meine Freunde, meine Crewmitglieder. Ich sorge mich, um mir später nicht vorwerfen zu müssen, nicht genug für die Menschen getan zu haben. Ich möchte in Zukunft noch viel mehr Zeit investieren, mich zu sorgen. Ich möchte eine neue Qualität meines Unternehmerdaseins entwickeln, indem ich ein besserer Zuhörer, Beobachter und Mentor werde. Meine Mitarbeiter sind meine Marken-botschafter. Es wäre fatal, sie nicht zu pflegen. Auch sie haben Träume, für die sie bereit sind, hart zu arbeiten. Das ist etwas, das mir auf meiner Weltumsegelung klar geworden ist. Die Reise hat mich nicht härter, sondern weicher gemacht.

Das Leben findet im Hier und Jetzt statt. Wer seine Werte ernst nimmt und seine Träume zu Zielen mit realistischen Zeitplänen formuliert, wird keine Angst haben müssen, sie eines Tages nicht mehr leben zu können. Wir empfinden Glück oder Unglück oft im Vergleich mit anderen. Wer sich nicht vergleicht, wer negative Kritik ausblendet, wer mit sich selbst im Reinen ist, seine Ziele offen darlegt, Ehrlichkeit gegenüber seinen persönlichen Bedürfnissen walten lässt und andere darüber aufklärt, kann sich und andere nicht enttäuschen. So handhabe ich das sowohl im Privatleben als auch im Geschäft. Ich eigne mich nicht zur Mitbewer-beranalyse. Die anderen interessieren mich einfach nicht. Ich weiß auch ohne sie, dass ich mit der Teamgeist AG auf dem richtigen Weg bin.

Ich arbeite hart, fordere und fördere, setze mir hohe Ziele, aber erwarte grund-sätzlich erst einmal wenig. Hohe Erwartungen führen zu Enttäuschungen. Wer trotz seiner Wünsche und Träume realistisch bleibt, wird eher positiv überrascht. In den letzten zwei Jahren, seit die Polaris aus dem Heimathafen ausgelaufen ist, habe ich eine positive Überraschung nach der anderen erlebt. Dazu gehörte auch, meine Rückkehr zusammen mit meinem Vater feiern zu dürfen.

Wann bist du glücklich?

Ich bin glücklich, wenn ich Glück teilen kann. Ich bin glücklich, wenn meine Kinder lachen. Ich bin glücklich, wenn ich sehe, dass sich mein Vertrauen und meine Mühen auszahlen und sich die Menschen, für die ich verantwortlich bin, weiterentwickeln. Ich bin grundsätzlich ein optimistischer Mensch und möchte mein Glück nicht von wenigen kurzen Momenten abhängig machen. Ich fühle mich heute privilegiert, angekommen und generell glücklich. Ich möchte andere an meinen Erfolgen teilhaben lassen. Ich möchte feiern, wenn es etwas zu feiern gibt. Ich möchte noch viel öfter innehalten und sagen: „Jawohl! Alles richtig gemacht!"

Und natürlich bedeutet Freiheit für mich Glück. Auf der Weltumsegelung habe ich es genossen, den ganzen Tag draußen in der Natur zu sein, ob auf dem Wasser oder an Land. Wenn es mir heute zu eng im Büro wird, nehme ich das Telefon und führe die Gespräche auf der Terrasse weiter.

Wozu braucht man eine Exitstrategie?

Ich weiß nicht, ob jeder eine Exitstrategie braucht. Ich finde es befreiend zu wissen, dass ich, wenn alles in meinem Leben schief laufen würde, zum Beispiel auf mein Schiff ziehen könnte. Auch das ist eine Exitstrategie. Ich muss sie möglichweise nicht in Anspruch nehmen, aber sie bietet mir Sicherheit. Und genau darum geht es: um das Gefühl, sicher – beziehungsweise frei – zu sein.
Ich entwickle für jede Situation, die mir Respekt einflößt, ein Worst-Case-Szenario und frage mich: ‚Was könnte mir im schlimmsten Fall passieren?'. Für diese schlimmsten Fälle, lege ich mir Lösungen, also Handlungsvarianten, parat und schon habe ich eine Exitstrategie aus einer möglichen Katastrophe. Damit ist es viel leichter, Risiken einzugehen, Mut zu zeigen und einen kühlen Kopf zu bewahren.

Mich nicht abhängig zu machen von Dingen und Menschen und andere nicht abhängig zu machen von mir oder meiner Anwesenheit, kann genauso eine Exitstrategie sein. Hundertprozentige Unabhängigkeit gibt es selten, aber man kann seine Verbindlichkeiten begrenzen. Ist es nicht furchtbar, wenn ein Firmenchef nicht loslassen kann und mit 80 noch immer meint, er sei der einzige, der die Geschäfte steuern könne? Das wird mir nicht passieren. Wenn ich mit 80 noch arbeite, dann nur weil es mir noch Spaß macht.

Was kann die Generation Y von dir lernen?

Im Grunde ist alles möglich. Wer sich ein ehrliches, realistisches Ziel setzt, wird die Dinge, die er dafür links liegen lassen muss, nicht als Verzicht empfinden. Ziele werden immer durch Verzicht erreicht, aber wenn der persönliche Traum dahinter steht, spürt man den Verzicht gar nicht.

Persönliches Glück und Freiheit, beruflicher Erfolg und freies Unternehmertum sind miteinander vereinbar. Mit Erfolg meine ich nicht unbedingt die Million auf dem Konto – wobei auch die natürlich möglich ist –, sondern das, was man persönlich als Erfolg definiert. Das, was einen Stolz macht. Es gibt Menschen, die wollen etwas Kreatives schaffen, andere wollen helfen und sich sozial engagieren, wieder andere legen Wert auf Anerkennung durch Dritte. Fokussieren, Sortieren, Ausmisten und dann die nächsten Schritte planen: So funktioniert Selbstmanagement!

Ich würde allen da draußen gern zurufen: Kümmert euch um euren Körper! Er ist eure Maschine. Ich finde es lachhaft, wie manche Menschen mit ihrer Gesundheit umgehen. Ich habe mit Yoga etwas gefunden, wofür ich keine Hilfsmittel brauche, das ich an jedem Ort der Welt bis ins hohe Alter machen kann. Ich ergänze dazu Sportarten wie Schwimmen, Kajaken, Wandern, Mountainbiken und Laufen. Rückenschmerzen, Magenschmerzen und andere Stresssymptome konnte ich damit abstellen. Mit einem guten Körpergefühl steigt die Ausstrahlung. Wer sich selbst liebt, kann andere lieben und wird geliebt. Natürlich gehört die Qualität der Ernährung zu dieser Diskussion.
Und wer sich nicht sicher ist, wohin sein Weg führen soll, wer seine Werte überprüfen möchte, der sollte einmal eine lange Reise machen. Vielleicht sogar auf einem Schiff.

Was bedeutet für dich Nachhaltigkeit?

Tu Gutes und rede nicht darüber! Wenn ich etwas nicht leiden kann, dann ist es Greenwashing. Mein Geschäftsmodell besteht daraus, mit Menschen zu interagieren. Dies geschieht meist in der Natur. Soziale und ökologische Nachhaltigkeit liegt mir also äußerst nah. Ich will dabei nicht dogmatisch, sondern aufmerksam und glaubwürdig sein. Der Wassersport und die Events, so wie wir sie betreiben, passieren grundsätzlich im Einklang mit der Umwelt.
2009 habe ich in vier solarbetriebene Offshore-Schlauchboote, die gesegelt, gerudert oder mit Elektromotor gefahren werden können, investiert. Sie erinnerten mich irgendwie an mein erstes Schlauchboot mit dem selbstgebauten

Segel. 150 Tausend Euro habe ich mir die innovativen Vehikel kosten lassen. Ich war sicher, dass uns der Green MICE Trend Kunden bringen würde, denen umweltschonende Eventprogramme wichtig wären. Weit gefehlt! Die Boote waren den Testern nie schnell genug. Sie konnten voll besetzt nicht in Gleitfahrt kommen. Der Nervenkitzel blieb aus. Jetzt sitze ich auf meinen umweltfreundlichen Bötchen und warte auf den Moment, in dem sie doch noch die Wertschätzung erhalten, die sie verdienen. In Kombination mit der Tabtour könnten die Boote wieder interessant werden.

Der für mich dringendere Aspekt der Nachhaltigkeit betrifft meine Mitarbeiter. Als ich mein Unternehmen gründete, war ich 22 Jahre alt und damit der Älteste in meinem Team. Zu dieser Zeit war niemand auf hohe Gehälter und Sicherheiten angewiesen. Das änderte sich natürlich. Im Jahr 2000 verwandelte ich Saisonverträge in Festanstellungen mit längeren Fristen. Dann begannen die Frauen in meinem Team, Kinder zu bekommen. Es kann ein kleines Unternehmen ganz schön erschüttern, wenn Mitarbeiterinnen in Schlüsselpositionen plötzlich lange Zeit ausfallen. Ich musste also ein System entwickeln, das sie rasch wieder integrierte. Wir brauchten flexible Arbeitszeiten, Home Office-Arbeitsplätze, Ausstattung mit mobiler Kommunikationstechnik und vor allem Vertrauen. Heute haben wir 22 Kinder im Unternehmen und wenn wir feiern, sind die Partner und Kinder stets mit eingeladen. Ich habe ein familienfreundliches Unternehmen geschaffen. Das bedeutet für mich Nachhaltigkeit.

Warum sollten Manager segeln?
Bei dieser Frage wird oft der Unternehmer und ehemalige BDA-Präsident Dr. Klaus Murmann zitiert, der einmal sagte: „Wenn ich einen Menschen wirklich kennenlernen will, gehe ich mit ihm segeln. Da geht das zehnmal schneller als an Land. Übertragen auf die Abläufe in einer Firma, kenne ich keine andere Sportart, in der Teamgeist, Verantwortung und Einordnung in eine Gemeinschaft so exzellent trainiert werden können."

Das Schiff ist ein herrliches Transfermedium für ein Unternehmen. Wer hier nicht gut führen kann, riskiert sein und anderer Leben. Es gibt kaum ein besseres Modell, als das des Segelns, um klare Arbeitsanweisungen, Feedback-Kultur, Vertrauen, analytisches Vorgehen, exzellente Vorbereitung und präzise, prägnante Kommunikation zu erlernen. Segeln funktioniert nach festgelegten Prozessen und nach definierten Vokabeln, die eine direkte Wirkung haben: „Klar zur Wende?", „Ist klar!". Mit minimalistischer Kommunikation, also der Kommandosprache lassen sich Schiffe über Ozeane steuern. Eine laute, deutliche, langsame Aussprache vorausgesetzt. Routinierte Abläufe befreien von Risiken und Zeitverlust. Ein Kapitän muss stets wachsam und entscheidungsstark sein, seiner Crew vertrauen können und letztendlich die Verantwortung tragen.

In einem Führungskräftetraining auf See lernen Teilnehmer nicht nur die Rolle des Schiffsführers kennen, sondern spüren auch, wie schwer es ist, als Kommandoempfänger geduldig auf Anweisungen zu warten, zu vertrauen, Kommandos zu verstehen und punktgenau zu reagieren. Diese Erkenntnis kann Augen für die Nöte der Mitarbeiter öffnen. Wer keine klaren Aufgaben stellt, kann keine Ergebnisse erwarten. Wer kein Feedback einfordert, kann nicht wissen, ob sein Kommando verstanden wurde. Ich habe die Erfahrung gemacht, dass vor allem introvertierte Personen durch solche Trainings gefördert und auf Krisensituationen vorbereitet werden können.

Die Manöversprache ist so alt wie die Schifffahrt. Sie ist universell und überall gleich. Das macht zwar die Sprache arm, aber das Wegfallen von freier Assoziierbarkeit schafft eine Klarheit, die für mich generell wünschenswert ist. Bei solch einem Training befinden sich ein Skipper und ein Prozesstrainer an Bord, die Tagesaufgaben stellen, beobachten, ihre Beobachtungen reflektieren und bei Gefahr eingreifen. Die Teilnehmer schlüpfen dabei in verschiedene Rollen. Es gibt immer viel zu lernen.

Das war die technische Perspektive. Die persönliche Perspektive des Segelns ist ebenso spannend. Das Leben an Bord erfordert Bereitschaft zu Kompromissen, es bringt Einschränkungen mit sich und ruft nach Anpassung. Einfach Aussteigen ist nicht! Die Reduktion des Lebens auf das Überleben ist für viele eine Befreiung. Routinen sparen persönliche Energie und geben Raum für Kreativität. Beim Segeln gewinnt man Zeit zum Nachdenken und zur Selbsterkenntnis. Man trainiert seine Intuition, man setzt sich intensiv mit der Natur und mit den Menschen auseinander. Für mich gibt es nichts Schöneres. Ein dauerhaft eingeschränktes Leben an Bord ist allerdings nicht jedermanns Ziel.

Noch zwei lehrreiche Geschichten zum Schluss: Ich habe einmal ein Training mit sieben Skippern an Bord durchgeführt. Als das Training beendet war, sprang ich über Bord. Ich kannte die Kompetenzen der Crew. Sie alle wussten, wie man ein Mann-über-Bord-Manöver professionell ausführt. Ich wartete sage und schreibe 20 Minuten darauf, gerettet zu werten. In einem echten Fall hätte das tödlich sein können. Der Grund für das Misslingen war: Die Skipper konnten sich nicht einigen, wer denn nun das Kommando hatte. Zu viele Entscheider und keine Entscheidung. Die andere Situation ging weniger glimpflich aus. Ich hatte einmal einen Segellehrer im Team, der bei einem Tagestörn auf der Ostsee mit seinen Segelschülern in Seenot geriet. Eine Distress-Meldung wurde ausgesendet. Als eine Weile später noch immer keine Hilfe in Sicht war, beschloss der Skipper, von Bord zu gehen und an Land zu schwimmen. Kurz darauf wurden die Schüler von einem anderen Schiff geborgen, der Skipper blieb für immer verschwunden. Er ist wohl im kalten Wasser ertrunken.

Das Schiff ist fast immer der sicherste Ort, an dem man auf Hilfe warten sollte. Selbst ein Schiff, in das Wasser eindringt, geht nicht sofort unter. Warum der Skipper hier entschied, von Bord zu gehen und seine Crew allein zu lassen, ist mir ein Rätsel. Geduld, Routine, eine gesunde Einschätzung der eigenen Kräfte und eine bessere Analyse der Situation hätten dem jungen Mann womöglich das Leben gerettet.

Hast du ein Vorbild?

Auf die Gefahr hin, dass es abgedroschen klingt: Mich faszinieren authentische Menschen mit dem Mut und dem Kampfgeist von Steve Jobs, Thor Heyerdahl, Richard Branson und Jacques-Yves Cousteau. Generell lerne ich aber lieber aus dem wahren Leben als aus Büchern. Ich bin Autodidakt. Für mich geht probieren über studieren. Unabhängig davon ob sie erfolgreich waren oder nicht, interessieren mich Menschen, die etwas gewagt haben. Ich finde es bereichernd, zu erfahren, wie andere schwere Situationen bewältigen. Ein interessanter Mensch ist für mich jemand, von dem ich lernen kann.

Welche Ziele hast du mit der Marke Teamgeist?

Neben all den genannten Zielen strebe ich vor allem den Ausbau der technologiebasierten Veranstaltungen und die Internationalisierung an. Ein Prozess, der schon einige Jahre andauert und Früchte abwirft. Hierfür investiere ich Geld in Forschungs- und Entwicklungsarbeit, in Mitarbeiter und Material. Für die Tabtour konnten wir schon Partner in Asien, Mittelamerika, Süd- und Nordeuropa finden. Die konjunkturelle und saisonale Unabhängigkeit meines Unternehmens zu fördern, ist mein wichtigstes Anliegen. Teamgeist soll zu einer erfolgreichen, europaweit agierenden Gruppe für teamfördernde Veranstaltungen, außergewöhnliche Konzepte sowie Spezialist für hybride Konferenzen, Tagungen, Events und Seminare werden. Neue Lizenzpartnerschaften sind am Entstehen. Ich freue mich, dass es Unternehmer gibt, die das Potential unserer Produkte verstehen.

Die Teamgeist AG vereint aktuell zehn Gesellschaften, die als Garant für verlässliche Servicequalität, regionale Nähe und Innovationskraft verstanden werden sollen. Und damit davon auch möglichst viele Menschen auf diesem Planeten erfahren, soll die Markenbekanntheit wachsen. Trotz aller großen Pläne soll sich Teamgeist treu bleiben: Die Marke soll weiterhin dazu dienen, Menschen miteinander zu verbinden, Freude zu stiften und zu inspirieren. Selbstverständlich auch firmenintern.

Ich möchte zusammen mit meinem Team bis 2020 die Umsatzmarke von zehn Millionen Euro knacken. Es soll auch das Jahr sein, in dem die Polaris wieder um die Welt segelt. Dieses Mal auf unbestimmte Zeit. Und wenn es sich einrichten lässt, bin auch ich von Zeit zu Zeit in den schönsten Segelrevieren wieder mit an Bord. Wer mitkommen möchte, darf mich anrufen.

DANK

Alle Menschen haben Träume. Ich nenne diejenigen privilegiert, die die Chance haben, sie zu verwirklichen. Es bedarf jedoch mehr als nur des eigenen Willens, um am Ende erfolgreich zu sein. Ohne unsere Familien, Freunde und Wegbegleiter kommen wir weiter, aber nicht ans Ziel. Sie streiten mit uns, sie sorgen sich um uns und sie lieben uns. Sie geben uns die Freude am Leben und sie helfen uns weiter und glauben an uns.

Ich danke meinen Eltern Renate und Dieter: Von Beginn an, habt Ihr mir geholfen, meine Kindheitsträume Wirklichkeit werden zu lassen. Ihr habt mir sehr früh die Freiheit, ein eigenes Leben zu führen, gegeben. Auch wenn Ihr es zu mancher Zeit bereut habt, gabt Ihr mir doch immer das Gefühl, hinter meinen Entscheidungen zu stehen.

Meinen Großeltern gilt meine Hochachtung zu ihrem Mut, in den Zeiten des Kalten Krieges den Strafbestand des Schmuggelns von dringend benötigten Waren für ihren Enkel auf sich genommen zu haben. Ihre Berichte von Durchsuchungen im Zug und ihren Ängsten entdeckt zu werden, sind mir immer noch präsent.

Meiner Frau Peggy und meinen Kindern Anni und Aaron gilt meine Liebe: Ihr habt mir zu jeder Zeit das Gefühl von Geborgenheit und Familie gegeben. Euer gelassener Umgang mit mir, Eurem getriebenen Vater und Ehemann, war sicher nicht immer einfach. Ich würdige und schätze das sehr!

Danke Frank, dass Du mir als Newcomer vor mehr als 20 Jahren das Vertrauen gegeben hast, Deine Yacht durch die Wogen des Mittelmeeres zu steuern - ohne Zweifel daran, dass es mir gelingen würde. Du hast mich all die wichtigen praktischen Dinge gelehrt, auf die es an Bord und im Unternehmen ankommt. Ich fühlte mich zu jederzeit durch Deinen Rat bestärkt, meinen Weg weiterzugehen.

Liebe Isa, lieber Ricco, Eure Freundschaft und die Begleitung durch alle Lebenslagen geben mir die Energie, wenn es einmal eng wird. Eure großartige Unterstützung in vielen Projekten, vor allem auch im Rahmen der Weltumseglung, haben diese erst erfolgreich gemacht.

Danke an Christian und Berti für Eure lebendige Freundschaft, an Aaron und Steffen für Eure Loyalität in all den Jahren, an Maxim und Patrick für die spirituelle Seite in mir und an Chris für Deine unternehmerische Inspiration. Ihr habt mich geprägt und mir Eure Zeit geschenkt.

Stellvertretend für die gesamte Teamgeist-Familie stehen Andrea und Kendy, die mir viele Jahre ihr volles Engagement und ihre Flexibilität geschenkt haben. Allen Teammitgliedern, die ein Stück des Weges mit mir und Teamgeist gegangen sind, gebührt meine Anerkennung für ihr Verständnis über die ständigen Neuerungen, Ideen und Projekte!

Vielen Dank an Jan, Sheila und all die Mitsegler, die meine Weltumsegelung so spannend und wertvoll gemacht haben. Wir haben Kabinen, Essen, Sorgen und Freude geteilt und Erinnerungen für ein ganzes Leben geschaffen.

– Michael Haufe

KONTAKT

Noch mehr Material zur Weltumsegelung, Blogbeiträge und
Fotos findest Du auf: **www.espotoworldtour.com**

Michael Haufe bietet Lesungen, Fach- und Fotovorträge zum Thema
Management, Remote Control und Weltumsegelung an.
Melde Dich gern bei ihm: **m.haufe@teamgeist.com**

Alles über die Marke Teamgeist, die Event- und Trainingsprogramme und
Locations kannst Du auf der neuen Homepage der Unternehmensgruppe
entdecken: **www.teamgeist-group.com**

IMPRESSUM

Teamgeist AG
Herausgegeben von Michael Haufe

1. Auflage: 2015

Text © Sheila Rietscher, Michael Haufe
© 2015 Teamgeist AG

Lektorat: Janine Plew, Leipzig & Gabriela Umbach, Frankfurt
Umschlaggestaltung, Grafik, Satz: Elsa Kuno, Jena
Illustration: Guðný Hannesdóttir, Reykjavik
Fotografie: Michael Haufe, Ricco Geithner, Sheila Rietscher
Druck und Bindung: Wachwerk GmbH, Jena, mit Hahndruck, Kranichfeld

Printed in Germany
ISBN: 978-3-00-050162-3

teamgeist-group.com